《舞雩风来》　李果青　2023 年 2 月题

《咏而归》　萧野　2016 年 11 月画

舞雩风来

大学访谈教学人文启思录

王 彤 编著

四川大学出版社
SICHUAN UNIVERSITY PRESS

图书在版编目（CIP）数据

舞雩风来：大学访谈教学人文启思录 / 王彤编著
. -- 成都：四川大学出版社，2025.1
ISBN 978-7-5690-5515-3

Ⅰ．①舞… Ⅱ．①王… Ⅲ．①高等师范院校－人才培养－研究－中国 Ⅳ．① G658.3

中国版本图书馆 CIP 数据核字（2022）第 107729 号

书　　名：舞雩风来——大学访谈教学人文启思录
　　　　　Wuyu Fenglai——Daxue Fangtan Jiaoxue Renwen Qisilu
编　　著：王　彤

选题策划：刘　畅
责任编辑：刘　畅
责任校对：王　嘉
装帧设计：屈　梅　马　辰
封面题字：李果青
国　　画：萧　野
责任印制：李金兰

出版发行：四川大学出版社有限责任公司
　　　　　地址：成都市一环路南一段 24 号（610065）
　　　　　电话：（028）85408311（发行部）、85400276（总编室）
　　　　　电子邮箱：scupress@vip.163.com
　　　　　网址：https://press.scu.edu.cn
印前制作：成都墨之创文化传播有限公司
印刷装订：成都金龙印务有限责任公司

成品尺寸：170 mm×240 mm
印　　张：24.5
插　　页：3
字　　数：504 千字

版　　次：2025 年 1 月　第 1 版
印　　次：2025 年 1 月　第 1 次印刷
定　　价：96.00 元

本社图书如有印装质量问题，请联系发行部调换

扫码获取数字资源

四川大学出版社
微信公众号

2018年10月，教育部决定实施"六卓越一拔尖"计划2.0，在其中的基础学科拔尖学生培养计划中，首次增加了心理学、哲学、中国语言文学、历史学等人文学科，新文科建设对传统学科提出了新要求。2019年5月，教育部、科技部等13个部门正式联合启动"六卓越一拔尖"计划2.0，要求全面推进新工科、新医科、新农科和新文科建设，全面实现高等教育内涵式发展。自此，新文科建设已成为新时代文科建设的核心问题，并逐渐成为构建中国特色哲学社会科学的国家战略。

中国语言文学学科实为近代产物。1898年京师大学堂创办，始有"文学"科。1902年，京师大学堂师范馆设立中国文学门，中国文学形态初具。1910年分科大学开办，北京大学中国文学门作为文科的一个教学建制正式成立，1919年改称中国文学系，这标志着中国语言文学作为独立学科得以确立。20世纪50年代，高校院系调整后，国文系改称为中国语言文学系，学科涵盖语言和文学两大类。20世纪80年代以后，即使在中国语言文学内部，越来越广阔的学科分野、越来越细致的专业操作、甚至越来越艰涩的学术语言，使学科内部的隔膜愈加突出，这导致中文学科在人才培养中普遍存在领域限制、视野狭窄、专精有余、博通不足等问题。这种所谓的"专业化"使学科发展渐失"活水"，这大概也是新文科倡导学科融合的原因。

内江师范学院汉语言文学专业在2019年被四川省教育厅确定为首批"四川省一流本科建设专业"，为了进一步打造成渝中部地区文化高地，进一步探索"新文科"视野下中文专业的科研和教学实践，文学院组织教师结合自身专业背景及教学实践撰写"新中文探索"系列丛书。

本丛书分为学术专著和教材两种类型。学术专著力求在师范类高校汉语言文学专业新文科建设的背景下，以汉语言文学专业为中心，将文学与教育学、哲学、艺术学、历史学、传播学等学科深度融合，在以往相对独立的各学科之间寻找结合点，在多维理论背景下阐释问题，力求梳理新的学术肌理，形成新中文研究增长点。如以儒、道、佛哲学思想为切入点，分析文人画家在中华文化背景下的艺术思维，并针对我国当下影视文化创意产业发展过程中的偏差"对症下药"。研究者无论在理论融合还是案例实践方面都寻求新突破，能够与该领域前沿进行对话。又如将语言文学置于传播学的视野下，通过对文学传播的各个要素做全面的分析，总结和研究文学传播的规律与多样性，并从大众传播延伸到分众传播的研究中，把握互联网时代文学传播的规律。又如研究现代主义的本土化历程既要在文学内外、中西之间探源溯流，更要在历史文化的特定需求中寻找文化

变异的依据。有的老师有意识地带领学生，通过访谈形式，在人文多学科多领域进行对话，让学生感受跨学科精神碰撞出的火花。相信这样的研究在新时代中是对"文史哲"融合的回归。

教材类丛书侧重于对基础文本的解读，如国学教育注重对原典的解读。学习者的基本任务之一就是研读这些原典，从而夯实专业基础，在原典的解读中习得重拾"学问乃千秋事，订讹规过，非以訾毁前人，实以嘉惠后学"(钱大昕给王鸣盛的《答西庄书》)的传统治学态度，在传统中领会中华文化之精髓。今日，国学教育已渐成国内高校课程体系的重要一环，也是新中文强调"中国方法"的基石。当然，回归传统并不是排斥现代，泥古不化。比如在解读唐代诗歌，列举"历代诗话"之后，教师与学生仍然会以更加鲜活的个体形式与古代对话，学生和唐代诗歌经典有了新的联系，学习主体性在古今之间的建构，对传统文本进行一种激发新意的探索。

总之，既要尝试融合多学科间的内容对传统中文有所重构，力图研究有新见，又望这种探索能够在更大视野中深化学生对中文学科知识的理解，提升其创新能力，这就是我们编辑新中文探索系列丛书的宗旨。尽管作者们著述力求辨析慎密、言出有证，或自谓创见，但是鉴于水平和学力，大概只能是抛砖引玉，期待大家指导！

新中文探索系列丛书编委会
2022 年 3 月

新中文探索系列丛书编委会

编 撰 单 位　内江师范学院文学院

总 　 策 　 划　陈晓春　郭云东

编 委 会 主 任　陈晓春

编委会副主任　刘云生　梁明玉　周　艺

序 言
XU YAN

 流动的博雅

　　继《永不谢幕的经典：莎士比亚戏剧课程参与性教学对话录》之后，王彤老师又推出新作《舞雩风来：大学访谈教学人文启思录》。从"参与"到"访谈"，从"对话"到"启思"，它们表征的不仅仅是教学形态的表层嬗变，更是教学思想的深度迭代。每一场讲座、每一次访谈汇聚在一起，勾勒成动人心魄的风景，生动描摹了"新文科"时代语境下一位高校教师对当代大学生核心素养培育路径的探索之旅，为我们把握文学类课程的实施方略和发展趋势带来珍贵的行动研究参照。观摩国内高校文学类课程的优质课例，我们会发现其中隐含着三种教学境界：第一种是盆景，第二种是园林，第三种是山水。王彤老师主持的访谈教学恰如山水，在经历了盆景般的精雕细琢、园林式的匠心独运之后，更为注重教学主体、教学内容和教学方式的神会融通，以及教学节律和教学气韵的灵动自然。访谈教学将讲座倾听与互动追问无缝对接，全程观照学生的个性学习需求，充分发挥文学类课程以文载道、以文化人的育人功能，引导学生汲取精神力量、积累文化资本、发展核心素养。品鉴全书呈现的每场学术盛宴，我们欣然感知到王彤老师的访谈教学始终以促进学生核心素养发展为旨趣，在立德树人中赋予了文学类课程一种流动的博雅，探索出高校中文学科课程改革的新路径。

　　访谈教学营造了一种民主和谐的对话场，倾听与倾诉相伴，分享与追问共生，既有"正式学习"的严谨，又有"非正式学习"的活泼，展现了文学类课程教学的另一种可能性，为我们理解访谈教学的育人价值带来诸多启发。首先，访谈教学能够持续拓展学生的认知疆域。从学科层面来看，王彤老师立足她主讲的外国文学课程，依托34位主讲者分享的讲座话题，从文学辐射到教育、历史、文化、哲学、艺术、新闻、翻译等相关学科，形成宽广的跨学科学习认知网络。学生在参与访谈教学的过程中，基于跨学科视角品鉴文学、理解文化、思考人生，

甚至追问生命的终极,从文学读写经验的日积月累走向人文情怀的萌芽生长。就内容层面而言,每位主讲者围绕核心观点持续延伸,融会自己从事学术研究的体验,创作文学艺术作品的感受,行走山川旅途的见闻,回顾人生经历的反思……一个个耐读的故事对课程最大限度地增容。学生细致品味故事,能够从中了解每位主讲者知遇的人、走过的路、吹过的风、看见的景、铭记的事,以及出版的专著、发表的论文和作品。品味故事之后的访谈和研讨能够在相互交流和回应中再次丰盈学习内容。从文化层面审视,我们还可以发现访谈教学中涉及的文化元素非常多样,可谓穿越古今、贯通中外。学生在倾听和访谈中,能够获得中华文化的丰厚滋养,体验我国新时代社会文化的赓续繁荣,同时感受外国优秀文化的异域风情,形成豁达的文化胸襟和开阔的文化视野。访谈教学在不同层面相互交织、相辅相成,在课程实施过程中不断开拓学术长河的流域,引导学生自由徜徉、自主发展。

其次,访谈教学还能够建构良性的课程运行机制。从课程参与主体而言,我们可以看到访谈教学增强了多重主体的交互性,包括由各位主讲者构成的学术共同体、授课教师团队和学生构成的教研共同体,以及历届学生构成的学习共同体。学术共同体提供专业支撑,他们荟萃的集体智慧能够为教学内容选择和组织带来灵感。教研共同体提供研究辅助,他们全程的鼎力支持能够为教学实施的过程性监控提供保障。学习共同体提供实际效果反馈,他们真实的学业表现能够为教学诊断和针对性指导提供实证依据。每一类共同体内部在分享交流中遵循自身的运行规律,组合在一起又能够形成教学主体的合力,体现"分进合击"的功效。从实施形式而言,我们能够发现访谈教学融合了文学沙龙、线下讲座、线上分享等课堂属性的分享和研讨,以及师生之间电话、微信、邮件等课堂之外的交流和倾诉,并且这种交流和倾诉一直延伸到学生毕业之后。多样的教学形式建构了互联网时代文学类课程混合式学习的新生态,也让我们重新认知高校文学类课程的变革路径。当然,形式是为内容服务的,基于前面的探讨我们还从中发现访谈教学也能够形成自身的内容整合机制。比如,王彤老师根据实际教学需要精心邀请主讲者组成学术共同体,实现教学内容在学科层面的优势互补;根据主讲者的个性特点和术业专攻,在成书时又划分为"斯文在兹""木铎之心""素履之往""风乎舞雩"四个板块,从教学实施到书稿组织都蕴含着她自洽的教学内容整合逻辑。最后,如果从学业评价来看,我们认为访谈教学实际体现了"评价即学习"的理念。评价不是外在的环节或者任务,而是融入学习过程的始终。学生在倾听、追问、交流和研讨中的现场表现本身既是学习的体验过程,又是学业评价的依据。访谈教学在参与主体、教学内容、实施形式和学业评价之间,建构起一种高效的互动机制,充分尊重学生的能动性,真正将学生放置于学习的正中央。

最后，访谈教学在发展学生核心素养方面具有明显优势。核心素养包含多种关键要素，在"人文底蕴"维度，我们需要引导学生丰厚人文积淀，培育人文情怀，具备审美情趣；在"科学精神"维度，我们需要促进学生发展理性思维，学会批判质疑并且勇于探究；在"学会学习"维度，我们需要教会学生乐学善学、勤于反思，具备信息意识；在"健康生活"维度，我们需要培育学生的社会责任和国家认同，同时还要提升国际理解能力；在"实践创新"维度，我们需要提高学生的问题解决、技术运用能力。访谈教学带动多重主体互动，融入跨学科学习，开展过程性评价，各个环节和维度有机融合，能够大致囊括核心素养上述关键要素。学术讲座的主讲者覆盖了不同群体，从耄耋智慧的长者到初涉人世的青年，共同抒写着属于他们自己的历史，同时又讲述了令人感动的故事。他们在讲座中深情的阐释让人欣悦，引人深思，令人激越，抑或使人潸然泪下。其中汇聚着知识分子追求真理的坚守与执著，人生历程中的责任与担当，中外文化比较的真知与灼见，以及精神世界的良知与悲悯。每一位参与访谈教学的学生从情感上都会发生共鸣，从思想上也会逐渐同频。由此也获得一种契机，从中可以感知每一位主讲者心灵世界的姿态、人生价值观的基石以及精神信仰的支撑。学术讲座彰显了每位主讲者独特的学术印记和人生思考，围绕学术讲座的追问和回答又呈现了他们真实的心路历程和丰富的生活样貌，与学术讲座形成交相辉映、深度对话的联动效应。他们的讲述带来大音希声、大象无形的潜移默化的影响，共同助力学生核心素养的成熟和蓬勃。

访谈教学是王彤老师跟随育人直觉的一种创新尝试，本书呈现的教学图景实则只是冰山一角，奠定访谈教学根基的是王彤老师对学生的大爱。地方高师院校承担着为中小学校输送优秀教育人才的重任，王彤老师深知接受高等教育对学生终身发展的意义，她敞开心扉、言传身教，期待通过教学变革引导学生立足地方、认识世界，感知身旁的诗意与远方的铿锵，从中汲取精神力量，获得内在自信，蜕变成一个更美的自己。这种变革充分体现了全员、全程、全方位的"三全育人"理念，以及保护学生天性、尊重学生个性、培养学生社会性的"率性教育"哲学。从这个层面而言，王彤老师的教学早已超越外国文学课程、文学类课程，而是转向对课程、学生和生命互动关系的哲思。访谈教学也让我们认识到，高校课程学习原本就应该根植于学生的学习、生活和未来工作情境，在跨学科、跨文化、跨时空的对话中发展学生的核心素养。王彤老师从教三十余载，她的课堂持续引导学生启动知识、能力与认知的循环转化，实现核心素养发展的螺旋进阶。她始终坚信，具备核心素养的学生是智慧的、坚韧的、幸福的，当他们毕业后的某一天不知道人生的风是从哪一个方向吹来，也能凭借自身的执著和素养穿

越生活的繁琐与困顿，重新推开通往人生梦想的心门。

王彤老师近几年三次深度游访欧洲，游移本土场域的距离之美，身临异国情境的精神震撼，比较中外文化的自觉反思，给予她五彩缤纷的教学启迪和创作灵感。她在思想的页面奋笔疾书，拟定100个富有研究价值的人文主题，本书正是这些意绪和灵感凝练的结晶。从职业生涯的发展阶段来看，本书也许是王彤老师"教学时代"远行的背影。但从思想流变来看，这恰恰是她"教学后时代"起点的又一次延伸。

甜城里，沱江清澈蜿蜒，四季依然流转。校园中，青春激扬，王彤老师与他们的教学故事仍在续写。无论何时，我们打开这本书，定会漫溯于人文海洋的粼粼波光，在流动的博雅中映照出属于自己的那一船星辉斑斓。

徐　鹏

东北师范大学文学院教授　博士生导师

中国高等教育学会语文教育专业委员会副秘书长

2022 年 8 月　长春　鹏程斋

目 录

写在前面

第一部分 斯文在兹

赵振江 / 北京大学西语系教授　西班牙语翻译家

刘存沛 / 云南人民出版社编审

朱尚刚 / 中国莎士比亚研究会名誉理事

李　辉 / 传记文学作家

文学与自由
王志耕 / 南开大学文学院教授

洪成文 / 北京师范大学教育学部教授

一身诗意千寻瀑
周芳芸 / 四川师范大学文学院教授

第二部分　市铎之心

第三部分　素履之往

第四部分 风乎舞雩

写在前面

舞雩风来

莫春者，春服既成，冠者五六人，童子六七人，浴乎沂，风乎舞雩，咏而归。

——《论语·先进》

师者，笃定求索；学生，以志梦蝶。

教学相长，是两条并行的航道，也是上下涌动的暗流。

每一次拜访先生时的静静聆听，每一场即兴发挥的主持学问，每一堂活泼有致的师生对话，渐渐衍生成了跋山涉水的教学远征与精神抵达。

教学对话的张力实则源于"我们自己是谁"的自我教育。

——王彤《舞雩风来：大学访谈教学人文启思录》

中国哲学家陈嘉映访学希腊，一次出海遇到的驾船女子恰是哲学系毕业生。航行爱琴海，在甲板上聊起了哲学，聊起了赫拉克里特"一切都是运动的"。女子一边开船一边笑道："只有此刻才是永恒的！"真是令人心醉的时刻！希腊人对生命的理解不只是活着，而是活力！生生不息的活力意味着生命书写的元气酣畅，意味着人生之旅的时时刻刻。

我很庆幸灵魂旅程的不同遇见，并拥有一次次醉人心魄的时刻。

原本只想去看海，不曾想已冯虚御风。

一、周游列国之缘

阔别燕园十八载，昔日于讲台向我口传心授的北京大学西语系博士生导师、西班牙语翻译家赵振江老师，杖朝之年，素履而往，不期而然地在沱江河畔与学子们聊起了"诗歌翻译是二度创作"的话题。一位儒雅的北大先生以西班牙语诗歌的特有节奏，用中西双语现场朗读起秘鲁诗人贡萨雷斯·普拉多的《生与死》："……何谓生？身在梦乡而没有入睡；何谓死？已经入睡又不在梦乡。"谁知晓讲台上的赵老师就是西班牙文《红楼梦》的译者，谁又知晓他读书时代的老师竟然是德文翻译大家冯至先生，还有吴达元、赵萝蕤、李赋宁、杨周翰等一代方家！可谓薪火相传，江河不休。

中国文坛西班牙语翻译大师的第一方阵有王央乐、吴健恒、刘习良、孙家孟、陈光孚、董燕生、林一安、赵振江、赵德明、段若川等先生。不遗余力地将他们的重要译介作品出版推出的责任编辑之一，就是人称"刘拉美"的云南人民出版社编审刘存沛老师。听刘老师聊拉美文学丛书出版的故事很过瘾，仿佛迎面撞见了一团震撼九十年代中国文坛的拉美文学"蘑菇云"。

翻译大家朱生豪之子朱尚刚先生，虽尚刚，然温谦，一派民国范儿。当得知内江师院文学院学子们排演莎士比亚戏剧台词朗诵活动已经十六年，听到学生在朱生豪故居现场朗诵莎翁悲剧《麦克白》台词时，他的思绪穿越过父辈战火，文思涌动于英伦剧场，在他撰写的《诗侣莎魂：我的父母朱生豪、宋清如》扉页上为我们题词"内江——嘉兴——斯特拉福镇，做莎翁跨越时空的知音"。瞬间，地理联接文学寰宇，国界纵横文化矢道。

著名传记作家、原《人民日报》文艺副刊高级编辑李辉老师，寄来了十几本著作，每一行题字都像是一份神秘的生命嘱托，他说："寻访，可以看见不一样的风景。"

我仿佛目睹了他推开中国现代文学大师们的书房，清谈，喝茶，沉思，朗笑——巴金、胡风、冰心、沈从文、萧乾、流沙河等先生们鲜活地从他的字里行间走来，谈笑风生，翔实的记录几乎构成了半部中国现代文学史。

志耕师兄从俄罗斯访学回来，蓄着俄式络腮大胡子，深陷"俄罗斯圣愚文化"研究的凝思。他说"文学之用就是为个人意志正名，弘扬人的创造精神"。他翻译的托尔斯泰生前最后一本书《生活之路》，像一束光，告诉涉渡之舟的人们需要爱与理性的烛照才能抵达幸福的彼岸。

北京师范大学洪成文教授来内江师院中文楼 303 教室听课时，他特有的教师亲和力使同学们把课堂变成剧场、讲台化为舞台，汉、藏、彝族学生倾情演绎了莎士比亚悲剧《奥瑟罗》中"摘下蔷薇"的片段。洪老师深谙审美熏陶与成长见识的教育节律，微笑着鼓励同学们说："我从小也喜欢戏剧，现在北京国家大剧院是我最爱去的地方。"

四川师范大学文学院周芳芸教授退休后携"一代才女林徽因"学术讲座几乎远征了大半个中国版图，内江师范学院这场嘉谈成为她三百多场高校讲座之一。半年后，我的手机传来她兴奋的语音："我今天终于来北大开讲了！我正在未名湖边儿散步呢！"

大学同学王娟教授留美归来任教北京大学中文系，对民间文学的深度诠释和丰厚著述以及不辞辛劳的大量民间采风都在提醒我们，每个人在其成长过程中，都会因为地域、信仰、职业、年龄、身份、性别等缘故而选择和累积可供自己使用与支配的民间文学资源库。

北京师范大学教育学博士、东北师范大学文学院徐鹏教授，中国高校最年轻的语文学科研究领域双科博士生导师。有趣的是他周末的公益讲座计时方式是古老的沙漏形式，他用中英文切换主持国际教育话题沙龙，深深吸引着国内外的教育学者。

内江师范学院陈涛教授、肖体仁教授、戴前伦教授、邓国军教授、刘云生教授、王继军教授、胡志金教授、孟光全教授、高佳博士等教育同仁，不止是关爱学子、启人心智的教育同道，更是学生眼里温厚儒雅的沱江学者。他们深谙大学的功能在于培养人，在于一天天提升核心素养、形塑精神场域。

他们先后神奇地出现于巴山蜀水的文学课堂，引领学子，一同驶向了大海深处。

一种教与学、学与习共同体构成的亲密、活泼、友善、平等、开放、理性的和谐图景正在徐徐展开。

正如梅贻琦先生所言："所谓大学者，非谓有大楼之谓也，有大师之谓也。"

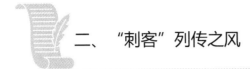

二、"刺客"列传之风

雅斯贝尔斯认为本真的教育应当促进人与人之间无止境的、永不设限的交流……在对话的基础上构建具有共同的理念信仰和价值追求的教育共同体。

社会与校园之间的壁垒一旦打破,就会创造出一种人文启思的深邃、开阔与真诚,仿佛走进另一扇敞开的门。

向思宇老师,一位自由"野生派"作家。为了调查中国乡村代课老师境况,孤身一人,独行山路,出没在蛮荒瘴疠中。云南怒江福贡,贵州石门坎,四川巴中通江、南江,都有他负箧而行的足迹——《中国西南代课教师》的发现与呼告化为大学课堂心灵的震撼与思考。他被中国报告文学界誉为"巴蜀大地上的社会良知"。

内江日报社记者李莽老师,寻访内江90多个乡村,耗时十四年完成的力作《屋顶下的天空》,再现了近百年来中国城镇的变迁,是他游历社会与行走大地的厚积薄发。他的"疯狂"阅读与远行让学子们看见头上闪烁的星空。

羌族诗人杨国庆老师,从汶川地震废墟爬出,擦干血迹,抖落尘砾,用一词一句的诗歌,洗涤岷山的雪水;用一步一印的跋涉,踩出羌族壮丽的生命回响。一部《汶川羌》,是震后伤痛灵魂的抚慰,更是理想复活的昆仑铿锵与优美坦荡。

摄影家杨越峦老师,追光逐影,餐风饮露,徒步中国野长城,将古老中国秦朝的雄浑冲印在世界的版图。一次攀爬时,风太大,脚一滑,人摔下城墙——他摔成了"黑白灰",摔进了"一堵墙",摔进了中国历史上的逶迤万里、粗犷苍茫的古老画卷。

纪实摄影师王斌老师,数月里朝随车马,暮追川剧,跟踪拍摄,住窝棚,搭火堆,在广袤狂野的月光下,拍摄上万张照片,快门追赶着川剧流浪的锣音,一路闪回着对民族精粹艺术的追忆和崇敬。组照《川剧之困》让他手里冰冷的相机开始升温"吐火"。

《存在》诗刊创办人之一谢银恩老师,身上还隐藏着一股20世纪80年代雪衣飘飘的文艺气息。以梦为马,仗剑天涯,带领学生领略海子的春暖花开;化笔为戈,读诗炼志,雕刻着北岛笔下的墓志铭。

曾任法国国际品牌高管的张亚玲老师,足迹遍布四十多个国家,与学生聊起了巴黎的左岸与右岸。法国人自称"不是在咖啡馆就是在去咖啡馆的路上"。她说,罗丹"思想者"石雕里的脉搏从未停止跳动。

暗夜行路的"看见"给学生带来风萧萧兮的飘零与光芒；笑傲江湖的回眸告诉后辈：即使一个人趄着沙漠远行也会有发现绿洲的惊喜。

三、分餐圣宴之味

这是我书斋雨竹轩的木案共聚，又是一群年轻人文学流浪的分餐圣宴。

在一个开放与闭合、喧闹与孤独的网络化环境下，学生们很容易通过新媒体获取海量信息，却越来越缺失面对面交流的灵动，缺少自己故事的内在生长，彼此漠然疏离。但他们心里比以往更渴望认同的平台，渴望思维碰撞后不可思议的催化与劲拔。

2010级1班的李至，带着自己的1000多页繁体字中外读书笔记和逐页批注的《道德经》《庄子》《论语》《大学》等经典，以全然自我放逐的精神姿态远征。他是文学沙龙第一开讲人，开场便说"朝菌不知晦朔，吾不怨；问道不履山河，吾深恨矣"。他先后主讲了有关《论语》《诗经》，有关老子、庄子、嵇康、苏东坡、木心以及如何欣赏西方古典音乐等文艺沙龙话题。

从此，青春相遇的灵魂一次次吹熄烛光，点亮大学的孤独。

赵天一西南大学读博后创办重庆国学院的知行合一，"一日之计始于诗"的准时开讲，让中国传统文化走进山城的一撇一捺；

李天然把酒临风的闲杯诗集让一座文化酒城的小巷都散发着醉人诗意；

周婷赴韩国做汉语教师归来的文化反思，更多了生命的开阔、理性和包容；

薛芸秀流连王维山水诗的俯仰之间，给人带来行到水穷与坐看云起的逍遥；

徐梦琳于李清照诗词气度的寻寻觅觅，让她的语文课堂不时"误入藕花深处"；

郎吉拉姆对藏族文化的乡野追溯，让藏楼酥油灯前的藏经呓语通往天路；

黎榛赴希腊游学于德尔斐神庙的伫立和古希腊剧场的聆听，让巴蜀线上课堂共沐地中海的风……

受教一位文学家，便是找到自己的一个精神血统；

阅读一批文学家，便是识别自己的一系精神血脉。

当文学、艺术、哲学的大师成为你脑中的鼓瑟嘉宾，成为你心中的舞动祭师，你便找到了精神宗族。从此，一生有名有姓，不会陷入迷途。

四、述而不作之作

　　于是，沱江流域一所大学的文学课堂出现了一方特别的人文猎场，一场由三十四位主讲者引发的一百多个访谈追问的大美巡礼拉开序幕。这里有凿石开山的訇然、冷兵交接的火星，有丛林奔跑的逐梦、空里流霜的诗放，还有洗盏更酌、不知东方之既白的飨宴。

　　主讲者先后驰骋在文学、哲学、历史学、文化学、翻译学、民俗学、教育学、艺术学、新闻学等不同的疆域，一起演绎着大学访谈教学变奏的生命交响。

　　《舞雩风来：大学访谈教学人文启思录》是一本基于培育师范大学生核心素养、传递大学精神魅力的课堂教学访谈录；是沱江河畔名师讲学与学子沙龙的诗性守望；是一本彰显新时期大学师生对话、浸润经典、观照生命与精神成人的大学人文启思录。

　　大学访谈教学探索历时八年，线上线下，同步录音，循环传递，文稿珍贵，资料翔实，力求生动还原师生讲课的精神风采和现场访谈。

　　全书由四部分构成：

　　第一部分：斯文在兹

　　　　　　中国名校名师和学者的爱与智慧——先生之风，山高水长。

　　第二部分：木铎之心

　　　　　　沱江学者的求知问道与博雅守望——学而时习，画里江山。

　　第三部分：素履之往

　　　　　　社会行走与凭海临风的精神交汇——春暖花开，左岸风来。

　　第四部分：风乎舞雩

　　　　　　沱江学子文心沙龙的诗性遇见——青春相遇，轴心时光。

　　两年来整理书稿的过程中，每每回放倾听着各位师友不同场合带有北京话、四川话、宁波话、嘉兴话、东北话等不同韵律的访谈录音，我常常一个人感动得笑出泪来。那些兴之所至的离题与切题、幽默与严肃、激情与睿智，还有俏皮活泼的方言与神态，由衷呈献的鲜花与掌声，永远成为藏在字里行间的秘密音符。伴着课堂里无数张青春面庞的相互映照，颇有"群贤毕至，少长咸集"的沉醉，恍如进入"春服既成，冠者五六人，童子六七人，浴乎沂，风乎舞雩，咏而归"的暮春时节。

学校之于学生，是一座小径分岔的花园。学生演绎梦蝶，在此完成蜕变。最终发现，学生在峰回路转的时间迷宫里，永远得以回眸第一次翻开《百年孤独》那个遥远的下午。

师者之于学生，是一处静静的兰亭。学生在此曲水流觞，吟诗挥毫。最终发现，学生心怀澄澈的手稿逸笔，竟使教师双手轻轻捧起一把沙，小心地放到沙漠另一处。从此，改变了沙漠。

师者笃定求索，学生以志梦蝶。教学相长，是两条并行的航道，也是上下涌动的暗流。多年来，每一次拜访先生时的静静聆听，每一场即兴发挥的课堂主持，每一次活泼有致的访谈学问，都变成了跋山涉水的教学远征与抵达。

教学对话的张力实则源于一场"我们自己是谁"的自我教育。

学校和师者的博雅守望或将可能把伊卡洛斯飞翔的蜡翅幻化成阿波罗呼啸的战车，奔向更高的太阳。从而，让师生学与问、思与想凝聚的精神洪流，共同汇入生命旅程的昼、夜、暮、晨……

世间唯有灵魂可相感，可相联。

葡萄的归宿，是酿成葡萄酒。

有佳酿窖藏，有灵魂共舞，有青春调和，终有一场文艺复兴的精神井喷……

王　彤

于四川省内江师范学院

2022 年 4 月 23 日

先生之风　山高水长
学问教育　照亮人性

第一部分

斯文在兹

所谓大学者，非谓有大楼之谓也，有大师之谓也。

——梅贻琦

诗歌翻译是二度创作。一个好的翻译者能做到既不让它脱离原诗，又能把它变成是汉语的诗，这就是诗歌翻译困难的地方。其实不管是诗歌翻译还是小说翻译，它所追求的叫最佳近似。

——北京大学西语系教授／西班牙语翻译家／赵振江／《诗歌翻译是二度创作》

一个外国文学研究会的诸公和一家地方出版社亲密合作十五年间，不离不弃，共同推出拉美优秀文学图书，共同创造了历史。

——云南人民出版社编审／刘存沛／《我认识的中国拉美文学翻译家》

在父亲32年的短暂生命中，他以超人的才智和毅力，在日寇占领下的严酷环境里，为近百年来的翻译界完成了一件最艰巨的工程，为中国人民摘来了莎士比亚这颗世界文化皇冠上的明珠。

——朱生豪之子／朱尚刚／《诗侣莎魂：我的父母朱生豪、宋清如》

阳光碎影下，听地道方言，看清癯面庞，他坐在那里，仿佛就是一幅成都风情画，四川文化的一张名片：从容淡定，风趣幽默，更有少见的飘逸。

——传记文学作家／李　辉／《米寿之年流沙河》

文学最主要的文化功能或者说文学之用，就是为个人意志正名，弘扬人的创造精神。

——南开大学文学院教授／王志耕／《文学与自由》

好导师至少要具备三个基本面：要有青出于蓝胜于蓝的胸怀；要有陪同弟子一同成长的耐性；要有如获至宝的发现感。

——北京师范大学教育学部教授／洪成文／《果壳里的宇宙》

生命本身不是目的，而是成就一种理想、一种人格、一种事业的过程。

——四川师范大学文学院教授／周芳芸／《一身诗意千寻瀑》

每个人在其成长过程中，都会因为地域、信仰、职业、年龄、身份、性别等缘故而选择和累积可供自己使用与支配的民间文学资源库。

——北京大学中文系研究员／王　娟／《当代民众生活中的民间文学》

在世界教育舞台上发出中国声音、讲述中国故事、贡献中国智慧是多么重要。我愿意做一个教育田野的反思性实践者，继续奔跑在路上。

——东北师范大学文学院教授／徐　鹏／《核心素养语境下的教育反思》

诗歌翻译是二度创作

赵振江／北京大学西语系教授　西班牙语翻译家

> 诗歌翻译是二度创作。一个好的翻译者能做到既不让它脱离原诗，又能把它变成是汉语的诗，这就是诗歌翻译困难的地方。其实不管是诗歌翻译还是小说翻译，它所追求的叫最佳近似。
>
> ——赵振江

　　这次来到四川，主要是来参加在四川自贡举办的"国际诗歌周"活动，因为有几个西班牙语诗人参加，中国作协副主席吉狄马加邀我来做翻译。在路上才知道自贡离内江很近，又因为王老师调到四川工作后多次邀请我到四川开会一定要来内江师范学院文学院给学生们聊聊拉美诗歌的话题，因为大部分学生对拉美文学还比较陌生，尤其是拉美诗歌和诗歌翻译的有关学术讲座几乎没有。其实这是高校文学专业的普遍现象，主要是中国从事西班牙语翻译的人太少了。

　　我去过哥伦比亚麦德林国际诗歌节，发现了一个令我十分吃惊的现象：尽管大雨滂沱，听众却没有选择离开，而是坚持在雨中听世界各国诗人朗诵。没有翻译，有的朗诵他们也听不懂，但是他们却可以从中欣赏各国语言不同的韵律。这种现象的出现，我认为跟他们整个民族的文学修养或者文化素养有很大关系。

　　我像你们这么大的时候也写诗，我经常跟诗歌界的朋友说，我就发表过一首诗，在高中二年级的时候发表在了《中学生》杂志上。我经常跟北大的谢冕教授说，现在有些人写的诗，第一脱离传统，第二脱离群众。意思就是不接地气，自己很得意，可是读者却不知道你在说什么。具体有两种体现：一种是别人不知道你在说什么，一种是你说的口水话没有任何价值。举一个例子，有一天，我打开杂志一看，一首诗第一句：早晨起来，不知到哪里去买两斤毛豆。我看了这诗就想：你爱去哪儿买去哪儿买，跟我有什么关系？所以这种诗要么是不知所云，要么就是口水话，毫无味道，太私密化、个性化、碎片化了。这个不光是我们中国诗人，外国诗人也一样。

我曾翻译一个古巴诗人的诗集，作者是人民日报海外版的西班牙语记者和定稿人，是我的好朋友，还说愿意做我的"义子"，这当然是开玩笑。他写的诗就很个性化，但有一句诗我怎么也不知道他要说什么，他写的是在印度的海里游泳。其中还有一句诗说：他的小活塞关不住了。我问他这是什么意思？他说就是"我想在大海里撒尿"。我想说这种比喻当然也不是不可取，但是不仅是我们，包括他们西班牙语的人有时候读过也想不到那里去，所以这就是属于太私密化了。

现在的诗有些时候真的是不知所云，那就有一个问题，读了一首诗谁也不知道你要说什么，怎么引起共鸣？不能引起共鸣，怎么感染读者？读者没有共鸣，他为什么要读你的诗呢？所以今天我就想和大家谈谈关于诗歌的问题。

中国新诗，从胡适先生1918年发表第一首新诗到2018年，正好是100年，这个新诗百年，实际上有很多值得我们总结和反思的东西。为了纪念中国新诗百年，北京大学中国诗歌研究院在谢冕院长的主持下，准备出版一套《中国新诗总论》，一共有五卷，它按年代把所有关于诗歌评论的重要文章汇编起来，是一部汇编型的书。后来他们补充了第六卷，叫"翻译理论卷"，这卷是由我主编的。

那么为什么要编辑这本书呢？众所周知，我国新诗的发展几乎是与西诗汉译同步进行的，西诗汉译影响着中国文学的现代性进程。所谓中国文学的现代性即中国文学西化。就诗歌而言，其现代性的具体表现集中为文言向白话的转变以及诗歌格律与意象的革新，这一变革始于明末清初传教士的翻译。至晚清，传教士与中国合译西方宗教经典，并尝试用白话文翻译诗歌。胡适翻译的《关不住了》，其创作的诗歌《蝴蝶》算是新诗的破茧之书。苏曼殊所译的《拜伦诗选》成为第一本外国诗歌翻译集。与此同时，中国诗歌的外译则体现在精细高雅的文化层面，西方对中国文化的接受以及对中国诗歌的凸显与塑造，在一定程度上成就了中国新诗，但同时也伤害了中国诗歌的文化总体系。而"翻译理论卷"旨在对百年来西诗汉译的理论与实践进行全面系统的梳理，为我国诗歌的健康发展提供正能量的借鉴，从而促进我国诗歌创作的繁荣，并为世界诗歌的发展做出应有的贡献。

因为要编这本大概50多万字的书，我做了大量的文献研读，发现从郭沫若开始一直到现当代，大家对诗歌翻译的讨论很多，但是有些问题到现在都还没有结论。讨论是很有必要的，但是结论务必清晰。我个人很认同墨西哥的文学家、思想家、文论家帕斯的观点。他有一篇专门论述文学翻译的文章，而且是论述诗歌翻译的。他认为所谓诗歌翻译就是你看懂了原文诗之后，用你

墨西哥诗人奥克塔维奥·帕斯
曾获 1990 年诺贝尔文学奖

的母语写一首跟原文尽可能相似的诗。简言之，诗歌翻译就像演员表演，是二度

创作。好的译者对原诗有透彻的理解，又能用自己的语言准确、鲜明、生动地转述原诗内容，观照原诗的风格与神韵。它跟小说翻译不一样，小说是讲故事的，诗歌没有故事，甚至没有逻辑，它靠的是意象和想象力。诗歌既然叫诗歌，我个人认为就应该有音乐性，它与其他文体应该是有区别的。可是你要把汉语的诗翻译成西语的诗，或者把西语的诗译成汉语的诗，实际上不可能追求形似。所谓翻译就是用自己的语言，按照汉语诗歌的规律把原文重新写出来。当然，不同译者具有不同特点，这就是为什么十个译者会译出十个不同的莎士比亚译本。

诗歌翻译不是一般人所想象的，好像会说外语的人拿着一本字典就可以翻译。因为你翻译的那个汉语诗是不是诗，这个要由读者来鉴定，不是你个人说了算的。有一些诗人找我帮忙翻译他的诗，我说不是我不愿意帮忙，是因为我翻译不了，因为我不是西班牙语诗人，不会用西班牙语写诗，那我凭什么把你的诗翻译成西班牙语？同样的道理：不是会说中国话的人就一定会写诗。那么诗歌到底可译还是不可译呢？简言之，内容是可译的，形式是不可译的。当然，这里说的是西诗汉译或汉诗西译。如果是同一语族之间的诗歌互译，则另当别论。如西班牙语和法语或意大利语诗歌之间的互译，要做到"形神兼备"就容易多了。记得已故英语教授齐声乔先生有一次对我说："王勃有一首题为《山中》的五言绝句：长江悲已滞，万里念将归。况属高风晚，山山黄叶飞。我去问朱光潜先生这首诗如何翻译，朱先生回答说没法译。"我上北大时，西方语言文学系有两位一级教授，一位是系主任冯至先生，另一位就是朱光潜先生。连朱先生都说"没法译"，还有讨论"诗可译否"的必要吗？再举一个例子，学过外语的人都知道，在外语的写作里，最忌讳的就是重复使用同一个单词；而在汉语里，有时这却是一种修辞手段。汉语和西方语言是完全不同的载体：一个属汉藏语系，另一个属印欧语系；一个是单音节表意的方块字，一个是多音节的拼音字母；一个有四声而且韵母非常丰富，一个是韵母相对单调但节奏却鲜明。如果逐字逐行，肯定无法翻译。当年把《红楼梦》翻译成西班牙文时，我们吃尽了苦头。像"花谢花飞花满天，红绡香断有谁怜""桃花帘外东风软，桃花帘内晨妆懒。帘外桃花帘内人，人与桃花隔不远"之类，如果硬是逐字逐句翻译出来，恐怕非但不是诗，读起来简直就不像话了。我想，朱先生所谓的"无法译"就是在这个意义上说的，这和西方人说的"翻译即背叛"是同样的道理。

诗歌翻译一般应"以诗译诗"。所以新诗诞生之初，人们普遍的看法是"诗人译诗"，当年的译者也的确以诗人居多。但解放以后我们学文学的和学外语的分道扬镳了，许多诗人不懂外语，学外语的不会写诗。现在又开始往回走，可能将来写诗的和译诗的会融为一体。我个人认为，借纪念新诗百年的契机，应该把译诗的人、写诗的人、评论诗的人、编诗的人乃至读诗的人聚在一起，好好探讨

中国新诗到底有什么问题？今后该如何繁荣和发展？

回到正题，诗歌翻译应做到"以诗译诗"。正如墨西哥诗人奥克塔维奥·帕斯在一篇题为《文学与直译》的文章中所说："从理论上说，只有诗人才应该译诗；而实际上，诗人成为好译者的情况寥寥无几。之所以如此，是因为他们几乎总是利用他人的诗歌作为出发点来创作自己的诗歌。好的译者则朝着相反的方向运动，他的目标只是一首类似的诗……翻译过来的诗应该是原诗的再现。"

在这里引用帕斯的话，不仅因为他是一位大诗人，还因为他也是一位翻译家。他翻译过王维、杜甫、苏轼等人的诗歌，对诗歌翻译有精辟的论述。我举一个例子，他译了杜甫的《春望》：

　　国破山河在，城春草木深。
　　感时花溅泪，恨别鸟惊心。
　　烽火连三月，家书抵万金。
　　白头搔更短，浑欲不胜簪。

下面是帕斯的译文，我把它直译成汉语：

　　帝国破碎了，山河还在，
　　三月，绿潮淹没了街巷和广场。
　　时局严峻，花上有泪水，
　　鸟儿的飞翔，描绘着别离。
　　碉楼和垛口说着火的语言，
　　斑驳的黄金是家书的价格。
　　我搔着头，头发花白
　　而又稀少，已经
　　留不住轻轻的头簪。

原诗的第二行，最令人费解："城春草木深"怎么译成了"三月，绿潮淹没了街巷和广场"呢？当然，如果"绿潮"指植被（草木），"街巷和广场"指"城镇"，"淹没"指"深"，也还说得过去，可这"三月"是从哪里来的呢？难道是指代"春天"吗？往下看，突然发现原来"烽火连三月"里的"三月"消失了，他把"一连三个月"理解成"三月份"了。当然，我们也不能责怪帕斯，他是从英文版翻译过来的，是那个英文译者译错了，帕斯也就跟着错了。

我们再看看帕斯译的苏轼的《江城子》：

　　十年生死两茫茫，不思量，自难忘。千里孤坟，无处话凄凉。纵是相逢应不识，尘满面，鬓如霜。
　　夜来幽梦忽还乡，小轩窗，正梳妆。相顾无言，唯有泪千行。料得年年肠断处，明月夜，短松冈。

同样，我现在直译成中文，题目是《怀念他的亡妻》，译文是这样的：

十年了，越来越模糊，

越来越遥远。

死者与生者之间，

并非愿意想起，

而是无法忘记。

她孤独的坟墓远在千里，

想着她，向着她，没有她。

就算能够重逢，

你也认不出我，

白白的头发，

灰头土脸。

昨夜我梦见自己回家了，

透过你房间的窗户看见了你，

你在梳头。

看见我，但没言语，

我们相互对视，哭泣。

我不知自己的心会碎在何方？

月光下，柏树冈。

从总体上说，与原意大体相似，但是如果要从翻译的角度来说，悼念他的亡妻，其实也是对的，在汉语当中，她是苏轼的亡妻，用了第一人称，翻译过来就变成了第三人称，"十年生死两茫茫"，七个字变成了两行。翻译追求的是最佳近似，译文和原文是不可能完全一样的。

对诗歌翻译的认识，有一次亲身经历使我有了"颠覆性"的提高。有一天，我跟一些中外诗人去黄山采风，其中有一位西班牙诗人叫胡安·卡洛斯·梅斯特雷，他是西班牙诗歌批评奖获得者。我把他介绍给同行的中国诗人，他们纷纷上去跟他握手，然后对他说："我们很喜欢西班牙语诗歌，喜欢加西亚·洛尔卡、聂鲁达、马查多、希梅内斯……"没等他们说完，胡安·卡洛斯说："但是，你们读的都是赵翻译的！"那些诗人当场都愣住了，我心里也为之一振，因为我自己从未这样想过。后来认真一想，觉得这的确是一件很严重的事情，我是在替这些世界级的大诗人写诗呀！

顺便说一个问题：我们对翻译重视不够。我去参加诗歌节朗诵，主持人介绍的时候只说作者和朗读者的名字，根本不介绍译者的名字。他朗诵的是原诗吗？是西班牙语吗？不是，是汉语。胡安·卡洛斯的话提醒了我。现在我和朋友聊天，也会提醒他们，你们现在读的诗是译者写的，而不是原诗，你不要模仿他，因为他不是聂鲁达、洛尔卡、马查多，即便是，也不要模仿，而是借鉴。翻译诗歌的确不容易，如同带着镣铐跳舞。我认为诗歌翻译是二度创作，但是有些人却不这样认为。有个德国的译者跟我辩论，他说："赵老师，你说的不对，你不是第二，你是第一。"我认为：原创才是第一，译者只能是二度创作。一个好的译者既能做到不脱离原诗，又能使其成为汉语的诗，这就是诗歌翻译的难处所在。

"文化大革命"后，我们有一种文学饥渴，20世纪80年代，国内对拉美的"文学爆炸"很感兴趣。我最早发表的译作是和北大赵德明、段玉然两位同事合译的巴尔加斯·略萨的《世界末日之战》，而我独自翻译的则是阿根廷史诗《马丁·菲耶罗》。到现在我也认为，翻译《马丁·菲耶罗》的过程对我是非常有益的。这是一部阿根廷高乔人的史诗，共7200行，可以说，我一开始就给自己选了一块难啃的骨头。这部史诗讲的是高乔人在潘帕斯大草原上的生活，是马丁·菲耶罗捍卫自由和尊严的斗争，我很喜欢，时不时就翻几行，日积月累，到1979年初就翻译完了上部。1979年我去墨西哥学院进修，就把下部也翻译完了。回国后便束之高阁，并未奢望出版。

《马丁·菲耶罗》
[阿根廷] 何塞·埃尔南德斯 著
赵振江 译，湖南出版社，
1984 年版

1984年，恰逢史诗的作者何塞·埃尔南德斯150周年诞辰，阿根廷要展览各种版本的《马丁·菲耶罗》。当时台湾当局在外交上非常孤立（当然现在更孤立了），他们抢先出版了《马丁·菲耶罗》并送到阿根廷参展。我国驻阿根廷大使馆知道后，时任文化参赞的张治亚先生就往国内发消息，希望国内尽快出版此书。这时距离展览只有4个月了，虽然我有现成的译稿，但是因为当时还没有激光照排，时间紧张，又无钱可赚，因此没有出版社愿意出版。中国西葡拉美文学研究会的一位副会长就给中央领导写信，结果得到胡耀邦同志的批示，由湖南人民出版社出版了当时堪称豪华版本的《马丁·菲耶罗》。

翻译《马丁·菲耶罗》，我断断续续花了六年时间，这是在我所有的译著中，花时间最多的一部。在翻译过程中，我不时想起书中绰号"美洲兔"的老人的训示：

谁若想成就好事/急性子那可不行/奶牛要反复倒嚼/牛奶才又纯又浓。

俗话说，慢工出细活，一点不假。而眼下，"萝卜快了不洗泥"的情况时有发生。因为首先要考虑形式和语言风格的近似。因此，我采用的七言诗和原诗的每行八个音节大体相当。有一次我去阿根廷大使馆，送大使先生一本我译的《马丁·菲耶罗》，他让我念一段，我便读了史诗的开头：

> 我在此放声歌唱，
> 伴随着琴声悠扬。
> 一个人夜不能寐，
> 因为有莫大悲伤。
> 像一只离群孤鸟，
> 借歌声以慰凄凉。

他听了很认可，高兴地从橱柜里拿了一把高乔人用的刀送我。我笑着说："中国人一般不送刀，送刀表示一刀两断。"他听了哈哈大笑。

在翻译过程中，第一步的难点在于要理解原诗。理解原诗首先要"设身处地"，要"进入角色"，要体会诗人在彼时彼地的情感和心态，这样对原诗的理解就不会有太大的偏差。我就举两个例子，有一段台湾版本译为：

> 在平安时他什么也赚不到手，
> 在战斗中，他却该一马当先，
> 如果他错误，却无人予以宽宥，
> 并且也不会对他宽恕，
> 因为在这个地方的高卓人，
> 只是用来作为投票。

我的译文是：

> 和平时分文不挣，
> 打仗时要你冲锋，
> 出差错无人原谅，
> 哪有人懂得宽容，
> 高乔人别无他用，
> 只是为投票而生。

这一段是写高乔人的苦难。只有当你真正地读懂了原诗的时候，才能准确、鲜明、生动地传达出原诗的意蕴和味道。还有一个例子，台湾版本是这样：

> 对他只有牢狱，
> 对他只有桎梏，
> 他的讲话总不会有理，
> 纵然是理由十足，
> 只有棍棒交柢，
> 这就是对穷人的讲理。

我的译文是:

> 对于他只有牢笼,
> 对于他只有酷刑,
> 尽管是理直气壮,
> 总诬你理屈词穷。
> 穷人道理是木钟,
> 干敲不响没人听。

诗歌中有一句"穷人的道理是木钟",当时教我西班牙语的老师是阿根廷律师协会主席,他讲每次给穷人写辩护词,开头都要引用这句诗。但如果就这么译出,给人的印象并不突出,所以我就加了一句:"穷人道理是木钟——干敲不响没人听",就变成一句歇后语了。不能说加上这一句就不忠实原文了,因为在原文中,这是言外之意;可在译文中,如果不加上,读者就体会不出原诗的原汁原味。说进入角色,是因为译者有点像演员,是二度创作。比如,人艺的老戏骨舒绣文和李婉芬都演《骆驼祥子》中的虎妞,但她们的扮相、神采、韵味,各有千秋,却都没有离开原作,都是老舍先生笔下活灵活现的虎妞。你一定要说哪一个更像,恐怕就见仁见智、众说纷纭了。

其实不管是诗歌翻译还是文学翻译,它所追求的都是"最佳近似度"。比如《马丁·菲耶罗》原诗的形式都是西班牙谣曲,是西班牙最古老的诗歌形式,也是最普及的诗歌形式。西班牙既有无名氏写的"旧谣曲",也有大量文人创作的"新谣曲"。《马丁·菲耶罗》基本上是六行为一段,每一行八个音节,诗人在模仿民间歌手的即席演唱,幽默诙谐,雅俗共赏。经反复考虑,我采取了七言民歌体,六行一段,与原文大体相似。拙译在阿根廷受到了普遍欢迎。为此,阿根廷总统于1999年为我颁发了"五月骑士勋章"。阿根廷一家出版社,还于2008年出版了西、英、汉三语版的《马丁·菲耶罗》,并被阿根廷外交部定为国家馈赠外宾的礼品。

再举一个例子,在翻译《红楼梦》的过程中,我们碰到了很多难题。比如"香菱"的名字,因为西班牙没有菱角这种植物,自然也就没有西班牙文的名字,在我们审校的译稿中,把"菱"译成了"荸荠",这显然和一位楚楚动人的少女形象相去甚远。经再三推敲,我们把香菱的"菱"译成了"睡莲",后面加了个注释。翻译的难点很多,但最大的难点是书中的诗词歌赋和楹联匾额。为了保证译诗的忠实,首先由我做两种形式的翻译:一种是不管西语的语法结构,逐字硬译,"对号入座",并标出如何发音,这样做的目的在于使与我合作的西班牙人对原文的"本来面目"包括韵律有个总体印象,并了解每句诗包含的内容;另一种则是按照西班牙语的语法规范所做的真正意义上的翻译。我的合作者在这两种翻译的基础上加工，使其成为名副其实的西班牙语诗歌。他修改之后再交给我审定。经讨论，我们两人的意见一致后，再把稿子交给几位诗人朋友传阅，请他们提出意见并帮助修改。之所以这么认真对待，就是为了追求这个"最佳近似"的效果。这样才能使外国读者领悟到这些诗词的韵味。西文版《红楼梦》出版后，得到了评论界的认可，受到了读者的欢迎：第一卷印刷2500册，一个月就售完了，并被西班牙《读书》杂志推荐。我在1998年获得西班牙国王胡安·卡洛斯一世授予的"伊莎贝尔女王骑士勋章"，与此不无关系。2005年，120回的西文版《红楼梦》全部出齐，成为西班牙文化界的一桩盛事。

西班牙语新版《红楼梦》
赵振江 译

诗歌被誉为文学艺术的皇冠。好诗不易得，译好诗更难。首先是要选好作品，无论内容还是形式，经得起时间的考验。我个人则比较喜欢聂鲁达的作品。上世纪50年代，聂鲁达在中国虽然非常流行，但翻译过来的是清一色的革命诗歌（政治抒情诗），而实际上他的诗歌是由爱情诗、政治诗、超现实主义诗歌这三部分组成的。聂鲁达在致米格尔·埃尔南德斯的诗中说："通过你的死，我学会了生：我的眼睛几乎没有模糊过，我有的不是恸哭的泪水，而是无情的武器。"

我译了他的《二十首情诗和一支绝望的歌》。这是他的成名作，1924年出版时，他还不满二十岁。爱情和大自然是贯穿这部诗集的两个主题，这些作品自然流畅、节奏鲜明，将朴实无华的语言与鲜明生动的形象融为一体，表现了一个二十岁的青年对爱与美的渴望和追求，尤其受到青年读者的喜爱，成为世界诗坛发行量最多的诗集之一。他的作品之所以长期受到广大读者的欢迎，与他写人民的题材是分不开的。而他的艺术风格，很难将它划入某一个流派。如果一定要说它属于什么"主义"，只能说它属于"聂鲁达主义"，因为他的艺术风格是浪漫主义、现实主义、象征主义和超现实主义等各种流派相互融合的产物。

总之，诗歌翻译是一项复杂的、艰苦的脑力劳动，是二度创作。一个诗人在动手或完成写作之前并不知道自己写出来的诗将是什么样子，而译者在翻译之前，就已经知道自己翻译的就是眼前的那首诗。诗歌译者一定要尊重原诗，但又要在原诗的基础上进行再创作，否则，要译好一首诗是不大可能的。

谢谢大家！

赵振江老师在内江师院文学院
热情主讲拉美诗歌翻译研究专题

赵振江老师给文学院学生签名留念

学与问（节选）

邹骑文： 赵老师，您好！我是文学院2016级4班的学生邹骑文，这是我入学后听到的最精彩的学术讲座。当我们知道了西语版《红楼梦》是您翻译的时候，非常惊喜！您能否谈谈翻译《红楼梦》的意义以及您翻译这部作品最大的收获是什么？

赵振江： 最大的意义和收获就是使西班牙和说西班牙语的美洲读者能了解我们的四大名著之一——《红楼梦》。我们天天讲，要让世界了解中国，要讲好中国故事，就要脚踏实地，一件一件地做实事。一辈子能做这样一件事是我最大的荣幸，是我精神上最大的满足和欣慰。至于物质上，我译《红楼梦》既没有版权，也没有稿酬。但是我非常感谢西班牙格拉纳达大学，感谢他们给我这样一个机会，使我能做对国家这么有意义的一件事情。这样的机会不是什么人都能遇到的。

邓铜： 赵老师，您好！我是文学院的学生邓铜，刚刚听了您的讲座很激动，大部分内容我几乎都是第一次听到，真是非常幸运。您做翻译一定是很辛苦的，我想知道，翻译一部诗集怎样才能获得最理想的译本？

赵振江： 首先当然是要选好作品，无论内容还是形式，能经得起时间的考验。作者最好是德艺双馨；作品最好是雅俗共赏，既有艺术性，又有人民性。当然，具体问题还要具体分析。至于翻译，如果是西译汉，对西语理解应该到位，汉语表达应尽可能做到准确、鲜明、生动。而汉译西，我认为主要由国外汉学家来完成。因此，当国内诗人找我翻译时，我一般不接受，道理很简单，我不能用西班牙语写诗，如何能把他们的诗翻译成西班牙语呢，非不为也，实不能也！如果我翻译，一定要和西班牙语国家的诗人合作才行。

郭春玲： 赵老师，您好！您刚才读诗的时候，是我第一次面对面听到西班牙语诗歌，好听又特别，我在网上听到了您的一个西班牙译诗的音频《生与死》，包含了深刻的生命哲理，您能不能现场为我们同学朗诵这首诗呢？

赵振江： 《生与死》是秘鲁诗人贡萨雷斯·普拉达的作品，我翻译时也很喜欢。下面我用西班牙语和中文分别朗诵一遍吧。

西班牙语朗诵（略）

中文朗诵：

生与死（十四行诗）（译者：赵振江）

生的气息如烟雾茫茫，
人、鸟和花都会死亡。
爱情奔向遗忘的海洋，
快乐躲进狭小的墓葬。

昨日的灿烂今在何方？
所有的光辉都会化作夕阳。
所有的佳酿都蕴含着胆汁，
一切都在将出生的罪过补偿。

享乐是一种甜蜜的痛苦，
谁能只有欢笑而没有悲伤。
情感似火焰，疯狂而又徒劳，
思考即渴望，徒劳而又疯狂。

何谓生？身在梦乡而没有入睡。
何谓死？已经入睡又不在梦乡……

2018 年 9 月 22 日
内江师院东区中文楼 402 教室

作者简介

　　赵振江，北京大学西语系教授，博士生导师，著名西班牙语翻译家。曾任北京大学西语系主任，中国西、葡、拉美文学研究会会长。长期致力于译介西班牙优秀的作品，翻译了鲁文·达里奥、米斯特拉尔、聂鲁达、巴略霍、帕斯、胡安·赫尔曼、加西亚·洛尔卡、马查多、希梅内斯、阿莱克桑德雷、阿尔贝蒂、米格尔·埃尔南德斯等享誉世界的诗人作品。出版专著、译著几十部，并与西班牙友人合作翻译、出版了西文版《红楼梦》。1998 年西班牙国王授予"伊莎贝尔女王骑士勋章"；1999 年阿根廷总统授予"共和国五月骑士勋章"；2004 年智利总统授予"聂鲁达百年诞辰勋章"；2014 年荣获"鲁迅文学翻译奖"；2017 年 8 月 15 日，荣获"百年新诗贡献奖——翻译贡献奖"；2022 年，荣获中国翻译协会颁发的我国翻译界最高荣誉"翻译文化终身成就奖"。

我认识的中国拉美文学翻译家

刘存沛 / 云南人民出版社编审

> 一个外国文学研究会的诸公和一家地方出版社亲密合作十五年间，不离不弃，共同推出拉美优秀文学图书，共同创造了历史。
>
> ——刘存沛

二十世纪八十至九十年代，中国文学出版界一度出现过繁花似锦的局面，优秀的中国文学图书和优秀的外国文学翻译图书的出版，呈比翼齐飞、异彩纷呈状。其中，云南人民出版社的"拉丁美洲文学丛书"和漓江出版社的"获诺贝尔文学奖作家丛书"以其丰饶厚重的成果，最终成为国内文学出版界的两朵奇葩。"拉丁美洲文学丛书"还成为当时云南唯一的国家"八五""九五"重点出版规划图书，风光盖世，一时争说拉美，在海内外产生重要影响。时任国家新闻出版署署长的于友先先生曾明白无误地要求地方出版社向云南学习，走自己的路，走个性化、独特化的出版之路，季羡林先生也作过同样的评论。

一直追随着拉美丛书走过的内江师院王彤老师，在今年七月中旬，将她编著的《永不谢幕的经典：莎士比亚戏剧课程参与性教学对话录》寄赠我，发来短信，邀我聊聊当年与拉美翻译家们交往的故事，以丰富她的线上文学讲座，这无疑是一份美意。起初想过，作为与拉美丛书及其翻译家们作别多年，失联多年的我，今天来回首往昔，历历在目，北望蓝天，研究会诸公的音容笑貌再次浮现在眼前，那亲密合作十五年的历史，毕竟是我和拉美翻译家诸公们共同创造的，终归属于可堪回首之列，更何况该丛书在国内文学界、出版界，在境外包括丛书之宗主国造成的影响可谓前所未有。事实证明，我们共同创造了一个地方出版社和一个国家级文学研究会亲密合作15年的历史，可谓史无前例。每思及此，作为拉美文学丛书编辑出版的掌门人，便真有些欲罢不忍。那么就让我来从历史的积淀中打捞出一些缤纷碎片，说说我与拉美文学翻译家们之间的往事，且作别白首之翁话群儒吧。

陈光孚：让我识得群儒的第一人

要说我单独结识拉美文学丛书翻译家们有个先后顺序的话，陈光孚先生可算得是第一位。陈先生当年是中国社科院外国文学研究所拉美室主任，同时兼任中国西葡拉美文学研究会副会长，主编出版过《拉丁美洲当代文学论评》。

陈光孚

1985年夏天，中国外国文学出版工作者协会在无锡召开年会，陈先生应邀出席做讲座。他运用以小见大的方式，从拉美微型小说荡开去，向与会诸公介绍拉美文学。整个讲座自始至终绘声绘色，感染力强，令听者闻所未闻，心旌摇荡，有一种美不胜收的感受。这种别开生面、颇有新意的学术讲座，让那些上午偷偷离会去逛街的出版同仁们后悔不迭，纷纷要求下午再讲，以补缺憾，这就发生了一日之内重版一个学术讲座的美谈。

就在陈光孚上午讲座的中途，在其精彩连连之际，我忽然福至心灵，来了想法，便悄悄地写了一个纸条，传到讲座席上给他。纸条上写的是云南有意出版一套拉美文学丛书，想请他帮助云南策划一套包括拉美微型小说在内的选题，希望饭后能在宾馆花园内一谈。他顺眼看过，当即收下，饭后果不爽约。于是乎我俩有了一次围坐花坛、推心置腹的长谈。记得我们的交谈是从拉美文学的品位开始的，涉及拉美历史文明及进程、拉美多民族文化格局、拉美所处的纬度及气候，甚至包括拉美也有"春城"等，拉美诸多方面与云南的相似也都谈到了。随后谈到了全国出版格局，俄、美、英、法、德、意、日等语种的文学丛书在国内都有出版社在搞了，我们不能插手，业界零星出过一些拉美作品，但从整体上看，终归还是空白。如此这般，最终的共识是云南犹如中国的拉美，拉美文学丛书当由云南，来填补这个空白，再适合不过了。

有了这次长谈，便有了后来策划的深度和跟进的一切，包括1986年4月在昆明举办的西葡拉美文学研究会年会、研究会与出版社正式签下翻译出版协议、丛书开始启动等。

拉美丛书中有一部长篇小说叫做《酒吧长谈》，那是秘鲁大作家略萨的世界级名著，仿此书名，我与陈光孚先生的那次无锡宾馆之长谈亦可称为"花园长谈"了。

随后，他的《拉丁美洲微型小说选》自然是顺水推舟，理所当然成为丛书早期的问世品种之一。

《拉丁美洲微型小说选》陈光孚 编
云南人民出版社，1988 年版

此书当年印数失准，导致滞销，而今从网上得知，市场上之遗存本却是被炒到600多元一本，还真是洛阳纸贵，让我诧异。可惜陈先生没有随着拉美丛书的成长而一展功名，他因周围发生的诸多不顺，最终选择远走拉美，定居他国。当年去社科院外文所拉美室拜访他的那些场景，在无锡宾馆花园与之长谈之情形依然记忆犹新。

范维信：《弗洛尔和她的两个丈夫》译者之一，让丛书一炮打响的智者

拉美丛书中推出的第一本是什么？可以明确地说，是世界著名巴西大作家亚马多的长篇小说《弗洛尔和她的两个丈夫》。这是一部现成的译稿，译者是社科院的范维信和北京外国语大学的孙成敖，他俩留给我的印象是行事低调、为人谦和，故在丛书出版协议签订以后，他们就奉献出这部译稿，我们即列入选题，很快进入了出版程序。出乎意料的是，市场销售格外看好，以致多次印刷，甚至改版换封重印，风行一时。这部反映巴西普通民众日常生活和精神文化追求的小说，最终总印数在30万册左右（含疑似盗版）。该书译笔明白晓畅，可读性极强。后来知道，译者之一的范维信还是香港回归《中英联合声明》葡萄牙文本的最终译者，可见其译笔功力。

这里有必要讲一下《弗洛尔和她的两个丈夫》中性描写的事。记得这本书刚出版的那一年，恰逢亚马多来华访问，我出差北京，范维信、孙成敖当面跟我讲："亚马多很关心《弗洛尔和她的两个丈夫》书里面的性描写，问有没有被出版社删除？"我明确告诉他俩，一点未删，全给保留下来了。他俩立即把这情况转告了亚马多，亚马多听后欣慰并感谢。皆因为我们没有遮蔽和损坏作品的题旨，即完美的性生活是弗洛尔幸福生活的重要组成部分。正如近代学者张竞生在《性学》中所言："性是学问，是一门艺术。性生活是人生美好的精神享受，它有利于男女双方的身心健康……"在这一点上，亚马多可谓与张竞生心灵相通。不同的是，一个用文学表现，一个用理性诉说。而今，《弗洛尔和她的两个丈夫》的中译本早已存入巴西亚马多纪念馆，成为中国巴西文化友好交流的永久性物证。此外，范维信还为丛书贡献了亚马多的《大埋伏》；巴西著名作家、被誉为"百万书翁"的维利希莫的长篇小说《大使先生》，是丛书的重要组成部分，也是范维信贡献给丛书的译作。在拉美诸公中，范维信可谓对丛书贡献最多者。

吴健恒：《百年孤独》全译本译者，成就了拉美丛书的镇殿之宝

讲拉美丛书及其译者的故事，绕不开者当属《百年孤独》了。首先要说明的是，之所以称为全译本，在于译者吴健恒将原作末尾处布恩迪亚家族乱伦的文字描写悉数译出，从而保住了小说的原貌，还原了作品的文化内涵和作家的用意。

吴健恒老先生是中央党校的教授，对《百年孤独》情有独钟，在看过国内三个译本之后，顿觉自己尚有用武之地。此时恰逢我提出若拉美丛书没有《百年孤独》，那将失色不少。若将拉美丛书比作文学殿堂的话，那《百年孤独》就是镇殿之宝。吴先生知道我的需求后，便自告奋勇，愿意来做译者，我欣然接受了。吴先生前后花了一年多时间，才把这部28万字的名著译出。期间，为了《百年孤独》，我成了吴先生家中常客，也第一次走进中央党校。

《百年孤独》
［哥伦比亚］加西亚·马尔克斯著
吴健恒 译，云南人民出版社
1993 年版

事后方知，吴先生手头并无原作版本，是靠北大赵振江教授欣然借给，所写译记是北大赵德明教授慨然提供了原版《加西亚谈加西亚》图书，得以写得完善。吴先生说他是靠两条得以成功的：其一，工具书，西文词典、西英词典、西汉词典和百科全书不离手，加上资料的运用；其二，翻译中碰上了拦路虎，即找相关行家里手请教、切磋。凭此两条，最终成就了高质量的译本。在国内四种《百年孤独》的译本中，吴先生的译本被学生们认定忠于原著，在高校推荐读本中被选用最多。

赵德明：学贯中西的北大教授

在拉美文学译界群儒中，赵德明教授算是我关注最多、接触最多、话聊最多的名家，也是我认定的情商、智商双高的知心朋友了。他为人坦诚、热情周到，从不搞虚与委蛇那一套，家里经常是"满座皆鸿儒，往来无白丁"。他一直连任中国西葡拉美文学研究会副会长，是拉美文学丛书编委中不可或缺的人物。

他是北大西语系的博导。作为教授，作为《拉丁美洲文学史》作者之一，作为更多拉美文学作品的译者，作为《拉丁美洲中篇小说选》主编，其译笔和口才均在方家之列，其演讲能力出众，滔滔不绝，妙语连珠，令听者如沐春风。那些年，在北大，赵德明先生一旦开办拉美文学讲座，别说本系满座，连外系学生都会闻风而来，争先恐后，站满整个阶梯教室。

刘存沛老师与赵德明教授
1998年11月在墨西哥太阳金字塔下留影

赵教授格外关注中国作家创作，熟悉中国当代文学，他和好多知名作家都是朋友。著名作家、现为云南作协主席的范稳撰写"藏地三部曲"期间就不断与他交流。赵教授曾对我和范稳讲："《百年孤独》是一个标杆，中国作家要成功走向世界的话，其创作水准就得跨过这道标杆。"

赵教授与赵振江、陈光孚一道，同为在云南传播拉美文学的第一人，功不可没。那是1986年4月的事了，研究会在昆明召开纪念加西亚·洛尔迦遇害五十周年研讨会期间，经过我的联系，省作协特邀他和赵振江、陈光孚专程到正在海埂举办的小说笔会上，分别做拉美小说、拉美诗歌和拉美当代文学概况的演讲。对于这个别开生面的、带有启蒙性质的演讲，曾任云南省作协副主席的著名作家汤世杰先生深情地回忆道：几位先生"用几个活生生的小故事，向大家深入浅出地介绍拉美和拉美文学，让大家自此打开眼界，识得了何为魔幻现实主义，何为拉美文学，涌现了一批好作家好作品，足见刘先生和他的同事们之功莫大焉"。

1988年，我们云南出版代表团访问古巴、墨西哥、智利和阿根廷四国，赵教授临时兼任了参谋、翻译和导游的角色，每到一城一地，因有他出面在前，一路顺畅无忧。期间，对包括墨西哥经济文化基金会这一拉美最大出版机构在内的近十家出版社所作的工作访问，均因赵教授善解人意的翻译，使得场面气氛分外轻松和谐。在对墨西哥人类学博物馆、墨西哥太阳金字塔、潘帕斯大草原以及聂鲁达故居、托洛斯基故居等的访问中，也因有了赵教授，我们才获知其中不少文化奥妙。

赵振江、段若川：学养丰厚的伉俪，术有专攻的大家

在拉美翻译家群儒中，赵振江教授算得是独出一格的方家——但凡提到拉美诗歌，则非他莫属，他俨然是拉美诗歌研究和翻译之集大成者，还是《拉丁美洲文学史》作者之一。气质儒雅，身体也健朗，喜欢篮球运动。他给我的印象是阳光、中气足、有活力。《帕斯作品选》《拉丁美洲历代名家诗选》等是他对拉美文学丛书的贡献。更值得敬佩的是，赵振江教授以强烈的责任感，参加了西班牙语《红楼梦》的翻译工作，这可是前无古人的创举，因而荣获了西班牙国王颁发的"五月骑士勋章"。此外，他还获得智利的一个国家大奖，又获得了第六届鲁迅文学翻译奖，可谓拉美译界的"获奖专业户"了。现在，他又在主编"一带一路"系列诗歌集，依然宝刀不老，精力旺盛，奉献不断。

他与夫人段若川教授同在西语系，琴瑟和鸣，共同乐为拉美文学教学、研究和翻译事业献身。段若川教授具备女性最为优秀的特质，温文尔雅，善解人意，属于高情商、高智商者。她为丛书贡献了智利大作家何塞·多诺索著名的《旁边的花园》译本。她对拉美文学、拉美艺术之钟爱简直到了爱屋及乌的程度。记得有一年夏天，西葡拉美文学研究会在一南方城市举办年会，期间，谈及会议活动安排，我说晚上联欢会卡拉ok时可唱唱苏俄歌曲。段教授听罢，马上回绝我："不准你这样说！"我问为啥？她说："你不知道世界上最好的音乐在拉美！"接着又说："等回到北京，你来我家听听。"会后我到她家，她东翻西找，四下茫茫，便问："振江，那些磁带到哪儿去了？"赵振江答："我也不知道。"于是判定，那磁带被更爱拉美音乐的宝贝儿子私下给藏起来独享了。只好让我听"一般的"，已然有不同凡响的感受。而今，段若川教授已驾鹤西去多年，当属英年早逝，每思及此，怎不令人戚戚然。

孙家孟：译笔一丝不苟的学者

秘鲁大作家略萨的《酒吧长谈》，阿根廷大作家科塔萨尔的《跳房子》，作为拉美文学丛书的重要组成部分来说，是两部站得住阵脚的扛鼎之作，这两部长篇小说的译者就是孙家孟教授。

孙教授供职于南京大学，给我的印象是严谨、沉着，做学问一丝不苟。书法界有一说，从人的字迹可大略判断出人的气质和秉性，从孙先生当年于南京寄给我《酒吧长谈》和《跳房子》的笔译手稿看，我对此话有些信然。那译稿可是写得端端正正，字字工整，没有难以识别的"我字体"，读来明白晓畅，文学感特强。显然是作了精心润色修饰，尽量贴近了略萨的酣畅淋漓、大江奔流不息、高天白云翻滚的叙述风格；展示出科塔萨尔的严谨深沉以及现代主义、后现代主义的写作风格，读来很是受用、畅快。

《跳房子》中译本出版之年，恰逢阿根廷"五月革命"186周年，阿根廷驻华大使馆举办庆祝活动。因我是《跳房子》的责任编辑，大使先生便通过孙教授发来请帖，邀我共襄盛举。《跳房子》中译本新书发布自然成为庆祝活动的一个亮眼项目。纪念活动结束后，所有中外来宾，在使馆草地上、绿树下共享冷餐招待。

多年来，孙教授一直是我发自内心敬佩的学人之一，跟他交谈，我都毕恭毕敬，从不敢随性造次。

张广森、贺晓：文学观念精准、译笔严谨、信息丰富、视野开阔的伉俪

张广森教授的笔名叫林之木，系从其名之森字解出。他和其妻贺晓一同供职于北京外国语学院。这对伉俪都为拉美文学丛书贡献过自己的智力。

张教授是墨西哥百科全书式的大作家德尔·帕索的长篇小说《帝国轶闻》和智利大诗人聂鲁达长诗《漫歌》的译者。张教授文学功底深厚，见识卓杰，谈吐过人，其《帝国逸闻》的译笔可谓出神入化，特别是其中所谓意识流，所谓心理现实主义的展开和描写，真是淋漓尽致，读来让人心旌摇曳，有一种雄浑滔滔，起伏跌宕之感受。充分体现了这部当代拉美"新小说"集大成之写作特点，即它"集纳了传统和非传统的、一切行之有效的文学形式和表现技巧，堪称'总括文学'"的神韵。难怪当初审读完译稿之后，我曾好长时间不想读中国小说了，觉得味淡。自此，张教授成为我最为敬佩的译者之一。每次出差北京，我都要前去拜访，可谓相谈甚欢，受益良多。

1998年初，张教授隆重地向我推荐了由墨西哥经济文化基金会和联合国教科文组织联合推出的"随报赠书"系列丛书，含25位著名世界级拉美作家的作品。我们曾专程访问过这个基金会，它是拉美最大的出版机构，惜乎当时不知道基金会有这套丛书。根据张教授推出的"随报赠书"系列，我曾计划将每五位作家纳为一集出版，可惜只出了第一集，之后便随拉美丛书寿终正寝了，真是令人惋惜。

林一安：译笔端正严谨，工作一丝不苟

林一安作为社科院外文所研究员、《世界文学》副主编、中国西葡拉美文学研究会副会长，给我的印象总是：在厚重的近视眼镜后面，一副凛凛然的样貌。他做人做事讲求高调，端正严肃，一丝不苟。对错译、误译从来不留情面，往往轰然托出，以正视听，以表学识。众所周知，博尔赫斯有一篇著名的小说，其标题一直译为《交叉小径的花园》，殊不知此系错译，准确的译词当是《小径分岔的花园》，这才符合小说的本意。错在集体无意识上，直到90年代中期的一次研究会年会上，他与新华社的王永年一道，共同指出这一历史性的错译，这篇小说标题才得以名正言顺，回归妥帖。

字斟句酌，刻意用心，不放过任何差错，包括笔误，这是他的优点。但也有人认为林在吹毛求疵，很小心地避开他。"水至清则无鱼，人至察则无徒"之警语，用于他，或许不错。我在出版社编印了一本特殊开本的小册子，供宣传和订货者使用，篇幅为48页，将拉美丛书作逐本逐页介绍，很受业界欢迎，至今还妥妥收藏。当年，林在肯定这本小册子的同时，毫不客气地当众指出编排上的一些疏漏，道他人之所不道，让我记忆很是深刻，不得不服。他终归是《世界文学》这个权威刊物的副主编，并非浪得虚名。

诸公待我如家人，我视诸公为知己

1998年夏季的一天，国内知名记者朱健国以《中华读书报》深圳记者站站长、主任记者的身份，满怀热情专程从深圳来我社采访，随后写出专题长文发表，讲述了我社推出的拉美文学丛书和创办《大家》文学杂志的盛况。就在这篇激情洋溢的文章中，他首次把我的真名和"刘拉美"并提，说因为我开拓并钟情于拉美文学丛书的出版，受业界敬重，被同仁誉为"刘拉美"。"刘拉美"一名自此便不胫而走，在文学界、出版界流传。可以说，朱健国是"刘拉美"这一雅号的"始作俑者"。多年之后，微信来临，我便用它做了网名，使用至今。

"刘拉美"的称呼传到了西葡拉美文学研究会，也得到了研究会诸公的认可，由此更增添了我与他们的亲密度。这其中，意气相投，心有灵犀，见地相近，多有共同语言。

记得在一次选题讨论会上，我提出几个书名，建议诸公考虑。当即就有专家问我："你怎么会知道得那么多？"我回答道："都是你们给的——我从你们发表文章中得到的。从你们发表在《世界文学》《外国文学》《外国文学动态》以及报刊杂志的文章中得到的。"听我这么一说，他们才以为然。原来，每位专家都专攻一家一门，术业自有专攻，朝深度发展去了，哪有时间和精力像我一样搞信息综合。事实证明，正因为我有自己的话语权，每每言之有物，专家们才更加在意我。

记得有一年出差北京才两天，家中突发急事，我不得不与西葡拉美诸公在会上告别。回昆后不久，就接到胡真才打来的长途电话，告诉我说："你当天走后，大家都还在议论你。"我问："议论什么？说来听听。"胡真才说："主要就四个字：短小精干。说你说话做事就像你的身材一样，短小精干……"我一听乐了，欣然接受。

胡真才是人民文学出版社外文部编审，在拉美研究会诸公中，是与我交往最多者之一，除同为西葡拉美文学研究会会员外，还同为中国外国文学出版研究会会员。我与他，既是同侪，又是同仁，在职称上也同为编审，可谓秉性相近、意气相投，是为知己。除却高级编辑外，他还多了个译者的身份。他为拉美文学丛书贡献了阿根廷大作家科塔萨尔长篇小说《中奖彩票》中译本，让我格外看好。每次出差北京，我都要抽时间去他办公室坐坐，一来沾点"皇家出版社"的地气，二来与他交换些信息，顺便要几本好书。没想到这么个待人诚恳、颇有气质的好人，去年竟遭遇街头车祸，真个叫人情何以堪。而今只能愿他在天之灵安息。

接下来再说几个我与诸公的生活故事。

那些年，每次出差北京，他们都会视我如远方亲戚到来。要我在家庭饭桌上与他们的母亲、妻子一道用餐。我先后在赵德明、尹承东、吴健恒、张广森、毛金里家里蹭过饭，以赵德明、尹承东家最多。他们知道我肠胃好，不讲究吃喝，有时一个馒头就开水就是一顿，故不安排我到餐馆，即便要安排，我也会拒绝。

有意思的是后来官至中央编译局副局长的尹承东，不但安排我住中央编译局招待所，还安排我到他家里吃饭，我俩只管谈话，其他全由他妻子操办，吃什么可是有讲究：我到京的那一顿，吃饺子；离京的那一顿，吃面条。我问有什么用意，他说："这可是我山东老家的习俗——吃饺子是把你和我们搅合在一起，吃面条是把你长长地拉着。"记得有一年我得到好多赠书，加上镇江赛珍珠研究专家刘龙先生赠我的镇江名醋，满满一大旅行包，重18公斤。为减轻我的负重，尹承东硬是一大早用自行车帮我把行李运到位于市区的航空站，方挥手别别。他很早就为丛书贡献了略萨的《胡利娅姨妈与作家》著名长篇译本，是我较早认识的拉美翻译家。

最后，让我用一段话作为结束语吧：在中国，在当代，一个外国文学研究会

的诸公和一家地方出版社亲密合作十五年间，不离不弃，共同推出拉美优秀文学图书，共同创造了历史，让其他诸多外国文学研究会无以比肩，堪称当代中国文学翻译史和出版史上的佳话，这是值得纪念和回味之所在。就让我在彩云之南，借用范仲淹的千古名句，赠给拉美丛书译者诸公：

云山苍苍，江水泱泱。

先生之风，山高水长。

学与问（节选）

王彤：刘老师您好！1998年在北大西语系拉美文学课堂上，我们第一次听赵德明老师提到了云南人民出版社，特别是有一位责任编辑因为主编了具有影响力的拉丁美洲文学系列丛书，大家都称他"刘拉美"，当时全班同学都笑了。那时拉美文学课是我们最喜欢的课，我们几乎是全班"恶补"了拉美文学，而且很幸运有机会见到了诸多西班牙语翻译家，赵振江老师、段若川老师、赵德明老师、陈众议老师都曾出现在课堂和论文答辩现场。因为西语系硕士学位班学生大多是汉语言文学专业的高校教师，对此非常陌生，但又无限好奇，没想到我们认真完成的一次拉美小论文让赵德明老师很满意，加上您在云南人民出版社的助推，顺利出版了《我们看拉美文学》一书。直到现在我依然好奇，当初是什么原因让您以及云南人民出版社慧眼独具，出版了富有影响力的拉美文学系列丛书？

刘存沛：这问题问得很好，当年国内很多喜欢拉美文学的作家和读者也有过如是的问题，可以用一句大而得当的话来回答：拉美文学丛书的推出，是改革开放的结果。没有改革开放，就没有拉美文学丛书的问世。当年，我和我们出版社确实得到了一个天时、地利、人和高度统一的大势。那时的出版社正沉浸在与日本做成《云南山茶花》《云南杜鹃花》两本书的版权贸易中，从而走在全国出版社前列。"人无我有，人有我新，人新我特"的出版理念，成了社里上上下下的追求和行动。那时的我有了一种不安于现状、不甘于平庸、想要搞出一批高水平文学图书的心理萌动，以致1985年在无锡会议上撞上了陈光孚研究员的拉美文学的演讲，当即认定：理想中的高水平文学图书，所谓的"人无我有"的图书选题就是它了。那时的社长是位思想开明、精通英语的社长，明知搞拉美丛书会使他失去校译费，但当他在编辑部会议上，听我根据无锡会议作出的"云南是中国的拉美，拉美文学丛书当由云南来出，来填补这个空白"的选题论证后，不但不表示任何疑义，反而觉得符合了那个"人无我有"的出版理念和追求，欣然同意了我的主张。拉美文学丛书出版行动自此得以顺利起步。

王彤：能想象得到当年拉美文学丛书选题立项及编辑出版过程中从山重水复到柳暗花明本身就是精彩的故事，您遇到了很多有趣的灵魂。刘老师，您印象最深的故事还有何补充？

刘存沛：是有几个小故事的。首先一个是有个别社外专家不理解，还妄加评论。那是出版社决定搞拉美文学丛书的消息传开后，一位从事外国文学教学多年的老教授公然以不屑一顾的口气发言了："什么拉美文学？"很显然，在他眼中，只有俄、英、美、法、德、意、日等国的文学，才是正宗。我想起赵德明教授讲的，当年闻知西葡拉美文学研究会成立时，一位英语文学大翻译家有意见了："搞什么拉丁美洲文学？跟着英美文学走就行了。"完全没有预见到拉美文学的全球影响力。

在那个90年代，随着拉美文学丛书一批批的推出，国内读者写给我的信也一件件飞来。它们大多来自北京、天津、上海、广州、江苏、吉林、四川、陕西、河南、湖南、湖北、浙江等地，其内容均是对云南出版社的交口称赞。新华社的一位记者说："你们勇于开拓，给我国读者展现了他们不了解的世界，这种奉献精神很值得敬佩。"《传奇故事》编辑部的一位编辑说："在当今这种文化不景气的情况下，你们卓有见识地出版这样一套拉美文学丛书，这是一项富有建设性、开拓性的大工程，此中的意义是重大的。我将悉数购买。"时任《作家》的主编说："你们出版这套拉美文学丛书，很有魄力，非一般地方出版社所能为，谨向你和贵社表示我的敬佩之意。"更为有意思的是，作为金庸研究专家的陈墨，在做金庸研究的同时，以极大的热情关注"拉丁美洲文学丛书"的出版，倾情撰写了《希望的"新大陆"——读"拉丁美洲文学丛书"》一文，在1994年12月4日的《新闻出版报》发表。他为丛书归纳出三大特色：一是全面性、系统性及其"集团优势"；二是翻译的准确性、权威性及其"原汤原汁"；三是连续性与远见性。每本书都载有"译者前言"，对读者起着指导和参考意义。丛书对我们的文化交流和积累，对我们的文学创作和研究都有着不可估量的价值和意义，对现在和未来都会发生影响。陈墨先生的这些见地经得住历史之考验，放在27年后的今天来看，仍不失新意。

王彤：刘老师您主编的拉美文学丛书并没有采用拉美作者照片，像马尔克斯、帕斯、略萨等头像插图都是中国艺术家根据作者照片创作的素描影像，很传神，有接地气的饱满质感又不失艺术品位。您是如何想到这个创意的？

刘存沛：在那个"看书看皮，看报看题"的时代，出版界都注重书籍装帧，所谓"好马配好鞍，好船配好帆"即是。包含有米斯特拉尔、阿斯图里亚斯、聂鲁达、马尔克斯、帕斯、略萨6位诺贝尔文学奖得主在内的拉美文学丛书，其高品位和经典性的封面一定得请名家设计才般配，才有利于提升影响力。中国美术家协会插图装帧艺术委员会主任、著名装帧设计家、被誉为"中国第一封面"的张守义先生，自然成了我们的首选。有行家说："张守义的装帧设计是简约绘画与贴切装饰相交融的典范。他的夸张变形，分寸得当，无怪诞杂乱之弊。"被人们尊称为"中国第一封面"。如果说他的《巴尔扎克全集》的封面设计，诚如业界公认是其巅峰之作的话，那么，他为"拉美文学丛书"设计的一整套封面，就是闪现着奇异光彩的经典园林般的作品了。至于丛书为何不配拉美作家照片而配高莽先生的画作，乃是集体讨论之后的共识，为的是独出心裁，免俗中增强图书的文学气质和艺术美感。最早的提议者可能是林一安先生，同在《世界文学》共事，知根知底，更有高莽先生画俄罗斯名家大获成功在前，其绘画作品《巴金和他的老师们》为中国现代文学馆收藏；所画普希金、托尔斯泰、高尔基等人的肖像为外国文学馆或纪念馆收藏。应该说，高莽先生最后为拉美文学丛书所配的作家画像是十分成功的，他通过独步天下的绘画才艺，把中国文学工作者对影响世界文坛的拉美文学的崇敬、景仰之情表现出来了，把中国文学读者对拉美大作家的热爱之情也给传递出来了。

王彤：您的勇气、热情与行走也一次次打动了每一位翻译家老师，所以才走近他们的文字，靠近他们窗子里的光，推开一扇扇艺术的门。您是目前我听说的面对面接触中国第一批西班牙语翻译家中最有担当、最有故事的责任编辑，这是您的幸运，也是拉美文学在中国传播的幸运！您和翻译家们一起成为了经典福音的传播者，我和爱好拉美文学的读者多么感谢您！刘老师，您今年已是"80后"，依然各处行走，思维活跃，多保重，期待写出更多的回忆往事。

刘存沛：时代落幕，繁华散尽，最要紧的是保持兴趣爱好，保持激情，保持独立思考，就是保持生命的活力。

2020 年 12 月 10 日
线上文学沙龙

作者简介

刘存沛，云南人民出版社编审。从事文学图书编辑出版35年，策划、编辑、审读过千余种文学、文化类书稿和图书。云南唯一的国家"八五""九五"重点出版规划图书——"拉丁美洲文学丛书"总策划和掌门人，并担任其中极大部分重点图书如《百年孤独》《帝国逸闻》《酒吧长谈》《跳房子》《漫歌》《拉美散文选》《拉美中篇小说选》等的责任编辑。由此被国内文学界誉为"刘拉美"。退休后，被省出版局聘为省图书审读员，帮助省局和相关出版社审读图书近百部，写出数十万字的内部审读意见。在国家级及省级报刊杂志发表书评近百篇。

诗侣莎魂：我的父母朱生豪、宋清如

朱尚刚／中国莎士比亚研究会名誉理事

> 在父亲32年的短暂生命中，他以超人的才智和毅力，在日寇占领下的严酷环境里，为近百年来的翻译界完成了一件最艰巨的工程，为中国人民摘来了莎士比亚这颗世界文化皇冠上的明珠。
>
> ——朱尚刚

前年央视《朗读者》节目反响相当大，其中来自成都的一对夫妇朗读的几段朱生豪"情书"拨动了许多年轻人的心。我父亲丰富的感情注入到出色的文采之中给人们带来了美的享受，赢得了大量的"粉丝"。其实在此以前，自从我整理出版了父亲的书信集以后，网上就有许多这方面的说法，诸如"世界上最会说情话的人""民国情书第一人"等等。父亲的文字能给读者带来美的享受当然是令人高兴的，但是实话实说，我对此还是有点不适应。在我心目中，父亲作为一位诗人和翻译家，在他性格中有多情婉约的一面，也有刚毅豪放的一面。而在当年国家与民族处于危难之时，他虽然只是一个文弱书生，但刚毅豪放的一面仍然是占着主要的部分。

朱生豪和宋清如

我今天介绍我父母亲朱生豪和宋清如的一生，并不只是出于做子女对于先人的纪念，更主要是因为我觉得父母的一生反映了一个时代的历史特质。作为千千万万中国知识分子中的两个普通成员，他们的品质代表了我国一代知识分子的品质，他们的人生道路也反映了我国一代知识分子那个世纪中所走过的路，包括取得的成就和遭遇的种种不幸。父母的一生体现了我国一代知识分子的性格和命运。他们正直、勤勉，具有出类拔萃的聪明才智却又常常在命运面前碰得头破血流；他们执着、顽强，为了实现自己的理想与目标，从不顾及自己的利害得失，不惜付出一切代价。我们作为他们的后代，承担着继往开来、经典传承的使命。

父亲1912年2月2日出生在嘉兴西南湖畔的东米棚下。我家祖上（大概在19世纪中叶以前）曾经做生意做得不错，家境相当殷实，但是到我曾祖父一代以后，就逐渐衰败了。父亲从小学到中学学习成绩都很好，文科成绩突出，进入高中以后，他的诗词写作水平在校内已经比较有名了。现在在嘉兴档案馆收藏的当年《秀州中学校刊》中还能找到父亲发表的一些诗文。但是由于家境的日趋衰败，加上在十岁以后的几年中，他的母亲、父亲和家中最后一位长辈叔祖母接连去世，使父亲过早地结束了他那无忧无虑的美好童年。在他的精神世界里注入了一份沉重和忧伤，也养成了他比较沉默、甚至显得有点"古怪"的性格。

之江大学

父亲1929年从嘉兴秀州中学毕业时，祖父母生前留下来的遗产已经基本用完，家里经济状况已经无法支持他继续升学。秀州中学的校长黄式金得知此事后，觉得父亲是秀州历史上难得的人才，学校有责任予以保护和培育。经校董会商议后，决定由学校出面，保送父亲进入那年正在复校的杭州之江大学，并且由学校出面向之江大学申请全额奖学金，以解决父亲升学的经济问题。

父亲在之江大学选读的是中国文学系，并选英文系作为辅系。国文系有不少学有专长的教师，如系主任钟山（钟泰）先生，德高望重，治学严谨；夏承焘（夏瞿禅）先生在词学方面有很深造诣，被誉为"一代词宗"；胡山源先生在我国现代文学史上也有相当地位。在他们的指导点拨下，父亲的学识水平又有了很大的提高。读了一年基础学科以后，父亲的文才就在之江出了名，被师友们公认为"之江才子"。特别是夏承焘老师，从父亲所交的论文中发现这个学生在学术上常有独到精辟的见解，对他推崇有加。在后来整理出版的夏先生的《天风阁学词日记》中，他对父亲的才学评价极高，认为是"之江办学数十年来"的"不易才"：

阅朱生豪唐诗人短论七则，多前人未发之论，爽利无比，聪明才力，在

余师友之间，不当以学生视之。其人今年才二十岁，渊默如处子，轻易不肯发一言。闻英文甚深。之江办学数十年，恐无此未易才也。（1931年6月8日）

虽然父亲性格比较内向，夏承焘老师说他"渊默如处子"，但他在之江也结交了一些志趣相投的好友：写得一手好词的彭重熙先生，到晚年还对他念念不忘的夏承焘先生，学识渊博的王元化先生，一生坎坷的任铭善先生，在五十年代的新加坡和马来亚颇有影响的女诗人张荃等等。特别是当时学校里有个"之江诗社"的团体，他们都是诗社活动的积极参与者，经常有诗词作品的交流和酬唱。更重要的是，在之江大学期间，父亲还结识了我的母亲宋清如。母亲的老家在江苏常熟栏杆桥（现属张家港市），从小就被许配给江阴的一个华姓大户人家。初中毕业时，家里曾要求她不再升学而履行婚约，母亲进行了激烈的抗争，最终讲好的条件是母亲放弃了按当地风俗给每个女孩准备的一套嫁妆，以准备嫁妆的钱作为继续求学的开支，这才得以继续升学。高中毕业后，她于1932年考入之江大学国文系，并最终摆脱了这桩封建包办婚姻。

母亲的国文基础一直很好，从读高中时就开始写新诗。进大学后，语文素养又不断提高，就更喜欢写点诗文了。第一个学期快结束时，母亲试着把她写的诗《再不要》和另一篇小说向施蛰存(也是之江校友)主编的《现代》杂志投了稿，同时还写了一封自我介绍的短信。《现代》杂志在当时是很权威的文学刊物，在上面发表诗作的大多是如戴望舒、施蛰存、李金发、臧克家、何其芳等响当当的诗人。这些人后来还因《现代》杂志而被归为"现代派"诗人。母亲向《现代》投稿，起初只是抱着试看的态度。结果不但诗被发表了，而且主编施蛰存还给她写来了一封热情洋溢的信：

清如女士：

昨日披阅来稿，得你一文一诗，真如琼枝照眼，我自辑《现代》杂志以来，颇不自揣，很想借机会帮助一些有希望的作者。但是在女流投稿人中却不常见有佳作，更绝对不曾收到过文字如你这样老练的女作者。从这一诗一文看来，我真不敢相信你是一个——正如你来信所说的——才从中学毕业的大学初年级生。之江大学与文学很有因缘，郁达夫在之江读过，我也在之江读过，现在之江还有王锡鹏君在教书，再加上你，我真觉得母校之热闹了。六和塔的铃铎，秦望山的斜阳，我已有八九年没有领略了。

……

至于尊作小说在文句方面，我真心地认为已经很好了。我以为你有不下于冰心女士之才能……

母亲也报名参加了之江诗社，特别是第一次参加活动，母亲非常认真地写了一首半文半白的"宝塔诗"，只见诗友们投来了各种异样的目光，只有父亲始终一言不发，看了以后只是低头一笑，大概是感到这位新诗友天真得可爱，同时也从中看出了母亲的文学功底其实很不错。这无声的一笑，就好像是孩子在受尽委屈时好容易听到的一声安慰和鼓励，在母亲的心中有了一种异样的感觉。

在父亲毕业后不久抄寄给母亲的三首《鹧鸪天》词中就生动地记述了他们从相识到相恋然后又不得不暂时分别的过程：

第一首写了他们的初识：

楚楚身裁可可名，当年意气亦纵横，同游伴侣呼才子，落笔文华洵不群。招落月，唤停云，秋山朗似女儿身。不须耳鬓常厮伴，一笑低头意已倾。

第二首词写了他们继续交往的过程：

忆昨秦山初见时，十分娇瘦十分痴，席边款款吴侬语，笔底纤纤稚子诗。交尚浅，意先移，平生心绪诉君知。飞花逝水初无意，可奈衷情不自持。

第三首则是表达聚散两依：

浙水东流无尽沧，人间暂聚易参商。阑珊春去羁魂怨，挥手征车送夕阳。梦已散，手空扬，尚言离别是寻常。谁知咏罢河梁后，刻骨相思始自伤。

父亲毕业后到上海世界书局担任编译工作。从他那时写给母亲的信中可以看出，刚开始时心情很不错。他怀着满腔热情投入了书局的工作，除了编辞典外，还负责编注一些学校用的英语读本和英语的通俗读物，希望通过自己的努力，为中华民族的文化事业作出自己的一份贡献。可是过不了多久，他就发现社会现实和在学校时所想象的相差实在太大了。

国际风云变幻莫测，日本帝国主义的势力步步深入。"上海租界上的红头阿三（印度巡捕）盛气凌人，公园门口挂着'华人与狗不得入内'的牌子，霓虹灯下纸醉金迷，街头路角乞丐成群。到处是胜利者的狞笑，被压抑者的呻吟。"（宋清如语）现实生活中的矛盾使父亲不能不回过头来重新审视和认识社会。他发现有的人虽然浅薄，却能够靠着玩弄权术而踩着别人的头飞黄腾达，成为"神气的人"，而像自己一样老老实实勤奋工作的人却总是吃瘪。

在这样的情况下，父亲越来越感到自己和周围的社会环境无法合拍，初到上海时的热情渐渐地减退。随之而来的则是难以排遣的压抑感，因为他觉得在这样的现实生活里，自己的抱负实在无法施展，既不愿满足于平凡单调的生活与工作，又看不到自己的前途和出路究竟在哪里。看到了越来越多的社会腐败现象和越来越严重的民族危机，却苦于回天乏术，报国无门，因此"孤独、寂寞、彷徨"在父亲的精神世界中占了主导的地位：

总之是一种无以名状的寂寞，一种无事可做，即有事而不想做，一切都懒，然而又不能懒到忘却一切，心里什么都不想，而总在想着些不知道什么的什么。那样的寂寞，不是嫠妇守空房的那种寂寞，因为她们的夫君是会在梦中归来的；也不是游子他乡的寂寞，因为他们的心是在故乡生了根的；也不是无家漂零的寂寞，因为他们的生命如浮萍，而我的生命如止水；也不是死了爱人的寂寞，因为他们的心已伴着逝者而长眠了，而我的则患着失眠症；更不是英雄失志，世无知己的寂寞，因为我知道我是无用的。是所谓彷徨吧？无聊是它的名字。

由于在现实生活中难以找到出路，有时只能把希望寄托在缥缈的想象之中：

> 我真想在海滨筑一间小屋，永远住在这里面，请一个管家妇，一切庶务银钱等事全给她管理，再领一个贫苦家庭无父母的孤儿女作我的孩子，每天和他一起看海。你要是高兴，一年中可以来望我一次，我不预备招待任何朋友。

这里所描写的情景，不禁使人们联想起莎士比亚的剧本《暴风雨》中普洛士彼洛领着女儿米兰达所生活的那个海岛。那个远远人间、远离邪恶的海岛其实也是莎士比亚在现实生活中找不到出路寄托其理想的所在，难怪父亲后来在莎翁剧作中对《暴风雨》特别喜爱，并且把它作为动手翻译的第一个剧本，这也是一种超越时代和地域的共鸣。

1935年，在上海的文化出版界中被称为"翻译年"。上海的各大书局纷纷组织力量，译出了多种世界名著，世界书局自然也不甘落后。当时的英文部负责人詹文浒先生建议父亲翻译《莎士比亚戏剧全集》。父亲对莎士比亚一向十分喜爱，也清楚地了解莎士比亚作品在世界文学中的地位，莎士比亚的作品毕竟相当于英国的"古典文学"名著，翻译的难度的确很大。不过由于父亲和莎士比亚在思想上的共鸣，加上对自己在语言上的功底有一定的把握，就毅然开始了这项异常艰巨的工作。

父亲写信给在中央大学英文系读书的文振叔商议此事，文振叔曾听说日本人因为中国没有莎士比亚译本而讥笑中国文化的落后，因此大力支持父亲的决定，并把这一工作推崇为"民族英雄的事业"。这大大增加了父亲译莎的决心。他在给母亲的一封信中说：

> 你崇拜不崇拜民族英雄？舍弟说我将成为一个民族英雄，如果把Shakespeare（莎士比亚）译成功以后。因为某国人曾经说中国是无文化的国家，连老莎的译本都没有。我这两天大起劲……

当时日本帝国主义势力在中国步步紧逼，民族危机迫在眉睫，稍有点正义感和民族感情的人心里都憋着一口气，父亲当然也不例外。原先作为一个手无缚鸡之力的文弱书生，常因报国无门而感到苦闷迷惑的父亲，这时候发现自己的工作可以和为民族争光、和抵抗日本帝国主义的文化侵略联系起来，精神情绪就一下子振作起来了。他下了决心，一定要尽自己的绵薄之力，把翻译莎士比亚这一项工作做好。虽然明知这是一项非常艰苦的工作，他本人资历又浅，弄得不好，可能会吃力不讨好。在这一点上，父亲充分显示了他那外柔内刚的性格，义无反顾地在这条路上走了下去。从此，父亲一改原先"孤独、寂寞、彷徨"的心态，进入了莎士比亚的世界。

经过近一年时间的准备，父亲在1936年上半年开始动笔翻译《暴风雨》。经过一段时间的尝试之后，信心逐渐增强起来，比开始时乐观得多了。他对于翻译工作越来越投入，母亲和文振叔也不断写信鼓励他，母亲从之江大学毕业后还利用工作之余帮助父亲校对、整理、誊抄译稿。

父亲在一封信里对母亲说：

我已把Tempest（《暴风雨》）译好一半，全剧共约四万字。你有没有这耐心抄？这篇在全集中也算是较短的。一共三十七篇，以平均每篇五万字计，共一百八十五万言，你算算要抄多少时候？

近来夜里很好睡，虽然有时很夜深，臭虫很奇怪变少了，也许因为人倦不觉得。蚊子比较多，但这里的蚊子有沉默的特性，不向你唱歌，还比较不使人心烦，叮就让它叮去，没有工夫理它们。

父亲经常在给母亲写的信中"汇报"翻译过程中的情况，翻译的计划、进程，遇到的困难和解决困难后的各种酸甜苦辣，还把翻译过程中的一些问题拿来和母亲讨论。母亲把这些信件珍藏着，后来把一部分较有价值的带在身边想进行整理，可惜都毁于"文化大革命"了，还有300多封信留在嘉兴老家的得以幸存至今，从其中一些信件可以看出父亲当年翻译时的一些情况。

着手翻译莎剧遇到的第一个难题就是使用什么文体的问题。因为莎剧原文是16世纪的早期英语，Blank verse（无韵体诗），如仍按诗剧来译，不但难度极大，且在语言的使用上受到很大限制，难以达到通俗、流畅的要求，也难反映出舞台剧表演力强、适于演出的特点。几经斟酌，最后决定还是用散文体进行翻译。但是他作为一个诗人，在译作中还是有无处不诗的元素和韵味。

莎剧《暴风雨》的译稿中有一句小精灵爱丽儿的唱词"快活地快活地我要如今/向垂在枝头的花底安身"。母亲在帮助誊抄的时候，大概感到"我要如今"不如"我如今要"更符合中国的语言习惯，因此抄成了"我如今要"，却未曾想到父亲这样处理是为了协韵和音步和谐的需要，结果被父亲"打了手心"：

……我很气。我爱你，我要打你手心，因为你要把"快活地快活地我要如今"一行改作"……我如今要"，此行不能改的理由第一是因为"今"和下行的"身"协韵，第二此行原文"Merrily merrily I will now其音节为—ᴗᴗ｜—ᴗᴗ｜—ᴗ｜—，快活地｜快活地｜我要｜如今，仍旧是扬抑格四音步，不过在末尾加上了一个抑音，如果把"我如"读在一起，"今要"读在一起，调子就破坏了。

从这个细节中很可以看出他对音韵的协调和谐等问题还是十分注重的。

文学翻译中有时会遇到一些棘手的难题，比如一些双关语就是最难处理的，在原文中可以因为一词多义或不同的词读法或拼法相近而产生一些妙趣横生的效果，而译成另一种语言时就很难表达出原来的韵味。父亲在译《威尼斯商人》时就碰到了这样的情况。但在"呕尽了心血"之后，居然想出了一个绝妙的译法，我们很可以想象出他在自己创造性的劳动得到收获后精神上的愉悦和满足！他当时非常"得意"地向母亲作了报告：

> 昨天我有了一个得意。剧中的小丑Launcelot奉他主人基督徒Bassanio之命去请犹太人Shylock吃饭。说My young master doth expect your reproach. Launcelot是常常说话用错字的，他把approach（前往）说作reproach（谴责），因此Shylock说，So do I his，意思说So do I expect his reproach。这种地方译起来是没有办法的，我想了半天，才想出了这样的译法："我家少爷在盼着你赏光哪。——我也在盼他'赏'我个耳'光'呢。"Shylock明知Bassanio请他不过是一种外交手段，心里原是看不起他的，因此这样的译法正是恰如其分，不单是用"赏光——赏耳光"代替了"approach—— reproach"的文字游戏而已，非绝顶聪明，何能有此译笔？

常见到一些研究者把一些双关语的翻译作为一个课题来研究，这的确是翻译工作中的一个很值得探讨的难题。父亲在这里用"赏光——赏耳光"代替"approach—reproach"，也可以说是一个创造性的成果吧，难怪要迫不及待地和母亲分享了。

到1937年夏季，父亲已经译完了莎士比亚的多部喜剧，估计到秋天就可以把第一分册"喜剧"部分译完。这时局势更加紧张，父亲还抱着一丝侥幸的心情，如果战争能够再拖后一二年，让他能把全部莎剧译完就好了。

可是他的翻译计划终于被侵略者的炮火打断了。8月13日，日军突然制造事端，半夜里在虹口一带开炮登陆，父亲所住的汇山路附近正好首当其冲。父亲从惊惶中醒悟过来时，已经到处炮火震天。他只得连夜出走，什么都来不及清理，只带出了一只小藤箱，里面装着一本牛津版《莎士比亚全集》、少量稿纸和几件衣服。第二天曾打算冒险回去取一些日常用品，特别是想试图寻找已经交给书局的几本译稿，但是虹口一带已经是一片混乱，根本无法通行。大连湾路的世界书局总部也被日军占领，后来还放火烧过。父亲一年多来的全部译稿以及千辛万苦收集起来的各种版本的莎剧、参考资料及其他书籍用品等，全都散失掉了（后来有两个剧本的译稿被找回，但父亲已经重新翻译了）。

1939年夏天，父亲应老同事詹文浒的邀请，去位于上海孤岛（租界）内的中美日报社任职。中美日报社在上海爱多亚路（今延安西路）长耕里（现在弄口上标的是"中山小区"）130号。《中美日报》从总体上说持反对日本侵略、反法西斯的立场，因此在渴望抗日救国的群众中是比较受欢迎的。父亲之所以愿意去《中美日报》，也正是因为去那里比在世界书局可以有更多的机会直接鞭挞日寇的罪行，鼓励群众的抗日斗争。

父亲在《中美日报》除了编辑稿件外，主要撰写大量的时政短论《小言》。这是他在当时特定形势下催生的类似随笔小品的一种独特时政小评论。从《中美日报》1939年10月11日开始发表第一篇"小言"起，到1941年12月8日"孤岛"沦陷的当天，共有706天的《中美日报》上刊载了1081篇"小言"，总共有约40万字。也就是说，几乎每天的报纸上都有父亲写的"小言"发表，有时一天有两三篇，甚至四篇。从《日机滥炸平民区域》《华军又传大捷》《希腊不愿受保护》《希腊大捷》《展开了壮烈的一幕》《苏德战争序幕》《望莫斯科而兴叹》《纳粹在泥淖中》《武士们的悲剧》《汪精卫不堪回首》《无聊的恫吓》等题目可以看出，这些文章是父亲深厚的爱国热情和超凡的文学素养的有机结合。既有很强的战斗力，又有很高的艺术性，成为在当时特定历史条件下具有代表性和特殊价值的一种文学样式。《雅典颂》是一首充满激情的诗，父亲以这一特殊的新闻文学形式来报道了这个悲壮的时刻，并借此和国人共勉：

（英军昨晚十时退出雅典，人民夹道欢呼，谓"不久可与君等再会"——雅典廿六日电）

黑云堆压在雅典城上，
侵略者的炮火震撼大地，
悲愤的紧张充满着雅典人的心，
但他们有的是永不消失的勇气。

爱自由的希腊永不会沉沦，
他们抵抗，他们失败，但决不臣服；
有一天，不远的一天，他们将用热血
洗净被践踏的祖国的耻辱。

——"再会吧，英国的友人！
到处都是保卫民主的广大战场；
我们不用哀泣，我们用欢笑
送你们在星月里赶上前方。"

也许在明天，也许在下一点钟，
这美好的古城将套上锁链；
但这是一个永不失去勇气的民族，

他们说："同志，我们不久将再相见！"

这是父亲留存至今的最后一首原创诗作。

12月7日晨，日本制造了著名的"珍珠港事件"，和英美等盟国正式进入了敌对状态。8日，日军即对上海租界发起进攻，很快就占领了整个租界，"孤岛"从此不复存在。《中美日报》因为长期以来持反对日本法西斯的立场，早已成为日本人的眼中钉。那天凌晨，枪上了刺刀的日本海军陆战队员冲上了中美日报社的台阶，父亲和其他一些编辑人员匆匆起床混在工人群众中间，徒手逃了出来。原先存放在报社中的译稿、许多衣服用品以及书籍资料，包括他和母亲的几本诗集，当时放在办公桌抽屉里，也都没来得及带出而毁于一旦。这是他译稿的第二次被毁（后来找回了一部译稿）。

母亲曾经和家人一起去四川逃难，这时已经回到上海。孤岛沦陷后，父亲和母亲一度曾考虑再去四川，但是父亲对于莎士比亚的翻译工作已经到了全身心投入的地步，考虑到出外逃难必定到处颠沛流离，无法安定下来做翻译，而且去四川的交通也相当困难，最终还是决定不去了。在朋友们的建议和帮助下，他们于1942年5月1日举行了简而又简的婚礼，然后就一起去了常熟乡下母亲的娘家暂住。半年后又一起再次回到嘉兴老家。

在常熟的半年和回到嘉兴以后，父亲又一头扎进了莎士比亚的世界里。这是他的译稿两次被毁以后第三次从头开始进行翻译了。由于这时候已经没有了其他工作，可以全力以赴，而且他把对侵略者的仇恨全部凝聚在他的翻译工作上，工作更加专注和投入。由于前面一些剧本已经是第三次翻译，可以说已经很熟悉了，进度也比较快。但是困难也是不少的。母亲曾回忆说："晚上没有电灯，他尽量利用白天，埋头伏案，全神贯注。这次是从《罗密欧与朱丽叶》开始的，接着是《哈姆莱特》等悲剧杰作。这部分都还是初译，难度较大。他深思苦想，费力较多。有时为了一词一句的妥帖，往往踌躇再四，甚至得花上一时半天。特别是遇到原文中语意有双关之处，或在汉语中难以恰当表达的语句，更是难以下笔。原文中也偶然有近似'插科打诨'或不甚雅驯之处，他往往大胆作出简略处理，认为不致影响原作主旨。那时他仅有的工具书，只是两本词典——牛津词典和英汉四用辞典。既无其他可以参考的书籍，更没有可以探讨质疑的师友。他所耗费的精力确实难以想象。"

更要命的是经济上的压力，母亲没有工作，父亲也没有了固定的职业。除了新译的稿子交给书局后可以得到一些低得可怜的稿酬，以及少许出租房屋的收入外，就没有其他经济来源了。有人曾建议父亲去联系熟人找点事做，可是父亲是宁死也不愿意到日本人手下去做事的。母亲在打理家务之外，有时还去隔壁裁缝铺揽些加工的活，以补贴家用。怀孕以后，也渐渐感到力不从心了。到1943年11

月我出生以后，家里的经济就更加雪上加霜了。

父亲翻译的成果与日俱增，可是由于超强度的脑力支出，又加上由于贫穷而得不到必要的营养补充，身体日见虚弱，终于病倒了。到1944年6月初，父亲译完《亨利五世》的前两幕以后，不得不放下了他的笔。经诊断，得的是结核病，是包括肺结核、肠结核、肋膜结核等的并发症。在父亲的遗物中，有三页纸是他抄录的《亨利第五世》第三幕以后的部分原文台词，可见他还是一直勉力把翻译工作继续下去的。这三页纸母亲一直在身边保存了半个多世纪，可以说是他在生命接近终点的时候最后冲刺的一个见证。

那时候的结核病是货真价实的富贵病，如链霉素、青霉素这些对结核病比较有效一些的药别说在沦陷区难以买到，就是有货也得差不多一石米钱一支，对于我们这样的人家，那是想都不敢想的。仅靠服用些退热剂、钙片，注射些葡萄糖等，根本无法遏止凶险的病情。父亲的潮热持续不退，拖到12月底，病情愈益恶化，但神志始终是清楚的，在和母亲的交谈中，心中始终记挂着他的译莎工作。后来自己感到恐怕难有希望好转了，就要母亲转告文振叔，希望他能继续完成这莎士比亚戏剧的翻译工作。

12月26日，父亲终于被疾病击倒。剩下五部半历史剧还没有译完，就离开了我们，离开了他为之付出了全部心血的译莎事业。他最大的遗憾是"早知一病不起，拼着命也要把它译完"。

父亲去世后，母亲承受着巨大的痛苦和生活上的压力，勇敢地挑起了孤儿寡母的生活重担，也坚强地承担起了继承父亲未竟事业的责任。她继续整理父亲的译稿，抗战一结束，又和书局联系出版的种种具体事务，并且完成了全部的校译工作。到1947年上半年，世界书局版的《莎士比亚戏剧全集》第一到第三辑终于出版了（原

宋清如在翻译

计划全集分为四辑，但因为历史剧部分还有几个剧本没有完成，所以只能先出三辑）。

《莎士比亚戏剧全集》出版后，很快就在国内外产生了很大的反响。父亲的之江同学黄竹坪曾经回忆说："……译著出版后，我在之江校友会工作，有国外校友来信说其所译《莎剧全集》让美国文坛大为震惊，认为中国人不会有这样高质量的译本。"

全国解放以后，父亲翻译的《莎士比亚戏剧集》再次出版，七十年代以后又出版了以他的译本为基础的《莎士比亚全集》；在此期间，台湾大学的虞尔昌教授在世界书局版已经出版的27个剧本的基础上补译了另外10部历史剧，于1957年

由台湾世界书局出版了朱、虞合译的《莎士比亚全集》；上世纪九十年代以后，又有许多新的版本和修订本推出，较有代表性的有译林出版社的《莎士比亚全集》、浙江工商大学出版社出版的由陈才宇教授校订和补译的《莎士比亚全集》等。父亲用自己的生命使我国几代人走近了莎士比亚这位凌越千古的世界文学大师，自己也逐渐为越来越多的中国人所了解。

父亲在他32年的短暂生命中，用他过人的才智和毅力，在日寇占领下的严酷环境里，"替近百年来的翻译界完成了一件最艰巨的工程"，为中国人民摘来了莎士比亚这颗世界文化皇冠上的明珠。他用国外文坛"大为震惊"的译莎成果回报了哺育他成长的家乡和祖国，实现了他报效祖国的青春梦想。在人民文学出版社2010年版《莎士比亚全集》的"前言"中，屠岸、章燕认为"朱译莎剧文辞优美畅达，人物性格鲜明，已成为广大读者所珍爱的艺术瑰宝"。认为父亲"付出了毕生的精力，终竟成为播莎翁文明之火的普罗米修斯，成为译莎事业的英雄和圣徒"。

父亲是一位诗人。正是诗人的气质和素养使他能驾驭着文字的天马，自如地驰骋在同样是诗人戏剧家的莎士比亚的艺术星空中，为中国文坛摘来这朵世界艺术的奇葩。我们知道莎士比亚戏剧的原作都是诗剧，因此采用怎样的体裁来进行翻译，在我国的莎学界和翻译界也是一个不断在进行讨论的话题。能保存原著的诗体当然是好事，但既要全面保留诗剧的形式，又要最大限度保留原著的韵味，还要适合中国读者的阅读欣赏，适合中国舞台的演出和观众的接受，确实很难全面照顾到，父亲在翻译时，经过反复斟酌，还是决定主要以散文体来进行翻译。也许将来能有更优秀的译者在形式、内容和韵味上找到更理想的协调方法，但到目前而言，这还不失是一个较为妥当的处理方法。

实际上父亲的译作中诗的味道还是很浓的。甚至我见过国内有过两个版本的《莎士比亚抒情诗集》，署名是"朱生豪译"，打开一看其实都是把原来译本中一些散文体的台词每句拆开成行，写成散文诗的形式，读起来还真和诗没有什么大的两样。中国莎士比亚研究会副会长李伟民认为："朱生豪的诗人气质和他所具有的中国古典文学修养，充分调动起莎剧汉语读者的审美感觉。莎士比亚的素体诗是五音步抑扬格，具有节奏感。朱生豪以散文译莎剧，诗意的审美超越了以诗体形式翻译的莎剧，虽然是散文形式，但读起来更有诗意感。即便是莎剧原文中基本不押韵的独白，在朱生豪的译文中也押了韵，而且换韵不多，这很适合汉语读者的审美习惯。"

事实上，对于莎士比亚原著中一些唱词等非"无韵体诗"的诗体段落，父亲也使用了诗的形式来翻译，在这其中更是淋漓尽致地发挥了他驾驭文字的深厚功力，熟练地调用了各种表现手段，显示了他作为诗人翻译家的卓越才华。

如《第十二夜》第二幕第五场中的四句，译成四言诗经体：

Jove knows I love:　　知我者天，

But who?　　　　　　我爱为谁？

Lips，do not move:　　慎莫多言，

No man must know.　　莫令人知。

这里原来也都是短句，译成诗经体正恰如其分。

《温莎的风流娘儿们》第三幕开头爱文斯的唱辞，则采用离骚体参差句：

To shallow rivers，to whose falls

Melodious birds sing madrigals;

There will we make our peds of roses，

And a thousand fragrant posies.

众鸟嘤鸣其相和兮，

临清流之潺湲，

展蔷薇之芳茵兮，

缀百花以为环。

又如，《终成眷属》第三幕第四场里海伦娜给狠心丈夫的信，译文是：

为爱忘畛域，致触彼苍怒，

赤足礼圣真，忏悔从头误。

沙场有游子，日与死为伍，

莫以薄命故，甘受锋镝苦。

还君自由身，弃捐勿复道！

慈母在高堂，归期须及早。

为君炷瓣香，祝君永康好，

挥泪乞君恕，离别以终老。

作者朱尚刚和母亲宋清如

这是古体的五言诗，其中"弃捐勿复道"一句，本是《古诗十九首·行行重行行》中的句子。父亲熟读古诗，对于各种体裁都有相当的心得，所以能据原诗的内容与情绪，用相应的体例来翻译，而且其译文完全融入了汉文化的情趣之中，完全没有翻译文学中通常会出现的"洋味"和陌生感，这都是要以深厚的国学功底为基础的。

罗新璋先生1983年发表的论文《我国自成体系的翻译理论》指出，朱光潜提出的"神似"，傅雷提出的"传神"的翻译理论，是对严复提出的"信达雅"的翻译原则的突破。这种"神似神韵之说二三十年代就有人提过，但影响不大，一方面可能是表述上不够有力……更重要的是那时的翻译实践还没有提供足够的令人信服的实例。令人瞩目的范例，就是以全部生命、倾毕生精力翻译莎士比亚的朱生豪。"他对父亲译文的评价是"朱生豪译笔流畅，文辞华赡，善于保持原作

的神韵，传达莎剧的气派"。

我们可以从莎士比亚剧本《李尔王》第2幕第4场中一小段诗体台词中，看一下追求"保持神韵、传达意趣"的朱生豪译文和特别要求"存真"、甚至希望连标点都尽量与原文一样的梁实秋译文，在翻译方法和理念上的不同：

原文：Fathers that wear rags /Do make their children blind;/But fathers that bear bags /Shall see their children kind./Fortune, that arrant whore, /Ne'er turns the key to the poor.

朱译：老父衣百结，儿女不相识；老父满囊金，儿女尽孝心。命运如娼妓，贫贱遭遗弃。

梁译：父亲穿着破衣裳，可使儿女瞎着眼；父亲佩着大钱囊，将见儿女生笑脸。命运，那著名的娼妇，从不给穷人打开门户。

当然，父亲的译作也绝不是十全十美的，由于各方面的局限，译作中也存有各种各样的错误和缺疵。有些是因为客观条件的局限（无法获得足够的参考资料，没有可以质疑商讨的师友），有些是当时一些观念所造成（如对于一些觉得"不雅"的表述，往往采用删去不译的做法），也有一些受本人人生阅历所限（毕竟还只是一个二三十岁的青年）。所以新中国成立以后出版的各种朱译莎剧版本，或多或少都对父亲的译作进行过修改或校订。这些版本在父亲译本的基础上，又倾注了许多优秀学者的心血，无异是对原有译本的提升。不过这些"校订"工作有得也有失，经多位学者校订后的文本，在语言风格的一致性上多少会受些影响，一些地方的译法本来是可以商榷的，贸然改掉也不一定合适。另外，莎士比亚浩大词汇量支撑了他作品非凡的表现力，而父亲建立在他特别深厚的国学功底之上的超大的词汇量，也使他能在传达莎剧的神韵和气派上运作自如。建国以后的一些修改本往往注重了文字的通俗性，将译文中一些相对冷僻的词语或典故都改掉了，虽然读者更容易理解，但却会使读者和原译者天马行空般的语言艺术失之交臂。近些年来，学界对于看到原汁原味的朱生豪译本的呼声渐高，2014年中国青年出版社出的《朱生豪译莎士比亚戏剧原译本全集》就是根据1947年版本并对照翻译手稿整理出版的版本，这并不是最完善的莎士比亚译本，但因它最大限度地包容了朱译莎剧全部优点和缺疵，才能让今人读到一个真实完整的朱生豪（他的生命已经融入这部译著中了），所以有着独特的文献价值和艺术欣赏价值。去年浙江文艺出版社出版的《莎士比亚悲剧喜剧全集》用的也是朱生豪的原译本。

在父亲去世后的半个多世纪里，母亲一直从事教育工作。1949年以后，曾先后在杭高（杭一中）、杭师、杭幼师、杭州商业学校（现浙江工商大学）任语文教师，并从杭州商校退休。几十年来，母亲一方面在学生们的身上寄托她的感情，另外还始终把继续父亲的事业作为她终生奋斗的目标。她在新中国成立后积极联系父亲全部译作的重新出版，又以最大的毅力对莎士比亚的作品进行深入钻研，并于1954年起自己动手补译了父亲没有来得及翻译的五个半剧本，只是由于历史的原因，母亲的译作当时未能出版，译稿也全部毁于那场史无前例的"大革命"中了。在那个年代里，母亲也遭到了不堪言状的残害，但是她还是很坦然地挺过来了。到了晚年，母亲回到父亲生于斯、故于斯的朱家故居，除了不断用诗的语言与父亲进行超越时空的对话以外，还致力于和父亲有关材料的回忆、整理和撰写，为我国文学史保存了一份宝贵的财富。晚年的母亲视力听力都衰退得比较厉害，只有父亲是她心目中永远清晰的偶像，她把最后剩余的精力都用来还原这个偶像了。

1997年6月27日，母亲平静地走完了她生命的最后路程，正如她在父亲去世两周年的祭文里所说："当我走完了这命定的路程时，会看见你含着笑向我招手。那时候，我将怎样轻快地跟着你的踪迹，哪管是天堂或是地狱。"如今，母亲已经重新回到了父亲的身边，两人在天国相聚，一起在雨声里做梦，一起在雨声里失眠……

朱尚刚先生在朱生豪故居向内江师院文学院师生讲述父母译莎的艰难岁月　周婷　摄

学与问（节选）

王彤：朱老师好！拜读您撰写的《诗侣莎魂》和《朱生豪在上海》，还有您为朱生豪故居筹建前后奔波和每年接待全国各界拜访故居的师友所做的努力，非常感动您为莎剧翻译的经典传承提供了大量珍贵的资料，更佩服您的坚韧品格、学识修养和历史责任感。您一次次整理朱生豪先生的莎剧译本资料，在从小失去父爱的"不幸"和一直浸润父亲文字怀抱的"幸福"中的两极之间，您是如何克服时代和命运的不公，始终保持着一份文化名人后代的内在守恒？

朱尚刚：父亲去世时我确实还很小，幼年时不可能懂得许多，接下来的几十年是抓"阶级斗争"，是要求知识分子不断夹着尾巴进行"思想改造"的时代，直到最后母亲成了"阶级敌人"，我也成了"反动学生"，这期间从来也没有想到过自己会和"名人"有什么关系，自然也就没有什么需要"克制"的了。"文革"结束后，各方面有了大的变化，父亲及其成就逐渐为人们所看重，母亲也曾应约撰写过一些回忆材料。我当时在企业搞职工教育和工程技术工作，也很忙，除了尽力为母亲提供一些帮助（出差时走访一些老人，帮助收集些资料）外，也从未考虑过自己要投入这方面的工作。直到母亲去世后，在整理母亲的遗物时，看到的一些材料使我感到很大的震撼，同时在一些友人的鼓励下，才觉得有必要（也有责任）把这一段历史保存下来，才开始逐渐进入这方面的工作的。具体可参看《诗侣莎魂》的"初版前言"。我始终觉得我所做的工作只是做子女应尽的一份责任，除了这份责任以外，作为"名人后代"再也没有其他和常人不同之处了。外语也好，文学也好，都不是我的专业，只是知道一些皮毛。所以我所能提供的也只能是一些第一手的资料，我所能期望的也只能是"抛砖引玉"，希望能为我国的文化园地砌上这一块小砖，对以后的研究者有所帮助。

王彤：您一次次在高校讲台出现并主讲《诗侣莎魂》，您对年轻人最大的触动是什么？

朱尚刚：每次到高校去做讲座（大多是去外国语院系），都感到是在"班门弄斧"，有点诚诚惶惶的感觉。不过来听讲的师生们还是非常热情的，我基本上在讲座的开头都说："父母亲的一生反映了一个时代的历史。他们作为千千万万中国知识分子中的两个普通的成员，他们的品质代表了我国一代知识分子的品质，他们的人生道路也反映了我国一代知识分子在过去的那个世纪中所走过的路，包括所取得的成就和遭遇的种种不幸……我们作为他们的后代，承担着承接历史、开创未来的使命，多了解一点过去的事情是很有好处的。"我的这个看法还是为师生们所接受的。我为父母有了越来越多的跨越时空的知音而高兴，也深切地感到，在当今这个文化匮乏、娱乐狂欢的物化时代里，年轻人还是有精神追求的。这也是我们社会未来的希望。

周婷：朱老师，您提到父亲作为一位诗人和翻译家，希望更多的人了解父亲豪放的一面，您也出版了他在 1939—1941 年间的时政评论《朱生豪小言集》，您是如何看待他的这些评论呢？在整理此书过程中有发现和您所了解的不一样的父亲的一面吗？

朱尚刚：很多人知道朱生豪可能是通过央视的《朗读者》节目，在一些读者的心目中，朱生豪先生似乎成了一个专门说情话、写情书的人，而在今天的活动现场，"英雄"一词被多次用来形容朱生豪先生。他为《中美日报》写了一千余篇"小言"，给在特殊历史条件下的上海"孤岛"生活留下了一幅全方位的历史画卷。这一切，都显示了朱生豪"金刚怒目"的另一面。

王彤：很多先生都翻译过莎士比亚戏剧，比如梁实秋、卞之琳、方平先生等，在您眼中，朱生豪先生和别人翻译莎士比亚戏剧有什么不同的性质呢？我们学生排练莎剧时开始也用过其他译本，后来觉得语言流畅度和诗性风格上朱译本更有韵致，为了便于排练对词，同学们现在统一都采用朱生豪译本了。

朱尚刚：许多人都会问到这个问题。黄福海先生介绍，朱生豪翻译莎士比亚有他自己的特点，首先他是民国时候翻译的，不是在现当代，所以语言上有自己的特点。他既有较早时期的翻译方法与策略，也有现代化的翻译原则，是一个结合。

关于翻译，朱生豪先生谈得很少，他在翻译莎士比亚的剧本《暴风雨》之后写了一小段话，大致意思是：我不是一个字一个字去翻译，如果这个句子里面有我们中国人不太理解的话，我会加一点东西。从读者角度来看，朱生豪先生比较"体贴"，他的翻译和我们现在讲的"硬翻"还是很不一样的，他有自己的策略。

王彤：非常感恩朱生豪先生译莎的"体贴"，让我们文学院汉语言文学专业的学生有幸尝试用一种参与性教学方式阅读莎剧，感觉如此亲切自然，并喜爱独特的"莎味"。采用朱生豪译本让学生们每年举办莎剧台词朗诵会，也提高了汉语言文学专业学生经典对话的热情，先后有 500 多名学生登上大学的莎剧舞台参与表演，您对参与过莎剧表演朗诵的大学生有什么希望吗？

朱尚刚：我很同意北大学者辜正坤等先生的看法——这是一个很有意义、很有价值的尝试，把自己（不是专业的演艺人员）投入到经典之中，更能全方位地参透经典的精髓，全方位地领略莎士比亚的语言魅力，为传承经典开创了新的路子。我父亲为把莎翁的文明之火传递给中华民族付出了他的全部生命，同学们也为这一经典传承做了卓越的努力。很高兴看到父亲的事业后继有人，谢谢你们！

2018 年 5 月 7 日

浙江省嘉兴市　朱生豪故居

作者简介

朱尚刚，朱生豪之子，1943年11月出生于浙江嘉兴，1967年毕业于浙江大学电机工程学系，主要从事技术、管理和职工教育等工作。20世纪九十年代以后，致力于父母亲生平业绩和作品的搜集、整理、研究与出版工作。已整理出版了《朱生豪情书》《秋风和萧萧叶的歌》《朱生豪情书全集》《伉俪——朱生豪宋清如诗文选》《诗侣莎魂——我的父母亲朱生豪、宋清如》等书，并参与了《莎士比亚戏剧朱生豪原译本全集》的审订工作。现为中国莎  士比亚研究会名誉理事，浙江省作家协会会员，朱生豪故居管理所名誉所长。

米寿之年流沙河

李　辉／传记文学作家

> 阳光碎影下，听地道方言，看清癯面庞，他坐在那里，仿佛就
> 是一幅成都风情画，四川文化的一张名片：从容淡定，风趣幽默，
> 更有少见的飘逸。
>
> ——李　辉

流沙河

流沙河本名余勋坦，1931 年出生于四川金堂，后来改名为流沙河，是一位了不起的奇才。今年，就是这位老先生的米寿了。

1957 年 1 月，流沙河与白航等四位年青诗人在成都创办《星星》诗刊，其创刊号上发表了流沙河借物咏志的《草木篇》，深受读者青睐，时年仅 26 岁。"文化大革命"期间，流沙河被戴上"右派分子"的帽子。"文化大革命"结束，流沙河获得平反，开始自己不同形式的写作。

20 世纪 80 年代，流沙河喜欢余光中先生的《乡愁》，对此诗颇为欣赏。余光中先生 1928 年重阳节生于南京。作为台湾著名诗人，余光中钟情于抒写乡愁，他总喜欢称自己是"茱萸的孩子"。辗转漂泊半个多世纪的人生历程里，从江南到四川，从祖国大陆到宝岛台湾，从求学美国到谋职香港，最终回转台湾。可以说，余光中的人生足迹有如一个不规则的圆，而这圆是残缺的，缺口就是故乡江南。

2002 年的 3 月，吉林卫视的"回家"栏目与我联系，希望我作为策划人，迄今已有十七年。这一年的清明节期间，我们开始拍摄丁聪、郁风、余光中、冯骥才四位文化人的"回家"。

我请王尧兄联系，"回家"栏目摄制组前往苏州、常州、南京等地，一路拍摄余光中的江南之忆。4 月 3 日晚上，余光中在家人的陪同下，来到苏州大学演讲《音乐与诗歌》。整个礼堂内座无虚席，连过道上也站满了前来听讲的学生。

余光中先生关于中西诗歌创作的演讲，时而深入浅出，时而幽默风趣，引起了苏州大学同学一阵阵默契的笑声，在这笑声里，年迈的诗人完成了又一次诗情的回归。

也就在苏州的河道上，余光中坐在船上，吟诵自己的《乡愁》。他和家人的下一个目的地是常州。常州是余光中少年时代成长的地方，这里不仅有记忆中的老宅和往事，还有许多亲友。对余光中来说，最重要的是在常州的漕桥，他要去拜谒母亲的家族墓地。母亲去世四十四年之后，再次踏上这块与自己血脉相连的土地，就像带着童年鲜活的记忆，可以说，余光中又回到母亲的身边……可以说，"乡愁"也是流沙河与余光中的缘分。

2003年秋天，我带吉林卫视摄制组到成都拍摄关于巴金"回家"的专题片，请流沙河出镜对谈，他带我们走进寓所对面的大慈寺。他瘦得出奇，轻得出奇，走路快而飘逸，让人担心一阵风如果刮来会将他刮走。我们找到一处楼阁，他坐在游廊旁的石凳上，阳光把树枝碎影撒落满满一身，与清癯面孔相映衬，煞是好看。摄影师审视镜头，不由赞叹，对我说："你来看，太有镜头感了！"

喜欢听流沙河先生讲话。我从来都听他讲地道四川话。他讲话语速不快，一板一眼，舒缓有致。他讲究语调，强弱相济，长短搭配，起伏之间形成乐感，如舞台道白一般，听起来悦耳、舒服，且有趣之极。回味他的说话语调，是一种快乐。

对着摄像镜头，流沙河回忆巴金最后一次回到成都的印象：

"他住在西门外金牛坝宾馆，我们去看他，弄一个椅子让他在中间坐。那个时候说话非常宏亮，大得很，身体很好。"

"我记得一件事情，一个人对他说：你的脸色非常好。……回答四个字：虚火上冲。巴老说这句话，是表明不爱听别人当面吹捧他。我们大家都笑了。"

说到"大得很，身体很好"一句，语速尤慢，"很好"二字，拖着长长的调子，颇有绕梁三日的袅袅余音。"虚火上冲"，他重复了几遍，一个"冲"字，尾音拐弯上扬，再戛然而止。摄制组是吉林电视台"回家"栏目的，他们都是东北人，事后告诉我，他们从来没有听人讲过这么好听的四川话。方言，却好懂，有味道，普通话难有此种韵致。

采访完毕，流沙河带我们穿过凉棚，走进院落里的茶馆，我们喝茶聊天，听他摆龙门阵，听周围饮茶者摆龙门阵，好不自在。

那天，流沙河与主持人对话时，我站在一旁，一边听，一边欣赏。阳光碎影下，听地道方言，看清癯面庞，他坐在那里，仿佛就是一幅成都风情画，四川文化的一张名片：从容淡定，风趣幽默，更有少见的飘逸。

流沙河擅长自撰对联，炼字酌句时见巧思，对仗颇为工整。如将此联送人，再以大楷书写，书法结构谨严，笔锋刚柔相剂，获赠者欣喜不已。1993年，他曾送我一副对联："诵爽快书临沧浪水，拂光明镜观灿烂星。"此联恰可概括他的诗文、思索、人格带给我的感觉。

半个多世纪俨然已过，从青年至暮年，由诗而文，由营造渲染诗意而转为解读庄子、说文解字。他挖掘文化传统，却非单纯地怀思古之幽情，他点点滴滴记录历史亲历，更着眼于冷静的反思。

在当今文化界，流沙河的确是一个特立独行的文人，一个既入世颇深却又散发出超脱世俗的灵气。他的诗，不重激情，不重想象力与浪漫色彩，与他的从容、冷静风格相协调，他堪称为"以理入诗"的佼佼者。自然，这"理"是与"情"的拥抱，理、情交融而营造出诗的意象。

喜欢他80年代所写的《就是那一只蟋蟀》。他在诗的题记中写道："台湾Y（即余光中）先生说：'在海外，夜间听到蟋蟀叫，就会以为那是四川乡下听到的那一只。'"于是，"蟋蟀"成了他笔下丰富的文化载体。从大陆跳过海峡，落在台北院落的那只蟋蟀，夜夜唱歌。在流沙河的妙思中，蟋蟀的吟唱，从《诗经》一直唱到宋词，从故乡四川唱到台湾。他点染出几千年蟋蟀之唱的浓郁诗意，历史思虑与亲情渲染，尽在其中：

　　在你的记忆里唱歌

　　在我的记忆里唱歌

　　唱童年的惊喜

　　唱中年的寂寞

　　想起雕竹做笼

　　想起呼灯篱落

　　想起月饼

　　想起桂花

　　想起满腹珍珠的石榴果

　　想起故园飞黄叶

　　想起野塘剩残荷

　　想起雁南飞

　　想起田间一堆堆的草垛

　　想起妈妈唤我们回去加衣裳

　　想起岁月偷偷流去许多许多

细节铺陈与具象层叠，委婉之间，融进诗人多少情思，历史的反差就在这样的诗句中形成了感伤——一种含有历史思虑的抒情。

不过，读流沙河印象最深的不是感伤，而是幽默。

幽默一直被认为四川文化的一大特征。少时看川语版电影《抓壮丁》，一连串因谐音而引发的笑话，让人忍俊不禁。四川人爱摆龙门阵，故事生动处恐怕不只是在于情节，而更在于叙述者是否拥有语言的幽默。

1988年，成都《晨报》副刊开设一个专栏，拟名"现代笑话"，由流沙河牵头，提笔设计版式，题签栏目名称，一时云集四川文人，如曾伯炎、王尔碑等，各人写亲闻亲历，热闹非凡。随后，由四川文艺出版社将之结集出版《高级笑话》一书。由此可见，在四川文人中，幽默是群体性的一大特征。

幽默从来与智慧同行。流沙河无疑是一名幽默高手，他在《Y先生语录》《南窗笑笑录》等书中呈现出这一才华，将他称为智者，实至名归。的确，对于有着特殊人生经历的流沙河而言，历史感已成为血液的一部分，落笔之时，自然而然流淌而出。

诗歌与回忆录自不待言，即便撰写说文解字之类的小品文，亲历的生活细节也作为历史积累，被他随时调动出来。

流沙河喜欢不同形式的写作。在《流沙河认字》一书，他这样解读"膝与屈膝"：

> 膝字若作动词，其义便是屈膝。出现于抑字与印字的结构里。篆文抑印二字结构相同，不过一正写一反写而已。恐怕最初本是一字，今之摁字是也。看篆文抑与印都是用爪（手）摁头，使之屈膝。距今四十年前搞文化大革命，这类场景到处都能目睹。
>
> 那时被揪斗的各类分子都尝过这苦头，看了这两个字应该"备感亲切"。抑字训摁，好懂。印字也训摁吗？我说可能。印最初是动词，即今之摁，到汉代兴用印章了，才转成名词的。于是一字分化为两个字，一作抑，一作印。抑印双声，可以对转，暗示同一语源。

旁征博引，耐人寻味。一个字，一个动作，也是流沙河人生经历的一部分。于是，学理性极强、易于走向枯燥的语言学范畴的挖掘、解读，也就多了鲜活气息，多了文化的另一种厚重。

《流沙河认字》一书让人眼界大开。谁能想到，他将错就错，把陷入逆境后的那些日子，以苦读《说文解字》来消磨时光，充实自己。其实，这也是一个智者掌握自己命运的过人之举。

读此书，我不由联想到另外几位熟悉的前辈，他们正是在逆境中靠对知识的钻研而消磨时间，让生命不苍

《流沙河认字》
流沙河 著，现代出版社，
2010年版

白，不虚度，无意或有意地为日后的文化创造而奠定坚实基础。

文史专家、收藏家王世襄先生成为"右派分子"后，仍痴迷于收藏与研究，几十年的孜孜以求才使之晚年厚积薄发，填补文化空白。诗人绿原先生，因"胡风集团"案而被关押在秦城监狱。其间，懂英语的他又开始借助词典自学德语。后来，他成为了翻译德国文学的一个权威。翻译家董乐山先生成为"右派分子"后，在新华社参与创办《参考消息》，业余时间，他以一己之力编纂出一本《英汉美国生活词典》。母校复旦大学中文系的章培恒老师，成为"右派分子"后，借在资料室之机，埋头于故纸堆，完成《洪昇年谱》，从此确立自己在学术界的重要地位……类似的人与事，可以举出许多。他们是生活中的真正强者，不屈服于外界压力，不因陷入逆境而自暴自弃。作为文人，他们有自己的坚韧，有把握命运的方式。在"文化大革命"期间，因这样一群人的存在，文化才在岌岌可危的情形下依然延续着，历史场景才不至于完全被政治戕害。这是他们之幸，也是文化之幸。

《流沙河认字》在我们面前呈现的既是一位博学而精于考据的文字学家，也是一位涉笔成趣的文学家。在他这里，知识、阅历、性情、敏思，互为映衬，交融一体。我想不出，当下中国文化界，还有谁具有这样的综合才能，可以写出这样一本精彩的书。

读他对"钱"的解释，才知道其中有那么多的曲折与讲究：

钱（简作钱）这个字，看在眼里，悦在心头。其实一场空欢喜，纯系误会。当初造此钱字，乃指一种起土农具，就是今之铁锹。钱qian锹qiao双声可转，钱即锹也。货币周代取泉，取义于水泉之流遍天下，无处不通。

我们至今还说货币"流通"，正是用的泉水意象。后来以钱字代泉字。王莽复古又用泉字，终归失败。鲁迅日记复用泉字，买书都写用泉若干，以存古雅，亦文人癖好之可笑耳。

《螳螂与蝈蝈》一则，谈螳螂颇为精彩，也最能体现其综合才能：

强本来是虫名，难怪从虫。下面三个强字篆文。第一个是虫名的强，第二个双弓叠合成一弓，表示这是"双料货"，也就是硬弓，即强弓。杜甫诗云："用箭当用长，挽弓当挽强。"本该用这双弓的强。奈何此字已被废置，只好借用虫名的强。……

《尔雅·释虫》说这种虫爱用腿脚拭擦身上，而米中小黑虫据鄙人的观察，未见其有擦身动作。苍蝇倒有这个动作，但不可能名之曰强。除了苍蝇，螳螂也有这个动作。它不但用腿脚拭擦身上，还用口器三瓣大牙清理双臂，使之洁净灵敏，以利攫捕猎物。螳螂还有一个动作，给我留下深刻印象。每值猎物挡路，行将快速出击之前，它总巍然不动，双臂举高，就像人在打拱作揖，似在祈祷什么。哈，明白了。难怪强又名蚚qi。蚚字从虫从祈省，祈亦声。古人质朴有趣，视螳螂为正在祈祷之虫，所以名蚚。蚚强双声对转，所以互训。

瞧，这里有考据，有参照，有个人阅历，更有细节的形象描述，完全是趣味横生的小品文。骆宾王《在狱咏蝉》题记中有"见螳螂之抱影，怯危机之未安"一句，他所见的螳螂抱影，或许正与流沙河的观察与描述相近。

螳螂身影，引发困境中人对自身安危的担忧，未曾想到，彼此之间竟有此种关联。既然如此，我们又如何可以产生成语"螳螂挡车，不自量力"中的那种讥讽呢？

曾见过一张1983年诗人们的合影。这一年，中国作协举办"文化大革命"后的第一届全国优秀新诗（诗集）评奖，获奖者艾青、公刘、张志民、李瑛、流沙河、邵燕祥、舒婷、傅天琳等，是人们熟知的诗人。

与他们站在一起的还有另外一位并不以诗人身份为世所知的人，他是画家黄永玉，以《曾经有过那种时候》获奖。这是他出版的第一本诗集，也是他第一次跻身于诗人行列。

这也是流沙河与黄永玉的第一次见面，诗将两人连在一起。1990年，作家出版社出版过一本多人合集《讽刺幽默诗选》，两人均入选其中，可见其诗风有相似之处。

2008年，吴茂华大姐给我来电，询问黄永玉先生近况和地址，欲与之联系。她先驰信问候，后又趁赴京机会亲往万荷堂探望。

时隔二十多年，黄永玉与流沙河终于有了一次精彩的通信。

2008年10月19日，黄永玉致信流沙河，其中写道：

> 我在北京常常想你。只是失脱了地址。遇到四川来人，和你不识但知道你，只告诉我说："没听说他死！"就算这混蛋话，也让我快活至今。你身体如此不堪，而能活得如此大方，这是一种不食人间烟火精灵式的活法。历尽艰辛，人鬼不分的生活，（还存在怕不怕死的问题吗？）从动物学角度上，生命极限上来看，研究你，极有可能让一个科学家端回一个诺贝尔奖。

> 从茂华来信上知道你在搞古东西，我也略有所闻，是觉得可惜和不赞成的。我曾开玩笑地说过，画家不可不看书，但不可多看书，书看多了，很有可能成为理论家的危险。你危险不危险我不晓得，但为你的散文和诗可惜是我的心情。或者也不尽然，出现一种世上绝无仅有的鬼声啾啾的理论又未尝不是一种奇观？

> 我觉得我的画不怎么样！就好像鲁迅讲丑角在台上高叫失火引得观众大笑一样。叫得越急，笑得越厉害。但我要靠它养活家人和另外的行当，只好

陪着大家大笑而葬身喜剧之火之中。

你们喜欢我就画，并且念念有词说："放松！放松！莫紧张！"老实说，画画上，我的劳动态度算好的。一位反右后不知下落的亡友说过，"劳动若可以改造思想，牛老早成思想家了"。我只是劳动好，不甘心空耗光阴，怕对不住饭。

我从小也苦，漫长的苦，但不能和你比，和你比，就显得卑下。我那时候是由于抗战，跟广大的民族受苦，有民族自豪感陪着；和你的那种身受的东西不一样。求主，求菩萨，求摩罕默德让你长命！过得人样一点！

11月2日，流沙河回信写道：

你总是使我吓惊，算来聆听謦欬仅有两次，使我吃惊却有四回。第一回是二十五年前，领了奖章下台坐在堂厢，我问奖章上两个V并成W是何意思，你说W.C.随口而出，脸不带笑，真是庙堂下的老怪物，专长解构神圣。

第二回是拜读杂感一篇，你说一副手套是办十个人的学习班，四川话说这个老几的肚皮太滥了，只有山精木魅才想得出来，如此转弯入彀的比喻。

第三次是前不久屏幕上见你在地上抱膝打滚。天哪，这样的文人我还是初次目睹其放诞如阮咸的巢饮和龟饮，我一辈子从未有过如此不仪之举。第四次是前日下午拜读四尺横幅"共此灯烛光"的巨画，惊讶不忘旧雨，都什么年代了啊，还这样看重友情。小老弟我的灵魂如撞钟轰轰回响许久。久耽于人伪，殊不料黄大哥有此一杆撞来，要想不吓惊岂可得乎？

我再有九天就是七十七岁满了，比大哥小几岁，世故倒比大哥多，真该忏悔哟！难得见到少小离家闯荡江湖阅人多矣八十几了犹怀赤子之心如大哥者。我比你只小几岁，经历却短了很长一截。上世纪四十年代，你就泅入人海了，我那时却呆在中学校做老夫子学生，完全不懂社会。

入五十年代，进报社，转文联，在成都混到老。八十年代热得可怕，满目光明歌赞改革，后来才察觉我正唱得劲起声高之际，他们也不通知我一声，都悄悄跑出去先富起来。接着又是……，心伤透了，胃疾气翻才想起去找庄子投诉，若不是漆园叟开导我，恐怕真气死了。给自己赌了咒再不去凑热闹，两届作代会都告假不去了。我一生软弱胆小没出息，复何言哉。

久别的黄永玉、流沙河两人，谈往事，谈近况，点评对方，惺惺相惜。一来一往，纸上好一番"较量"。用"较量"一词形容，是说两人把信写得潇洒而风趣，颇有摆开擂台、高人过招、各显才情的阵势。

流沙河书赠黄永玉一副对联："天命难知须率性，人生易老要开心。"率性，开心，这正是两位幽默之人相似的生活态度。文人相知的深浅与否，有时其实并不在于来往的多少。书画互赠，往来通信，是佳话，也是证明。

我与流沙河先生有些交往，一直欣赏与敬重。前两年，我出版一本写湖南人的书，书名为《穿越洞庭，翻阅大书》，也是请流沙河先生为之题签。今年春天，米寿的流沙河先生为我题写"看云斋"，让我颇为感动。

米寿的流沙河先生题赠"看云斋"李辉 摄

适逢流沙河先生米寿，特草就此文，以作恭贺。也愿与同学们分享岁月的力量。

学与问（节选）

焦夏夏：李老师好！我是2015级2班的焦夏夏。我们在您的讲解中逐步了解了流沙河先生的可敬可爱。我在阅读您的资料时知道您是一名传记作家，还先后给我们熟悉的萧乾、沈从文、黄苗子、郁风等人都写过传记。我们很想知道您作为媒体人的经历带给您的见多识广。

李辉：我是1982年2月从复旦大学毕业分到了《北京日报》，当时《北京日报》和《北京晚报》是一家，《北京晚报》是《北京日报》下面的一个部门。然后当时准备按要求到《北京晚报》，因为那个时候中国的晚报是比较活泼的，全国只有三家晚报，一个是上海的《新民晚报》，一个是广州的《羊城晚报》，一个是《北京晚报》，后来慢慢就多起来了。但是1982年、1983年那几年，主要这三家鼎立，而且这个报纸是全国各地征订。比如像新疆、青海、宁夏等边远地区，都订《北京晚报》，发行虽然晚几个星期，但那个时候媒体不发达，很多人希望了解北京的一些新闻，主要是订《北京晚报》。所以当时尽管刚刚工作不到一年，但我的文章外地很多朋友都能看到。那个时代是纸媒黄金时代的开始。在那里工作了五年多，后来又到了《人民日报》。在一次庐山青年文学的讲习班活动中，请到一批人去讲座，我作为媒体的年轻人也写了一些文章，年纪大的，比如说我们《人民日报》文艺部副主任叫舒展，是一位杂文家，我们俩住在一个房间，他挺喜欢我，他说我们那缺一个编辑，你要不要来。我说好啊，后来我便去了《人民日报》。

张玉萍：李老师，您好！刚刚您谈到您去了《人民日报》工作，并且一工作就是几十年，在我们年轻人看来在《人民日报》工作的这段时光对您来说格外幸运，您也抓住了机缘，写出了好文章，遇到的人肯定也影响了您很多吧？

李辉：《人民日报》有很多难忘的老领导，比如范荣康，现在很多人都不知道，他的夫人谌容是写小说《人到中年》的作家，所以谌容一出名就说他是谌容的丈夫范荣康。到后来他的儿子梁左、梁天，梁左是给姜昆写相声的，梁天是著名喜剧演员，范荣康确实是一个非常有文学修养、非常洒脱的人，经常跟我们在食堂吃饭。那时候在《人民日报》大院北区食堂，总编、社长经常跟我们一块排队吃饭。像这种老先生、老前辈对我们来讲印象特别深。在他去世之前我想做一件事情，想请他起草社论的一些故事，从50年代开始写到90年代初，由于他身体不好，刚谈到1965年就去世了，最重要的"文化大革命"十年社论没有谈到，后来出了一本书是《社论背后的历史》。还有很多很多的故事，包括袁鹰，包括我们的主任叫蓝翎，当时《红楼梦》批判的时候，他和李希凡两人被打成右派，我到文艺部他跟我关系特别好，就请他写了一个回忆录。

郭春玲：李老师，您好！我是文学院2016级的学生。我们拜读了您的作品之后，很多人的感觉就是坚韧、真诚、流畅，给人感觉儒雅庄重，您写作和采访时十分讲究分寸感，您一定做了大量功课，李老师您是如何做好"时刻准备着"的？

李辉：因为你是写历史人物，历史人物有很重要的一点，就是你对资料的掌握是非常重要的，这一点也是贾植芳先生教的。从研究资料做起，你要写一个人物，要想写一万多字，可能要把他的很多书看一遍。当然和做记者不一样，记者是强调新闻性，我也做了很多报道。比如在《北京晚报》开一个专栏，拿个相机，骑个摩托到家里采访一个多小时，回来三四百字，配张照片，很简单的。但写长篇文章，要有生活片段，又能够概括他的人生或者概括他的性格，所以怎么把资料、历史场景和他个人的兴趣揉在一块，这对自己来讲是一个挑战，我想尽量做得好一点，也不能说自己写得多好。从我个人来讲，当时90年代初能够这么写，让自己的关注点得到了拓展。在这之前，我基本上是一个巴金圈和胡风圈。因为写了巴金，知道巴金周边的人，比如到了北京之后，有意识去找巴金熟悉的萧乾、卞之琳、沈从文、冰心等一些人。

周婷：李老师好，口述历史很多时候也是个人史，您在写作人物或者事件的过程其实也是重组历史的过程。您采访了很多和历史相关的人物、事件，在您采访的过程中您有没有遇到过不同的人对同一事件表达不一致的情况？您是如何辨别这些事实或者观点的真实性的？又是如何平衡各方观点，让读者在看待您写的人物传记或历史事件时相对而言是客观的？

李辉：现在口述实录越来越多，它某种程度上是个人的一种叙述，好处是可以提供很多了解历史的途径，但也确实有因为时间过滤后当事人记不清楚的情况，另外也有的人有选择地记忆，对自己有利的多说，对自己不利的不说，所以有的口述如果没有其他的文献、档案印证，很多时候我是尽量不用的，我做过很

多作家的自述，后来我就更多出版一些文献类资料。我给大象出版社出的几套丛书中包括日记丛书、书信丛书，这类相较口述而言更有真实性。我确实也遇到过不同的人对同一事件表达不一致的情况。1998年我出了一本《摇荡的秋千——是是非非说周扬》，这一本书是研究中共中央宣传部原副部长、中国文联原主席周扬，我采访了他的儿子、秘书、同事、朋友等，关系密切的、不密切的，他们从不同方面、不同态度阐发了对周扬的看法，所有的汇聚在一起才是一个活生生的周扬，这是一个智力活，也是一个体力活，写传记文学尽量找原始资料比较好。

2019年10月10日
线上文学讲座

作者简介

李辉，1956年出生于湖北随县（今随州市）。1982年毕业于上海复旦大学中文系；1982年在北京《北京晚报》担任文艺记者和文学副刊编辑；1987年11月至退休前，在《人民日报》文艺部担任副刊编辑。以传记、随笔写作见长。主要作品有《胡风集团冤案始末》《沈从文与丁玲》《沧桑看云》《巴金传》《封面中国——美国〈时代〉周刊讲述的故事》《传奇黄永玉》等。1998年散文集《秋白茫茫》获全国首届鲁迅文学奖。2007年因在《收获》开设的专栏"封面中国——美国《时代》周刊讲述的故事"而获得第五届"华语文学传媒大奖"之"2006年散文家"奖项。2014年，因《绝响——八十年代亲历记》，再获第十二届"华语文学传媒大奖"之"2013年散文家"奖项。

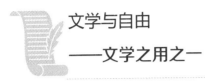

文学与自由
——文学之用之一

王志耕 / 南开大学文学院教授

> 文学最主要的文化功能，或者说文学之用，就是为个人意志正名，弘扬人的创造精神。
>
> ——王志耕

文学到底有什么用？我们今天先从文学和自由的角度来谈这个问题。

一

《摩罗诗力说》
鲁迅 著，天津人民出版社，
1982 年版

关于"文学之用"有太多的论述，我们来看一下鲁迅在《摩罗诗力说》中怎么说。他说，在一般人看来，文学"益智不如史乘，诫人不如格言，致富不如工商，弋功名不如卒业之券"。什么意思呢？就是说，文学这个东西，从学习知识上来看，它不如历史的书籍，从劝诫人的行为规范方面不如格言，致富方面不如去做工商，求取功名不如去拿一个毕业文凭。所以，从这些角度说，文学没有用。但人活着是不是就是为了学习知识、求取功名、发家致富呢？你可以这样理解，但如果这样，那你就像鲁迅说的"生其躯壳，死其精魂，其人虽生，而人生之道失"。这种活法也不过就是行尸走肉而已。而你要活得真正像个人，就要读文学，因为它有"不用之用"。所以鲁迅说："文章之用益神。所以者何？以能涵养吾人之神思耳。涵养人之神思，即文

章之职与用也。"（鲁迅《摩罗诗力说》，见《鲁迅全集》第一卷，人民文学出版社，2005年，第73—74页。）

其实这个话从今天看，只不过讲了一个很普遍的道理。人类文化的创造，总的来讲分成两大类：一类是为物质之用，一类是为精神之用。鲁迅说的涵养神思就是精神之用。人类文化的创造实际上是人类本能的产物。所有的文化创造在某种意义上都是人类本能的产物，人类只要存在就会创造，就会进行文化创造。文化创造分成两大类，这两大类分别是为了维护人的两个本质属性，第一是物质属性，第二是精神属性。因此，人的本质属性是二元的，这一点区别于世界上任何其他的生物，人比其他生物多了精神的维度。尽管黑猩猩也有很高的智商，但是它没有创造力，创造力是和人的精神活动相关的，下面我们要谈到这个问题。

只有人才有精神追求。这个精神追求包括了许多方面，其中一个方面就是他的创造力。所谓创造力，即当他在已经满足了基本的物质需求的时候，他仍然去追求更高的物质占有，在某种意义上，这也是一种精神活动。因此对于财富的追求，对于官阶的追求，在某种意义上也带有精神色彩。实际上当人在追求巨额财富、追求更高的官位的时候，他已经满足了他的基本生存条件，比如说这时他已经不饿肚子了，按道理来讲，动物在不饿肚子的情况下是没有更强的动力去追求巨额财富的。

人类的创造性活动更多的是基于一种追求。马克斯·韦伯说，资本主义的发展动力在某种意义上就是对财富的追求，而对财富的高追求和对物质的低享受就构成了所谓的新教伦理，它属于精神方面的内容。所以人类的文化创造包括两个方面，其中一个就是抽象的非物质或者是非世俗目标的文化创造活动。比如说文学、艺术、哲学、宗教等，严格说来这叫作精神文化的创造，是可以和物质创造区分开来的一种类型。也就是说，为了满足人类的两种追求，人类除了物质占有，还有精神追求，这就是他区别于动物的地方。这个精神追求除了可见的世俗的目标，还有一些更高超的目标，或者说只有超越了世俗的目标的东西，我们才认为是人类最本质的精神追求的内容。这个内容就是追求成就为一个超越自然伦理的人格，就像康德说的。这是人类追求的一个终极目标，原因就是人类只有超越了自身的自然伦理状态，才能进入自由的状态。

追求物质当然也是为了自由，但是那个自由只是肉体存在的自由。人类的终极目标实际上是精神的自由。但是我们在现实生活中往往是不自由的，除了来自物质的不自由，其实最主要的是精神的不自由，也就是说，人类最本质的痛苦不是来源于物质的匮乏，而是来源于精神的压抑，也就是自由的空间的辖制，所以这是本质的痛苦。所以我们会看到在物质条件得到充分满足的情况之下，还会出现那么多抑郁症患者，还会出现那么多带有死亡本能倾向的作家和艺术家。艺术家往往是最敏感的，能够体会到人类的本质的痛苦，就是精神的作用。在某种意义上来讲，艺术是基于人类对于不自由的感触而产生的一种文化创造行为。因此一个人，如果你感受不到你对自由的需求，你就不可能成为一个艺术家。文学应该是属于人类的精神之用的这一层面上，如果我们知道人类的本质属性，我们也就知道了文学就属于本质属性的精神属性这个层面的东西。但是这个道理在人类历史的发展进程中始终要不断地去重复，去重申，原因就是人类很容易被物质的依恋和引诱所俘虏。像黑格尔说的，人很容易被日常生活中琐屑的物质利益所迷惑，而忘记了更高的精神追求。

人类的历史发展，基本上物质的推动是一种更巨大的本能，所以物质的发展往往不需要刻意去推动它。但是对精神的追求，我们需要通过不断的、反复的重申来体现。尽管物质高度发达，但是我们要不断提醒自己，人类追求的并不是更高的物质目标，人类最本质的追求应该是更大限度的精神自由。鲁迅说"生其躯壳，死其精魂，其人虽生，而人生之道失"，这就是讲生存的目标问题，人到底是靠什么活着？如果人只是靠躯壳活着，但是没有精神活动，这样的人生就是缺少了一个"道"，这个道就是人活着的本质。也就是说，人只靠物质的存在，只靠物质追求来活着，在某种意义上就是生命的本质缺失，就是作为人的本质缺失。因此，我们需要对人的本质重新做一个定义。

刚才我们讲了人是二元的一个事物，一个是肉体，一个是精神。但是哪些是人的独特的本质属性，也就是他区别于其他生物的独特性？很显然不是他的物质属性，而是他的精神属性，也就是说在物质性和精神性两者之中，决定人成为人的不是他的物质属性，而是他的精神属性。这就是鲁迅所说的"人生之道"，人生存的本质属性就是他的"精魂"，就是他的精神生活。所以鲁迅文章的意思就是，文学看上去是没用的，也就是说对你的物质存在没用。不读文学作品，不写小说和诗歌，不参与任何艺术活动，照样可以活得很好。而"文章之用益神"，它是培养精神的。为什么这样说？就是"以能涵养吾人之神思耳"。

"神思"这个概念，在中国的语境里边指的是它超越了物质存在之后的一种自由状态，所以它会思接千载、神与物游，这就是所谓"神思"的状态。人只有在这个时候才进入"自由"。所以中国古代的文论已经解释了艺术的一个基本的功能就是它可以使人达到精神的自由，这就是所谓"文章之用"。鲁迅在《摩罗诗力说》中的这种概括也不过是中国古代文学理论或者艺术理论的一个基本的常识，只不过他把它用更明确的表述表达出来。

在鲁迅看来，文艺就应该成为引导国民走向精神生活的一只眼睛。尽管中国历史上存在过非常辉煌的文学时期，有相对于这个世界上任何一种民族所创造的文学艺术都不逊色的成就，但是它从来没有成为过主流话语。大多从事文学艺术创造的人，在某种意义上，也并不把艺术创造作为他生命的终极旨归。例如杜甫。我们如果问中国历史上，谁是文学成就最高的人，在我个人看来可能就是

杜甫。任何其他人，如李白、屈原都有某些篇章是一流的，但是从总体的成就而言，杜甫是最高的。大家都知道杜甫的《奉赠韦左丞丈二十二韵》，你仔细读一读就会明白他的人生目标是什么。诗里描述他当年在西安的时候，凭借年轻气盛有诗才，引起了京城的关注，"读书破万卷，下笔如有神；赋料扬雄敌，诗看子建亲"。可是他的目标不是成为一个诗人，而是"致君尧舜上，再使风俗淳"，辅佐皇帝，要实现他的政治理想。简单地说，就是当官，去宫廷里边谋一个职位。可是他在西安待了十三年，天天干什么？"朝扣富儿门，暮随肥马尘；残杯与冷炙，到处潜悲辛。"早晨去敲富二代的家门，晚上人家吃完了喝完了骑上马回家了，他追着马屁股后边去求情，目的就是让别人引荐，给他在政府里边找一个职位。他在京城待了十几年就干这个，这就是他的目标，最终也没有成功，所以他只有离开京城。"今欲东入海，即将西去秦；尚怜终南山，回首清渭滨。"离开的时候还一步一回头，一边回头看看终南山，看看渭水之滨，这就是他满含悲辛待了十几年的地方。

所以我们看，这就是鲁迅说的"国民精神"的一个写照。如果有能代表中国文艺、中国诗歌的，那就是我刚才提到的这三个人，可是我们看看他们的现实生活，他们的价值追求，就是这样。屈原、杜甫我们不说了，你想不到的是，以放浪形骸著称的李白，当官的欲望比杜甫还厉害。杜甫写这个《奉赠韦左丞丈二十二韵》，说明他对自己的这种生活追求是有反省意识的，尽管他舍弃不了他年轻时候从政的理想，但是知道精神的最高境界是"白鸥没浩荡，万里谁能驯"。但李白在他四十岁的时候写的《上安州裴长史书》，却连这点反省意识也没有，一把年纪了还在求裴长史让他有"得趋末尘，承颜接辞"的机会，而且说你要不给我官做，我就到你家门口弹剑而歌去了。当然，总的来说，这些诗人内心深处是懂得他们的诗才高于从政的能力，但却始终没有把这个诗的自由视为人生的终极意义，而是只把它当成晋升之阶。按鲁迅的说法就是，他们还没有真正地"睁开眼睛"看世界，看人生。

我们看五四运动，或者说新文化运动，它的一个主要诉求的领域就是文学艺术。鲁迅当年弃医从文最根本的目标就是为了要重建中国人的精神，鲁迅强调文艺要成为"那只睁开的眼睛"，也就是说我们应该走向更自由的一种状态。所以最后他的结论就是："没有冲破一切传统思想和手法的闯将，中国是不会有真的新文艺的。"（鲁迅《论睁了眼看》，见《鲁迅全集》第一卷，人民文学出版社，2005年，第255页。）

人不知道自己有着自由的精神，不知道只有这种精神的生活才是"人生之道"，这种情况就是康德所说的人类自己强加给自己的"不成熟状态"。康德在他的《什么是启蒙运动》开头第一句话这样说：所谓启蒙，其实就是要解除人强加给自己的不成熟状态。本来人是自由的，但是随着人类社会的发展，人不断被规训，不断受到各种意识形态的污染、遮蔽，慢慢就放弃了用自己的头脑思考的习惯，这就是康德所说的不成熟状态，也就是不经别人的引导就不知道怎样用自己的理智去思考。这就是需要启蒙的一种状态。鲁迅提出的文艺之用就是启迪人的智慧自由，人的精神自由。

卢梭在他的《社会契约论》第一卷的开篇就说："人生而自由，但无往不在枷锁之中。"其实，这些都是人类给自己带来的枷锁，下面我们还会谈到这个问题。总的来讲，现实生活中的人总是感受到失去自由的威胁，所以他们要创造各种文化来解除这种不自由状态，人类的政治、经济、科学等是为了解决人的物质困境问题，而文学艺术要解决的是人的精神困境的问题，也就是说，它是与人的精神自由相关的。

二

人是生而不自由的——这就是人类存在的一种悖论，人整个发展都伴随着悖论，或者说悖论就是人存在的常态。我多年前读过一篇文章，题目和作者都忘了，它提出一个观点，就是人从一出生就开始了走向"非人"的异化过程。也就是说，人从出生就开始背离了本质。这就是福柯所说的当词和物分离就开始了人类异化的道路。从这个观点上说，人最本质的状态应该是和母体完美结合的状态，就是雅克·拉康所说的"实在界"阶段，当人还没从母体里出生的时候，是处在一个和母体没有分离的实在之中。这个时候当然无所谓自由的问题，因为这个时候既不存在不自由的问题，也不存在自由的问题，因此这个时候人是不存在悖谬的。但是人一旦脱离母体，进入"想象界"的时候，人就进入一个被限制的状态，即人一方面获得了自我成长的自由，另一方面也获得了在自由成长过程之中，由于别的个体也在自由成长而给人带来的不自由的限制。实际上就是人要自由的发展，别人也要自由的发展，那么两个个体的自由发展一定会形成互相制约。所有的绝对自由在某种意义上都有对他者的侵害的成分。这样的话，人就进入一个自由的悖谬状态，所以人类从一开始出现，就进入一种悖论状态，这就是卢梭所说的话的基本意思。

卢梭的具体所指是，由于人类在它的发展过程之中，不可避免地由个体状态，也就是一种自然的伦理状态，进入一种整体人类状态。也就是说，人类实际上是由个体向群体发展，向各种社团形式发展。最早的这种组织形式就是家庭。家庭带有天然的血缘的因素。人出生下来，在没有掌握最基本的生存技能的时

候，需要依赖母亲或者父亲的帮助，这就是早期的家庭出现的原因。但是早期家庭是比较脆弱的一种团体形式。所谓脆弱，一方面就是父亲可以不负责任，所以我们看在早期的母系社会时候，父亲基本上是一个不负责任的角色。再来看母亲，如果当她养育了大量的子女的时候，母亲很可能也是一个不可靠的角色，也就是说，当她无法养育这些子女的时候，没办法只能抛弃掉某些子女，甚至当某些子女还没有掌握独立的生存技能的时候，就被母亲抛弃掉了，家庭其实是比较脆弱的。即使是一个家庭，当它成为一个完整的小单位的时候，仍然可能面临着各种危险。比如说当母亲有强大的组织能力和创造能力，给这个家庭带来了富足的时候，如果这时另外一个家庭陷于贫困状态，那么可能会产生"侵占"的欲望。因此一个家庭随时可能会遭遇另外一个家庭的攻击。所以这个家庭就会按照一种本能扩大，慢慢变成一个氏族，这样的话人类就进入了所谓的氏族社会。也就是说，家庭会滚雪球一样，它的成员的构成，只要血缘相近的最后都留在同一个地域，所以氏族社会的出现是人类最早村落出现的基础。所以我们看早期的人类遗迹，大都是氏族社会的遗迹，像仰韶文化遗址、河姆渡遗址。人们之所以聚居的原因是他们可以组成一个更有力量的统一体，来对抗可能对他们造成伤害的另外的族群。

这样的话，人类的组织结构越来越大，由氏族社会进入准国家形式，就开始出现城邦。所谓城邦的出现实际上就意味着人类生产发展到了一个新的地步，即社会分工开始细化，有一部分人摆脱了最原始的田野劳动，所以才会出现城市。很显然城市里的人是不从事田野劳动的，他从事比如说冶炼、制陶或其他生活用品的专门制造。冶炼，这是人类早期创造工具必须要掌握的技术，所以一个古代的文明（不是我们现在说的有道德内涵的文明），是人类早期的生活文明，一般说来有三个基本的条件，一就是金属冶炼术，只有分工出现，才会有大量人员去从事工具的制造。另外一个条件就是城市的出现，因为有越来越多的人去从事非田野劳动，所以他们就会组成一个非田野的聚居部落，即人类早期的小型城市。

再有一个条件就是文字。这个文字指的不是简单的符号，而是系统的表意文字。当然，没有文字也就没有城市，或者反过来说才是正确的，因为没有城市所以就没有文字。其实文明的三个条件都是以城邦出现为前提，因为城邦出现，分工细化，就意味着人类交际的密度增大，此前在田野劳动时期，早期的人类是不需要太复杂的交流符号的，但是随着人对生活追求的提高，人就有了交流的需要、交换的需要，城邦出现的一个重要前提就是交换，因为有交换，所以才有分工。有一部分人去从事冶炼术，有一部分从事制陶，有一部分做木器。那么频繁的交换就促进了人类交际工具的发达，过去简单的符号不够用了，这个时候就出现了系统的表意符号，这就是文字。

当人类的组织化程度越来越高的时候，就会出现权力。在早期的家庭里边严格说来是没有权力的，只有义务，因为繁衍的需要而形成的义务。但是进到父系社会，权力就出现了。这时候会有争地盘的现象发生，最强壮的那个男人就变成了一个家庭或者一个氏族的最高首领。因此在古希腊神话中我们可以看到，联邦的最高将领都是武艺最高强的人。所以这就是早期的人类权力结构刚刚发生时的一个现象，那么当他掌握了权力的时候，这个时候就出现了政治架构，而一旦出现政治架构，人类就进入卢梭意义上的不自由状态。这就是卢梭写《社会契约论》的起点。

《社会契约论》
[法] 卢梭 著，李平沤 译，
商务印书馆，2017 年版

为什么要强调社会契约？因为人类随着组织程度的提高，不自由的程度也越来越高，这就成了一个很大的问题。人类的存在本来是为了追求自由，但是由于人类权力秩序的完善化，使得人类的自由空间越来越狭窄。因此卢梭要思考的就是怎么样恢复人的自由，于是他就提出要建立契约，在契约的基础上来保证每一个人的自由。但实际上契约保障的仍然是人的私有财产，人的有形权利，但是它并不能解决人的精神困境的问题。所以精神的痛苦在任何制度之下都是一样，不见得在民主体制下的人，他的精神痛苦程度就低于在专制体制下的。我们看当今世界的伟大作家在各种制度下都有，在西方制度下这些作家表达的仍然是他的灵魂的痛苦。美国的20世纪出现了很多大作家，能说他在民主制度下享受了充分的自由就没有痛苦了吗？真正的艺术家一定是痛苦的，原因是什么？因为艺术本身代表着人类对终极自由的追求，尽管这种自由是不存在的，但它对于人类而言却有着最高的意义，因为有这种终极追求，就标志着人类是在向着成为人的方向前进，反过来说，如果没有这个标志，就意味着人类走上了非人的道路。所以艺术家一定要比别人对于自由的追求程度更高，或者说他比别人对自由的敏感度更高。"小荷才露尖尖角，早有蜻蜓立上头"，艺术家就是那个蜻蜓；"春江水暖鸭先知"，艺术家就是那个鸭。人类社会有一点风吹草动，当普通的民众还感受不到的时候，艺术家已经感受到了。人对自由的追求越高，他对艺术创造的可能性就越高。

三

下面我们从具体的角度来谈文学和自由的关系。首先一个方面就是，文学最

主要的文化功能或者说文学之用，即为个人意志正名，弘扬人的创造精神。

我们要明确一点，文学在某种意义上说是站在个体的立场上来发声的，个体的存在是人类存在的根本，也可以说是人类存在的目的。我提出过一个概念，就是人类历史的发展是一个"加蔽"的过程，这是我的一个观点。所谓不断"加蔽"，就是不断地走向权力秩序化，而遮蔽了个体存在这个终极价值，就是忘了人类存在的根本目标是什么。人类文明之初就出现了权力秩序，但它是一个松散的权力秩序，而逐渐变得越来越严整。无论民主体制还是专制体制都是一样。将来我们回过头来可以看得更清楚，今天人类发展到高度秩序化的状态，在大数据时代，基本上都进入一个高度秩序化状态。也就是说，人类发展的不断"加蔽"的结果就是人的自由被限制的程度越来越高。所以在这种状态之下，就需要有人类的某种文化系统来适度地缓解由于高度秩序化给人类带来的焦虑和恐惧。我们一方面在进入高度秩序化的状态之下感受到某种安全感，但是与此同时我们也感受到自由的空间越来越狭窄，这就是一个悖论，就是安全感和恐惧感双向增强。为了解除恐惧感的增强，就需要有一个文化类型为人类的被限制的自由来发声，对那些给人带来奴役的因素加以审判和否定。这是从否定的角度来看文学对人类自由的维护，而从肯定的角度来看，那就是对人的创造性的鼓励，对人追求幸福、追求更高的生存境界的精神加以肯定、颂扬。也就是说，文学应该鼓舞人拥有一个豪迈的、向上发展的动力。斯宾格勒说浮士德有一种天然的"向远方发展的冲动"。文学就应该激励人拥有一个向远方发展的冲动，而不是训诫人安于现状，安于平庸，安于奴役。

我们先来看文学是如何为个人意志正名的，如何站在个人的、被损害的个体的立场上来表达它的立场。举一个例子就是《荷马史诗》。《荷马史诗》恰好就是产生在氏族社会解体、城邦形式出现，或者说早期的国家形式开始出现的时候，这是人类社会个体自由开始被限制的一个转折时期。在早期氏族社会里，人的自由度是比较高的，因为这个时候还是以家庭为基本单位。在还没有发生权力争夺的原初家庭的基本单位里，存在着由血缘所带来的一种亲密感，所以这个时候人因为自由被限制而遭受的威胁程度相对来讲是比较低的。但是一旦城邦出现，那么就意味着一个稳定的政治秩序架构开始出现，这个时候人的自由就会受到前所未有的压制。因此在这个时期所产生的艺术作品，很自然地就会去反映这个问题。但是文学艺术不能仅仅停留在反映的层面上，文学是有态度的，也就是它必须表达自己的立场。

因此我们要理解文学，更重要的是要理解这个文本的态度是什么。那么我们必须要抓住一个维度，就是它是不是为个体的自由来站脚助威，是否为个人意志来正名，这是判断一部文学作品是好是坏的一个很重要的标准。如果我们细读

《荷马史诗》就会发现，其实它绝不是在歌颂集体主义的英雄。那么它要表达的是什么？它要表达的是阿喀琉斯的利益在联邦利益的名号之下受到了损害，它要表达的是阿喀琉斯如何为了他个人荣誉、个人利益跟集体的利益相抗争的。

我们读作品要先直接面对文本，然后再去读那些介绍性的文字，否则的话我们就会自觉放弃自主思考的能力，就会自觉接受别人加给我们的"蔽"。重要的是在读的时候要寻找它的态度。你仔细读一读就知道，阿喀琉斯根本没有表现出任何集体主义精神。大家看，这是他在史诗开头对阿伽门农说的话：

"你这无耻的阴谋家，"他嚷道，"一径都是唯利是图！你怎么能指望你的部下替你尽忠竭力，奉命去进攻作战？至于我，并不是因为跟特洛亚的战士有什么争端才到这儿来参战的。他们对我从来不曾有过任何的侵害。他们从来没有偷盗过我的牛马，也从来没有劫掠过那由佛提亚肥沃泥土长出来养育她的居民的庄稼；因为我们之间是有那奔腾的大海和许多暗沉沉的山脉隔着的。实际上，我们所以来参加这次远征，为的是要博得你的欢心；是的，你这丧尽天良的鄙夫，为的是要替墨涅拉俄斯和你对特洛亚人图快意——这一事实你竟把它完全抹杀了。现在又来了这样一个恫吓，而且由你亲口说出来，竟要夺去我的战利品，我那辛苦得来而由弟兄们献上的一件战利品。每次阿开亚人攻下特洛亚人一个繁荣的城市，我所分到的东西都并不是跟你一样多的。战斗的重任全由我担当，等到分配掠获品时却是你占绝大的部分，听凭我精疲力竭的带着我自己一点点儿东西退出了战场。所以，现在我要回佛提亚去了。那是我的最好的办法——坐着我的翘嘴船扬帆回家。我看呆在这儿太没有意思了，徒然在替你积累资财，供你挥霍，反而受人家侮辱。"（荷马《伊利亚特》，傅东华译，人民文学出版社，1958年，第6—7页。）

当一个城邦加入一个联邦中，就是说国家形式出现了，那么即使你是城邦贵族，也要遵守联邦的政治秩序，所以阿伽门农要抢走阿喀琉斯的女奴，他也无可奈何，但心中的愤怒可想而知。史诗一开头就说："阿喀琉斯的愤怒是我的主题。"为什么？就是因为，虽然他是整个希腊联邦最勇武的将领，但是在这个政治结构里面，他的自由却被权力轻易剥夺了。因此，史诗要表现的就是人在失去自由的时候应当表现出的"愤怒"，阿喀琉斯应当发怒，应当罢战。从他的本意来讲，联邦的利益跟他并无直接关系，而是恰恰构成对立。所以他才说，我跟特洛亚人无冤无仇，只不过是因为要服从你才来的；你们发动战争，不过

《荷马史诗·伊利亚特》
罗念生　王焕生 译
人民文学出版社，1994年版

是"图快意"而已。这里的潜台词就是：他既然是联邦的一员，也只有服从。

大家看，这就是文学的态度，战争就是不同的政治组织之间的暴力对抗，而它的起因往往只是政治权力的任性，而受到损害的却是那些被权力蛊惑的个人。这样的思想一直延续在今天欧美的战争文学里。加入战争的战士们都是带着由权力所鼓动起来的正义信念去参战的，但一旦面对战争的残酷，面对它对人的伤害，文学叙事便会进入有态度的叙事，那就是所有战争都是邪恶的，无论这个战争是以什么名义开始的。所以我们只要读一读这个史诗，你就会看到里面哪有什么集体主义精神，它的态度就是揭示以联邦名义对个体利益造成的损害，或者说当国家形式出现的时候，人的自由开始被限制，以及它对这个权力结构的反抗。

这就是文学叙事的态度，表明人的利益、人的自由是最重要的。人类从城邦阶段发展到国家联盟，本来它的目的应当是更好地维护每一个个体的利益和自由，但是这里面有一个我说的"加蔽"的机制就是联盟利益，或者说集体主义的宏大叙事把个人利益的地位压制到次要的地位。因此，当人类历史出现这样的悖谬的时候，文学就要站出来为被损害、被侮辱的个体说话。

四

上面我们讲了从否定的角度，也就是从文学"祛蔽"、祛除历史"加蔽"的角度谈文学与自由的关系。大家其实也可以注意到，《荷马史诗》在揭示人的个体自由被压制的时候，也描写了人怎样表达他的个人意志，对阿喀琉斯的发怒、反抗和勇武精神的展示，通过这样的方式文学也在鼓舞人突破围限，颠覆权力，面对各种压制性权力表达自己的创造力的自由发展的可能性。这就是从肯定的角度来说明人的生命可以达到一个什么样的高度或者境界。

前面我们说斯宾格勒说浮士德的天性就是"向远方发展的冲动"，西美尔也说，歌德之所以伟大，就是他塑造的形象让我们"对人类感到有希望，鼓动我们努力向前做一个人"（参见宗白华《歌德之人生启示》，见《宗白华全集》第二卷，安徽教育出版社，1994年，第1—2页）。好的文学应当唤醒人生活的激情，让人充满希望，让人有更高的精神追求，要展示人的创造力的一切可能性，也就是他的最高的自由限度。

一个人存在于世界上，不是像鲁迅说的只靠着躯壳活着，只要有饭吃，有衣穿，有地方住，就满足了。安于现状，乐天知命，这种活法就是行尸走肉。好的文学应当提醒人，你活着不是简单地吃饱穿暖，而是要看你能为自身和这个世界创造什么，来检验生命自由的限度，要鼓舞人去创造，拥有一个更豪迈的、向上发展的生命冲力。

让我们再来看看《鲁滨孙飘流记》。我一直说，我们看《鲁滨孙飘流记》这个作品，就是要看它鼓舞人拥有豪迈的、向上发展的精神的文化内涵。

《鲁滨孙飘流记》这个作品在后殖民主义理论的框架之下被我们误读了很多年。所以我讲后殖民主义理论贻害无穷，它把近代世界发展的复杂历史用一个粗暴的东西方二元对立的结构就给一劳永逸地解释了。当然，在某种意义上说，它也是第二次世界大战之后西方国家在国际伦理上奉行"政治正确"的结果，因此，这个理论产生在西方的文化土壤上，它就是一个反思的文本。但是对东方而言，所有东方自身的问题都在东西

《鲁滨孙飘流记》

[英]丹尼尔·笛福 著，徐霞村 译，
人民文学出版社，1982年版

方对立的套话中获得了解释，从而使他们忘记了对自身内部结构性问题的反省，这就是为什么后殖民理论在某些东方国家很盛行的原因，因为这个理论用起来很爽啊，我们落后，我们有问题，只要骂别人就可以了，用不着反省，而反省是很痛苦的。所以我说，这种理论对于东方国家而言贻害无穷，因为它用民族对立遮蔽了阶级对立。这也是反马克思主义的。

我们回过头来说《鲁滨孙飘流记》。文学研究者们在萨义德的引导下，以为又找到了一个可以颠覆西方文本的有力工具，我们发现，鲁滨孙原来是一个殖民主义者，《鲁滨孙飘流记》就是英国殖民主义的代表性文本。殖民观念渗透在殖民国家的所有话语形式之中，这没有问题，也是值得警惕的问题。但后殖民理论在西方出现就说明了他们自身的反省意识。而对于我们来说，我们通过读这个小说应当想到的是，在我们的文学中为什么没有出现像鲁滨孙式的、充满了创造力的人物。欧洲在文艺复兴之后的迅速崛起，靠的是什么？就是人的创造精神，每一个人对最大限度的自由的尊崇和追求。

因此，《鲁滨孙飘流记》的正确的读法，不是去看它的殖民思想，而是看它是怎样鼓舞人跳出传统的罩子，以豪迈的气概创造出一个新的世界，来展示人的自由精神的高超境界。大家看，小说里也写到了鲁滨孙的父母，他们是守旧的老派人，做生意发了家，属于中等阶级，所以极力反对儿子出海冒险，总是教导他："遇事不过分，中庸克己，宁静健康，愉快的交游，各种令人欢喜的消遣，各种称心如意的乐趣，所有这些幸福都属于中等地位的人；在这种环境里，人人都可以悠然自适地过一辈子，既用不着劳力劳心，为每日的面包去过奴隶生活，困难不堪，弄得身心没有片刻的安宁；也用不着被欲望和发大财、成大名的野心

所苦，心劳日拙；只不过舒舒服服地过日子，品尝着生活的甜美滋味，而且愈来愈能体会到自己的幸福。"（徐霞村译，人民文学出版社，1982年，第3页。）

我们看，这个话在《鲁滨孙飘流记》里是被否定的，这就是小说的态度。你也可以把它理解成作者意图或者文本意图，总的来讲，你一看就知道，这个话放在这里是拿来作反面样板的。尽管鲁滨孙每当出海冒险遇到险情的时候就后悔自己没听父母的话，但小说却刻意把他塑造成一个永不安分、志在高远的形象。当他冒险失败、听了父母的话冷静下来的时候，也会下决心不再出海，但他却总是感到有一种神秘的力量在呼唤他，用他的话说是，"我的倒霉的命运却以一种不可抗拒的力量逼着我不肯回头。……这种力量，我实在叫不出它的名字；但是这种神秘而有力的天数经常逼着我们自寻绝路，使我们明明看见眼前是绝路，还是要冲上去。"（同上，第11页。）大家可以注意到，这里也提到了命运的概念，但这个概念和"转运汉"那个故事里的命运是完全不同的，注意，那个命运是给你注定了结局，任凭你怎样想改变它也绝无可能；而《鲁滨孙飘流记》里这个命运却是对人的一种激励机制，而不是一个结局的预设，这个命运就是让你去挑战命运，看你能否突破有形的命运，而探索一种更高远的空间中的命运。也就是说，这个小说告诉你的是，人如果在灵魂中听不到这种高远的呼唤，你就无法获得更高远的自由，而一旦你听从了这种自由的召唤，你就能创造更伟大的未来。小说的结局大家都知道了，鲁滨孙开头所说的"自寻绝路"，这个"绝路"就是他在荒无一人的孤岛上用了二十多年的时间，为自己开拓出一片崭新的天地。

当然，这个小说其实是一个寓言，鲁滨孙就是文艺复兴之后获得了充分创造自由的人的一个符号，它标示了一个人面对生命的困境本来应该能够达到的精神高度。我们说，这就是文学应当提供给人们的力量。王尔德说过，不是艺术向生活学习，而是生活向艺术学习。其实鲁滨孙这个人物的原型塞尔柯克在荒岛上就待了四年多，被救出来的时候人都快变傻了，四年多不说话，没人跟他交往，思维退化，表达能力都退化了。但是笛福听到了这个故事之后，他脑子里边就显现出了一个鲁滨孙的形象，把他按照自己的理想塑造出来。如果放在中国人的观念中，鲁滨孙父母的价值观就是绝对真理，你都到了中产阶级了，既不必劳心费力，也没有发大财、成大名的焦虑，生活安定富裕，你还想怎么样？近代以来的中国人都是在这种理念的抚慰下走过来的。俗话说，逆水行舟，不进则退。如果整个世界都停留在古代社会的状态，大家都不发展，按中国人的这种"过日子"的观念，你还可以始终保持着你的优越感。但对不起，文艺复兴之后的欧洲发生了翻天覆地的变化，人家每个人都变成了鲁滨孙，你还都像那个转运汉一样等着天上掉馅饼，那落后就是必然的了。而在这个过程中，我们不能不说，我们的文学没有起到应有的激发人的创造精神的作用。当现实叙事倾向于墨守成规、固步自封的时候，文学就应当站出来告诉人们应当怎样过真正的生活，告诉人们怎样走出自己强加给自己的"不成熟"状态。

如果说鲁滨孙还是在一种神秘力量的推动下前进的，那么歌德所创造的浮士德形象就更具有现实意味，虽然我们把这个作品归到浪漫主义文学里边。因为浮士德是在与自身的欲望的斗争中不断为自己寻求更高的追求目标的，这就是一个最关键的现实性因素。我们看，当他刚刚走出书斋、开始他新的生活的时候，说过这样的话：

> 有两个灵魂住在我的胸中，
>
> 它们总想互相分道扬镳；
>
> 一个怀着一种强烈的情欲，
>
> 以它的卷须紧紧攀附着现世，
>
> 另一个却拼命地要脱离尘俗，
>
> 高飞到崇高的先辈的居地。

（歌德《浮士德》，钱春绮译，上海译文出版社，1989年，第67—68页。）

《浮士德》歌德 著
钱春绮译，上海译文出版
社，1989年版

所以说浮士德有普通人的一面，而《鲁滨孙飘流记》里没有描写到鲁滨孙的"情欲"的一面，所以他才是个浪漫主义人物，集中表现他的理想的一面。当然，这里说的"情欲"这个概念实际上指的是人的物质欲望的一面，也是人最基本的欲望。如果没有一种另外的力量推动，大多数人就会陷在人生的这个最基本的欲望层面过一辈子。按照托尔斯泰的说法这不叫人生，因为它是没有灵魂的生活，也就是没有精神追求的生活。所以浮士德才会拼命地要脱离这种状态，因为这也是他的一个内在"灵魂"。在这一点上他和鲁滨孙是相同的，虽然小说里写那个呼唤鲁滨孙的神秘力量是外在的，但显然，我们知道，这就是他自己的灵魂中的一种呼唤，是在一种崇尚自由的文化结构中发育起来的动力。与鲁滨孙不同的是，浮士德所有的追求都是失败的，这是歌德比笛福高明的地方，因为失败是人生常态，而像鲁滨孙那样的成功只是一种理想。所以我说《浮士德》这个作品揭示了人存在的一个本质，那就是人的全部存在从某种意义上说都带有悲剧性。它要告诉我们的道理是，人有什么可以安于现状的？安于现状，就是甘于悲剧。包括浮士德最后说出了"你真美，请停留一下"，它揭示了这样一个问题，人在当他所有的追求都得不到的时候，会在自己脑子里面虚构一个想象的满足。

在歌德看来，这可能是人生悲剧性的终极形式，就是当人反复冲突得不到结

果的时候，人可能会虚构一个最后的理想结局，给自己一个交代。在歌德看来，这就是人生最大的悲剧。爱情的追求、宫廷政治的追求、古典美的追求都失败了，最后他脑子里面幻想出一个人们在为他建造人间乐园的场景，听到海边在建筑的声音，他以为是在实践他建造人间乐园的梦想，而实际上，那些建筑工人在给他建造坟墓。这就是小说的态度，告诉我们人生整个过程就是一个悲剧，人没有任何理由可以满足，满足本身是最大的悲剧；而为了逃出人生的悲剧，你就要不断追求，追求而不求得到。不停地向远方发展的冲动，它的意义就在于不断的冲动，你只有意识到不停前进就是你生命的意义，真正的精神自由才会到来；而执着于是否得到，则谈不上自由。鲁滨孙明明知道出海冒险就是一条"绝路"，但他却像中了魔一样奋不顾身，用"以头撞墙"的精神屡次踏上冒险的征程，这就是他生命的意义所在。

学与问（节选）

王彤：王老师您近几年来在许多场合都讲过西方"人文主义"的话题，您的著作《欧美文学——人的主题史》叙述中独特的人文视角令人印象深刻，您能谈谈从什么时候开始对这个问题产生深度探究甚至有些着迷的吗？

王志耕：其实你问我的这个议题不是我的研究领域，我个人的主要研究领域是俄罗斯文学、文论、宗教文化，当然关于人文主义、基督教人道主义与俄罗斯宗教文化有一定关系，是我在教学和研究中不断思考的一个问题。

我30年前开始大学教读生涯的时候，就开始思考人文主义的问题，但大致上是从2009年开始重新思考人文主义的文化建设意义问题，个中缘起用一句话来概括就是：反思本土文化，整合世界资源。此前我对这一问题的思考经历了三个阶段，一个是被动接受，教材怎么说，我就怎么教。此后我接触到俄罗斯宗教文化中的一个核心内容，就是基督教人道主义，认为人不能从自身来确认自我，不能在人自身这里寻找人的本质，这点与人文主义是相对立的。在基督教哲学那里，上帝就是所有人的共同本质。人要确认自身身份，或者说找到自身本质，就要不断靠近上帝这个本质中心，才能与他人达成通约。但人文主义不这样认为，人文主义认为人的本质就在人自身。人是起点，同时也是终点——无论是西方理论家的反省还是我们国内的评价，对人文主义的理解大致如此。我一方面受这些说法影响，一方面把基督教人道主义与之截然相对立，所以，当时我的观点就是：人文主义张扬的个体主义以及在这个基础上产生的理性主义，埋下了后来欧洲启蒙失败的因子。那几年我是否定人文主义的。但是从2009年开始，我又重新回到人文主义这个原点来思考它。就是思考人文主义在人类发展中带来了哪些正面的效果，哪些负面的效果。我是通过一个倒推的方式来认识它，最后发现，人文主义在欧洲现代性的发展过程中所起的作用既不像西方自己反省的那样，更不像我们国内倾向理解的那样。

我们长期以来都在批判个人主义，也借着西方人自己的反省，说西方由于个人主义、理性主义最后导致了后现代状况的发生，人都失去了存在的意义。我以前也是这个看法。但后来意识到我们的研究不是为了批判别人，而是为了完善我们自己。我们总说别人是个人主义，却把我们自己本来应该着重建设的对个体的尊重给抹杀掉了。一般人都会想，强调了个体主义不是主张私利主义吗？那这个世界不是变成丛林了吗？我们必须明白，实际情形恰恰相反。没有个体主义就没有真正的道德，也就失去了现代文化，或者说本真文化，应有的核心内容。大家都知道康德说"人是目的"，这不仅是说一个人要把自我当作目的，而且"无论是你自己或别的什么人，你始终把人当目的"，就是说，你意识到自己是目的，也就应意识到别人同样也是目的。这样，真正的道德文化就建立起来了。

我之所以特别关注这个问题，就是因为我们自身的道德文化建设存在一些问题，我们的教育比较注重的是"天下为公"的观念，但缺少的是怎样告诉人们，如果一个人没有内在的自我，或者说内在的尊严，或者说对"自我目的"的体认，他就不会有他人也是目的的认识，当然也就不能树立"公"的意识。那这个文化就变成了一种表里不一的文化，就是说，规则或权威在场的时候，我就讲"公"，而骨子里都是执着于个人琐屑利益的"私"。所以，关注人文主义就是要为我们的道德文化建设提供一些参考。

从长远的角度看，人文主义强调的是个人建设，而目标是整体生存。在现代性整体文化中，追求的是如何在共同道德规则之下的精神多样性。所谓共同道德规则不是行政命令式的东西，否则它就会跟精神多样性形成对立，就是说，这种规则压制了多样性。如果一种文化中缺少了多样性，也就缺少了创造力，或者说，缺少了产生天才的土壤。而我的一个看法是，人类历史其实是天才创造的，或者说起码是天才设计的，芸芸众生只是享受天才带给他们的产物，并按照天才的设计来建造新的生活。所以，人文主义的个人建设对于一种民族文化来说，是决定其能否产生天才人物，或者能否激发创新能力的一个因素。今天我们提民族复兴，只注重经济问题、技术问题，如果不反思我们的文化建设问题，其实就是头痛医头、脚痛医脚的治标不治本的做法。这就是我为什么要反复讲人文主义的最根本的考虑。

李至：王老师好，19世纪过后的世界是一个祛魅的世界，传统的宗教、人伦、世界观、价值观都遭到了毁灭性的冲击，代之兴起的是一套资本主义运作的工业理性时代。在这种所谓的西方现代文明框架下，我们会不会又进入另外一

种"魅"——对"理性、概念、科技、资本"等的崇拜和信仰？文学在人类各个"魅"时代，到底是充当觉醒者、解结锥？还是用"魅"来充当宣教者、旗鼓手？

王志耕： 首先，当我们说文学的时候，需要区分一下，一个是当下出现的所谓文学，一个是我们在课堂上讲授的经典。经典都是经过历史选择的，是符合我说的人文主义文化的基本价值立场的，就是以人为中心，维护人的精神完整性。而当下出现的文学，则五花八门，鱼龙混杂，它需要批评家来挑选，然后推介给大众。所以，这就涉及你说的文学的角色意识问题。从根本上说，文学作为人类文化系统中的一个"另类"，它的使命就是你说的"祛魅"，祛各种"魅"。原因是在我看来，人类的文化除了本真意义上的文学，其他文化系统都存在加"魅"的功能，或者说，都存在着要消解人的精神完整性的功能。不要说政治、经济、科技，就是宗教也是如此。黑格尔说基督教会是一个"具有一切粗糙的情欲的世俗的东西"，更不用说马克思对宗教的批判。如果连宗教都不能为人类文化中的精神文化站台，那文学的使命就至关重要了。所以，一个文学家最应该警惕的是当他选择了文学的时候，他是否是站在文学的祛魅者的立场上来说话的。现实中的所谓文学，是受到各种权力操控的，包括你说的"理性、概念、科技、资本"，其实更主要的是秩序权力，或者用阿尔都塞的话说，是"利萨斯"（支配型国家机器）和"意萨斯"（意识形态国家机器）。如果你连文学的基本使命都不明白，那这样的文学就很可疑了，就成了你说的"魅"的宣教者和吹鼓手。当年马克思批评拉萨尔，说他的剧本"把个人变成了时代精神的单纯的传声筒"，就是这个意思。

另外关于世界历史发展的规律问题，我想正常的发展应当是"崇拜"与"祛魅"的交替。一个时期所产生的普遍崇拜现象，往往是人类内在需求的某种外化形式，这也是历史进步或发展的动因。如果没有这种东西，那么人类就会保持在一种相对原始的状态。当然，历史上有许多思想家都论证过，如果人类历史真的能这样，那该多好，比如卢梭、托尔斯泰、马克思都有这样的想法，所以基本上他们都是非国家主义者，就是要回到私有制出现之前的状态。当然实际上这都是带有乌托邦色彩的想法。人类总是要变化、发展，所以"普遍崇拜"就是这种变化发展的标志，但它的问题就是一旦这种普遍崇拜成功发育为一种固定形式，就形成了"魅"，或者说就遮蔽了一个人类存在的本真命题——个体的精神完整性。于是接下来就会发生一场祛魅运动，而这场祛魅运动最后仍会导致一种新的普遍崇拜，这就是我说的交替运动。考察人类历史，你会发现，在一个区域内，如果这种交替运动频繁发生，就说明它的创造力旺盛、文化转型活跃，或者说现代性进步的程度就高。相反，如果在某个区域内，很少发生这种现象，那这种区域往往发生的只是权力更替，而文化没有发生变化、创造力低下，就是我们今天说的"落后"。所以，不要怕旧的价值观被新的价值观推翻，如果没有价值观的交替，才是最可怕的。当然，真正的文学在这个过程中扮演的角色始终都是否定者，在某种意义上说，文学就是人类的守护神，时刻警惕着任何社会历史的运动可能给人类的精神成长带来的伤害。

李至：王老师，您在翻译过程中，会不会觉得本国语言的优点在和其他国家语言的对比下显现出来？有时候一句平淡无奇的外国诗句用中文去翻译的时候，会直接脱落成很美的诗？请您谈一谈中国文字语言诗性美的体现。

王志耕：我对中国文学，尤其是诗歌，没有多少了解，都是些感觉。外国语言我也只懂俄语，英语断断续续学过很多年，但很少使用。当然，各种语言相对而言都有其优长，也有其短处。我们在20世纪早期对汉语的优点和缺点也有过很多讨论，甚至有人认为不取消汉字会阻碍中国社会的变革。现在来看，这种讨论是那个时代精神文化活跃的一个标志性现象，随着人类技术的发展，关于语言的认识也在改变。首先一点，我们必须掌握好我们的母语。因为在前现代时期，汉语是人类拥有文献最多的语言，也可以说它所创造的文学文本，尤其是诗歌是滋养汉语人类精神空间的基本形式。在我看来，作为一个以汉语为母语的人，基本素养是能够体会到汉语文学的语言优美。中国的传统教育的基础就是背诵大量的古诗古文，这就是培养对这种语言韵律的感觉，直到现在我给我们专业的学生还列出一些必须背诵的古文，因为相对而言，诗歌的韵律较容易感受，你如果能够在古文中读出韵律来，就是一种比较高级的感受。而这对于我们用散文写作的人来说也至关重要。

我做过一些俄汉翻译，我的感受也许和你有所不同，我很少遇到一句俄语诗直接翻译过来就是一句很美的汉语诗的情况。也许这和我们这一辈人与年轻一辈的审美趣味发生变化有关，年轻一辈更熟悉现代诗的表达方式，能在混乱之中感受解构的韵律。甚至有人做过有趣的实验，把一首外国诗用谷歌翻译，有人发现甚至会比已有的汉语译文更具韵律感，更显得具有"有意味的形式"。当然，这无关一种语言是否具有某种天然的审美内涵，实际上任何语言都有其独有的审美功能。而我认为，汉语的优长在于它无与伦比的丰富性，就我所了解的语言现象来看，汉语是拥有同义词或近义词最多的语言，显然，这与汉语的连续运用的漫长历史有关。当然，也可能与中国人表义的细微追求和婉约追求有关。但不管怎样，在翻译活动中，掌握汉语的这种丰富性，或者说，尽可能多地掌握汉语词汇、汉语表达式，是做好翻译的必备条件。所以，我一直坚持从我硕士导师王智量先生那里继承的"直译"原则，即最大限度地以汉语的丰富性来传达原文的准确含义和形式意味。也有人把这种原则称为"异化"法，而更多的人主张"归化"的译法，即尽量靠近汉语表达习惯，这种译法的好处是容易被接受，但译者在这个过程中是以他对汉语掌握的有限程度来随意传达原文的意蕴。或者说，读者读到的不是译文，是翻译者的文字、翻译者的汉语水平如何，那么原文的作者的文字水平就如何。这也是今天翻译界很多人抱怨质量下降的一个原因。因为如今很多年轻的译者没有打好中文的底子，你想，如果一个人连中文的正确表达都没有掌握，更别说能够理解或传达中文的诗性之美，那当然就无法做好翻译。

阎豪：王老师好！我是内江师院文学院2018级4班学生。2018年诺奖经历风波未曾颁发，而后复颁又引起轩然大波，有评论家断言"文学奖正在走向保守"。在一个越来越智能的时代，我们学生如何抵抗新媒介的碎片化，保持我喜欢的纸质阅读感受呢？

王志耕：不管怎样，诺贝尔文学奖还是世界上最有权威的文学奖项，有人批评它走向保守，我想这只是一种观点。大致意思是，我就算把奖颁给二流甚至不入流的文学家，也不颁给那些边缘国家的呼声极高的作家。这大概也是因为近几年东方国家的读者一直在推村上春树、阿多尼斯，也包括一些拉美作家，因为从莫言获奖之后，基本上颁给的就都是西方的作家了，即使阿列克谢耶维奇和托卡尔丘克是东欧的。上面这个观点的意思其实是在提醒诺贝尔文学奖评审委员会该注意一下"政治正确"的问题了，不要把眼光总局限在西方世界。显然，这样的批评是促使评奖者保持这个奖项的公平声誉的重要因素。反对的声音历来是维持公平正义的关键因素，否则一个封闭的评审委员会就有可能任性而为，当然也就有可能使这个奖项失去公信力。所以，我觉得这个说法是有它的合理性的。从另一方面说，所谓"保守"也有它的道理，原因是激进的政治正确有可能因为迎合大众趣味而失去其精英实质，所以，2016年把奖颁给鲍勃·迪伦在我看来应当不是"保守"行为，而是激进行为。从我了解的情况看，诺贝尔文学奖评审委员基本上属于"保守派"，就是要坚持传统的价值立场，这个立场是从这个奖项设置之初就定下来的，就是要把奖颁给那些有理想主义倾向、保持长期创造力的优秀文学家，而所谓"优秀"的标准，当然就是从古希腊、经由文艺复兴之后的现代性陶冶而基本定型下来的审美标准。所以这个委员会对"大众"呼声始终保持着足够的警惕，因为所谓大众就是应和着新时代审美需求的人群，而这种东西往往具有大众文化的迷惑性和消费性。所以，你会觉得，怎么我总是猜不对获奖者，其实评审委员们多持保守立场，越是对大众呼声高的作家，他们越是持谨慎态度，以免让他们基于经典文本形成的审美标准受到干扰。在某种意义上，这也是保持这个奖项公信力的一个因素。

关于阅读习性的变化问题，确实是一个非常严峻的问题。快餐式阅读正改变着一代人的思维方式和价值观。这种阅读方式的一个特点是，它把大众引导或者他者引导的功能发挥到了极致，而切断了一个人的思想走向成熟的传统路径。一个人的思想成熟大致要通过两个方面的教育，一个是社会教育，包括家庭、学校等成长环境，一个是自我阅读。学校的问题我不说了，起码在今天，在一定的程度上它已经丧失了引导人思想成熟的功能，甚至是相反。一个缺失了将他引向思想成熟的教育的年轻人，如果是在旧的时代，比如狄更斯的时代或者钱穆的时代，这个人是可以通过自我阅读走向思想成熟的。但在今天你说的"新媒介""碎片化"时代，这样的人的自我阅读就基本上处在大数据的操控之下。一方面是不断向你灌输某种有人要从中获益的单一信息，你打开新媒介看到的就是这个，慢慢你就会把这个信息作为你的生命意义支柱，就像马尔库塞说的，人这时候就成了只依赖这种"虚假需求"的"单向度的人"，没有思想，没有康德所说的内在尊严和独立思考能力。另一方面，新媒介的一个功能是投其所好，你喜欢什么，你所接收的信息就大都是什么，而一个没有接受过成熟思想教育的人在这种境况下就会成为低级欲望的奴隶。所以，你提到的这个问题确实关乎着一代人的成长，甚至是整个国家的未来。至于解决的办法，对于思想的成熟而言，历来没有药到病除的良方。我们说十年树木，百年树人，所以说对人的教育要从根本上做起，要促进整个社会完善引导人思想成熟的机制。这是个大问题，几句话说不清。而针对新媒体这种无法改变的趋势，就是让有能力参与到新媒体运作的人，利用它把全人类最优秀的思想资源转化成易被大众接受的形式，这样让年轻人起码知道人类还有哪些书籍是值得认真阅读的。而对那些接受了高等教育的人，应当让他们懂得如何摆脱新媒介的控制，努力打开人类思想的宝库，尽可能多地接触这些，从而培育自己的内在力量，并在你走向社会之后，把这种力量传递给更多的人。所以，我总是会给学生开列一百种左右的书目，告诉他们，如果你们读完这些书，就会发现你进入了一个完全不同的甚至可与历史上的那些贤哲比肩的人生境界。毕竟，人区别于动物的本质属性就在于他们有精神追求，而不只满足于活着。

2019 年 10 月 7 日
线上文学讲座

作者简介

　　王志耕，南开大学文学院教授，比较文学与世界文学专业博士生导师。1982年初毕业于河北师范大学中文系，后留校任教，1985-1988年就读于华东师范大学世界文学专业，师从王智量教授，获硕士学位。1991-1993年于俄罗斯弗拉基米尔师范学院和伏尔加格勒师范大学访学。1997-2000年就读于北京师范大学文艺学专业，师从程正民教授，获博士学位。2001年7月受聘于南开大学文学院中文系至今。兼任北京师范大学文艺学研究中心专职研究员（2016-2021），厦门大学客座教授（2020-2023），中国俄罗斯文学研究会副会长（2011-2021）。2004年入选教育部"新世纪优秀人才支持计划"。主要研究领域为俄罗斯文化与文学关系，讲授课程有西方文论、西方文学、比较文学、俄苏文学等。

果壳里的宇宙：谈谈导师的学与识

洪成文／北京师范大学教育学部教授

> 好导师至少要具备三个基本面：要有青出于蓝胜于蓝的胸怀；
> 要有陪同弟子一同成长的耐性；要有如获至宝的发现感。
>
> ——洪成文

人们对研究生培养的过程到底有哪些不满？实践中已经显现出的比较成功的经验在哪里？博士生培养是一个既有共性也有个性且个性大于共性的教育命题。为了探讨博士生培养的质量提高方法和手段问题，今天从两大视角来凝炼提高博士生培养质量的途径和方法。从颇具经验的名师博导那里研究他们积累来的宝贵经验。

我先向大家铺陈我国三位资深教授、知名学者和两院院士的经验、心得和殷切期望。然后再向大家谈谈我十多年来研究生培养的点滴经验——从三个"跨界"上探索博士生培养的有效途径。再从形而上的角度来谈一谈优秀导师应具备的修养，从而进一步向大家分析博士生的学术自信与导师的关系。最后向大家分享一下我和我的弟子们共筑学术高塔的过程。

一、国内资深教授研究生培养的经验和智慧

为了方便研究，我从大家广为熟知的教授中选择了顾明远、潘懋元和杜善义院士三位博导，他们的经验既是个人的积累，更是一个时代的产物。因此，经验是他们自己积累的，但反映的却是我国恢复博士研究生制度以来的第一批导师的缩影。

（一）顾明远教授："小题大做"

顾明远教授是我国教育界的泰斗级人物，他不仅是比较教育学科的主要创始人，也对很多学科的发展起到了引领性的作用，比如教育技术等后发起来的学

科。顾明远曾经担任中国教育学会会长和北师大研究生院院长，指导的博士生过百，在博士生培养中形成了很多宝贵的经验。他经常说，首先，研究比较教育的学者必须了解中国国情，将问题植根于中国大地，就能解决研究的方向问题。就博士生培养而言，这就是选题问题，题一旦选好了，博士生教育的过程就不再困难了。在选题上，既要引导研究生关注学科发展的前沿课题，又要指导他们关注时下教育实际问题，并且实事求是地根据研究生的具体条件选择适合他们在研究生学习阶段完成的课题。其次，顾先生对博士生的要求要高于普通标准。他说，对于博士研究生，应该有更高、更远的要求，我们要培养的是学科带头人。学科带头人就是要在学科的某一领域有较深造诣的学者。任何一个学科带头人都不可能占领整个学科，只能在某个领域成为真正的专家。博士研究生如果选题合适，就能使他们在某个领域中钻研下去，成为专家，成长为学科带头人。因此，指导研究生选题，就要为他们的长远发展考虑。他还有一句经验之谈——"小题大做"，宁愿做小题，别去盲目找大题。其三，他非常重视博士生自己的个性发展。每一个博士生知识基础不同，方向兴趣有异，怎么能做同质要求呢？他认为在博士生培养方面，既有导师的问题，也有制度的问题。"我们的教育处处说要培养创造性人才……但我们的人才培养模式却处处限制思维。""博士研究生的学习年限应该宽限三至五年，以便让博士研究生做完他们的研究。现在的情况是，研究刚刚要深入，但时间已到，匆匆忙忙地结题，写完论文答辩。"[1]学制过短的问题直接影响了博士生培养的质量。

（二）潘懋元教授："强烈的探求欲望"

潘懋元教授是厦门大学资深教授，我国高等教育学新学科的倡导者。潘先生带博士的经验可总结为三点：选好苗子，培养思维，理论与实践相结合。首先如何选择好苗子呢？招生的时候，就要看看他合适不合适做研究。只有对科学研究有"强烈探求欲望"的人，只有愿意终生为这一学科的发展做贡献的人，才合适做（高教）研究。他说得很直白，"古往今来，以学术为志向的仁人志士通常需要有强烈的兴趣和锲而不舍的精神来支撑其探索。"[2]其次，要通过沙龙或辩论提高博士生的思维水平。潘先生的周末学术沙龙就是他培养学生思维能力的重要一环。他的学术沙龙发韧于抗战时期老厦大的遗风，一直传承发展到今天，终于演化成了潘老培养博士生的一大特色。周末沙龙甚至吸引了很多国际同行专家，并得到了许美德和大冢丰等国际学者点赞。其三，理论必须联系实际。潘老从研究兴趣，到论文选题，一直到解决方法，都要求与实际关联起来。不和实际结合，我们的研究要为谁服务呢？为了帮助大家更多地了解实际，他不仅带学生在国内搞调研，而且还到国外高校做调研。通过实践经验积累，博士生可以规避藏在象牙塔里可能造成"自我囚禁"的危险，走出书斋，面向教育实践，在实地调研的基础上，成就一种新的"践行之学"。

（三）杜善义教授："至高至明"

杜院士是我国力学和复合材料领域的主要学科带头人，现任哈尔滨工业大学教授。他培养博士生的经验可以提炼为四点。第一，提高博士生质量，要重视综合素质和创新能力的培养。博士既是学校学科建设的培养成果体现，同时又是学校学科建设和科研生力军。只有重视综合素质、创新和创业精神，才能提高分析与解决实际问题的能力。第二，打铁还要自身硬。杜院士强调博士生导师"应具有适合于博士学位论文的高水平研究方向和科研项目"，意思是科研引导培养。好的导师就要当"明师"。[3]所谓"明"，是明白的"明"。他以钱学森先生为例指出，钱老是世界级的科学家，他之所以能在许多方面做出重大贡献，不仅因为钱老的学术研究成果，还因为他那种思想家的高贵品质。钱老学术生涯始终贯彻爱国主义思想，科研过程中强调辩证法思想、"大科学"思想和"思维科学"思想，科学作风坚持的是严肃、严谨、严格的"三严"原则，值得年轻导师学习。在杜院士看来，导师应持续完善自己，将自己发展成为名副其实的"明师"。第三，导师要重视学生非智力因素的培养。如何培养呢？杜院士指出，应把学生的非智力因素和智力因素有机结合起来，引发学生的兴趣和好奇心，这都是创新的源泉。创新是人类永恒的主题，培养博士生的创新精神和能力最为重要。第四，要善于建立开放型博士生培养体系。一要鼓励国内高等学校与科研机构的联合培养，二要积极开展国际交流与合作，努力使我们的博士生培养水平"在可比方面达到和接近国际先进水平"，增强国际竞争力和影响力。

二、"三跨界"突破导师的个人局限

（一）知识跨界

博士生的知识结构没有绝对的好模式，但是在本专业基础上有一个辅修科目，是个不错的选择。第一，考虑问题、思维方式多样了。第二，选题好选择了，结合主修和辅修科目，找一个交叉地带，就容易找到课题方向了。第三，知识越跨界，学习越努力。避免了很多硕士生的骄傲自大，以为能考的我都会了，老师也很难有什么新意了。跨界的学生永远会有一种压力：还有没学到的新知识。如何让博士生拥有一个相对的跨界的知识结构？可通过招生时有意识地挑选出教育学科以外的学生，比如物理、数学和哲学等，或者通过选题而拓展。如果学生是学教育学出身，那么就要有意识地引导他们辅修一些学科。将博士论文选题从传统选题范围中带出来，只要有创新，就一定会跨界，知识结构的改造就有

可能了。

（二）选题跨界

博士生选题是个非常复杂的事情。复杂问题可以简单化，我通常是做折中。学生的兴趣、我的兴趣各占一半。如此他不陌生，我也有指导的能力。基于我的科研方向和兴趣，立足于大学筹资课题。而筹资涉及很多课题：比如筹资法律、筹资的伦理和道德、筹资与税收、筹资与风险控制、筹资与基金投资、筹资与校友心理调查、筹资与项目设计等。当学生具有法律知识结构，自然就可以做大学筹资的法律问题研究；当学生是学习统计学的，那么自然就以基金投资风险控制为题；当学生具有心理学的知识背景，大学筹资与校友捐款意愿调查就是研究的方向。跨界选题的好处有三：比别的同学题目决定得早，学生完成论文用时少，成功率增高。

（三）导师跨界

所谓导师跨界，是指让学生获得更多导师的指导。每一个研究所都有很多同行导师，只要论文写作需要，一般我都鼓励博士生主动去请教。当然，国内导师都很忙，所以这个请教也要控制好度。也有学校有导师组的安排，这是比较好的。但是我们学校没有这个制度安排。在这种情况下，我就鼓励学生申请留基委的出国交流项目，只要有机会就尽量出国去。我能帮助的就是把国外的教授和导师介绍给他们。他们一旦有机会出国，就自然获得了国外导师的指导。这些学生回国后仍然与国外导师保持着紧密的联系，说明国外的临时导师指导是有一定效果的。而这些国外导师也成为我的学术朋友，与他们的合作也对我的科研有所助益。

起于"三跨"，落脚于"三跨"，逐渐提高了我指导学生的自信，而学生们也与我一道组成了一个强大的大学筹资研究团队。我们努力在理论上铺路垫石，为更多的学者从事这方面的研究打下一定的基础。

三、形而上层面上的优秀导师与修养

我们何以为导师？有了学位就有资格了吗？有教授头衔就可成为导师了吗？这些只是导师之所以成为导师的学术门槛。导师是一个过程，是一个不断修养的过程。导师若要只有那么一点心理满足，一点点骄傲自得的矫情，导师的修养和完善过程也就随之停止了。优秀导师，形而上地看，在修养观、弟子观和人生观上一定要站高位，有特点，与众不同。撇开学科和个性差异，好导师至少要具备以下四个基本方面：

（一）青出于蓝胜于蓝的胸怀

最能够表现导师成功的一点就是看到自己的弟子超过自己。今天我们可能在学识上略高于弟子，但我们不愿意看到弟子的学识永远在我们之下。导师从来不是一个静止的高度，而是一个不断修炼的过程。修炼首先是修德。而德之于导师之重要性，有了太多的论述。如果导师之德有了，便可以释放所有的技能于弟子，便会为弟子们的每一点进步而欢呼，便会不惜用尽一己之全力帮助弟子成长。如此，青出于蓝实现的可能性就大了。帮助弟子超越自己主要有三个方面考虑。第一是研究工具的掌握。随着信息技术的发展，教育研究中使用数理原理和统计方法的地方越来越多。博士生在此一方面都有优势，只要鼓励得法，博士生很容易就会超越导师。第二是鼓励弟子寻找自己的科研方向和道路。尽管就读期间，大部分学生跟着导师做课题，但是一旦毕业，就要尽可能地鼓励弟子探索自己的学术兴趣和科研方向。越是敢于走自己的道路的学生，越是有可能超于导师。第三是保护好学生的研究热情和创新。只要在学生探索的过程中给予尽可能多的鼓励，他们就会积累自信，学生超越导师的可能性就增大了。当然，超越导师也具有相对性，不是每一位学生都需要超越导师，永远对导师保持有崇拜的情况也是存在的。

（二）陪着弟子慢慢成长的耐性

年轻导师常犯的错误是抱怨多。抱怨什么呢？抱怨弟子成长速度太慢。因为抱怨多，所以责备也就多：你们为什么不能再勤奋一点？你们为什么不能像隔壁导师的弟子一样优秀？虽然抱怨可能出现在少数导师身上，但是抱怨的事不仅对培养博士生没有好处，相反对导师对学生都有很大的伤害。做一点简单的假设：抱怨越多，失望越大。被抱怨的弟子常常焦虑多、自信不足，甚至出现欲速不达的自责心理。当情绪变得消极，研究的动力、热情和持续力也将随之受到影响。因此，导师越是急躁，弟子越是焦虑，最后进步的空间反而不大。那么如何减少失望呢？首先要尊重学者成长的基本规律。学术成长不可以一蹴而就，大多数情况下都是长期修炼的结果。好的导师一定是有耐性的。潜移默化中，导师就为博士生们的健康成长创建了良好的氛围。

（三）视弟子有如获至宝的感激心理

导师应该持什么样的弟子观？应该有如获至宝的感激心理。这就是我们从佛教长老那里得到的启发。台湾佛教界代表人物之一证严法师就常说，要对有苦难的人心存感激。为什么呢？因为没有他们，我们就没有做善事的机会了。有了感激心理，就不会因为做善事（辛苦）而感觉到累，也不会感觉做善事显得麻烦。有鉴于此，作为导师，我们也要有一个正确的弟子观。导师所招收的弟子不可能都有最高水平的智商。客观上，有快慢之分，也有智愚之别。即便孔子，也不可

能祈求弟子都是各科状元。当你把任何安排或者招收到的学生都看作是理所当然，问题虽然未必都解决了，但是大部分的问题都已经解决了。因为你会想出最合适的引导法，因为你会抱着感激的心理去帮他。即便你工作投入没有增加，但是情绪和过程都舒服多了。

（四）培养博士生学术自信的"无为"

博士生的学术自信指的是对学术的积极态度的总和。越是积极投身于学术，学术自信越强大。很多博导也都从不同方面提出了如何提高博士生自信，进而提高博士生培养质量的诸多建议。前文所及的顾明远教授和潘懋元教授等都从理论联系实际的角度探讨了如何提高博士生培养的质量问题。有学者认为学生要做好选题工作提高研究质量，特别是选题要契合导师的科研兴趣和方向。[4]还有学者主张学术跨界培养，以提高博士生培养的质量。[5]可以说，博士生能力培养的建议有很多。那么大家认为都重要但却往往被忽视的因素呢？从成败而论，博士生成长失败原因很多，但成功理由就只一条：自信有了，一切都有了。因此自信提高就是博士生培养过程中最关键的一条。

自信与导师有何关系？自信培养建立在平日的交往里，导师对于弟子的自信或自信心要像保护水晶一样，一言一行都要谨慎，否则打碎的水晶是难以"破镜重圆"的。自信建立在选题和论文的写作过程中。我们见过有这样的同学，开题会竟然开了三四次。在一次次否定中，这位同学的自信被击打得粉碎，所以频繁更换选题不可取啊。最后，自信产生于博士论文的收尾阶段。博士论文答辩前，与导师相关的有三次常规修改（初改、二改、定稿）。论文修改意见都是一针见血的，但是导师也得万分小心，即注意与博士生的沟通语气，不可暴风骤雨，而要和风细雨。论文修改阶段，培养自信方式其实很简单，只要找到一两点值得肯定和表扬的地方即可。即便找不到，也可以从提交论文的时间较早、乐于听取老师的建议和修改的速度很快等方面加以肯定。要知道，这个关键过程中，培养自信只需要导师一点念头。导师肯定越多，学生自信越多。

当然自信也不全是有关于论文写作上，导师还要善于为学生提高和培养自信创造机会。要多让学生参加学术会议，要鼓励学生多提问题，要鼓励学生在研讨会上积极发言，要鼓励学生独立完成一些科研项目，要让学生有更多论文发表。也就是说，博士生自信的培养一定是与学术经历和学术进步相关联的。脱离了学术本身，培养自信的意义就不大了。

四、与学生携手共建学术高塔

每一位导师都有一个心愿，期待能建设自己的学术高塔。那么高塔是什么，如何建设高塔，建设过程中导师如何努力，弟子们如何帮忙，都是需要认真思考的。

（一）要聚焦自己的科研方向

聚焦难啊！因为聚焦，学术发展可能太慢；在一两个研究领域聚焦一辈子，也显得很苦；聚焦的初期，甚至不太容易受到认可。从同行导师及个人的经历看，要建设高塔，就必须聚焦方向，只有聚焦，才能有机会建设起自己的学术高塔。作为导师应自问：我的研究要不要聚焦？我的焦点应聚在何处？看起来这是个简单问题，也是一个复杂问题，因为随心所欲地做研究发论文，显然要容易一些，但是要在一两个方向一直钻研下去，虽然谈不上困难，但也考验着导师的执着和持续力。

（二）我个人的聚焦经历

我在十二年前才有了聚焦的意识，聚焦比同行略微晚了一些。一旦有了聚焦的想法，我首先在比较高等教育与比较基础教育两个方向上做了取舍，由此，我对基础教育研究不得不"忍疼割爱"，保留下了高等教育比较研究的兴趣。过了一段时间，我进一步聚焦方向，试图从高等教育研究这个宏大的领域里选择了政策与管理这个相对较小的方向。一次偶然的学术研讨机会，让我进一步聚焦有了可能。2010年，我代表北师大参加了在多伦多大学举行的教育知识动员学术研讨会（又称世界顶尖教育学会联盟年会），大会中做了"中国教育知识动员"国家报告的演讲，受到与会学者的关注。回国后，我便将知识动员与政策研究做了结合，这就是探索政策决策需要什么思想、知识和动议，研究人员的研究成果如何影响教育决策，教育政策到底是如何出台的，这类问题深深吸引了我，说的简单一点，这就是政策制定过程的研究，也称政策的"黑箱"研究。

众所周知，两会代表、两院院士、企业家、教育政策研究人员、校长和教授等等，对教育政策有很大的影响，于是我们的研究就累积成了一个系列，比如两会代表对教育决策的影响有效性研究、大企业家对教育决策的影响方式和有效性研究、两院院士建言献策对教育决策的影响研究等等。这个系列甚至拓展和延伸研究与探讨知名华裔科学家对我国教育政策的影响及有效性研究上。同学们在做论文的同时也有一些成果发表，这些以"知识动员"为关键词的论文在中国知网上从无到有、由少渐多。因为聚焦于"知识动员"（KM），所以连中国知网也给我们团队贴上了"知识动员"研究专家的唯一代表。除了研究群体外，我们还计划研究机构或单位对教育决策的影响。哪些机构影响教育决策，影响的途径是什么，影响力大和小，也都可以进入我们的研究课题范围。到目前为止，我们已在教育政策研究界得到了认可。我们的研究被认为是视角独特的，具体扎实的，对提高学者的建言献策的效果有一定的帮助。可见，聚焦就是保存好精力，因为不

会把时间浪费在一时的兴趣上；聚焦也可能是把一个领域做大做强，因为越是聚焦，越能出大成果，出系列成果；聚焦是建设学术宝塔的关键。

当然学者也会随着社会需求的变化而不断变化自己的兴趣。毕竟学者是社会中的学者，学者必须始终建设好两个服务。第一为服务决策，为决策提供研究咨询；第二是为实践办学提供指导，为学校提供服务。兴趣有变化是正常的。一辈子守住一个方向是幸运的，一辈子在两三个方向上齐头并进也可以理解，但千万不可以太多。我们在知识动员这个方向上也确实有了一点点成绩，但是在大学的愿景如何实现的具体探索中，还牢牢把握了另外一个科研方向：大学社会筹资研究。大学要实现自己的愿景有三大基础要素：一是教师队伍及其整体素质；二是财力及其财力大小；三是制度建设及保障。尽管这三者与大学愿景的实现都有关系，但是为了聚焦，我们只选择了一个领域来研究：大学社会筹资。如此，我们的聚焦就很独特：即大学愿景与学校财力之间的关系，如何为大学愿景实现提供更加充裕的资金，学校在社会筹资上怎样做，如何做才能做得更好？学校要为社会筹资做好哪些投入，投入成本有多少？如何发动校友，可以做多大贡献？政府应该有哪些支持，政策上还可以做哪些改变等等，都可以进入我们研究的范围。在基本前提取得一致的情况下，我们的大学社会筹资研究，从制度和环境问题研究，一直发展到技术层面的操作性研究。

就操作性问题而言，主要围绕着社会筹资的技术问题，比如大学大额募捐项目的策划、小额募捐的项目设计、校友心理意愿调查、募捐用于建设讲习教授、为了冠名而募捐等都是非常具体的研究课题。这些成果一出来，就引起了大学同行的关注。在实践界，因为我们可以为大学设计校庆筹资计划，可以为大学做发展规划，并发挥我们社会筹资研究的特长而弥补了大学在筹资方面经验的不足，我们也可以在专业能力建设上为校友会和基金会提供技术支持，如此，大学筹资便成为学术研究实现社会服务功能的一条良好的通道。在政策方面，我们也参与了国家级的相关政策的研讨，比如我们参与了财政部的大学筹资配比政策的重审和完善，也参与了教育部关于大学基金会体制机制建设的研讨，我们还为部分地区和地方大学筹资提供配比资金的政策建议，[6]这也是我们为决策服务的独特渠道。

（三）聚焦的哲学思考

为什么要聚焦，如何聚焦，聚焦会不会影响学术发展的速度，这里我们再做一点深入的思考。至于如何聚焦，我们希望表达的有两点。科研领域的新问题新事物是无穷的，任何一个教育热点，都有可能吸引我们的注意，都有可能打乱我们的科研计划。因此，只有执着和顽强地坚持，方可坚持自己的兴趣不动摇。在坚持自己的研究兴趣的同时，我们也要做好两种思想准备。一是速度问题，因为你坚持在同一个地方开发，一般都是往深度方向发展，虽然成果的价值越来越大，但是数量可能上不来，这对于年轻学者尽快获得高级职称是一个实实在在的挑战。二是认可度问题，学界有学界的评价习惯和规范。对于一些新领域的认可，可能要慢一些。对于这种问题，我们应该正确对待，要坚信，一旦我们的研究及成果被认可，我们就会收获意外惊喜。就我们的研究经历而言，因为聚焦了，做导师的有了自己的专属领地；因为聚焦了，同门兄弟姐妹学术研讨的机会多了，因为他们的题目研究比较相近。因为聚焦了，大家一起建构起一个研究新方向；因为聚焦了，即便国际留学生也在应用我们的研究框架，对蒙古国、韩国和巴基斯坦等国家的知识动员和大学筹资开始了独到的科研。可以说，有聚焦，不一定能做大研究事业；但是没有聚焦，是万万不能做大事业的。

（四）要善用自己的学生

我们常在坊间听到这样的言论：导师是老板，博士生就是为老板打工。这句话从师父带徒弟的角度看，也无可厚非。然而，如果将这个思想发展到极致，也是很危险的。一是可能处理不好导师的科研与学生的发展之间的关系，将导师的地位提高到了不适当的位置；二是处理不好导师与学生之间的正常关系，让学生有很强的人身依附感；三是学生的研究成果往往为导师所独吞，比如论文署名，导师全是第一作者。更有甚者，也有导师硬做学生博士论文的第一作者。这些现象在象牙塔里尽管极少出现，但也应引起重视。如何避免这些现象的出现呢？我想有两个办法可以借鉴。一是实事求是，谁的智力投资多，就署第一作者。当然也会出现一些复杂的情况，极少数导师认为，我若不给你指方向、出题目，你能有成果吗？不是谁的劳动量多就是贡献大，关键看你的思想、理念和创新。如果出现这样的情况，我们还可以借鉴第二种方式，如果要出成果，最好出两篇论文。导师和学生互为第一作者，问题大多数都可以解决的。当然不是两篇都让学生来写，而是各写一篇，互相修改和完善。如此，不仅产出量大，而且成果处置不当问题就会少得多。善待学生还不仅仅是指在读期间，对于导师来说，还要善于将关心延伸到学生毕业之后。那么如何帮助呢？概括起来就是四句话：一要多鼓励，多赏识，永远不要吝啬你的表扬和赞叹；二要多研讨，多给新题目；三要多花一点时间为他们的成果提供修改完善的建议；四要在研讨会和其他学术场合多介绍和提携学生和他们的成果。培养一个学生不仅仅是三四年的博士在读时间，要延伸到毕业之后，甚至更长远的未来。

参考文献：

【1】顾明远，谈谈社会科学研究生培养问题兼谈学位制度的改革，道客巴巴，2015-01-28.https://kch.so.com/result.

【2】殷小平，游玉华，谈潘懋元教授的博士生培养之道，西南交通大学学报（社会科学版），2007（5）.

【3】怎样当好研究生导师——杜善义院士谈博士生培养 2013-01-12.https://wenda.so.com/q/1487260578725375.

【4】范皑皑，沈文钦，什么是好的博士生学术指导模式——基于中国博士质量调查数据的实证分析，学位与研究生教育，2013（3）.

【5】董贵成，导师培养博士生需要关注的若干重要环节，学位与研究生教育，2018（9）.

【6】详见洪成文、牛欣欣的论文，西部高等教育振兴视角下高校社会捐赠财政配比政策研究，重庆高教研究，2018（4）.

洪成文教授（三排左四）
在内江师院文学院热情鼓励
第一届公费师范班同学们热爱
教育并合影留念

学与问（节选）

王彤：洪老师好！祝贺您和自己的学生们通过经验和智慧构建了属于自己研究旨趣的学术高塔和学术影响力。今天想请教您学术以外的话题，同学们注意到您这次来我们内江师院以教育部评估专家身份出现学校网页新闻的照片是最爱微笑的，这是紧张的评估期间让人舒缓的表情。您这次听课现场鼓励文学院师生写下一句留言"情乃优秀教学之根本"。同学们当天都在兴奋地转发您这句话与全班的现场合影，这些今后会变成他们美好的大学回忆。您多次提到教育不是简单的职业，是善，大善。您从事比较教育研究多年，具有国际视野，见多识广，能否就您国内外教育的亲历见闻谈谈教育与大善的关系？

洪成文： 教育就是大善，为什么呢？有三重含义，第一，是从教育的目的来看，老师的天性是要把学生教育好，不可能或者很少有相反的。第二，从教育过程来看，把教育视为善事，也是对繁重教学劳动的一种高尚的认识。同样的工作，把它看作高尚，把它看作善事，累也不觉得了。反之，把它视作被动，视作负担，轻量的教学也会让你感到很累。因此，关于"善"的不同理解有助于减轻教师劳累的程度。第三，从教育结果看，学生的成长和成才就是善的最终体现。每每看到自己的学生顺利成长，是教育的成果，也是行善之最高奖赏。教育乃大善，教师就是做善事的人。因为善，所以教师愿意投身一辈子，因为善，所以一辈子也做不完。

邓铜： 洪老师好！我们班很幸运，您听课现场对同学们的鼓励很温暖，给同学们留下了深刻印象。听说您不仅喜欢地方戏，还会拉手风琴，您也承认自己有可能是学校里去国家大剧院最多的老师之一，可以想象一个博导能在研究生面前拉手风琴演奏有多拉风，学生有多崇拜！您多次强调教师追求的卓越境界，有大情怀，有小爱好。您平时工作这么忙碌又如何保持与艺术对话的节奏来影响学生呢？

洪成文： 我读高中时，被地方剧团挑选去做演员，热爱艺术，对于当时的我来说是工作。今天来看，只能说是业余的业余了。我对艺术没有偏好，只有喜欢。不同的艺术形式，有不同的表现技巧。因为艺术过程始终充满着创新，而我们的教学艺术何尝不需要创新。有人说，做教师就是做表演，老师是讲台上的演员，这一点我十分认同。我看京剧、黄梅戏，也看歌剧和芭蕾，土洋结合，不分伯仲。听歌剧，听音乐会，看芭蕾舞，做这些不是耽误时间，相反与自己的教学有一种看起来很远但很近的关系。其次，我喜欢摆弄乐器，有空也拉拉手风琴。有一次，我们举行新年晚会，为了助兴，我给学生拉了一小段，也引起了同学们的强烈兴趣。我想，懂一点音乐，搞一点乐器，也是缩短师生距离的一种方式吧。

2020 年 5 月 8 日

内江师院中文楼 303 教室

作者简介

　　洪成文，安徽舒城县人。1960年9月出生。高中二年级被县黄梅戏剧团招收为演员学徒及演员。工作四年后自学考上铜陵师范专科学校学习英语。1983年起，在中学从事英语教学工作6年。1989年后，考入北京师范大学攻读硕士学位。1992年留校工作至今。1997年获得北京师范大学博士学位。现为北京师范大学高等教育研究所教授、博士生导师、常务副所长，兼任北京师范大学国家教育考试评价研究院执行副院长。北京师范大学教育学部学术委员会成员，北京师范大学教育学部外事委员会主任，北京教育科学研究院学术委员会成员。

一身诗意千寻瀑
——走近国徽设计者林徽因

周芳芸／四川师范大学文学院教授

> 生命本身不是目的，而是成就一种理想、一种人格、一种事业的过程。
>
> ——周芳芸

风华绝代的林徽因以她的爱国情怀、精神气质、文化素养、成就贡献和一段传奇般的人生永远感动着我们。集才气、美质、傲岸，也集热爱与事业一体的林徽因，是20世纪中国最优秀、最完美的女性之一。走近林徽因定会让我们心灵震撼，对这个世界会有新的发现，对自我人生会有新的思考。

一、让祖国骄傲自豪——林徽因的成就贡献

作为民国时期"一代才女"，林徽因出身名门、秀外慧中、学贯中西、才华横溢。她是现代著名女诗人、美术家、我国第一个女建筑史学家、女建筑师。她与丈夫梁思成为我国建筑事业献出了毕生精力，1928年创建了中国大学第一个建筑系——东北大学建筑系，出版我国第一部《中国建筑史》，论文《中国古代建筑理论及文物建筑保护的研究》获国家自然科学一等奖。

（一）中华人民共和国国徽设计，人民英雄纪念碑设计，景泰蓝工艺设计

1949年7月，全国政治协商会议筹备会在《人民日报》登出征求国旗、国徽、国歌词谱启事，收到国内及海外华侨国徽稿件112件，图案900幅，无一中标。筹备会决定邀请清华大学营建系和中央美术学院各成立一设计小组。1950年9月20日，毛泽东主席命令公布中华人民共和国国徽，清华大学胜出。国徽色彩鲜艳，红色象征光明胜利，也符合中国人民的喜庆心理。图案中心五角星，象征团结

在党中央周围进行社会主义革命和建设；下端是金色的天安门城楼浮雕，这是"五四"运动的发源地，是民族精神的象征。外环是谷穗编织的花环，象征地大物博，五谷丰登，同时也象征广大农民。麦穗最初设计采用现实主义手法，方向朝下，果实累累。周恩来总理提议采用浪漫主义手法，麦穗稻穗向上，赋予它无限生机；外环下端是齿轮，象征工人阶级，用红色绸带连接，象征工农联盟、全国各族人民的大团结。国徽气势恢宏、意蕴深邃、庄严典雅、富丽堂皇。这是林徽因她们对祖国最具历史性的贡献，也是毕生最辉煌的创作。

值得一提的是，中华人民共和国国徽主要设计者是林徽因，证据如下：

1. 清华大学建筑学院原校长秦佑国向《环球人物》杂志记者讲述时强调："国徽的主要设计者是林徽因。"

2. 1949年10月23日清华大学向中央提交的《拟制国徽图案说明》中，林徽因作为主要设计人排列第一名。1950年6月23日在全国政协第二次全体会议上，毛主席主持通过决议，同意采用清华大学报送的国徽图案，林徽因作为国徽设计者代表特邀列席会议。

3. 金岳霖说："设计国徽，林徽因出力胜过梁思成。"王明贤说："没有林徽因就没有梁思成。"

4. 林徽因之子梁从诫说："为了这个设计，母亲做出了很大贡献，在设计中，许多新的构思都是她首先提出并勾画成草图的。她也曾亲自带着图板，扶病乘车到中南海，向政府领导人汇报、讲解，听取他们的意见。"

梁思成的心声也可看作佐证。梁思成说："中国有句俗话：'文章是自己的好，老婆是人家的好'，可

林徽因和梁思成

是对我来说是'老婆是自己的好，文章是老婆的好'。没有她的合作与启迪，无论是本书的撰写，还是我对中国建筑的任何一项研究工作都是不可能成功的。"（梁思成《图像中国建筑史》前言）

国徽永存！国徽设计者永生！

1952年5月，林徽因被任命为人民英雄纪念碑建筑委员会委员，对纪念碑的整体造型、结构布局提出了原则性的意见，并独自承担了纪念碑小须弥碑座花环浮雕设计。她以橄榄枝编制花环，点缀牡丹、荷花和菊花作为高贵、神圣、坚韧的象征，粗犷与妩媚相济，豪放与细腻交融，表达了人民对英雄的崇敬与怀念。

改造景泰蓝工艺也是林徽因的一大贡献。当时景泰蓝因花色图案陈旧濒于灭亡。林徽因为其改造倾注了心血。她从绚丽多彩的大自然和中华民族优秀传统文化艺术中吸取灵感、选择题材，赋予其特定的精神内涵，创作出雍容华丽的牡丹图案系列和敦煌飞天系列，使景泰蓝工艺焕发青春，成为享誉中外的艺术珍品。

她的儿子梁从诫曾如是评价母亲："在现代中国的文化界里，母亲也许可以算得上是一个多少有点'文艺复兴色彩'的人，即把多方面的知识与才能——文艺的和科学的、人文学科和工程艺术的、东方的和西方的、古代的和现代的——汇集于一身……被她娴熟自如地运用于解决各式各样的问题，得心应手而绝无矫揉的痕迹。"

她终生的美国挚友费慰梅对其"广博而深邃的敏锐性"惊叹不已："她能够以其精致的洞察力为任何一门艺术留下自己的印痕。"

（二）中国古代建筑的研究与保护

1957 年，雄伟壮丽的北京城楼被拆除，林徽因夫妇奔走在工地上苦苦劝阻，声泪俱下。梁思成说："拆掉北京的一座城楼，就像割掉我的一块肉；扒掉北京的一段城墙，就像割掉我的一层皮。"林徽因质问："为什么我们在博物馆的玻璃柜里那么精心地保存几块出土的残砖碎瓦，同时，却要亲手去把保存完好的世界唯一的这处雄伟古建筑拆得片瓦不留呢？"表现出中国知识分子的良知与勇气，也显示了强大的生命力量！

林徽因生命激情的张扬，本质上是爱国主义激情的张扬。列宁强调："爱国主义是千百年巩固起来的对自己祖国的一种最深厚的感情。"在抗战最艰苦的

《中国建筑史》梁思成 著，
百花文艺出版社，2007 年版

时候，汉学家费正清到李庄邀请肺病极严重且无药可施的林徽因及全家到美国疗养，并提供一切费用，但被拒绝了。梁思成说："我的祖国正在危难中，我不能离开它，即使因为贫穷、疾病而死，也要死在祖国的土地上。"林徽因说："我们决不做中国的白俄。"爱国激情就这样流淌在中华儿女的血液中。

林徽因、梁思成代表了那个时代一批学贯中西、博古通今、文理相通、具有全面人文素质的学界精英，是中华民族的骄傲！

二、爱情友谊之花圣洁美丽——林徽因的情感世界

上帝有时很捉弄人：给予美丽的外表就不肯给予才智；给予卓越的能力，就

徐志摩

不给花容月貌。可是林徽因偏偏得到了上帝的宠爱，集才情美貌、善良智慧、成就能力于一身。端庄美丽的外表、文学艺术之天赋……于国于家，一腔凝重的大爱。她的一生曾深深地吸引了三位优秀的异性：英年早逝于飞机事故的天才诗人徐志摩，为她终身未娶的大哲学家金岳霖，成为她丈夫的建筑学家、建筑史学家梁思成。他们为她的才华与美貌而倾倒，发自内心地爱着这位卓尔不群的女性。这是徽因的人格魅力，也是她宝贵的生命财富，更是中国文化界的美谈。他们之间的真诚与大度、高尚与包容诠释了生命的自由与尊严。亲情、友情、爱情的圣洁与美丽，永远让人肃然起敬。

徐志摩1918年留学美国，在克拉克、哥伦比亚大学学金融。他违背了父亲想让他当银行家的初衷，只身漂洋过海到英国专攻文学。1921年在伦敦结识了年仅17岁的林徽因，于是徐志摩诗意萌发。假如生命中没有林徽因，或许就没有这浪漫诗人名扬中外。徐志摩的恋爱观："我将于茫茫人海中访我唯一灵魂之伴侣；得之，我幸；不得，我命，如此而已。"如今遇见心中女神便热烈追之，他对婚姻的示爱宣言，堪称20世纪爱情经典："徽徽，许我一个未来吧！"高雅含蓄、热烈温馨、浪漫深情，并写了大量情书："这颗赤裸裸的心，请收了吧，我的爱神。"

徐志摩与张幼仪的离婚，是中国现代史上第一宗西式离婚事件，引起轩然大波。正当满怀希望时，不料徽因父女竟不辞而别离英回国了。志摩赶回北京时，徽因已是梁启超的长子梁思成的未婚妻。

其一，当时徽因正豆蔻年华，如她的好友费慰梅说："她是被徐志摩的性格、他的追求和他对她的热烈情感所迷住了……对他打开她的眼界和唤起她新的向往充满感激。"但徐已有家室，徽因不愿背负道义谴责，用理智战胜情感。

其二，童年复杂的家庭关系及庶出地位阴影。"童年的家庭战争已使我受到永久的创伤，以致其中任何一点残疤出现，就会让我陷入过去的厄运之中。"（母亲是父亲第二夫人，其父娶了第三任夫人后母亲失宠。）在为人妻为人母后婚姻更不能置家庭与责任于不顾，对于过去，"我只求永远纪念着"。

其三，对徐志摩浪漫的恋爱观有所体悟。林徽因曾对儿子梁从诫说："徐志摩当时爱的并不是真正的我，而是他用诗人的浪漫情绪想象出来的林徽因，可我其实不是他所想的那样一个人。"言下之意浪漫诗人爱的是心中的理想。

理解、宽容、祝福，两人最终成为终生的好朋友。

1932年夏天，林徽因对梁思成说："思成，我痛苦极了，我现在同时爱上了两个人，我拿不定主意，不知道该怎么办才好。"像一个困惑的小妹妹向大哥哥求助。思成惊呆了，他没想到心爱的夫人会有这样的纠结，但很快就理智冷静：徽因没有把我当做傻丈夫。那夜思成无眠，思考："徽因到底和谁在一起会比较幸福？"他觉得自己在建筑方面有一定成就，文学艺术方面有一定修养，但哲学和逻辑学不如金岳霖。第二天他对徽因说："你是自由的，如果你选择了老金，我祝愿你们永远幸福，我觉得你和金岳霖结合会幸福的。"当时两人都哭了。徽因将此话转告金岳霖，金说："思成能说这样的话，可见他是真心爱着你的，不愿你受一点点委屈，我不能伤害一个真心爱着你的人，我退出吧。"从此，金岳霖就在林徽因的世界外爱她，为了她终身未娶。他以最高的理智驾驭自己的感情，显出一种超凡脱俗的襟怀与品格，让人想起柏拉图："理性是灵魂中最高贵的因素"。梁金两家成了很好的朋友，金被誉为梁家的"高级顾问"，思成和徽因有什么麻烦难题都向他求助，得以圆满解决。在徽因生命中最后的日子，金岳霖常去陪伴，分担其痛苦。在徽因追悼会上，金岳霖、邓以蛰联合各家的挽联最为醒目："一身诗意千寻瀑，万古人间四月天。"金岳霖的养老送终是由林徽因之子梁从诫来完成的，让这位可爱的老人在家人般的关爱中度过生命最后十年的光阴。

梁思成和林徽因的爱情是幸福完美的。在林徽因去世多年之后，梁思成对她的才华仍赞不绝口："她的才华是多方面的，不管是文学、艺术、建筑乃至哲学，她都有很深的修养。她能作为一个严谨的科学工作者，和我到村野僻壤去调查古建筑，又能和徐志摩一起，用英语探讨英国古典文学或我国的新诗创作。"

婚姻如山，携手攀登。

爱情是同一精神平台的平等对话，爱情像天平，只有在平衡中才能产生美。梁思成强调："建筑师的知识要广博，要有哲学家的头脑，社会学家的眼光，工程师的精确与实践，心理学家的敏感，文学家的洞察力……但最根本的他应当是一个有文化修养的综合艺术家。"梁思成林徽因互相欣赏、携手共进，皆成为这样优秀的综合艺术家，正如美国的汉学家费正清赞誉的"是不畏困难，献身科学的崇高典范"。梁思成自述："我不否定和林徽因在一起有时很累，因为她的思想太活跃了，和她在一起必须和她同样的反应敏捷才行，不然就跟不上她。"

婚姻似海，博大宽容。

梁思成和林徽因一家与徐志摩、金岳霖的友情是中国文化史上的美谈和传奇。感谢梁思成把大海般宽广深厚的爱给予徽因，不仅如此，还把大海般宽广深厚的爱给予了徽因爱的人和爱着徽因的人，这绝非易事。当徐志摩飞机失事后，思成赶到出事地点办理后事，并捡回一小块飞机残骸挂在他们夫妇卧室，伴随到他们生命的最后；金岳霖散文《梁思成林徽因是我最亲密的朋友》皆是明证。

林徽因故事该结束了，但留给我们的思考远远没有结束。她的生命只走过了短短的51个年头，是她告诉我们生命的价值与生命的值是成正比的，生命本身不是目的，而是成就一种理想、一种人格、一种事业的过程。

学与问（节选）

王彤： 周老师好，您从多年的现代文学教学中选择这个大家熟悉的故事作为主讲题目实际是有突破难度的，您为何如此情有独钟？而且我发现您越来越投入，有时候您站在讲台上穿着旗袍，一袭白色丝巾飘逸胸前，您好像直接走进了那个时代的故事。从讲座现场到网上音频我已经听了几遍了，林徽因的故事伴着您的激情总有一种常读常新的内蕴，也感动了听众。请问您全国各地讲了几百场同样题目的激情从何而来？

周芳芸： 讲授中国现代文学史必讲"新月派"诗人，特别是徐志摩对中国和世界诗坛的贡献，给女大学生讲座必讲林徽因，由此我对徐林关注了一生。

开设讲座的契机是这样的：2009年春退休后有失落失重感，再回首，最最思念的还是三尺讲台。此时读到《读者》（2009年2期）《我和我的祖国——我能为祖国做些什么？》，决定重返讲台做自己最喜欢的事——宣讲心中的偶像林徽因，唤起大家对真善美的追求！

一切景语皆情语（王国维），更何况言为心声，直接呈现人的生命状态和灵魂智慧，从本质上讲是传递演讲者内心深处的力量。感动了自己才能感动听者，才能生成天人合一的整体美感，或者就这样潜移默化中幻化了吧。

王彤： 真是美美与共！记得有一天晚上您电话里笑着说："您能猜猜我在哪里吗？我今天到你读过书的地方来演讲了！我正在未名湖散步呢！"您抑制不住的欢欣与骄傲太有感染力了，我能想象得出您在燕园散步的轻盈与沉醉，那是作为一个大学教师是最幸福的时刻！

王祖明： 周老师好！我听说您有一个面对中国版图演讲的计划，您退休几年了还如此不离不弃，令人感动，这无疑增加了生命的长度。您大概讲了多少年？走了多少城市和高校？

周芳芸： 一个人，11年，28个省市自治区（西藏、港澳台除外。前者受身体限制，后者不知怎样打电话联系）共400多场。

当年梁思成和林徽因在极其艰苦的条件下，为保护中国古代建筑走了15年，200多个县，考查了2000多处古建筑。国徽设计和人民英雄纪念碑设计都是在林徽因生命倒计时完成的，心心念念，鞠躬尽瘁！让我懂得人真正追求的目标并非是一种安逸的生活状态，而是朝着目标竭尽全力地努力，这才是一个人的价值真正所在。为了实现目标，百分之百地耗尽自己的生命，是一个人最大的生命喜悦。

孙景莲： 周老师好！您讲座中从林徽因、梁思成、徐志摩和金岳霖的人生选择中提取了对年轻人在爱情、友情、亲情和事业上很有影响力的价值观参照，先生们的人文修养、爱国风范和人生境界深深触动了在场的听众，唤起了大家的思考和共鸣。这些内涵应该得益于您多年阅读沉淀、学术素养和教学经验的叙述张力吧？

周芳芸：林徽因、梁思成、徐志摩、金岳霖代表了那个时代一批学贯中西、博古通今、文理相通、具有全面人文素质的学界精英，为祖国的繁荣富强作出了巨大贡献。讲座真实地还原历史，表达了他们对祖国对民族，对党和人民的无限热爱与赤诚。他们之间超凡脱俗的亲密友情、真诚与大度、高尚与包容令人敬仰，其正确的人生观、价值观、爱情观在当下仍有重要的现实意义：弘扬爱国主义精神和优秀传统文化，激发年轻人对中华民族美好神圣的精神品性的尊重与向往，不忘初心，努力地去实现生命的价值、责任、担当和使命，无限地去接近理想的繁星！引起了年轻一代的心灵震撼与共鸣，对世界有了新的发现，对人生有了新的期待！

王彤：您是我遇到的以最美的方式告别高校讲台又重返人生舞台的大学老师，我终于明白了您如此年轻的秘密：您一直在传播美、发现美的路上，美也滋养了您，驻留心田，完成一次次精神远征。您多年养就的这场生命仪式感注定了您不仅是一位大学校园里幸福的老师，还给全国各地听众带来了很多影响，您也收获了很多回味的故事吧？

周芳芸：是的。歌德说："人之所幸福是他的心灵感到幸福！"喜欢徽因，喜欢讲台，喜欢在路上。每次出发，我都满心欢喜地整理行囊，憧憬与期待让身心充满力量，这种感觉真好！每次出行我都对家人说："如果有一天我没回来，谁都不用找我，也不用悲伤，这是我最喜欢的生活方式，我走在爱的路上。"在我70岁生日之际，面对家人的积极策划，我还是听从内心的意愿，用自己最喜欢的方式度过。定位：低调豪华。低调是不打扰他人，豪华是内心的丰盈充实、愉悦满足。12月9日，我从暨南大学珠海校区出发，飘洋过海，下午两点站在深圳南山图书馆讲台，在理查德·克莱德曼优美曼妙的钢琴声中走近林徽因，心之所属，讲台上分分秒秒都是享受！演讲厅全是年青的朋友，朝气蓬勃，充满青春活力，我的心也变得很青春！讲座结束时，竟情不自禁抒发心声："我会永远记住南山图书馆，记住所有的朋友，刻骨铭心，终生难忘。因为今天是我七十岁生日，谢谢你们陪伴我度过如此美好的下午，我很幸福快乐！"全场响起了最热烈的掌声。讲座刚结束收到主办方新闻通讯："非常感谢周教授在七十岁生日的今天为我们带来如此精彩有意义的分享！祝周教授生日快乐！"以林徽因为主题的讲座愉悦提升自己，也愉悦滋养他人，叫我怎能不爱她！

2018 年 4 月 12 日

雨竹轩文学沙龙

作者简介

　　周芳芸，四川师范大学文学院教授、硕士生导师。国家社会项目评审专家，四川省社科项目评审专家，四川省中国现当代文学研究会副会长，成都市市情研究会会长。从事中国现代文学教学30多年，发表学术论文80多篇。专著《中国现代文学悲剧女性形象研究》获四川省政府社科三等奖。四川省高校教书育人先进工作者。退休后携讲座《自立、智慧、美丽——从国徽设计者林徽因谈起》走进北大、清华、复旦、南开、武大等300多所高校，一个人文化行走11年，共计400多场。

当代民众生活中的民间文学

王　娟／北京大学中文系研究员

> 每个人在其成长过程中，都会因为地域、信仰、职业、年龄、身份、性别等缘故而选择和累积可供自己使用和支配的民间文学资源库。
>
> ——王　娟

众所周知，民间文学主要研究文化中以口头传承方式创造、传承和保存的那部分文化传统。具体说来，民间文学包括口传神话、故事、传说、歌谣、谚语、谜语等文类（folklore genres）。从宏观上讲，文化传递的方式和途径是多种多样的，如口头讲述、文字、音乐、舞蹈、绘画、建筑、服饰、饮食、仪式、节日等等。以口头讲述和文字为例，二者都是文化创造和传承的重要途径，也都是传统文化的重要载体。但是，研究以文字为媒介保存和记录下来的那部分文化传统的学科一直是文化研究的主战场，在文化研究中占有绝对的统治地位，以至于人们已经习惯性地选择遗忘口头讲述同样也是文化传承过程中不可或缺的媒介和途径，甚至怀疑口头讲述是否具有研究性。因为在很多人的心目中，口头讲述是非物质性的，看不见，摸不着，即使能被记录下来，也不外乎三种情况：

首先是一经记录下来，口头讲述就变为文字描述了。记录者难免要从文通字顺和叙述逻辑的角度对口头讲述进行删改、整理，口头讲述的文本记录因而也就更靠近文学创作，已经是非口头讲述了。

其次是口头讲述不似文字创作准确，有据可依。一百个人的讲述，可能会出现一百种的文本，既然不似文字创作那样能够产生固定的、唯一的文本，那么研究也就无法进行。

第三，当代新媒体，包括互联网等新型交流工具和方式的出现，替代了面对面的口头交流。因此，口头讲述很多情况下已经被互联网所代替，这是否预示着口头讲述的衰微，进而威胁到民间文学存在的必要性和可能性。我们需要关注的问题不是民间文学重要与否，民间文学是否还有存在的基础，是否还有存在的意

义和价值,而是换一个视角,重新发现民间文学,重新定位民间文学。

从文学的整体性上看,我们认为,民间文学与作家文学不是一种对立,它们在传统文化中根本就是两种不同的文化现象。首先,民间文学其实就是生活的一部分,或者说就是生活过程本身,是文化传递的工具、媒介和载体。其次,作家以创作文学作品为目的,而民众生活中的口头讲述从不以创造民间文学作品为目的。民间文学是文化中不可或缺的交流工具和交流平台。第三,作家文学以文本作品为研究对象,而民间文学则是以口头讲述作为研究对象。民间文学的研究重点应该是口头讲述的过程、法则、规律和模式。

生活中的民间文学

长期以来,人们一直用两分法来讨论作家文学和民间文学的关系,认为二者之间的差异主要在于作家文学属于书面创作,而民间文学属于口头创作;作家文学是知识精英们的创作,而民间文学则是社会底层普通大众、甚至文盲们的口头创作;作家文学是被高度提炼出来的生活,而民间文学则是作家文学的素材和土壤;作家文学精致,而民间文学粗糙。但是现在看来,我们必须要改变这种认识。那就是民间文学的存在实际上是功能性的,或者说是民众生活中不可或缺的一个有机组成部分,是人与人之间赖以交流的有效工具和平台。能够想象社会中的人在相互交流的时候不使用民间文学资源,或者说,能够想象人们在聊天、对话的时候,不使用谚语,没有笑话,没有故事,没有民谣,没有儿歌,没有各种传说、谣言、段子或趣闻轶事吗?不仅如此,人类的许多情感,如敬畏、神圣、恐惧、胆怯、喜悦、感恩等,很多也都是在人们的成长过程中,通过聆听、讲述和唱诵神话、民间故事、传说、童谣、儿歌、谚语等逐渐建立起来的。许多传统价值观念、行为准则、人伦秩序、信仰习俗等,也是通过民间文学资源规范并加以强化的。一些民间文学文类如笑话、绕口令、民谣等,还是人们娱乐自己和大众、情感宣泄、压力释放的重要途径。

那么,我们怎么理解当代民众生活中的民间文学呢?

首先,民间文学并非是一种创作,更不能说是来自底层民众的口头创作。在日常生活中,人们基本上不会为了讲故事而讲故事,也不会为了讲神话而讲神话,而是在交流和沟通的过程中需要神话、故事、传说、谚语、歌谣等文类来协助人们完成和实现某种交流。其次,民间文学口头讲述从不创造全新的口头作品,只产生口头异文。因为人们在交流过程中,只是重述自己熟知的故事、笑话、谚语,而不是创作全新的作品。相信妈妈在给孩子讲《狼来了》的故事时,一定不是为了口头创作一个故事。妈妈一定是对这个故事非常熟悉，而且明确知道能借助于这个故事告诉孩子撒谎的危害。而且，我们也相信妈妈在给孩子讲故事之前，一定也是意识到了给孩子灌输一些价值观念的必要性，因此，才会在适当的时候选择给孩子讲述《狼来了》的故事。朋友聚会分享各种段子的时候恐怕也不会认为自己是在进行一种口头创作，因为段子基本上都是听来的，重述段子的目的，从某种意义上说，一定是讲述者认为是合适的，或是可以活跃气氛，或是可以宣泄情绪，或是可以传递信息，但无论如何，讲述者都不会认为自己是在进行口头创作。

民间文学的功能之一是可以作为人们进行交流和沟通的有效工具，例如，人们用《狼来了》的故事帮助孩子理解撒谎的危害；用《狼外婆的故事》教会孩子心存警惕，远离陌生人，尽管他们会假装以亲人的身份出现；用《小小孩　坐门墩》的童谣为孩子建立起基本的家庭观念；用《花喜鹊》的童谣告诫孩子要孝顺母亲；用《金斧头　银斧头》的故事告诉孩子贪心和不劳而获的后果；用《杨公忌》的传说来约束自己的行为；用《狗头王》的神话来宣讲民族的历史和祖先的功绩等等。

民间文学在人们的日常生活中至关重要，还因为人们的很多价值观念都是通过神话、故事、传说等民间文学文类获得的。一般而言，"善有善报、恶有恶报"是民间故事永恒的思想，因此，民间故事通常会极力褒扬其文化传统中的各种优良品行。中国民间故事多以忠、孝、信、诚、勤、善、义、让为主要褒扬对象，与西方一些文化推崇的冒险、远征、勇斗、寻宝、恋爱等形成鲜明的对照，突显了中国传统文化的价值观念。民间故事的诸多特征，如情节结构完整、三叠式、单线顺序发展、人物形象善恶两分、大团圆结局等，看似简单、粗糙，但是，所有这些特点基本上都是为了配合民间故事形式上口耳相传的传承途径和方式，以及内容上承载传统文化价值观念的特点。

文化中的神话讲述也不是一种口头创作，人们也不会为了讲神话而讲神话。作为民间文学的一个重要文类，神话、传说与民间故事虽然同为口头讲述，但是，由于它们的文化功能不同，因此，无论是内容，还是讲述过程，三者之间都存在根本性的差异。有时候，同样的内容，如果在神话的讲述环境中讲述，那就是神话；如果在传说的讲述环境中讲述，就是传说；如果在故事的讲述环境中讲述，就会是故事。

与带有世俗色彩的民间故事讲述不同，民间文学意义上的神话讲述通常会伴有神圣的仪式。繁琐而又高度程式化的神话在场仪式不仅营造了一种真实、庄严和神圣不可侵犯的氛围，而且神话的这种周期性讲述也便于人们接受、相信和记忆神话。同时，在场仪式也起到了帮助人们建立起对历史和祖先的敬畏感的作

用。尽管神话的内容发生在遥远的古代，但当下的仪式却可以营造出一种神圣而又神秘的空间感，使人们可以从精神和思想的层面重新体验宇宙的诞生，"亲历"神话中的种种发生。仪式具有一种使人重返古代社会的力量，模糊了古代与当下的边距。在仪式性的神话讲述中，神话所传递出的信息是不容置疑的，尽管神话的内容，具有荒谬、晦涩、跳跃、非逻辑、非伦理、非理性等等特征，人们也都不会怀疑。

神话中高度抽象化、概念化了的神，再加上规范、完善的仪式程序及其伴随和围绕着仪式的各种舞蹈、歌唱、戏剧表演，再配合以集市、庙会等诸多庆祝活动，凡此种种，各种元素组合在一起，奠定了神话在人们生活中的神圣位置，赋予了神话作为文化精神源头的功能。例如，民间文学意义上的女娲神话不仅以口头讲述的方式世代传承，而且历朝历代许多典籍，如《列子》《淮南子》《风俗通义》《博物志》《拾遗记》《独异志》《北堂书钞》《太平御览》《路史》《金楼子》《广博物志》《古微书》中也都有大量女娲神话和信仰的书面异文，从侧面印证了女娲信仰在中国的历史悠久性和普遍性。女娲信仰流传广泛还表现在女娲庙遍布大江南北，同时，民间还有很多跟女娲相关的庙会和传统节日，如"人祖庙会""天穿节"等。民间饮食、服饰、美术、建筑装饰中也有大量是以女娲信仰为主题的设计和图案。因此我们说，神话的口头讲述只是女娲神话的一部分，女娲在中国传统文化中神圣地位的建立是各种文化元素综合作用的结果。

另外，神话讲述时的在场仪式及相关文化活动不仅弱化了神话口头讲述中内容和情节方面存在的问题，如遗漏、缺失、随意、碎片化、断裂化等带给人们的迷惑、不确定感和不合理感，反而营造出了一种陌生化、模糊化、异类化的氛围，达到了"神话源自遥远的另一个世界"的效果。

民间文学资源库

既然民间文学与作家文学属于两种不同的文化现象，因此我们就不能用书面文学的标准、研究方法与研究理念去对待和研究民间文学。在很长一段时期内，人们喜欢沿用经典文学研究的方法进行民间文学研究，强调民间文学口头讲述的整理文本，关注其叙事手法、人物形象、语言风格、修辞手段等。但是，作为一种民间口头讲述，民间文学有着自己的特点。

民间文学没有固定文本，那么，如何界定和研究这种口头讲述呢？我们以为，民间文学是人们对在长期的历史发展过程中形成的一个便于人们进行口头表达和交流的民间文学资源库的习得和使用。每个人在其成长过程中，都会因为地域、信仰、职业、年龄、身份、性别等缘故而选择和累积可供自己使用与支配的民间文学资源库。人们有自己熟悉的故事、笑话、传说，有自己熟悉的歌谣、俗语词和段子，而每当有社会群体(social groups)出现，即某种场合出现了两个和两个以上的人，而且这两个及两个以上的人又必须进行口头交流，那么这个交流的过程中必然伴随着民间文学资源的选择和使用。民间文学资源，如故事、传说、笑话、歌谣、谜语甚至谚语，会为我们搭建一个交流平台。

所谓民间文学资源库可以分为两个层面，一个是集体的，即文化在其发展过程中建立起来，用以创造、保存和传承其文化传统的民间文学知识及其表现形式的总和。例如，从古至今，所有的中国民间故事类型、中国神话母题、中国传说、中国谚语、中国歌谣、中国谜语等都属于集体层面的民间文学资源，是民众在几千年的历史发展过程中不断累积、建立起来的可供人们用以口头交流的民间文学资源的总和。另一个是个体的，是个人在其成长过程中累积建立起来的，可以协助其用以理解、表达、交流和沟通的民间文学知识及其使用方法。例如，前面我们提到妈妈给孩子讲《狼来了》的故事，教育的目的远远大于娱乐，因此我们可以说，《狼来了》的故事是民间资源库中可以用来进行这种道德教育的一种有效类型。我们相信在口传历史的发展过程中，曾经有过无数种用来进行这种道德教育的故事类型，但是在交流和使用过程中，这种类型应该是由于其情节简单明了，便于口头讲述，结局指向单一，不会产生歧义，便于儿童理解和接受等特点被大多数人记忆、储存并应用于现实生活当中。

对民间文学资源的习得、累积和使用是每个文化人成长过程中的重要一环。就像学习和使用语言，人们必须要掌握基本的语音、词汇和语法规则，然后才能跟人进行正常交流。对民间文学资源的掌握和使用也同样重要，否则，交流则很难顺利进行。民间文学资源库中的一个重要内容就是民间文学文类。这里所谓的文类既包括文类的形式，又包括文类的使用。

在传统的观念中，民间文学文类一直被看作是学者出于学科研究和学术体系的建立而命名的，文类名称本身并没有什么意义。实际上，民间文学的文类一直有学术文类（analytical genre）和本土文类（ethnic genre）之分。学术文类是出于学科体系的确立和研究的需要而建立的一套统一的，有着明确概念划分的文类系统，如神话、故事、传说、谚语、歌谣等等。而本土文类则是民众在生活中自觉执行和使用的一套文类体系。以往一些民间文学研究通常是选择一个口头文本，然后按照学术文类进行研究，这是一种错误的研究方法。

例如，歌圩研究者们一直使用"歌圩"来指称广西壮族的民间对歌活动，但是实际上，"歌圩"只是一种汉称，又曰"旧称"，是一种"学术文类"，而学者陆晓芹在德靖壮族民间进行田野调查时发现当地人极少使用"歌圩"的概念，不少民众甚至不知其为何物。当地民众将传统节日中的"歌圩"称为"航单"，将聚会对歌活动称为"吟诗"。称谓的不同决定了对歌活动的性质，例如在龙州县有"陇峒"习俗，但多在田间地头举行，且伴有隆重的宗教祭祀活动；靖西县的"航单"和德保县的"窝端"多与圩期重合，却不必伴随对歌和宗教活动；在田东县、田阳县等地，人们在特定的日子里到岩洞里去祭祀，然后聚在一起对歌，谓之"很敢""靠敢"或"贝敢"；在南宁市良庆区、邕宁区等地，传统上有以"还球"为表征的对歌赛歌活动，如今各村还有定期聚亲会友的习俗。民间文学资源库中的民间文学文类自然指的是本土文类。文化中的人在成长过程中必须要学习和分辨各种本土文类，例如我们前面提到的"航单""窝端""很敢""靠敢""贝敢""还球"等。此外，还要学会文类的使用场合和环境。

在很多情况下，文类的使用环境和场合比其内容更加重要。

再以谚语为例，作为几千年传统文化包括价值、道德、伦理、生死等观念的概况和总结，谚语在人们的成长过程中起着非常重要的作用，人们会在很多场合中使用谚语，比如被用来作为裁定一件事情的标准，如"金无足赤，人无完人"；或者被用来作为劝谏某人的箴言妙语，如"吃一堑，长一智""智者千虑，必有一失"；或者被用来树立某种权威，如"不听老人言，吃亏在眼前"；或者被用来传递某种知识和技能，如"清明前后，种瓜点豆"等等。正是因为承担着传递某种集体经验、真理、道理和哲理的任务，谚语才具有了极其鲜明独特的结构形式。一般来讲，谚语的语句大都语义明晰、准确、没有歧义，而且谚语的语句结构也必须做到句式完整、格式规范；语句有韵律、有节奏，"其高下长短之音节，亦成自然之天籁，而不戾乎风人，轺轩所采，刍荛之词"。

谚语之所以要具有如此鲜明的形式特征，一个重要的原因就是为了配合和突出谚语的严肃性和深刻性，强化谚语所言内容的权威性。另外，从使用上讲，谚语的使用具有明确的单向指向性，即由长辈指向晚辈、老师指向学生、上级指向下级等，而不能反向使用。日常生活中，人们一般不会刻意学习谚语，但在每个人的成长过程中，其民间文学资源库里不能没有谚语。即使不会使用，人们也必须具备谚语的使用规则和场合等相关知识，而且还要明白谚语的内容。这样，人们才能听得懂别人的话，日常交流才能更有效。

当代新媒体包括互联网等交流工具和方式的出现，替代了以往面对面的口头交流，口头讲述很多情况下已经被互联网所代替，而互联网更多地依赖于文字交流，那么，这是否就预示着口头讲述的衰微，进而威胁到民间文学存在的必要性和可能性呢？关于这个问题，我们可以从两个方面考虑，一是民间文学除了口头讲述以外，还有很多是以书写的方式传承的，因此，网络的出现使得民间文学讲述有了更多的途径和资源。二是网络从某种意义上说又是口耳相传途径和方式的一个延展，以往的口耳相传需要人们面对面同时在场，但是互联网的出现使得人们可以借助于文字和语音实现延迟和错位交流。

我们以为，民间文学虽然强调口耳相传的传承方式和途径，但民间文学还有另外两个重要的特征，即非官方性和非正式性。这就是说，口传性并非是民间文学的必要条件，文字书写亦是我们的研究对象，但前提是非官方和非正式性。很多文字书写具有明显的非官方性和非正式性，因此，也是民间文学的重要资源。实际上，早在20世纪前期，一些学者在进行民间文学尤其是民间歌谣的收集活动中，就已经意识到了书写民谣的存在。如刘兆吉在《西南采风录》中就提到田畔、牧场、茶馆、街头等，随处都可以搜集到歌谣。同时还应注意街头墙垣，庙壁上的涂写以及当地印行的歌谣及抄本等。现在看来，近百年前的学术前辈已经具备了相当的学术

《西南采风录》
刘兆吉 编，商务印书馆，
1946 年版

敏感性，不愧为学术精英。尤其是刘兆吉提到了街头墙垣和庙壁的涂写，我们以为，即使是在当代，很多民间文学学者都没有意识到这些书写民间文学的重要性。书写民间文学主要指的是以书写的方式和途径流传的那部分民间文学内容，例如墙壁、课桌涂鸦、扉页题词、墓志铭以及如今借助于手机、网络等媒介形式传播和保存的民间文学内容。

例如，"铭"是古代刻于金属器物或碑文上的或用以歌功颂德、或用于明志抒臆的文体形式。刘禹锡的《陋室铭》托物言志，通过对其"陋室"的诗意描述，表达了自己不慕荣利、不与世俗同流合污的生活态度。从表达方式上看，该文句式整齐、节奏分明、韵律和谐，读起来抑扬顿挫、和谐悦耳。无论是视觉上，还是在听觉上和思想上，《陋室铭》都既给人以一种美的享受，又发人深省，给人启迪。因此，《陋室铭》一经问世，便成为文人学子的必读篇目。

山不在高，有仙则名。水不在深，有龙则灵。斯是陋室，惟吾德馨。苔痕上阶绿，草色入帘青。谈笑有鸿儒，往来无白丁。可以调素琴，阅金经。无丝竹之乱耳，无案牍之劳形。南阳诸葛庐，西蜀子云亭。孔子曰："何陋之有？"

《陋室铭》的广为传颂使得更多的人了解、熟悉了铭体，因此，借助于《陋室铭》的影响，将自己的生活态度和情绪通过"《陋室铭》仿作"，以期待得到更多的读者共鸣和回应，似乎成为了一种时尚。《陋室铭》仿作，因为必须借助固定的文本格式和文字书写而成为"书写民谣"的一种典型代表。《陋室铭》之后，出现了很多陋室铭仿作，较早的一篇仿作作品出现于清代：

官不在高，有场则名。才不在深，有盐则灵。斯虽陋吏，惟利是馨。丝

圆堆案白，色减入枰青。谈笑有场商，往来皆灶丁。无须调鹤琴，不离经。无行钱之聒耳，有酒色之劳形。或借远公庐，或醉竹西亭。候补人员每喜游平山堂，每日命酒宴乐而已。孔子云："何陋之有？"

清代的这篇仿作将官场黑暗作为讽刺对象，似乎也奠定了《陋室铭》仿作的基调，使得后来的《陋室铭》仿作成为人们针砭时弊、宣泄情绪的工具。一直到近代，《陋室铭》仿作依然层出不穷。当代借助于网络媒体的出现，《陋室铭》仿作有了更为广阔的田地，许多人在网络上发表或转贴各种各样的《陋室铭》仿作，如学生铭、写作铭、交友铭、网络铭、奸商铭、贪官铭、黑店铭、危楼铭、赌博铭、麻将铭、吸烟铭、乞丐铭、妆扮铭、陋规铭、关系铭、会海铭、课桌铭、老人铭、家庭铭等。

下面是网络流传的一篇《贪官铭》：

才不在高，在官就行。学不在深，在权则灵。斯是衙门，唯我独尊。前有吹鼓手，后有马屁精。谈笑有心腹，往来无小兵。可以搞特权，结帮亲。无批评之刺耳，唯颂扬之谐音。青云能直上，随风显精神。群众曰：臭哉此人。

我们以为，互联网的出现不但不会威胁和动摇民间文学的存在，相反，还会进一步丰富民间文学资源库，为人们提供更多的资源和工具，为民间文学的广泛传播和应用提供更多的便利。此外，互联网的存在还使得更多民间文学资源得以有效保存，网络也因此成为我们熟识、保存和研究民间文学的重要途径。

民间文学口传法则

关于作家文学和民间文学的区别，克洛德·列维-斯特劳斯曾经说过，诗歌（作家文学）是一种极难翻译成外语的语言形式，任何翻译都会引起许多扭曲变形。神话则相反，它的价值哪怕是在最糟糕的翻译中，也始终存在。无论对于我们采集神话的那个民族的语言和文化如何缺乏了解，全世界的读者都依然听得懂，读得通。之所以会有这样的差异，一个重要的原因就是神话是口头讲述，而且是用来交流和传递公众信息的，前提是希望所有的人都能理解和接受，作家创作则不具备这种特点。在文化发展的过程中，口耳相传传承方式的背后应该有一个口传法则，这种口传法则与书面语言及其法则一样，也有自己的"基本语言"和使用法则及规范。民间文学的"基本语言"是口传文化在其长期的历史发展过程中形成的固定用法、基本母题、基本类型、基本结构和基本模式。

民间故事类型是口传法则中的基本类型，也是人们用于口头讲述的必要工具。民间故事类型源自口头讲述，反过来又服务于口头讲述。早在一百年前，民间文学、民俗学先驱们就发现了民间文学的一个特点，即尽管世界各地的人们语言不同，信仰不同，风俗不同，有些甚至都没有过文化交流的痕迹，但是，他们却保有和分享着同类型的故事。这些故事不仅内容相似，而且情节发展也表现出高度的程式化和模式化特征。例如《灰姑娘》故事类型（AT510）包含如下情节因素：

I.受尽虐待的女主人公：被继母和继母的女儿虐待。

II.魔幻救助：女主人公受到神或神性动物的帮助（提供漂亮衣服和金鞋子或水晶鞋）。

III.遇到王子：身着漂亮衣服和鞋子参加聚会，遇到王子。

IV.寻找女主人公：王子通过试穿鞋子发现鞋子的主人，即女主人公。

V.与王子结婚。

《洪水神话》
[美]阿兰·邓迪斯编，
陈建宪译，谢国先校，
陕西师范大学出版社，
2013年版

最早的书面文本出现在唐段成式的《酉阳杂俎》中，除了汉族的文本，许多少数民族如藏族、蒙古族、彝族、白族、傣族、侗族、苗族、佤族、维吾尔族等也有《灰姑娘》故事类型的异文，此外，亚洲其他国家，以及欧洲、北美洲、南美洲、非洲、澳洲，几乎所有的国家和民族都有《灰姑娘》故事类型的异文在讲述和传承，这其中影响最大的当然就是格林兄弟《格林童话故事集》中的《灰姑娘》异文。

尽管人类有着充分的理由彼此不同，人类也有着无尽的想象和表达空间，但是从民间文学的角度看，人类又表现出令人不可思议的相似性，很难想象世界各地的人都讲着同样的神话、故事、传说，有着同样的谚语、谜语，唱诵着同样的歌谣，但是，这就是事实，人们好像被一种无形的枷锁所束缚着。不同民族和国家的人，可能因为语言、信仰、风俗、饮食、服饰、建筑等缘故彼此陌生，无法交流，但是，一旦走进民间文学的领域，你会发现民族与民族之间毫无交流障碍，不同国家和民族的民间文学几乎都是一样的。例如，根据一些民俗学者的研究，《洪水神话》是流传最为广泛的世界性的神话之一，几乎所有的民族，只要有造人神话，就会有《洪水神话》的异文。《洪水神话》最令人费解之处在于一场洪水毁灭了人类，唯独留下一对亲兄妹。神暗示兄妹必须完婚以完成繁衍人类的任务。亲兄妹以其违背人伦，拒绝完婚，但是神通过各种暗示，最终使得兄妹成婚，完成了繁衍人类的任务。洪水、亲兄妹、兄妹婚、兄妹加夫妻的人类始祖，这些世界性的共同的母题吸引了一代又一代的学者。

我们认为，造成这种文化相似性的一个重要原因就是民间文学的传承方式，

《民俗学概论》

王娟 著，北京大学出版社，
2011 年版

即口耳相传的方式。作家文学的文字书面创作和阅读方式强调和突出的是个性。这种创作方式使得人们有机会充分地展示自己的个性，作家文学创作不是以人与人之间的即时交流和沟通为目的，因而不会要求所有的人都能读得懂，都能理解一部作品；也做不到让所有的读者对一部作品有完全相同或相似的解读。而民间文学则是以即时交流和沟通为目的，因此，必须直接、明了，而且以公众都能接受和理解为前提。在长期的历史发展过程中，为了保证讲述者讲得清，听众听得懂，口头讲述形成了一系列固定的、方便人们讲述、理解和接受的基本母题、基本类型、基本结构和基本模式。

其次，框架的存在更多的是为了适应口耳相传的方式。口耳相传方式决定了民间文学的非作品性，或者说非文本性，因此，人们只要掌握故事的框架就足够了。不同的故事、传说类型，因意义和功能不同而具有不同的框架结构，人们在习得民间文学资源时，必须要掌握这些框架结构，以保证自己讲述的是这个故事，而不是那个故事。

第三，虽然是一种固定的框架，但在人们讲述时又是自由的、开放的，人们可以围绕着这个框架重新组织自己的讲述，添加细节，并即兴完成一次以交流和沟通为目的的口头讲述。实际上，不只是故事、传说，其他民间文学文类也有自己的固定结构和"语法法则"，例如，"不听老人言，吃亏在眼前"是一条伴随人们成长、广为流传的谚语。其基本格式为"不听老人言，××在眼前"，这条谚语较早见于明末袁于令的《西楼记》，其中的谚语被记为"不听老人言，必有凄惶泪"。清代和邦额《夜谭随录》中也使用了这条谚语的异文，被记为"不听老人言，凄惶在眼前"。此后，此条谚语频繁出现在各种书籍中，其形式固定，只有个别文字上的差异。根据我们的统计，此条谚语至少有三十多种不同的异文，如"不听老人言，恓惶在眼前""不听老人言，吃苦在眼前""不听老人言，饥荒在眼前"等等。此条谚语在当代依然流传，经常出现在网络当中的异文有"不听老人言，死在我面前"等等。谚语的固定结构便于人们继承和使用谚语，但是，结构之外又允许人们根据方言、时代背景和事件等因素的不同而更改词句，这就是民间文学的生命力所在。

从某种意义上说，民间文学是传统得以延续，文化得以传承的工具和载体，是人们生活的一个有机组成部分，或者说就是民众生活过程本身。百年以来的中国文学研究和学术实践活动要求我们必须站在一个新的高度重新思考民间文学的学科定位、研究理念和研究方法。既然作家文学和民间文学是两种不同的文化现象，那么，我们现在则无需再讨论作家精英和普通民众谁更重要，谁更有价值，谁更具有艺术性等。民间文学研究应该更多的关注其学科本身面对的和要解决的问题，如民间文学资源库、口传法则、民间文学基本母题、基本结构和基本模式等等。

学与问（节选）

郎吉拉姆： 王娟老师，您好！我是西南民族大学社会学与民族学学院19级民俗学专业的藏族学生郎吉拉姆。我们在调研过程中，也听到很多有趣的神话故事、传说、谚语等等，走在丹巴就有"一天不吃酸，走路打偏偏"的俗语，因为丹巴人特别爱吃酸菜。丹巴还有关于粮食与狗的神话，认为我们现在所拥有的粮食是狗帮我们求来的，因此大年三十的时候要将所做的食物给狗也留一份。随着多样的交流，种葱、种酸菜的规模在变小而且以后也会越来越小。大环境的改变，在这种谚语、神话中甚至是味觉上的身份认同也会越来越淡，同时我也在另一山沟里做调研，在问当地人这两座山叫什么有什么说法的时候，就说只知道一个叫白金梁子，一个叫尼姑坡，其他的说法就不清楚。请问王老师如何看待在集体记忆中神话、谚语等口头传承的一种缺失？

王娟： 我们可以从两个方面来理解这种缺失：首先，从局部来看，一些神话、故事、谚语等民俗事项的确有缺失的现象，表现为某些个体对某些传统的存在和意义无解，但是，你也提到了集体记忆的概念，如果是集体记忆，那么一两个人不清楚不代表集体不清楚。我们可以这样说，在一个地区，只要有一个人还在继续讲述，那么这个传统就还存在，没有消失，传统就可以延续下去。其次，神话、故事、传说、谚语等文类在当代依然是口头交流的重要资源，供人们使用。在我看来，这些内容不仅没有缺失，而且越来越多，越来越普遍了。

任敏： 民间文学是社会记忆的建构、集体无意识的表达，发轫于神话、谚语，在中国古代也经过口耳相传的方式流传下来。但是在现代科学技术发展的当下时代，面对已经习惯书面阅读的人们，口头讲述很多情况下已经被互联网所代替，或许民间文学正在逐步失去它的生存空间。那么，我们应当如何唤醒沉睡的民间文学资源，让其在继承的基础上继续焕发出持有的光彩？

王娟： 口耳相传是民间文学的一个特点，也是民间文学区别于作家创作文学的核心概念。但是，口耳相传只是民间文学诸多特点中的一个，另外的特点还包括非官方性和非正式性。这就是说，民间文学研究的可以是通过非官方、非正式的方式创造、保存和传播的那部分文化传统。现在看到的互联网上的交流方式符合这种非官方性和非正式性的特点。另外，互联网实际上为口耳相传的传播方式

提供了更多便利，而且也更方便我们进行研究。

还有一点需要说明的是，民间文学不是一种需要唤醒和保护的东西，而是一种活态的、可供使用的文化资源，生活中充满了民间文学，人类一刻也离不开民间文学。我们可以这样想，如果没有了民间文学的种种资源，如神话、故事、传说、歌谣、谚语、俗语等，人类要怎样交流和创作呢？你能找出一部脱离了民间文学材料的文学作品或著作吗？民间文学是我们生活中的一个不可或缺的有机组成部分。我们不担心民间文学会消失，文字的出现只能是使人类多了一个交流、创作和研究的媒介，但是文字永远取代不了口头交流。

胡欣怡：王老师，我曾是文学院的学生，现在是一名小学语文教师。听了您的线上讲座我会想如果民间文学能再度兴盛，那么对整个国民阅读素养的提升一定意义非凡。而当下的教育教学也在强调阅读，那么这个阅读的积累与我们民间文学的积累有什么区别呢？我想两者之间应当不是泾渭分明的，那么我们是否可以在比较书面化的阅读中去渗透民间文学呢？

王娟：民间文学不是再度兴盛，而是一直存在，就像是空气一样，我们熟悉到可以无视空气的存在，但是不能否认空气的存在。强调民间文学与强调阅读不冲突，民间文学是生活本身，耳濡目染，置身其中，你只要热爱生活就是学习，而阅读只是一种学习方式，是一种主动的和有意识的学习。如果说渗透的话，那就是可以阅读民间文学的作品。但需要强调的是民间文学不是通过阅读学习和传承的。

2021 年 6 月 8 日
线上文学讲座

作者简介

王娟，文学博士，北京大学中文系研究员，博士生导师。长期从事民间文学、民俗学的教学研究工作，代表论著有《晚清民间视野中的西方形象》《民俗学概论》《中国民间文学史·歌谣卷》《中国古代歌谣：整理与研究》《民俗理论教程》《中华大典·民俗典·口头民俗分典》《中华大典·民俗典·物质民俗分典》等。

核心素养语境下的教育反思

徐　鹏 / 东北师范大学文学院教授

> 我愿意做一个教育田野的反思性实践者，继续奔跑在路上。在世界教育舞台上发出中国声音、讲述中国故事、贡献中国智慧是多么重要。
>
> ——徐　鹏

20世纪末以来，"核心素养"（Key Competencies）成为世界经济合作与发展组织（OECD）、欧盟（EU）、联合国教科文组织（UNESCO）三大权威机构共同关注的焦点。它们分别颁布《成功生活与健全社会的核心素养》（2003）、《终身学习的核心素养：欧洲参照框架》（2010）、《作为学习结果的核心素养草案：幼儿、小学和中学》（2012）等文件，引领欧美国家争相开展核心素养研究。同样在20世纪末，我国教育部启动第八次基础教育课程改革，并推动高等教育迈入大众化时代。在东西教育理念对话和碰撞中，欧美核心素养研究成果逐渐进入我国教育变革视野。尤其是2014年以来，教育部立足核心素养修订高中各学科课程标准，推行统编本教科书，鼓励高校开展拔尖创新人才培养研究，开始绘制我国学生核心素养发展的蓝图。站在新时期的教育起点上，我们需要追问：核心素养在未来人才培养中应该扮演什么样的角色？这个问题没有确切的答案，追问的意义和价值在于：引发我们在核心素养语境下展开深度的教育反思。

一、我们谈论核心素养的时候到底在谈论什么？

核心素养经过国际经验和本土实践的融通成为我国教育界讨论的新焦点。它一经提出就改写了举国上下的教育叙事话语，成为一种教育研究的新风尚。面对话语冲击我们需要清醒地认识到，叙事话语改写只是一种外在表征，更深层的意义在于核心素养语义背后隐含的变革思维和价值取向。当前，我们对核心素养的

高度认同恰如我们对民国时期教育生态的深情向往；这种认同其实隐含着我们对当前教育现状的集体焦虑，以及对未来教育图景的美好期待。在政治、经济、文化飞速发展的今天，各国之间的人才竞争日益激烈，各行各业对人才的需求标准逐渐提升，每个国家的教育都需要积极回应新的时代诉求。我们的集体焦虑主要源于教育功能与人才培养之间的错位，源于教育发展与社会遽变之间的落差。这种错位和落差导致教师群体的教学效能感降低，职业倦怠悄然弥漫在日常工作场域，甚至还在全社会兴起一股"炮轰高考""学历贬值"的论调。

从古至今，教育在我国社会文化情境脉络中，常常承担着改变普通人命运的使命。我们对教育总是怀着"图腾式"崇拜，精心呵护着它的高雅和纯净。当教育出现错位和落差时，我们容易从爱之深转向恨之切，在爱恨纠葛中失去应有的理性。回顾新中国成立70年以来的教育嬗变轨迹，我们可以清晰地发现无论是基础教育还是高等教育都发生着多个层面的嬗变：课程取向从学科中心、教师中心走向学生中心，课程目标从"双基""三维"走向核心素养，课程内容从知识传授、能力培养走向认知发展，课程评价从终结性评价、诊断性评价走向表现性评价。四个层面的嬗变其实都与核心素养有关，核心素养是驱动教育发展的原动力。核心素养发展取向的课程凸显学生主体性、关照学生高级认知、注重学生学习过程；倡导核心素养意味着我们在21世纪中下叶，开始驱散教育异化的雾霾，回归课程立德树人的本体功能。我们在这里使用"走向"而不是"走到"，是因为教育发展是一个长期过程，教育变革也是一个系统工程。每一位教育工作者都需要怀着美好憧憬走在路上，为教育事业的建设和发展奉献活力。

回顾历史、审视现实，我们内心涌动着复杂的情愫。我们不想看到中小学校上空总是飘荡压抑阴郁的应试乌云，我们不想目睹大学课堂上还讲授着陈旧落后的"双基"。我们希望未来的教育应该具有信息发达时代鲜明的特性，它比以往的教育更高级、更优质；它应该为每一个学生提供生命绽放的契机和卓越发展的指引。在21世纪中下叶的焦虑和期待中，核心素养无疑为我国教育变革带来一种欣喜的催化效应。所以，当我们在谈论核心素养的时候，我们其实是在谈论教育自身的元问题，即"'人'的培养"的问题。这个原本就应该备受关注的要义在教育嬗变的历程中若隐若现、若即若离，甚至偶尔遮蔽。正因为如此，我们至今也无法带着底气回答钱学森之问："为什么我们的学校总是培养不出杰出人才？"如今，基础教育改革正在持续推进，高等教育已由精英化进入到大众化、普及化阶段，我们应该充分发挥核心素养带来的原动力，加快我国教育变革的步伐，在理论建构和实践探索中去寻找"钱学森之问"的答案。

二、我们为什么需要立足我国教育文化情境来理解核心素养？

2013年北京师范大学林崇德教授接受教育部委托，带领90余名研究人员组成课题攻关团队，围绕核心素养开展了政策分析、国际比较、本土梳理、实证探究等系统研究工作。研究团队最终凝练的核心素养，借鉴了国际研究前沿成果，萃取了我国传统教育文化中的精髓和元素。团队考查了世界各国和地区，以及国际组织对核心素养的阐释，同时考虑了不同学科角度对核心素养的研究，以及我国教育实际和现实需求，将核心素养定义为：学生在接受相应学段的教育过程中，逐步形成的适应个人终身发展和社会发展需要的必备品格与关键能力[1]。2016年9月，研究团队在界定概念的基础上研制了《中国学生发展核心素养》总体框架，主要包括文化基础、自主发展、社会参与三个维度，每个维度下还包含若干个二级维度以及三级指标（见表1）[2]。具体而言，我们可以从多个层面来理解核心素养。从目标旨趣来看，核心素养试图回答"教育应该培养什么人"这一根本问题；从性质特征来看，核心素养是所有学生都应该具有的最关键、最必要的共同素养；从内容范畴来看，核心素养是知识、技能、情感、态度、价值观等多方面的综合体现；从育人功能来看，核心素养同时具有个人价值和社会价值；从培养路径来看，核心素养是在先天遗传的基础上，综合后天环境尤其是教育的影响而获得；从整体架构来看，核心素养应该兼顾个人与文化学习、社会参与和自我发展的相互关系；从发展规律来看，核心素养发展具有阶段性，也具有终身的连续性；从作用发挥来看，核心素养各个维度在学生学习、工作和生活等实际情境中的作用具有整体性；从评估方式来看，核心素养需要结合定性和定量的测评指标来综合评价[3]。综上，我们可以将核心素养的基本特性概括为综合性、阶段性、连续性、过程性、整体性等五个方面。认识到这些特征能够有助于我们更准确地建构促进学生核心素养发展的合理路径。

表1 《中国学生发展核心素养》总体框架

一级维度	二级维度	具体指标
文化基础	人文底蕴	人文积淀、人文情怀、审美情趣
	科学精神	理性思维、批判质疑、勇于探究
自主发展	学会学习	乐学善学、勤于反思、信息意识
	健康生活	珍爱生命、健全人格、自我管理
社会参与	责任担当	社会责任、国家认同、国际理解
	实践创新	劳动意识、问题解决、技术运用

2018年4月，北京师范大学中国教育创新研究院发布了《21世纪核心素养5C模型研究报告（中文版）》，力求回答培养"打下中国根基、兼具国际视野"的"人"应该具有哪些素养。报告首次提出我国"21世纪核心素养5C模型"，包括文化理解与传承（Culture Competency）、审辩思维（Critical Thinking）、创新（Creativity）、沟通（Communication）、合作（Collaboration）[4]；每个维度之下同样也建构了二级维度和基本指标。该模型借鉴了一些国际组织，比如美国P21（Partnership for 21st Century）的研究成果，集中提炼了世界范围内各国核心素养的"共性维度"，与《中国学生发展核心素养》总体框架形成互补。但是，无论是总体框架还是5C模型，都需要落实到基础教育和高等教育的学科课程之中，否则这些美好的愿景容易成为空谈。欧美国家采用的方式是"齐头并进"，即各个学段的学科课程按照核心素养总框架来设计和实施，打通课程壁垒、融通课程内容，甚至倡导运用跨学科、整合性课程来促进学生核心素养发展。比如，美国STREAM课程就整合了科学、技术、阅读、工程、艺术和数学等多个学科领域的课程。我国各学段的课程长期以来实行"分科制"，缺少综合性较强的独立课程。因此，我们遵循自身的教育文化传统采用了"分进合击"的方式，即在核心素养总体框架下，在基础教育阶段为各个学科又研制了学科层面的核心素养；通过各个学科发展学生的学科核心素养，最终促进学生总体核心素养的形成。2014年4月，教育部基教二司发布《教育部关于全面深化课程改革落实立德树人根本任务的意见》，特别强调要"统筹小学、初中、高中、本专科、研究生等学段（包括职业院校），进一步明确各学段各自教育功能定位，理顺各学段的育人目标，使其依次递进、有序过渡"；"各级各类学校要从实际情况和学生特点出发，把核心素养和学业质量要求落实到各学科教学中"，"把立德树人的要求落到实处，充分发挥课程在人才培养中的核心作用"[5]。教育部从国家文件层面进一步明确了核心素养的落实路径和人才培养要求。因此，2014-2017年教育部组织了各个学科的专家团队，对高中各个学科的课程标准进行修订，精心研制学科核心素养。比如，《普通高中语文课程标准（2017年版）》则单独阐释了语文学科的核心素养的内涵："学生在积极的语言实践活动中积累与构建起来，并在真实的语言运用情境中表现出来的语言能力及其品质；是学生在语文学习中获得的语言知识与语言能力，思维方法与思维品质，情感、态度、价值观的综合体现"，主要包括语言建构与运用、思维发展与提升、审美鉴赏与创造、文化传承与理解四个方面[6]（见图1）。同时，课程标准修订组还专门为高中生设计了18个学习任务群，力求重构未来高中语文课程的结构要素和内容体系，打造学生语文学科核心素养发展的载体。因此，在我国教育文化情境下讨论核心素养实际包含了两个层面，即总体核心素养和学科核心素养，它们都具有一样的基本特性。同时，为了更好地理解二者的关系，避免相互混淆，我们可以大致将总体核心素养与高等教育阶段对应，把学科核心素养和基础教育阶段对应；基础教育阶段各类学科课程分进合击发展学生学科核心素养，最终实现高等教育阶段总体核心素养（包括核心素养5C模型）的生成和建构。

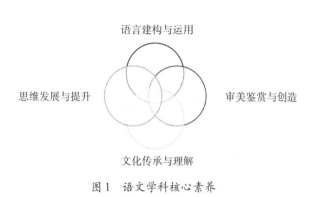

图1 语文学科核心素养

三、我们应该如何迎接核心素养带来的教育挑战？

随着《中国学生发展核心素养》总体框架的提出，以及高中学段各学科核心素养的研制，核心素养立刻成为近年来教育界研究的热点议题。截止2020年3月9日，我们以"核心素养"为主题词在知网中搜索，可以发现研究核心素养的论文达到25352篇，其中探讨学科核心素养的论文6832篇，探讨学生核心素养的论文1524篇，探讨核心素养培养的论文891篇，探讨数学核心素养的论文1216篇……目前整体仍然呈现增长趋势。我们以语文学科为例，运用Citespace软件绘制语文学科核心素养相关研究的图谱（见图2），从中发现研究热点词主要包括核心素养、高中语文、阅读教学、学科核心素养、语文核心素养、学习任务群等等，其中还涉及高中英语学科的比较研究。这些研究成果涵盖了有关核心素养的

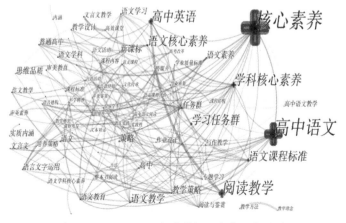

图2 2016-2019语文学科核心素养研究图谱

国际比较、学理辨析、课程设计、课程实施、课程评价、教学建议、学生认知等研究分支领域。自2017年以来，很多知名杂志都开辟专栏持续探究核心素养的热点议题。比如《中学语文教学》《语文建设》《语文学习》等杂志已经刊载800多篇相关论文，持续研讨如何在高中语文课程中发展学生核心素养，聚焦语文学习任务群的教科书编制、活动设计和实施路径等难点问题。客观地说，经过近四年的探索，我们对核心素养的理论认知更加清晰，对核心素养的实证探索也更加深入。我们甚至开始在各个层面展开一种基于国际比较和本土审视的自觉反思。

正如我们前面所说，教育变革是一个系统工程，取得进展的同时也自然面临诸多挑战。学校是开展教育活动、发展学生核心素养的主要场域。囿于我国教育发展的历史惯性和影响因素，这些场域中总是存在着种种教育惯习（habitus）。它们根深蒂固地生长在教师的脑海中、流窜于课堂教学实践中，无法在短期内铲除或者驱逐。比如，学科中心、教师中心的课程取向仍然盛行，机械的"授-受"式教学观仍然常见。这些惯习在教育实践中折射出多样的负性表征。比如，课程内容停留在"双基"层面的学科事实，没有引导学生走向学科理解。课堂教学大多是教师的独白展示，缺乏学生基于主体的个人体验。教师只关注学生的学科知识积累，却忽略学生对学科知识的综合运用；只关注学生的学习结果，却忽略学生的学习过程……这些现象在基础教育和高等教育阶段都一样常见。当然，这些负性表征并不可怕，它们只是我国教育发展到特定阶段的局部现象，督促着我们深入思考如何基于核心素养开展一场教育革命，循序渐进、有条不紊地改变教育现状、提升教育质量，培养符合现代社会需求的新时期创新人才。

核心素养进入我国教育话语体系，其过程不是一种突变，而是一种渐变。核心素养是在继承我国教育文化传统的基础上逐渐生发而来；基于核心素养开展教育变革也是我国教育发展到21世纪中下叶必然面临的关键事件。核心素养需要回答的问题主要是"为谁培养人，培养什么人，怎么培养人"，基础教育和高等教育阶段除了考量各级、各类课程对人才培养的独特功能之外，还要关照两个阶段的连续性、衔接性和统一性。教师除了要在思想上更新教育观、课程观、教学观之外，更需要在实践中紧扣核心素养的不同维度，通过任务驱动、情境创设、活动实施等方式，激发学生的学习动机，提高学生的学习参与度，增强学科课程与学生的主体相关性；借助现代信息技术开展线下和线上的混合学习，开发和利用各种学习资源增强课程的开放性、综合性，积极探索跨学科课程的对接和融合；引导学生基于学科大概念（big ideas）深入理解学科思想、学科原理和思维方法，把握学科整体结构和认知图式，学会在学习、工作和生活等真实的情境中恰当运用学科知识解决现实问题，学会运用学习策略和信息技术持续地终身学习。当然，我们在这里只是提出一些整体性建议，具体操作时每一个学段、每一个学科、每一个课堂、每一位教师、每一位学生都会存在不同的实际情况，都会面临不同的现实挑战。如果用一句话概括，我们认为基于核心素养的课程和教学应该具备这样一些关键要素：精要的学习内容、适宜的学习任务、真实的学习情境、丰富的学习资源、有效的学习支持、全面的学习评价。这些要素实质上共同指向"发展学生高级认知""引导学生掌握策略""培养学生问题解决能力"等课程目标的深度学习。

四、我们应该如何将核心素养内化于教育研究之中？

反思至此，我们暂时收回发散飘荡的思维，回到自我的人生现场。我一直深觉幸运，能够从大学时代开始就与新世纪课程改革共同成长，能够在职业生涯的第十个年头就参与教育部课程标准修订、核心素养评价等多个重要项目，深入感知我国教育发展的过去、现在和未来，纵横梳理国内外教育的教训和经验。从教14年，我对教育的热爱在内心疯长，每一天都欣然地徜徉其中。我常年游走于国内外学术会场交流研讨，频繁深入中小学开展课堂教学观察，坚持主讲国家级、省级教师培训课程，我逐渐意识到自身的教研责任和育人使命，并自觉将这些责任和使命渗透在每一项日常工作中。近年来，一些难以忘怀的经历更加强化了这种认知，督促我从更为宏大国际视野来思考核心素养对自我、对学生的意义和价值。我曾在韩国高丽大学的"东亚母语教育国际会议"论坛上，分享我国语文名师一百多年来教学鲁迅《故乡》的宝贵经验，现场3分钟雷鸣般的掌声至今仍在耳畔；我曾在荷兰阿姆斯特丹大学"世界课例研究大会"中主持分论坛，并展示如何运用优质课例驱动我国语文教师发展学科教学知识（pedagogical content knowledge，PCK），同时阐释了自己建构的PCK发展机制，被各国学者连续提问10分钟的紧张情绪依然挥之不去；我也曾在爱尔兰都柏林郊区一所社区孤儿小学的教室里，热泪盈眶地聆听孩子们用天籁般的嗓音唱着爱尔兰民谣，他们可爱的脸庞时常在眼前浮现……参与这些国际学术交流活动的过程中，我唯一的遗憾就是必须使用英文，无法用祖国语言文字来表达心声。尽管如此，我也深刻认识到：在世界教育舞台上发出中国声音、讲述中国故事、贡献中国智慧是多么重要；不同国家的核心素养理论研究和实践经验应该在继承发展、对话分享、借鉴创新中互惠互利，获得共赢，甚至获得多赢。因为，人类原本就是一个持续培养创新人才的教育共同体，各国之间的命运紧紧相连。

核心素养对我而言，首先带来的是一种自觉内省。作为一位教师教育者，我总是自我挑剔式地质疑：我具备这些核心素养吗？如果不具备，我需要怎么去弥补？在北京师范大学读书的时候，每天都能看到教育学部英东楼前"学为人师，行为世范"的校训碑，它是求学期间上下求索时的督促，更是毕业之后松懈懒惰时的警示。当我发现自己也存在某些核心素养短板时，我唯一能做的就是秉持"终身学习"理念，与时俱进地持续学习，精准全面地提升自己。当然，核心素养同时也为我带来教育研究的契机，拓展了学术研究空间。在高等教育领域，我对核心素养的研究主要围绕语文教师教育课程改革展开。在学理层面，我综合

《语文教科书评价研究》
徐鹏 著，天津教育出版社，2021 年版

运用任务驱动（task driven）、项目学习（project-based learning）、情境学习（situated learning）、深度学习（deep learning）、混合学习（mixed learning）、课例研究（lesson study）和教师学习（teacher learning）等前沿理论，围绕核心素养各个维度建构中文师范生语文学科教学知识（PCK）发展机制。在实践层面，我主要借助PCK发展模型和机制，依托省级、校级语文教师教育课程改革课题开展实证性探索；注意将核心素养作为课程DNA嵌入课程内容筛选、课程实施组织、课程评价管理等日常教研环节。在具体实施过程中，每门课程精选10个左右的学习专题建构内容体系，每个专题按照"问题呈现—文献阅读—课例研讨—学理提炼—自我反思"五个环节来完成学习任务；同时，融合课堂观察、个案访谈、问卷调查、文件分析等研究方法，全面了解师范生在学习中的实际动态，及时调整课程内容和实施方式，关注不同教师教育课程之间的联系，发挥课程群对师范生教育教学核心素养发展的整体促进效应。比如，批判思维是核心素养包含的关键能力之一，为了提升师范生的批判思维能力，我在《语文课程标准与教材研究》课程教学中，选择《背影》《秋天的怀念》《故乡》《祝福》《雷雨》等经典选文作为研讨对象。首先呈现问题：语文教科书中选文的"文学解读"和"教学解读"有哪些共性和差异？这些共性和差异对选择教学内容有什么启示？围绕两个问题，我设计一系列学习任务驱动师范生参与课堂活动：阅读高校教师和中学语文教师对每篇选文的解读文献，梳理两个群体解读文本的异同；分析教科书对该选文的编排方式，理解编者的编写意图，写一份简单的教科书分析报告；观摩并研讨语文名师教学该选文的课堂录像，提炼实际教学中教师的文本解

读思路和内容；根据前期所有研究成果，研讨最初提出的问题，写出一篇不少于1000字的小短文；专题学习结束后，写出不少于1000字的学习反思日志，在小组内和微信朋友圈分享自己的观点。需要说明的是，核心素养本身具有内隐性，必须将核心素养内涵中包括的必备品格和关键能力作为课程建设的抓手。也就是说，教师教育课程更多是从优秀语文教师应该具有的立德树人品格和教学关键能力入手来设计、实施教学活动。通过四个重要环节的学习，师范生能够碰撞新思维、生成新观点，理解教科书选文的双重属性（"社会文本""教学文本"）和双重价值（"原生价值""教学价值"），学会探寻最佳教学切入点；在增强批判思考能力的同时，也提升文本解读、沟通交流、自我反思等其他教学关键能力。师范生完成每一项学习任务产生的学业作品即是描述自己学习历史轨迹的"学历案"，为教师开展表现性评价提供了鲜活的证据。整体而言，课程设计和实施理路充分发挥了课例研究和任务驱动的优势，将语文教学理论嵌入名师经典案例之中，避免直接讲授理论的枯燥乏味，通过学习任务激发师范生的学习主体性和能动性，在教学逻辑上实现从理论演绎走向实践归纳的旨趣。

在基础教育领域，我建设了一个由高校教师、语文教研员、语文教师等专业群体组成的协同创新团队，积极探索如何将核心素养扎根于课堂教学的沃土之中。在理论层面，除了融合上述前沿理论外，还加入教师专业发展（professional development）、教研共同体（teaching & research community）等教师教育理论，帮助我们建构基于核心素养的课型实施模型。在实践层面，我们主要通过研讨富有创意的典型课例，探究如何根据不同学段、不同文类、不同课型来促进学生发展语文学科核心素养。近年来，团队组织的课例研究活动包括：《江雪》跨学段同课异构（小学、初中、高中）、"走进人生的爱好者——陶渊明"和"《论语》研读"跨学段专题学习（幼儿园、小学、初中、高中、大学）、"中国文化中的梅花"跨学科专题学习（语文、生物、美术），"高中语文学习任务群"教学展示研讨会，任务驱动式整本书阅读教学研讨——《朝花夕拾》《红星照耀中国》……这些精彩生动的课例，以及评委精深广博的点拨，为现场观摩的教育同仁和学生带来一场场语文教育文化盛宴，在省内外乃至全国产生较大反响。经过近四年探索，团队发表了40余篇教研论文，形成强劲的教研合力。比如，东北师大附中语文组在《语文教学通讯》发表《〈中国文化中的梅花〉课例鉴赏》一文，被人大复印资料《高中语文教与学》全文转载。我自己在《中学语文教学》[7]《语文建设》等刊物发表的20余篇小文、主持的多个专栏论文，都成为近年来各省教师教研培训项目的必读文献。组织和举办这些教研活动，既是对团队的整体检验，更是对语文教育的示范和引领。一次次课例研讨深化了我对核心素养的实践认知，促进了自身的专业成长。我开始自信地引导语文教师恰当填补课程标准、教科书和课堂教学之间的落差，内化语文核心素养相关的教学理念；我能够高效地指导中学年级组围绕语文学科核心素养设计单篇、群文和专题等不同课型的学习活动；我也能够清晰地阐释语言、思维、审美、文化四者的相互关系，并运用自己组织的课例研讨活动深入浅出地描摹语文学科核心素养的渗透路径……就在近期，我们又开始探索基于"学科大概念""大单元""大任务""真情境"的语文教学"逆向设计"模型，进一步增强核心素养在中小学课堂中的生命力。这些学理辨析和实践探究也成为我主讲教师培训课程时，能够和教师们自豪分享的、最为宝贵的专业体验和经典案例。

每一天，这个世界的每一所学校、每一个教室都在发生静悄悄的教育革命。我很荣幸成为这场教育革命的见证者、组织者、建设者和参与者。一路走来，所有的风、所有的景、所有的人、所有的事，它们充盈了我有关优质教育的现实感知和文化想象。带着这些感知和想象，我愿意做一个教育田野的反思性实践者，继续奔跑在路上，并带动有志于从事教育事业的优秀学子和我一起奔跑。

参考文献：

【1】林崇德.21世纪学生发展核心素养研究[M].北京：北京师范大学出版社，2016：29.

【2】一帆.《中国学生发展核心素养》总体框架正式发布[J].教育测量与评价，2016，（9）：34.

【3】林崇德.21世纪学生发展核心素养研究[M].北京：北京师范大学出版社，2016：30-33.

【4】《中国德育》编辑部.《21世纪核心素养5C模型研究报告（中文版）》发布[J].中国德育，2018，（7）：5.

【5】中国教育部.教育部关于全面深化课程改革落实立德树人根本任务的意见[EB/OL].中国教育部官网：http://old.moe.gov.cn/publicfiles/business/htmlfiles/moe/s7054/201404/xxgk_167226.html，2020-3-9.

【6】中国教育部.普通高中语文课程标准（2017年版）[S].北京：人民教育出版社，4-10.

【7】集中探讨核心素养理论和实践热点的专栏，参见《中学语文教学》杂志的"聚焦语文真问题"栏目.

学与问（节选）

胡欣怡：徐老师，我是文学院汉语言文学专业的2007级学生，毕业后与王彤老师一直保持联系，现为成都武侯区科技园小学语文教师，很难得与徐老师线上交流。现在一线教师如何把握教学的深度？当前各个学科教学似乎都出现了阶段性知识能力要求不断前移的趋势，小学内容下到幼儿园，初中内容前置到小学，高中内容前到初中，最常说的就是，没有办法，现在初中（高中）都怎么怎么样了，考试也对某些知识有所涉及，所以必须要提前渗透之类。一线教师迫于考试压力不得不拔高要求，那么到底该怎么把握自己教学的度呢？

徐鹏：胡老师好！您说到的这种情况正是当前大家热议的教育焦虑。有一个笑话说，高中老师怪初中老师没把学生教好，初中老师怪小学老师没把学生教好，小学老师怪幼儿园老师没把学生教好，幼儿园老师怪学生爸妈基因不好。指责和推卸责任是容易的，能够坚持自己的教学判断往往是困难的。当然，这个问题也不必担心，无论是中考还是高考，它都有特定的考查范畴。日常教学和考试不必对立，二者可以很好地对接。本质问题在于考试的命题质量需要持续提升。在语文核心素养语境下，未来的考试仍然需要考查学生的语文学科知识积累，但更应该考查学生运用语文学科知识解决现实问题的能力，以及在解决问题的过程中体现的高阶思维。就小学语文教学而言，建议在教学时参考即将出版的《义务教育语文课程标准（2022年版）》，注意体会语文学习任务群在每个学段的共性和差异，把握不同学段的连续性和发展性。同时，对照统编版语文教材，认真思考不同学段知识、能力、素养等方面的过渡、衔接和进阶。针对有特殊需求的学生，适当超过学段作个别化指导也是可以的。总之，课标、教材、学情三者综合互动，才能更好地判断教学深度、广度。我相信随着我国语文试卷从"双基"立意走向"素养"立意，命题质量会逐渐提升，优质的试卷会发挥指挥棒的作用，能够为教师把握教学的深度、广度带来提示和引领。

陈颖：徐老师您好！我是河北省沧州市第二中学语文教师，王老师原来北方的学生，老师发来了您的讲座链接，很幸运再次吸收。谢谢徐老师的专业解答。语文教师如何做好课堂教学与信息技术运用之间的度的把握？现在国家在推信息技术2.0，很多地方都把这个跟高阶思维核心素养联系起来做课堂改革，尤其是对思维可视化，对数据的推崇是比较火热的。但是语文教学本身就很强调基于文字本身的理解和想象，思考和表达，很多时候反而是跟可视化相悖的，有些东西可视化就像喷了思维定型喷雾一样，反而不那么合适的。如何在语文教学中恰当使用信息技术呢？

徐鹏：您提出的这个问题特别好，尤其是疫情发生之后信息技术在全国中小学普遍运用，引发大家广泛关注和反思。同时，近年来基础教育研究对数据的重视程度前所未有，也影响到一线教学。在翻转课堂、微课、慕课等教学形式中，运用学生学习数据来诊断学习问题也特别流行。语文教学实际面临着互联网+时代的实施变革。近年来，我们的确也看到信息技术进入课堂引发了很多问题。比如，您谈到思维可视化与学生联想和想象力培养的矛盾，甚至还出现信息技术代替了学生研讨、互动等极端问题。合理地使用信息技术首先应该考虑的是使用时机。语文课程是一门学习语言文字运用的综合性、实践性课程，学习过程理应聚焦"语言文字运用"。比如在欣赏古代诗词的时候，需要在诵读的基础上引导学生发挥联想和想象，揣摩核心意象的内涵。如果需要呈现与诗词相关的图片或者视频，最好应该在学生想象、联想、研讨、交流之后，作为拓展资料对比，后置于意象揣摩环节。其次，还要考虑信息技术自身的优势。从教学过程来看，以信息技术来激发学生兴趣，归纳核心知识，呈现拓展资料，展示学习成果，布置学习任务等方面具有重要作用，能够提高课堂学习效率。最后，还要考虑信息技术与学习内容的匹配性。信息技术只是一种辅助手段，只在必要时使用。不必为了追求时髦，每节课都使用，使用信息技术一定为教学增光添彩。如果运用网络学习平台的数据来诊断学生的语文学习问题，也需要保证数据的真实可靠。必要时，仍然需要对学生进行个案访谈，不能简单依赖数据。总之，我们今后还需要持续探索如何将信息技术与语文教学深度融合。

叶秋霞：徐老师好！我是2018级4班的学生，很高兴有机会线上请教您。请问徐老师基于语文核心素养的阅读能力评价如何重视思维训练？又是怎样实施的呢？它的发展趋势又是如何的？

徐鹏：这个问题非常重要。回望语文教学的发展轨迹，我们在思维训练方面是比较缺乏的。这次新课改提出的语文核心素养体系，专门将"思维发展与提升"作为它的第二个方面正是为了回应这一现实问题。"思维发展与提升"倡导学生要在语文学习过程中，通过语言运用获得直觉思维、形象思维、逻辑思维、辩证思维和创造思维的发展，促进思维的深刻性、敏捷性、灵活性、批判性和独创性等品质的提升。基于语文核心素养的阅读能力评价，它必然会将思维作为重要维度来考查。比如，在我主持的阅读评价项目中，我们通常考查学生对2-3首诗词中相同意象的特点及其内涵的理解。比如，阅读三首包含"云"意象的现代诗歌和古代诗词，要求学生评析"云"意象在三首诗歌中的异同。这里面就涉及联想想象、比较分析、归纳总结等形象思维、逻辑思维。我们还经常在最后增加写作任务，要求学生借鉴这些诗歌的艺术手法，运用"云"意象创作一首诗歌，这里就有意在考查学生的创造思维。也就是说，基于语文核心素养的阅读能力评价，它在语料选择上更开放，在评价题目上更综合，往往一个题目指向多个语文能力，其中就包括思维能力。未来的阅读能力评价应该会更加重视思维能力考查，借用丰富多样的语料设置识字与写字、阅读与鉴赏、表达与交流、梳理与探究等语文实践活动，建构考试和评价情境，考查学生运用语文知识解决现实问题的能力。在解决问题的过程中，思维表现水平就呈现出来。借助优质语料开展情境化、活动化和过程性考查应该会成为未来思维评价的显著趋势。

黄婷：徐老师，您好。我是内江师范学院文学院18级4班的学生黄婷，我正在备战考研，报考的是学科语文的方向。观看了您的线上讲座后，我收获颇丰。基于核心素养开展的高考语文命题改革需要建构评价模型和能力指标体系，打通语文核心素养、实践活动、运用情境和关键能力之间融合的路径，这一核心问题具体应该怎样实现呢？

徐鹏：这方面的问题我们一直在探索。如果查阅知网，你会看到我发表的一些小文。比如，《基于核心素养的文学类文本阅读能力评价》《语文核心素养评价：实施路径与未来展望》等等。通过这些探索，我尝试打通你提到的素养、活动、情境、能力之间的路径。因为"素养"其实是一种类似波兰尼说的"缄默知识"，很难用纸笔测试来考查。但是，中考和高考命题需要向"素养立意"转型，就逼迫我们去思考如何基于语文核心素养来变革评价方式。在前期的探索中，我完成了"433评价模型"的建构。4指语文核心素养的四个方面，包括语言建构与运用、思维发展与提升、审美鉴赏与创造、文化传承与理解；第一个3是指三种语文实践活动，包括阅读与鉴赏、表达与交流、梳理与探究；第二个3是指学科认知、个人体验和社会生活三种学习情境。同时，我们还研制了基于核心素养的高中语文关键能力体系。这样一来，我们借助古今中外的典型语料作为载体，设计出素养立意、指向关键能力的考试题目；同时，这些考试题目实际就是运用系列性的语文实践活动来建构学习情境，完成素养、活动、情境、能力之间的衔接与融合。《基于核心素养的文学类文本阅读能力评价》这篇小文中，列举了根据典型语料命制的评价题目，建议可以阅读，供你参考。

刁蜀湘：徐老师您好，我是中文系2012级的学生刁蜀湘，目前在重庆市凤鸣山中学工作，担任高中语文教学工作。在听您讲座的过程中，浮现在我脑海的词是"共鸣"，经过复盘消化吸收之后，多添了"收获"和"反思"。您对核心素养的深入研究和深刻见解放入实例之中，中外核心素养的对比、《史记》整本书阅读与探讨、小初高同课异构、创新语文学习实践，让我们对"核心素养"的概念有了进一步的思考，并对自己的教学实践加以观照，反思落实情况。在《史记》的阅读和研讨这一课例中，基于"学历案"的任务驱动式学习过程完整且详细，让人耳目一新。我对整本书阅读有以下三点思考：

1. 整本书阅读的课时有限，需要课内和课外相结合，对学生的自觉性要求较高，部分学生读整本书有难度，不想读、读不下去。对于阅读有难度的学生和跟不上"学历案"进度的学生，教师应如何引领？如何跟进落实？

2.整本书阅读结束后，需要评价学生是否完成阅读目标，阅读目标和评价标准是否应该具体和分层级？如：积累10-30个古汉语知识，整理3-5个写作手法。

3.温儒敏先生建议整本书阅读要求不应太高、太细，教师应如何评估学生的阅读收获，评价时应如何把握这个度？

徐鹏：你提的这几个问题在整本书阅读教学中都非常关键。目前整本书阅读出现很多问题。比如，放羊式阅读，没有过程性监控和指导；全部精读，过于重视文本深度挖掘；停留在文本阅读，缺少学习资源支撑，等等。读一本书，需要和学生在开始阅读之前作出整体规划。比如，设计阅读规划单、建立分组研讨机制、研制系列性的"学历案"、建立学习资源库等等。尤其要重视"学历案"的设计与使用，带动全班学生完成学历案中的学习任务，并相互分享、研讨。教师要注意在阅读过程中考查每个学生"学历案"的完成情况。尤其要关照阅读有困难以及跟不上"学历案"的学生，具体分析他们存在问题的原因，提供针对性的反馈和指导。

在评价过程中，对阅读目标可以建构评价标准体系，方便教师判断学生完成整本书阅读的情况。但我建议还是根据不同阶段使用的"学历案"来设置评价标准，避免整体设计评价标准显得太空泛。比如，阅读《红楼梦》的过程中，我们可能会使用"绘制人物关系的思维导图"这一学历案，引导学生把握故事情境和人物关系。我们就可以制定一些分层的标准。分层的指标点可以是：人物梳理的完整性、人物关系标识的准确性、思维导图的清晰度等等。指标应该以描述学生在各个环节中典型阅读表现为主，语文学科知识可以在标准中出现，但标准不能完全都是语文知识点的数量描述，应该重点考查学生运用这些知识解决问题的过程，采用实践性、过程化描述。

对高中阶段而言，我们引导学生读一本书不是为了把一本的内容读得像专家那样细致、透彻，而是重点引导学生建构阅读整本书的经验，探索个性化的阅读方法，能够在今后的学习和工作中，举一反三、迁移运用。这一点必须认识到位，才能保证评价方向没有偏差。因此，在评价过程中要求不能太高、太细，将整本书阅读及其评价变得琐碎。目前一些地区的中考和高考题就出现过这样的问题，这也违背了整本书阅读教学的初衷。我们建议依托"学历案"，制定每个环节的评价标准，以情境化、活动化的表现性评价为主，全面、真实地评价学生整本书阅读过程，以及阅读过程中探索的阅读方法。在阅读活动结束后，还要安排学生针对本次阅读自主反思和提升。能够完整、自主地反思自我的阅读过程，本身也是学生的阅读收获之一。目前国内有一群学者在探索整本书阅读，他们出版的专著、发表的论文，我们可以作为教学参考，学习他们在案例中呈现的评价经验。

2021 年 5 月 20 日
线上学术讲座

作者简介

　　徐鹏，东北师范大学文学院教授，博士生导师。北京师范大学语文教育学博士，中国高等教育学会语文教育专业委员会副秘书长，中国语文报刊协会写作教学专业委员会学术委员会副主任，中国英汉语比较研究会中外阅读学研究专业委员会常务理事，教育部"《义务教育语文课程标准（2022 年版）》修订组核心成员"、教育部"高中语文核心素养评价项目"特聘专家，国家教材建设重点研究基地主要成员。

　　参与、主持国家社科基金项目、教育部人文社科基金项目、中国基础教育质量监测协同创新中心项目 13 项，编撰专著、教材 9 部，发表专业论文 30 余篇。曾获全国教育硕士优秀指导教师、吉林省首批高等学校本科教学新秀，吉林省教育科学优秀成果著作一等奖、吉林省高等学校教学成果二等奖。

沱江漫步　画里江山
学而时习　博雅守望

第二部分

木铎之心

教育不是灌输，而是点燃火焰。
　　　　　——苏格拉底

　　媒体文化的出现使人类的旅游突破了身游的樊篱，不出门不离家也能去世界各地旅游。于是旅游出现了特殊的文化形态：神游。

——内江师范学院文学院教授／陈　涛／《有待与无待》

　　思乡心切，发而为诗。他的近一千首诗词大半是在海外写的，而怀乡诗又占其中大半篇幅。思念的心理根源也在于爱。

——内江师范学院文学院教授／肖体仁／《万里归迟总恋乡》

　　泰戈尔"爱的哲学"思想对冰心小诗思想内容的影响，既是爱心的辐射观照，也是冰心自身澄澈爱心与之产生的共振共鸣。

——内江师范学院文学院教授／戴前伦／《爱心观照织云锦》

　　影视创作要既能展现中华民族的悠久历史和灿烂文化，又能表达中国人特有的精神气质和内在风骨。

——内江师范学院文学院教授／邓国军／《言之无文　行而不远》

　　主体的觉醒是当代中国社会思潮的主流，从主体的觉醒到个人的权利意识的增长，贯穿于整个过程之中。

——内江师范学院文学院教授／刘云生／《中国先锋小说的隐在症候》

　　在那个没有网络和手机的时代，老师是领着我们走进深邃人性和眺望精彩世界的重要引路人。与这些"大鱼"的相逢是我一生的幸运和富足。

——内江师范学院张大千美术学院研究员／王继军／《相逢"大鱼"》

　　让每一个人能够全面、有机、有韵、适境、持续地生长，成全生命最美的生长。

——内江师范学院教育科学学院教授／胡志金／《生态教育：生命最美生长的教育》

　　有"家"我们就不会流离失所，不会惶惶不可终日，不会单调乖戾。有了"家"就会身心安顿，且能安之若素。

——内江师范学院文学院教授／孟光全／《眺望故乡　咀嚼旧梦》

　　孔子的理想是向着自己的理想努力之后的一种圆满的不怨天尤人的境界。

——内江师范学院文学院副教授／高　佳／《学而时习之：〈论语〉的温度》

有待与无待：旅游的文化形态

陈　涛／内江师范学院文学院教授

> 媒体文化的出现使人类的旅游突破了身游的樊篱，不出门不离家也能去世界各地旅游了。于是旅游出现了特殊的文化形态：神游。
>
> ——陈　涛

旅游是人类的一种最古老的文化。考古出土的三千多年前的商朝甲骨文中已经有了"旅游"的概念。不过，旅游文化的历史虽然悠久，人们对旅游文化却一直处于自发的状态，就如茶文化一样，人人喜好喝茶，却不会品茶，不懂得茶道。旅游的真正品味来自于人类对旅游的认识与研究，由自发文化变为自觉文化。

艾斯特定义

说明这个问题，首先要了解什么是旅游文化？

目前最有权威的是国际艾斯特定义："旅游是非定居者的旅行和暂时居住而引起的现象和关系的总和。这些人不会导致长期定居……"按照这个定义，构成旅游文化的首要因素是"非定居者"，即离开家后在异地不会"长期定居"。旅游的特点是围绕一个中心点——家，做往复运动。家是起点，也是归宿。其次，是"暂时居住而引起的现象和关系的总和"，意思是人们在暂时居住期间，包括衣、食、住、行、购、玩等所有行为都属于旅游文化。

文化是人类的生存方式。文化的动因来自于人类生存压力。人类生活在特定环境里，会遇到各种自然的或社会的生存压力，为了化解这些压力，人类不断地创造文化，用文化来实现自我解放。因而人类创造文化目的只有一个，那就是满足人类的需要，实现身心的自由。

文化具有自己的结构。从理论上文化可以分为四个层次：物质文化、制度文化、行为文化、精神文化。旅游属于人类的行为文化。人类通过旅游行为来满足生存

的需要、求知的需要、交流的需要、审美的需要以及自我实现的需要。旅游文化是与时俱进的，它随着人类生活的实践及文明的进化而不断地发展与丰富。在这个历史过程中，人类在旅游行为上创造出各种文化样式，它们各具自己的形式、特征和作用，满足人类的各方面的需要。这些文化样式就是今天我们要聊的旅游文化形态。

离"家"的分野

旅游文化的形态可以从不同的层次来分析。从旅游内容分析，有自然的、社会的、人文的，有休闲的、工作的、探险的；从旅游时间分析，有长期的、短期的，有有归的、无归的；从旅游载体分析，有乘车的、坐船的、步行的，有读书的、视频的；从旅游心理分析，有主动的、被动的，有积极的、消极的……如此等等。这里的旅游文化形态，是本体层次的形态，即人类生存的基本形态。从这些层次看，旅游文化形态可以分为两类：旅行与游览，漂泊与流浪。

一、旅行与游览

1. 旅行与游览的区别

孔子周游列国是旅行的典范。孔子自20多岁起就开始走入仕途，在鲁国做官时颇有政绩，但他始终没得到鲁君的重用。孔子为了推行"仁政"主张，开始携弟子周游列国，经过卫、曹、宋、郑、陈、楚等国旅行了十多年，最终没有一个国君接纳他，他只能回来开馆收徒，潜心创立儒家学派。

旅行的特征之一是具有明确的目的性，带有功利色彩。孔子周游列国的目的就是想找到一个国家，推行他的政治主张。它的表现形式很多，比如迁徙、出差、商务、采访、参观、调查等等，都可以归入旅行。旅行的特征之二是为了达到目的，

《中国的西北角》范长江 著，
四川大学出版社，2010 年版

旅行者必须栉风沐雨，含辛茹苦，付出代价。比如上世纪30年代，记者范长江为了考察四川、甘肃、陕西等地，途中经历了千难万险才写成了他的《中国的西北角》。

庄子的逍遥游是游览的典范。庄子在《逍遥游》一文里对"旅"与"游"作了诠释。庄子提出了两个重要的概念，名为"有待"与"无待"。所谓"有待"，就是有所依赖、有所求取。庄子认为，"有待"是造成人生不自由的根

本原因。怎样摆脱"有待"做到"无待"？庄子说，这不仅是摆脱外在环境的桎梏，重要的是自我解脱，做到无己、无功、无名，只有当你超凡脱俗，才能"乘物以游心"，化"旅"为"游"。

所以古人对"游"作这样释义："游，戏也，乐也，不系也。"对"不系"之旅，林语堂在《论游览》中还作过专门阐述："这种旅行的要素是没有责任，没有一定时刻，没有信件，没有好事的邻人，没有欢迎的代表团，也没有目的地。"它是一种"忘怀一切的旅行"。只有"不系"，旅行才称得上是游览。

2. 游览的三种境界

游览的最低境界：猎奇。好奇心是人类普遍的特征。满足好奇心可以说是人们向往游览的一个重要动机。苏轼的《观潮》曰："庐山烟雨浙江潮，未到千般恨不消。到得原来无别事，庐山烟雨浙江潮。"这首诗描述了猎奇的三种心理状态：一、不过如此。未见时魂萦梦绕，一定要一睹为快；见到后发觉此景似乎并无特别之处，于是感叹："不过如此!"二、正是如此。好奇心得到了满足，见到的与自已想象的差不多，没有失落，没有遗憾。三、原来如此。见到的出乎自己的想象，或者好得多，或者差得多!

游览的一般境界：审美。游览为的是发现美与欣赏美。庄子在《秋水》一文中对游览这种境界作过描述："庄子与惠子游于濠梁之上。庄子曰：'鲦鱼出游从容，是鱼之乐也？'惠子曰：'子非鱼，安知鱼之乐？'庄子曰：'子非我，安知我不知鱼之乐？'"庄子观赏出游从容的鲦鱼，瞬间觉得物我合一，沉浸于美感之中。庄子告诉人们，审美具有主观性，旁人往往是无法体验的。

善于生活的人经常能够将自己置于"游"的状态。梁遇春在《途中》一文说，他离家上班，"天天走上电车，老是好像开始蜜月旅行一样""我生平所最赏心的许多美景是从到西乡的公共汽车的玻璃窗得来的""途中自然有许多苦辛，然而四周的风光和同路的旅人都是极有趣的"。

游的最高境界：养性。陶冶性灵，返璞归真。徐志摩《翡冷翠山居闲话》里说："平常我们从自已家里走到朋友的家里，或是我们执事的地方，那无非是在同一个大牢里从一间狱室移到另一间狱室去，拘束永远跟着我们，自由永远寻不到我们；但在这春夏间美秀的山中或乡间你要是有机会独身闲逛时，那才是你实际领受，亲口尝味，自由与自在的时候。"这种自由"游"，似乎平淡无奇，实际上如庄子所说，"澹然无极而众美从之"。

3. 旅与游结合的几种类型

旅行与游览并非截然对立的，两者常常结合于一体，你中有我，我中有你。这种结合常见的有下述几种形态：

《徐霞客游记》徐霞客 著，
中华书局，2009 年版

以旅为名，目的是游。现在的学术会议形形色色，真正有质量的学术探讨并不多，因而不少学者选择与会主要是看开会的地方是否有"游"的价值。这样开会之"旅"不过是名，真正与会的目的是"游"。

主旨是旅，不忘有游。明末地理学家徐霞客用34年时间，游历了大半个中国，写下60余万字的《徐霞客游记》。徐霞客做的是人文自然地理考察，他的主旨是旅，但是在他旅行中也有游，例如他写的《游黄山日记》："时夫仆俱阻险行后，余亦停弗上；乃一路奇景，不觉引余独往。既登峰头，一庵翼然，为文殊院，亦余昔年欲登未登者。左天都，右莲花，背倚玉屏风，两峰秀色，俱可手擎。四顾奇峰错列，众壑纵横，直黄山绝胜处！非再至，焉知其奇若此？"徐霞客在"旅"中发现了黄山美景之"奇"，为此而神迷心醉。

名为旅游，有旅无游。大家都参加过由旅游社组团的旅游，这种旅游往往是有旅无游。组团旅游最常见的现象是：1.驱羊式旅行——个人没有选择自由，全由导游决定。2."到此一游"实质上是"到此一行"，其表现是：拍照累——证明有此一行；购物累——忙于采购特产。3.旅途日程排满，限时赶景点，像行军一样紧张。旅行回来，身心极度疲劳。

二、漂泊与流浪

1. 漂泊、流浪与旅游的区别

漂泊、流浪与旅游是两类文化形态。它们的分野首先在"家"的差异上。旅游的"家"指的是住宿地，漂泊与流浪的"家"特指"家乡"，是人的出生地，它与乡土联系在一起。法国学者列维·布留尔考在《原始思维》一书里说："对于最原始的人来说，家的基本概念，不是可蔽风雨的建筑，或眷属的所在地，而是部落的土地整体。土地才是他们的家。"人住宿的"家"可以搬迁，可以同时拥有几处，并分布于不同地方，但家乡却永远只有一处。

中国古老格言："树高千尺，叶落归根。"家乡是人类生命之根。无论是什么民族，去什么地方，人们对自己的生命之根都怀有神圣的依恋与背离的恐惧。从哪里来，最终复归哪里去，周而复始，这是人类的集体无意识。

其次，与一般旅游的分界线，漂泊与流浪是无终点、无归期的。由于漂泊与流浪有此共同特征，我国古代诗文中对两者一般不做区分，常常混淆使用。李白《江西送友人之罗浮》云："乡关渺安西，流浪将何之？"杜甫《咏怀古迹》

云："支离南北风尘际，漂泊西南天地间。"李、杜所谓的"流浪""漂泊"，两者的含义是一样的，均是流转各地、旅踪不定的意思。

漂泊与流浪的区分始于现代。确切说，是在"五四"新文化运动之后，受西方流浪文化影响，流浪才从漂泊中逐渐分离出来。30年代文人梁遇春《谈"流浪汉"》一文，就因为赞颂西方的流浪精神，在当时文坛上着实名震一时。自此，流浪被赋予了与漂泊不同的含义，人们不再把流浪与漂泊混用。

2.流浪与漂泊的异同

有人认为，流浪是没有家乡的，它好似一只放飞了的风筝；漂泊恰好相反，家乡像一根无形的线始终牵引着它。此论有点道理，但不够准确。其实，无论是流浪者还是漂泊者，心中都是有家乡的，两者的区别只在于对家乡所持的态度。漂泊者之所以"漂泊"，在于他们把家乡既作为人生的起点，又作为人生的终点，以家乡为中心画了一个圈，将自己圈禁在内。他们的文化心态是封闭的、保守的。流浪的文化心态则不同，它是开放的、进取的。流浪者不以离家为悲，也不以回乡为喜。著名心理学家马斯洛说人类精神存在着两套力量："一套力量出于畏惧而坚持安全和防御，倾向于倒退，紧紧依附于过去""另一套力量推动他向前进，建立自我的完整性和独特性，充分发挥他的一切能力，建立面对外部世界的信心。"如果说漂泊者所持的是前一种力量，那么流浪者在人生旅途上所持的是后一种力量。

3.漂泊的特征

漂泊的主旋律是乡愁，由此构成了它的三部曲：

第一部：伤别。漂泊者通常对家乡怀有特别的依恋，对既有的生存现状满足，势必对外部陌生世界产生一种本能的恐惧。因而，背井离乡对于他们来说，无异于一种放逐，一种无奈的选择。"黯然销魂者，唯别而已矣！"

中国的伤别诗最为发达，乃至形成了特有的象征意象系统，诸如杨柳、酒、长亭、笛声、夕阳、芳草、天涯等等。人们熟知李叔同那首《送别》诗："长亭外，古道边，芳草碧连天，晚风拂柳笛声残，夕阳山外山。天之涯，地之角，知交半零落。一壶浊酒尽余欢，今宵别梦寒。"这首诗之所以令人感动，乃在于它几乎集中了为大家所熟知深感的离别意象。

第二部：怀乡。漂泊者的文化心态呈封闭状，处于异乡犹如囚禁，常常会沉溺于孤独、寂寞之中，于是以怀乡寻求精神的庇护和情感的寄托。陆机在《怀土赋序》中对这种心态做过生动描述："去家渐久，怀土弥笃。方思之殷，何物不感！曲街委巷，罔不兴咏；水泉草木，咸足悲焉。"

席慕容在《乡愁》诗写道："故乡的歌是一支清远的笛/ 总在有月亮的晚上响起/ 故乡的面貌却是一种模糊的怅惘/ 仿佛雾里的挥手别离/ 别离后/ 乡愁是一棵没

有年轮的树/ 永不老去。"

第三部：寻根。在无归的旅途上，漂泊者总是沉迷于自我来源的追寻，时时不忘"原乡"。返乡寻根是漂泊者永远的梦。作家於梨华《又见棕榈，又见棕榈》中主人公的话吐露出漂泊者典型的原乡情结："并不是我在这里不能生活得很好，我和这里也脱了节，在这里，我也没有根。"

多年前，台湾叶氏宗亲祭祖团一行103人和侨港叶南阳堂宗亲会一行六人曾到叶县祭祖。台湾著名叶姓族史研究专家叶经华先生专程到叶县采访，将他30多年来收集的关于叶公沈诸梁和叶姓族人的史料，编著了一部叶姓族史《叶氏之根》。

我国自古以来就是一个漂泊盛行的国度。士子应试，举人入仕，背井离乡，短则数月，长则数十年，加上各类贬谪异乡的迁客骚人，这群文人学士给中国文学史留下了发达的漂泊文学。以送别诗为例，《唐诗三百首》中就选了30余首，占总数的12%，而《唐诗别裁集》里更选了300余首，占总数的16%。即使在国运昌盛的唐代，低沉的漂泊吟咏与时代氛围显得不那么和谐，但它仍然繁荣，由此可以推及中国其他朝代的状况。

当然，中国也不乏流浪，在中国历史上，流浪曾出现过两个高峰：一是在先秦，流浪是当时士子普遍的生活方式，如余英时先生《士与中国文化》中所说："战国时代的士几乎没有不游的。他们不但轻去其乡，甚至宗国的观念也极为淡薄。" 二是在现代，自19世纪末，中国一群群精英志士去西方探求救国救民的真理，流浪便逐渐风行起来。可以预见随着我国文化开放的进程，流浪文化形态势必会愈来愈普遍。

4.流浪的特征

在对待家乡上，流浪者与漂泊者不同，流浪者把家乡视作人生第一个文化驿站。他不屑于躺在既有的环境里安适地生活，也不沉缅于怀古思旧的遐想，他始终不懈地追求，并能很快地适应新的环境。周作人曾这么评述他心目中的家乡："浙东是我的第一故乡，浙西是第二故乡，南京第三，东京第四，北京第五，但我并不一定爱浙江。"他的自述可以说是对流浪所做的绝好诠释。

乐观是流浪者共有的心态。他追逐希望，探索未知世界，相信前途一定是光明的。流浪者犹如鲁迅笔下的"过客"，无论前面是"老翁"说的经验中的"坟"，还是"女孩"说的梦想中的"花园"，或者是谁也不知道的地方，"过客"始终坚定地无畏地向前"闯"去，因为他总是听到"那前面的声音叫我走"，不畏艰难，不辞辛苦，不息追求，流浪是一曲生命意志和生命力量的赞歌！

作家三毛是个典型的流浪者。自三岁时读了张乐平《三毛流浪记》，她便对流浪充满了憧憬，成人之后遂以"三毛"自名，开始追寻心中的那棵"橄榄树"，去异国他乡流浪。她写的流浪文学《撒哈拉的故事》《稻草人手记》和《哭泣的骆驼》等书，深受读者的欢迎，历久不衰。三毛的名言是："用一秒钟转身离开，用一辈子去忘记。""有的人走了就再也没回来过。所以，等待和犹豫才是这个世界上最无情的杀手！"

5.漂泊与流浪的转化

漂泊与流浪的分野，如上所说，主要在于旅人的文化心态。人的心态不是静止的，它随着旅人的穷达境遇与所持观念的变化而变化。因此，漂泊与流浪经常会发生转化。李白，当他高歌"仰天大笑出门去，我辈岂是蓬蒿人"时，颇有流浪汉的气慨，但在他现实中多次碰壁之后，壮志难酬，不由萌生归意，于是油然浮起浓浓的乡愁："举头望明月，低头思故乡"。"疲马恋旧秣，羁禽遇故栖"这句诗中寄托了何等深重的漂泊感！假如不说出诗的作者，人们恐怕不会想到他正是当年大力传播"流浪汉精神"的文坛巨子梁实秋先生，这是他晚年栖于孤岛时的心曲！

文明的蝶变

人类有两个世界：现实世界与精神世界。上面所述的几种旅游文化形态都发生于现实世界，具有亲历性、亲验性的特点，因而可以归入"身游"；然而，人类受客观条件限制，未必能随心所欲出去身游，为了克服身游的不足，人类创造了媒体文化。媒体文化的出现使人类的旅游突破了身游的樊篱，不出门不离家，也能去世界各地旅游了，于是旅游出现了特殊的文化形态：神游。

神游是纯粹的精神世界旅游。它同样具有体验性，能满足人类旅游的许多需要。然而实现神游，人类必须借助媒体（书籍、报刊、视频等）作为中介，由于中介主体的向导与限制，神游具有了与身游的不同特征：旅游者不得自我选择旅程，只能沿着中介主体向导的路线与视角进行，比如俞平伯与朱自清一起去秦淮河游览，俞、朱两人写同题的游记《桨声灯影里的秦淮河》，两者记述的景物却不同，朱自清偏重于自然景色的描写，俞平伯着力于风土人情的叙述，读两人游记，神游时得到的所见所闻便不相同；旅游者的心理体验往往受中介主体所控制，所影响，不由自主地喜其所喜，怒其所怒，哀其所哀，美其所美。不过神游也有它的优处，如果遇到层次高的中介主体，旅游者会享受到个人身游中所难得的高峰体验。

由于旅游中介的差异，神游大体可以分为二种不同的文化形态：

一、想象之游

想象之游，其旅游中介通常是书籍、报刊登载的"游记"。人们通过阅读

"游记"所叙述或描述的景物，调动平生积累的印象资料，运用想象来组合再现"游记"所述的现实画面，并于画面中体验旅游的心情。想象之游的好处是旅游者可以凭着"游记"文本驰骋想象，进行再创造，加以完善，有时还能够发现文本里被中介主体所忽略的景物，加以发掘，获得新的体验；然而，它也有短处，想象之游需要旅游者有足够丰富的印象库可供调用，以及具有丰富的想象力，不然就会如同对牛弹琴，无法实现自由的神游。

二、虚拟之游

虚拟之游，其旅游中介通常是视频。与书籍、报刊不同，视频直接呈现旅途上景物的影像，旅游者可以直接感知与认识，获得现实的印象，仿佛亲临现场一般。然而，这毕竟是虚拟之游，旅游者只能游于既定的影象世界里。倘若视频是游记性的录像，那么旅游者只能沿着中介主体向导的旅线与视角进行神游；倘若视频是一系列自然景点与人文景点的集粹，制作的是全方位全景式的录像，旅游者观看录像便能自主地选择路线、景点与景物，并根据自己的需要，在旅游中随心所欲，或忽略，或细察，或浏览，或体验，或审美，那么每个旅游者在虚拟之游中就能实现个性化的自由游。

神游虽然不能取代身游的妙趣，但它也有身游所不能取代之长处。身游受各种客观条件制约，总是有局限的，往往心所欲而行不果，神游则克服了这个局限。尤其是虚拟之游，旅游中介往往会不惜血本，调动各种手段，做出尽善尽美的视频，让旅游者旅欲旅而难旅之行，游欲游而不得之游。比如去台湾旅游，人们无非是去阿里山、日月潭、美丽岛、台北故宫博物馆、中正纪念堂等景点观光，至多再去逛逛淡水老街、士林夜市，但是，当你收看《看见台湾》视频，你就会发觉你所见所闻所感只不过是一些支离破碎的断片而已。《看见台湾》通过400多小时的航拍，把台湾自然与人文景色全方位收入你的眼下，那山那海那田，那人那街那楼，色彩绚丽，慑人心魄。随着这等视频神游，无疑能获得身游所无法实现的旅游视野与审美享受。

学与问（节选）

汤彩燕：陈老师您好！当下节假日旅游是很多人的度假方式，这种度假在您看来属于旅还是游呢？其实很多人也会抱怨节假日出行就是花钱找罪，但大家还是一到节假日就往外跑，您怎么看待当下人们的这种有点矛盾的行为呢？我们的度假跟您文中所说的游览第二重、第三重境界之间缺失的是什么呢？

陈涛：人们为什么要以旅游的方式来度假？因为旅游能让人摆脱日复一日单调的都市生活，换一个自然的环境解放自己。如陶渊明《归园田居》所云："久在樊笼里，复得返自然。"旅游的价值主要体现在人对自由的追求。因此，自由是衡量旅游质量的尺度。我说的旅游的三重境界其实是以自由度来区分的。达到怎样的旅游境界取决于个人的人生参悟与修养，有怎样层次的人生境界就有怎样的旅游境界。

唐代禅宗大师青原行思曾提出的人生三重境界：第一重参禅之初，看山是山，看水是水；第二重禅有悟时，看山不是山，看水不是水；第三重禅中彻悟，看山仍是山，看水仍是水。旅游的三重境界可以说是与之相对应的。

这里举苏轼的三篇诗赋来说明：

第一篇是七言绝句《庐山烟雨浙江潮》："庐山烟雨浙江潮，未至千般恨不消。到得还来别无事，庐山烟雨浙江潮。"人们选择旅游的目的地多出自于对未知美景的好奇，一心追求未得到的东西，所谓"未至千般恨不消"。但是到了一心向往的旅游地，亲自见到美景后才发现不过如此，庐山烟雨就是庐山烟雨，浙江潮水就是浙江潮水。这样的旅游几乎都是以拍照留念"到此一游"而告终。这就是旅游的第一重"猎奇"境界。

第二篇是《饮湖上初晴后雨》："水光潋滟晴方好，山色空蒙雨亦奇。欲把西湖比西子，淡妆浓抹总相宜。"游览山水美景的目的由"猎奇"转向"怡情"，此时便进入了第二重境界。在苏轼眼里，西湖不管是晴是雨，是冬是春，同样美不胜收。犹如春秋时越国有名的美女西施，无论是淡雅妆饰，还是盛装打扮，她都一样美丽动人。这时的西湖不再是杭州的西湖，而是苏轼心目中的西湖。这就进入了旅游的第二重"审美"境界。

第三篇是《赤壁赋》："壬戌之秋，七月既望，苏子与客泛舟游于赤壁之下。清风徐来，水波不兴。举酒属客，诵明月之诗，歌窈窕之章。少焉，月出于东山之上，徘徊于斗牛之间。白露横江，水光接天。纵一苇之所如，凌万顷之茫然。浩浩乎如冯虚御风，而不知其所止；飘飘乎如遗世独立，羽化而登仙。……苏子曰：'……且夫天地之间，物各有主，苟非吾之所有，虽一毫而莫取。惟江上之清风，与山间之明月，耳得之而为声，目遇之而成色，取之无禁，用之不竭，是造物者之无尽藏也，而吾与子之所共适。'"苏轼与友人一起到赤壁旅游，泛舟于长江之上，任凭小船在茫无边际的江水中飘荡，飘飘然如遗弃尘世，仿佛进入仙境。苏轼由此悟到，原来天地之间，凡物各有自己的归属，若不是自己应该拥有的，一分一毫也不能求取。只有江上的清风以及山间的明月是造物者给予人们共同的恩赐，你我尽可一起享用。苏轼置身于美景之中，赤壁仍旧是赤壁，长江仍旧是长江，清风仍旧是清风，明月仍旧是明月，然而苏轼不复是遭到贬谪之后消沉的苏轼了，他大彻大悟，恢复了自然的本性，以潇洒豁达面对坎坷的人生。苏轼自此"一蓑烟雨任平生"，遇事淡定而旷达，泰然处之。这就是旅游的最高境界"养性"了。

吴柳江：陈老师好！科技发达的现在已实现凭借 VR、全景摄像头等高科技实现足不出户看风景的愿望。但通过技术手段观赏自然与社会，始终是隔着一层屏幕与滤镜，可否理解为虚拟之游亦是有待之游？

陈涛：虚拟之游，自古有之，比如古今中外文学中的游记。只是现代有了高科技的影视，使虚拟之游不仅是语言艺术，而且成为视觉艺术，能够如实地再现旅游地的风光了。虚拟之游的价值是让一些没有出去旅游条件的人获得虚拟旅游的满足；此外，使一些不解旅游的人提高旅游的品味。

但是，虚拟之游属于"心游"，它存在明显的局限性。其一，它的旅踪是既定的，风光按照既定的旅踪展开，你没有选择权；其二，你所体验的是别人体验过的风光，你不过是再体验而已。在"心游"中，人的主体性受到了局限，不可能像"身游"那样能够任意选择旅踪，全视野观赏风光，全方位体验旅游的乐趣，因此无法拥有旅游所追求的那种自然形态的"自由"。撇开虚拟之游的艺术价值，仅从旅游角度而言，虚拟之游不过是旅游的赝品。

2016 年 4 月 20 日
中文楼 303 教室

作者简介

陈涛，上海人，毕业于上海师范大学中文系。内江师范学院文学院教授，出版有《文学意象论》《范长江评传》《楚文化论》等学术专著，在《文学评论》《文艺研究》等核心刊物上发表过多篇学术论文；主讲四川省精品课程《中国现代文学》，该课程被国家教育部作为文献资料选入"全民终身学习课程平台"；主编《中国当代文学名著选评》等数种中国现当代文学教材，其中《中国当代文学扫描》教材，文学史界评之为新时期"探索型文学史的代表作"，被多所高校选入文学专业阅读篇目。

万里归迟总恋乡：谈谈张大千的怀乡诗

肖体仁／内江师范学院文学院教授

> 思乡心切，发而为诗。他的近一千首诗词大半是在海外写的，而怀乡诗又占其中大半篇幅。思念的心理根源也在于爱。
>
> ——肖体仁

张大千先生于 1899 年 5 月 10 日出生于四川省内江市，所以内江被称为"大千故里"。他不仅是一位享誉画坛的国画大师，同时也是一位才华横溢的诗人，一生创作了近一千首诗词。因其后半生辗转旅居海外，思乡心切，发而为数百首怀乡诗。这些怀乡诗包括记游写景、题画咏物、酬赠应答等各类题材。感情真挚，诗中有画，语言通俗清新，是其怀乡诗词的主要艺术特征。

悠远的时空距离会产生一种特殊的美感，因此，古往今来最深情的爱情诗往往是失恋后的恋人写出来的，而最感人的乡愁诗大多出自离乡去国多年的游子之手。古代交通不便，战乱频仍，音讯难通，相见时难别亦难，别时容易见时难，因而有那么多感人肺腑的乡愁诗，原本不足为怪；而如今交通便捷，信息发达，政通人和，海晏河清，却依然产生了许多荡人心魄的怀乡诗，就不能不引人深思。

张大千

被徐悲鸿誉为"五百年来第一人"的张大千，是蜚声中外的国画艺术大师；然而却很少有人知道，他还是一位才华横溢的诗人。民国元老、诗词名家于右任曾有词称他"作画真能为世重，题诗更是发天香"，这并非过誉之词。

张大千从 1950 年起便辗转旅居海外，后半生都在异国他乡度过。思乡心切，发而为诗。他的近一千首诗词大半是在海外写的，而怀乡诗又占其中大半篇幅。那浓浓的乡愁，深深的思恋，弥漫于记游写景、题画咏物、酬赠应答等各类题材之中，杜鹃啼血，长歌当哭，时时撩拨着海内外无数游子柔软的心弦。

一、看山还是故乡亲

美不美，故乡水。美的心理根源在于爱。谁不说俺家乡好，原本人之常情。只是这种爱乡之情，敏感的画家诗人张大千更为强烈、更为深沉。他平常对友人津津乐道的一句话是："看山还要到四川。"他晚年反复写到的两句诗更能说明问题。一是写于1959年的《台湾横贯公路通景屏题诗》中的："行遍欧西南北美，看山须看故山青"；一是写于1982年的《赠大陆友人青城山泼墨山水》中的："寰海风光笔底春，看山还是故乡亲"。"故山青"尚有一定的客观色彩，而"故乡亲"则具更多的主观感情因素了。

去国前张大千笔下的故山主要指故乡四川的山。他咏峨眉之秀："千重雪岭栖灵鹫，一片银涛护实航。五岳归来恣坐卧，忽惊神秀在西方。"他咏青城之美："百劫归来谢世氛，自支残梦挂秋云。树连霄汉高台廻，衣染烟霞宝殿薰。"他咏剑门之雄："北去南来问石牛，蜀王引领五丁休。摇荡白日龙蛇怒，樵凿玄天鬼神愁。"他咏二郎山之高："横绝二郎山，高与碧天奇。虎豹窥闉阓，猿猱让路蹊。"均写得色彩绚丽，形象生动，想象大胆，气势豪壮，是他"看山还要到四川"的形象化注脚。

张大千游华山时，写过一首《西江月》："到此欲骄日月，回头又失蓬莱。西风吹逐并蒂开，何处长安尘埃？雪下玉龙游戏，月中青女徘徊；此时忆着锦江来，今古纷纭玉垒。"诗人身在华山，俯仰天地，放眼神州，收笔却回到四川都江堰。此词视野开阔，境界高远，意象鲜活，有声有色。从中透露了一个信息，诗人无时无地不在怀恋着故乡四川的山山水水。

而离乡去国之后，对于张大千来说，故乡就不仅指四川，而是指整个中国。他晚年曾深情地对儿孙们说："月是故乡明，水是家乡清，外国虽也有山水，但总不及中国的好！"（张心瑞、肖建初《回忆父亲张大千》）他在1977年为友人画的《非洲大瀑布》题诗中，深切地表达了对祖国壮丽山水的无限神往之情："要知故乡山河壮，归写龙门砥柱奇。"故乡无数奇山丽水，张大千早年都曾登临游历过，并一直珍藏在心中，始终是他诗画创作灵感的源泉和基本题材。

不过在海外，故乡的山水美景就只能出现在梦境里和想象中了。比如1950年在印度大吉岭，刚离家数月的张大千就想起了故乡美丽的春景："一水停泓静不流，微风起处浪悠悠。故乡二月春如景，可许桃林一税牛？"（《题画故乡二月》）1977年在美国，诗人则在梦中见到了如情似梦的桂林漓江："八桂山川系梦深，七星独秀足幽寻。漓江不管人离别，翘首西南泪满襟。"（《题侯北人作桂林山水图》）由漓江而想到离别，思乡之情，真切可见。更为奇特的是，在一幅《仕女背影》图上，诗人居然也能想起故乡的云山："故山山色乱云遮，念远怀人更忆家。相思日日镂心肺，不辞清瘦似梅花。"古有李清照，"人比黄花瘦"；今有张大千，"清瘦似梅花"，都是因为思念，都是因为想家！可是，故乡在何处？它在天之涯！

二、挂帆归日是何年

思念的心理根源也在于爱，只有爱她，才会思念她，才想亲近她，才想时刻和她在一起。

日有所思，夜有所梦。张大千常常做回乡梦，并以梦为诗，这类诗中往往嵌有一个"归"字："青城归梦接峨眉""挂梦栖魂我或归""投荒乞食十年艰，归梦青城不可攀""垂老可无归国日，梦中满意说乡关""共对春盘话巫峡，挂帆何日是归年？""万里故山频入梦，挂帆归日是何年？"，如此等等，尽是归梦。

张大千一生辗转海外，浪迹天涯三十余年，饱尝海外游子的凄苦与酸辛。离乡越久，思乡之情越是强烈，盼归之心越是迫切。在"还乡无日恋乡深，岁岁相逢感不禁"的极度愁苦之中，终于在 1976 年初，年近八旬的张大千举家从美国回到宝岛台湾定居。他的故乡心愿总算得到了一定的慰藉，这在他的诗中有所反映："片石峨峨亦自尊，远从海

《峨眉瑞雪》 张大千 绘

外得归根"（《题梅丘石畔梅》）；"平生饥饱无牵累，但有情亲便慰人"（《外双溪卜宅口号》）。赤子之情，令人动容。

但时隔不久，他又为"离家愈近，但归家却愈远"的严酷现实感到无奈与痛心。在此期间，他又写了大量诗歌，来释放自己浓得化不开的故土之恋。如："我家香国为邻国，想到花时意便销"（《题海棠》），"眼前便有千里思，蜀笺一幅乡山梦"（《飞泉图》），"夜半不知香露冷，春风吹梦过江南"（《红梅册页》），"卅年家国关忧乐，画里应嗟我白头"（《海棠图》），"寰海风光笔底春，看山还是故乡亲"（《赠大陆友人》）……可以说都是那时的名篇佳句。从中不难发现，在台湾，张大千怀乡恋故的感情反而更深更浓了。

有家不能归，有梦不能圆，亲人不能团聚，故友不能相见，这是张大千晚年最深沉的愁与痛。他 1981 年题在《春风燕子图》上的一首绝句，可谓饱蘸血泪写就的临终绝唱：

梅花落尽杏成围，二月春风燕子飞。

半世江南图画里，而今能画不能归！

梅花纷纷飘落，当年手植杏树今已成围，二月春风送暖，燕子双双飞回。居住了半生的如画江南，怎奈如今能画不能归。王夫之在《姜斋诗话》里说："以乐景写哀，以哀景写乐，一倍增其哀乐。"此诗可谓以乐景写哀的典范之作，它形象而深刻地道出了游子诗人的沉痛与悲愤，令人久久为之低回。

大陆就在海峡对岸，回家的路却如此遥远。以至临终也不能魂归故土，这是张大千一生最大的遗憾。他在1979年题《红梅图》的绝句中，给出了自己的答案：

百本栽梅亦自嗟，看花堕泪倍思家。

眼中多少顽无耻，不认梅花是国花。

梅花具有凌霜傲雪的品性，是中华民族刚毅坚贞的象征。但却总有一些数典忘祖的冥顽无耻之徒，大搞其令亲者痛仇者快的分裂祖国、背叛民族、破坏和平统一的活动，怎能不遭到晚年渴望回家的张大千的痛恨和唾骂呢？联想到民国元老于右任的临终遗诗《国殇》："葬我于高山之上兮，望我大陆。大陆不可见兮，只有痛哭！……"以及余光中的名篇《乡愁》："……而现在／乡愁是一湾浅浅的海峡／我在这头／大陆在那头。"可见，张大千先生的愤激与沉痛的悲歌，绝不只是独唱。

三、挥毫蘸泪写沧桑

鲁迅先生说过，创作总根于爱。就是说爱是文艺创作的原动力和助推器。历代诗坛常咏不衰的乡愁诗，正是诗人们爱国恋乡之情的诗意呈现。张大千是一位具有强烈的故乡情结和独特艺术个性的诗人，他心中充满了对祖国和家乡的爱，对生活和艺术的爱，因此他的怀乡诗才显得别开生面，多姿多彩。

首先，感情真挚，发自肺腑。苏东坡诗云："诗从肺腑出，出辄愁肺腑。"（《评孟郊》）张大千有题画诗云："山水谁宾主？文章自性情！"他善于把个人悲欢与家国离合融为一体，其诗中寄寓着万千海外游子深厚绵长的故土之思，蕴含着中华民族追求和谐、渴望统一的殷切期望。写于1964年的《恋乡》一诗可以看作他人生经历和创作个性的艺术总结：

海角天涯鬓已霜，挥毫蘸泪写沧桑。

五洲行遍犹寻胜，万里归迟总恋乡。

其中的关键词是"挥毫蘸泪"和"归迟恋乡"。前者可看作张大千诗词创作的情感特征，后者则可视为它的主要思想内容。可以说，张大千的怀乡诗代表了海外游子的共同心声，包含了海内外炎黄子孙的普遍感情。因此它能激起血浓于水的海峡两岸同胞的强烈共鸣。

其次，绘形绘色，诗中有画。乡愁本是一种难以捕捉和把握的情绪，如果找不到与之对应的意象来表现，那么即使不堕入抽象与空泛，也会流于一般化的平庸。张大千从他画家特有的敏感和独特的生活体验出发，作诗如作画，用词若用墨，常常把强烈的家国之思、深沉的故土之恋，巧妙而自然地物化为色彩富丽、意蕴丰厚的生动画面。谨以一首五言绝句《松壑烟波》为例：

林泉洒幽翠，松壑响鸣琴。

门外烟波远，平生浩渺心。

着色有浓有淡，构图有远有近，画面有静有动，境界有虚有实、有色有声。是诗情，更是画境，也是他崇尚的"诗是有声的画，画是无声的诗"的艺术体现。

正如著名画家邱笑秋在《梦与帆》一文中所说："他的画，有诗的意境和韵味；他的诗，又有画的形象、色彩乃至浓淡枯涩……那些即兴抒怀的小诗小令，极似他信手挥毫所画的册页小品。轻松自如，意趣横生。"所言极为中肯，可谓大千先生知音。

再次，清词丽句，口语入诗。诗歌是讲究语言表现的艺术，而张大千似乎并不怎么注重诗的语言技巧，其语言却颇具特色，自有个性。他的诗词很少用典，也极少生僻词语，大众口语及民间俚语信手拈来，融入诗境，却如行云流水，自然天成。读者欣赏时不必借助辞典和注释，也能不知不觉、无滞无碍地进入诗歌的多重境，那份轻松，那份愉悦，真是一种难得的美的享受。如《故乡牡丹》：

不是长安不洛阳，天彭山是我家乡。

花开万萼春如海，无奈流人两鬓霜。

真是脱口而出，明白如话，毫无雕饰之痕，一派天然清新。却又俗中有雅，颇具民歌风味。我更喜欢他的《纽约函询克弥尔家人》：

可有人来问病翁？可无音讯杳飞鸿？

连宵大月凉如水，挂在门前第几松？

几句平常问话，一份特别牵挂。那么亲切，那么温馨，那么家常，又那么精巧。月亮自古是寄托乡愁的信物，看到眼前的月亮，自然会想起故乡的月亮。这大灯笼般的月亮此刻正挂在家门前的第几棵松树上？这看似轻松随意的神来之笔，却有一种平淡而隽永的美感，这也正是张大千诗歌语言的独特魅力。

学与问（节选）

昂驹：肖老师您好！不论古今，怀乡诗是我们很喜欢阅读和探寻的一个题

材，相信很多诗人都是在满怀眷恋与深情中进行创作的，但是最终呈现的作品评价却有高低之分，我们应该如何去看待这种差异呢？

肖体仁：诗是长于抒情的文体，感情是诗的生命，无情不成诗。但感情有浓淡深浅之分，诗歌也有高下优劣之别。主要还是看诗人感情的浓度与强度、表现感情的纯度与深度。无论哪种类型的好诗，都应追求诗情画意，都会讲究深远的意境。比如张大千这首《题春风燕子图》："梅花落尽杏成围，二月春风燕子飞。半世江南图画里，而今能画不能归！"诗人感情浓郁深沉，写景状物鲜活生动，全诗情景交融，意境优美沉郁，堪称乡愁诗的上品。

徐梦琳：肖老师好！据说张大千先生初到巴西时，发现当地有一平原颇像成都，便花200万美金从一个意大利药房老板手中购得这270亩土地，开山凿湖，驱使万物，造化便在其手中！或许这是大千先生思乡之情的具化，而这片土地又反过来促进了他的乡愁诗创作。所以，张大千的乡愁诗歌可能并不完全皆为想象之作，而是有眼前景物可依托。那可否理解为诗歌并不能作为排解乡愁的最优途径？

肖体仁：无论何时，乡愁都是一个永恒的母题。因为人一长大总是会离乡的，而故乡就是那个永远回不去的地方。山水田园、花鸟草木是乡愁的载体和具象化，诗歌是表现乡愁的最佳方式，也是纾解乡愁的最好出口。长歌可以当哭，远望可以当归。写作或朗诵乡愁诗似乎强化了乡愁，其实也排遣了乡愁。记得有人说过："痛苦有人分担，痛苦就减轻了一半；欢乐与人分享，欢乐就增加了一倍。"痛苦或忧愁这些郁结于心的情绪是需要倾诉的，是需要宣泄的，这倾诉宣泄本身就是一种情绪的释放。从表面上看，写乡愁诗是对乡愁的强化，其实也是对这种愁绪的纾解。

胡欣怡：肖老师，在我印象中几乎您目力所及皆为诗。您是怎么做到把整个世界都变得跟诗一样可爱的呢？在您的许多诗论中，与故乡有关的诗歌出现频率是很高的，很多诗歌，我们自己读着其实没有特别深的感触，但经由您的解读却总能帮我们打开诗歌的门，触摸到文字背后的深情。您与自己的故乡其实不算远，在您的一生当中，有哪一个阶段是特别能体悟到乡情的呢？

肖体仁：我一直喜欢文学，喜欢诗歌，但过去写得很少。退休后，身心完全放松了，喜欢到处走走，用手机拍拍照，写几句大体整齐押韵的文字，记录自己的见闻和感受。每天发一组图文到朋友圈，能得到朋友们的关注与肯定，我觉得这是最快乐幸福的事情。

写作是用另一种方式感受世界，发现世界。我相信，只要拥有一颗赤子之心，始终充满对生活的爱，对家乡的爱，就会时刻保持对身边事物的关注与热情，就能常常与美相遇。我曾在一阕《西江月》里写到：

爱看春花秋月，常游近水遥山。相机随手不知闲，寻觅阳光灿烂。尘世太多风雨，人生岂止酸甜。心空明净海天宽，大美争相来见。

至于人生哪个阶段最能体悟乡情，可以肯定地说，从你离开故乡那一刻起，乡愁就随你上路了。离乡越久，思念越深。说白了，乡情就是身处异乡时对家乡的思念之情。抒写乡情，既可让情感得到慰藉，又可使心灵得到净化与升华。

2017 年 9 月 16 日

中文楼 303 教室

作者简介

肖体仁，1949 年 9 月生，四川简阳人。内江师范学院文学院教授。1980 年毕业于内江师专中文系。1982 年至 1993 年先后在上海华东师大、四川大学、四川师大中文系进修，1997-1998 年在北京大学中文系作访问学者。从 1980 年 9 月至今，一直在内江师范学院文学院任教，主要讲授写作、文学概论、美学、散文创作研究、诗歌美学等课程。2006 年 9 月获内江师范学院"我最喜爱的老师"银奖。

主要研究方向为诗歌理论及诗歌美学，独立承担了省级重点项目《诗歌形式美学》，专著于 2005 年由中国文史出版社出版，并于 2007 年元月获得内江市哲学社会科学优秀成果一等奖。

爱心观照织云锦
——谈谈泰戈尔"爱的哲学"思想对冰心小诗的影响

戴前伦／内江师范学院文学院教授

> 泰戈尔"爱的哲学"思想对冰心小诗思想内容的影响，既是爱心的辐射观照，也是冰心自身浓厚澄澈爱心与之产生的共振共鸣。
>
> ——戴前伦

泰戈尔是印度的伟大诗人，是亚洲第一个诺贝尔文学奖获得者。季羡林在《泰戈尔经典散文集·代序》中高度评价泰戈尔"既是伟大的诗人，又是伟大的哲学家。他把诗歌创作和哲学思想水乳交融地揉在一起，形成了自己独特的文体"。作为伟大的哲学家，泰戈尔的梵爱和谐思想自然地糅合在其诗歌里，呈现为"爱的哲学"的生命元素。泰戈尔认为，"爱"是人类前行和事物发展的原生动力，"爱"能使人的生命和人生旅程圆满完美。在泰戈尔的梵爱和谐思想体系中，"梵"与"爱"是和谐辩证的生命整体，"梵"是"爱"的生命内在主宰，"爱"是"梵"的生命外在表现，二者统一于生命的过程体验和终极完善之中；这种和谐的生命整体，是"个我"的有限生命与"梵"的无限生命相结合的整体，是"爱"的崇高精神与"梵"的最高灵魂相结合的整体。这就是"爱的哲学"。"爱的哲学"是泰戈尔思想的基本理念和逻辑起点。

冰心是我国现代著名诗人，是现代文坛公认的泰戈尔的"私淑弟子"。冰心早在燕京大学读书时，就广泛涉猎外国文学作品，开始接触和了解泰戈尔，并于1920年9月在《燕京大学季刊》上，发表了题为《遥寄印度哲人泰戈尔》的充满崇拜感的文章，对泰戈尔伟大的人格、快美的诗情、超卓的哲理由衷景仰，对泰戈尔"宇宙和个人的灵中间有一大调和""梵我合一"的思想深表赞同。关于冰心直接受泰戈尔影响而写诗的缘由，冰心自己在多种场合都说过，她的小诗集《繁星》和《春水》都是直接受到泰戈尔的影响而积淀成集的。

泰戈尔"爱的哲学"思想对冰心小诗思想内容的影响十分显著。所谓小诗，作为一个诗学概念和批评话语，在现代诗歌批评实践和一般文学史叙述中，它特指在二十世纪一二十年代之际流行的一种新诗体式，是一种变异的诗歌形式，也是一种即兴的短诗。它以二三行及数行诗为一首，大多在十行以内，它适于写一地的景色，一时的情调，是真实简炼的诗。泰戈尔的《飞鸟集》《新月集》《流萤集》，冰心的《繁星》《春水》都是小诗的结集。

泰戈尔"爱的哲学"思想对冰心小诗思想内容的影响具体表现为爱生命的梵爱和谐、爱自然的物我相融、爱情的休戚与共、爱儿童的母子一体。

一、爱生命：梵爱和谐

泰戈尔写道，"我"的生命和谐，神可弹奏出爱的乐音；神我合一，梵可谱写出爱的诗篇；梵爱和谐则生命无穷，"爱"的崇高精神与"梵"的最高灵魂则整体和谐："主呀，当我的生之琴弦都已调得谐和时／你的手的一弹一奏／都可以发出爱的乐声来。"（《飞鸟集》）冰心受其影响，抒写梵天的微笑拨动了诗人心灵的琴弦，梵的清辉像月光一样照彻诗人的灵魂，使"爱"的崇高精神与"梵"的最高灵魂整体和谐："窗外的琴弦拨动了／我的心呵／怎只深深的绕在余音里／是无限的树声／是无限的月明。"

《飞鸟集》泰戈尔 著，
上海译文出版社，
1981 年版

（《繁星》）泰戈尔认为，人之生如小舟渡苦海，相聚不离，迎着风浪前行；人之死如行船到达彼岸，生命实现整体和谐，人生获得喜乐圆满："我们的生命就似渡过一个大海／我们都相聚在这个狭小的舟中／死时，我们便到了岸／各往各的世界去了。"（《飞鸟集》）冰心受其影响，在诗中以母亲的口吻向造物者祈求孩子安全幸福，期望人生的小舟乘风渡过梵的清光照耀的大海，到达生命的彼岸，实现"个我"的有限生命与梵的无限生命整体和谐、"爱"的崇高精神与"梵"的最高灵魂整体和谐："造物者——倘若在永久的生命中／只容有一极乐的应许／我要至诚地求着／'我在母亲的怀里／母亲在小舟里／小舟在月明的大海里。'"（《春水》）

二、爱自然：物我相融

泰戈尔认为，"梵"是大自然伟大的无限生命，"我"是宇宙的有限个我生

命；大自然伟大的无限生命与人类因爱而生的个我生命是
整体和谐的，人类的生命系统与自然的生命系统是整体和
谐的。因此在自然与人生法则中，存与毁、动与静、高与
低、深与浅都不是绝对的，而是相对的。生命只有动起来
才知道自己的高度，只有静下来才知道自己的深度，只有
相依相存才能实现生命的整体和谐："在山中，寂静涌起
／以探测山岳自己的高度／在湖里，运动静止／以静观
湖水自己的深度。"（《流萤集》）冰心受其影响，认
为灵魂在生命的虚静中升华，在红尘的喧嚣中灭亡，在
"爱"的崇高精神指引下实现大自然伟大的无限生命与人

《繁星·春水》
冰心 著，天津人民出版社，
2011 年版

类因爱而生的个我生命的整体和谐："心灵的灯／在寂
静中光明／在热闹中熄灭。"（《繁星》）爱如春水，
流向人间，滋润万物，温暖心田："别了!春水／感谢你一春潺潺的细流／带去我
许多意绪／向你挥手了／缓缓地流到人间去罢／我要坐在泉源边／静听回响。"
（《春水》）亲近自然就是亲近生命，与自然渐行渐近，就是与生命渐行渐近，
就是人类与自然渐行渐近。泰戈尔在诗中表达爱海水的破疑奔涌，爱天空的沉思
无垠，因为天人一体，物我合一：" '海水呀，你说的是什么？' ／ '是永恒的
疑问。' ／ '天空呀，你回答的话是什么？' ／ '是永恒的沉默。' "（《飞鸟
集》）冰心在诗中写道："我们都是自然的婴儿／卧在宇宙的摇篮里。"（《繁
星》）泰戈尔认为，自然混元一统，和谐化一："鸟儿愿为一朵云／云儿愿为一
只鸟。"（《飞鸟集》）冰心也认为自然混元一统，和谐化一，她写道："空中
的鸟／何必和笼里的同伴争噪呢／你自有你的天地。"（《繁星》）泰戈尔说，
小草给土地以绿色，土地给小草以生命；小草虽小却拥有丰厚的土地，土地之
厚可滋养生命的新芽："小草呀，你的足步虽小／但是你拥有你足下的土地。"
（《飞鸟集》）冰心受其影响，也写小草与世界的生命关系——小草虽小却可染
绿世界，世界之广足可滋养小草的生命："弱小的草呵／骄傲些罢／只有你普遍
地装点了世界。"（《繁星》）泰戈尔说，花朵孕育果实，果实藏在花心——万
物形异而神合，自然伟大，物我相融："你离我有多远呢，果实呀？" ／ "我藏
在你心里呢，花呀。"（《飞鸟集》）冰心也写花与果的生命关系，表达万物形
异而神合、自然伟大、物我相融的思想："风雨后——花儿的芬芳过去了／花
儿的颜色过去了／果儿沉默的在枝上悬着／花的价值／要因着果儿而定了！"
（《繁星》）冰心与泰戈尔一样，都赞颂和追求人类生命的生态系统与自然生命
的生态系统的整体和谐。

三、爱情：休戚与共

　　爱情是人类共有的美好感情，是泰戈尔诗中常写常新的题材。泰戈尔写道，爱可驱走孤寂，爱是心灵的抚慰，精神的按摩："我不要求你进我的屋里／你到我无量的孤寂里来吧／我的爱人！"（《飞鸟集》）爱是痛苦的，也是欢乐幸福的；历经痛苦的爱情才是幸福——为送走痛苦而幸福，为与心爱的人相聚而幸福："爱情呀，当你手里拿着点亮了的痛苦之灯走来时／我能够看见你的脸／而且以你为幸福。"（《飞鸟集》）生命因爱情而精彩，爱情因付出而富足："生命因为付出了的爱情而更为富足。"（《飞鸟集》）生命如水，因滋润花草庄稼而富有活力；爱情如树，因享受阳光雨露而常绿长青；树甘于奉献，哪怕化为斧柄，牺牲自我；爱需要把一切奉献给爱人，哪怕自己粉身碎骨，失去生命："樵夫的斧头／问树要斧柄／树便给了他。"（《飞鸟集》）冰心也是描写爱情的高手。她受泰戈尔影响在诗中写道，当少男远行时，少女是孤寂的，但爱可驱走孤寂，穿越度日如年的时间的海洋："我的心／孤舟似的／穿过了起伏不定的时间的海。"（《繁星》）男欢女爱，人之常情；生离死别，情之极致。与爱人生离，虽然痛苦但有相思的甜蜜——"躲开相思，披上裘儿／走出灯明人静的屋子／小径里明月相窥／枯枝——在雪地上／又纵横写遍了相思。"（《相思》）与爱人死别，虽然呈现生命的痛苦憔悴，但可享受曾经爱过的幸福："生离——是朦胧的月日／死别——是憔悴的落花。"（《繁星》）泰戈尔与冰心都认为，爱情是恋人心心相印、休戚与共的精神依托。

四、爱儿童：母子一体

　　母亲是梵的化身，儿童是梵的天使。泰戈尔一生钟爱儿童，追求梵爱和谐，常常描写母子同乐、融为一体的情景，以表现热爱儿童的情感、梵爱和谐的主题，表达儿童的生命与母亲的生命整体和谐的思想情感；冰心也是一生钟爱儿童，追求梵爱和谐，所以泰戈尔诗歌中"爱的哲学"思想对冰心小诗思想内容的影响尤其深刻，它使冰心诗集《繁星》和《春水》的主题抹上一层浓厚的母爱色彩，蕴含着丰富的"爱的哲学"思想。

　　泰戈尔热爱儿童的情感及梵爱和谐的思想在《新月集》中表现得尤为突出，对冰心的小诗思想内容的影响尤其显著。《新月集》中写道："小孩子们汇集在无边无际的世界的海边。狂风暴雨飘游在无辙迹的天空上，航船沉碎在无辙迹的海水里，死正在外面走着，小孩子们却在游戏。在无边无际的世界的海边上，小孩子们大汇集着。"小孩与大海嬉戏，他们不怕水淹，不怕风暴，但他们哪里知道，他们快乐地嬉戏大海，母亲正为他们捏一把汗，悬一颗心，母亲希望孩子藏进她温暖的怀抱，躲避自然风暴的袭击，回避社会风雨的伤害，以获得生命的安全感。这种母爱贯穿在孩子的整个成长过程中。冰心在《繁星》中深情地写道："母亲啊，天上的风雨来了，鸟儿躲到它的巢里，心中的风雨来了，我只躲到你的怀里。"冰心以鸟儿比喻孩子，以鸟巢比喻母亲的怀抱。天上的风雨袭来，鸟儿归巢，以躲避恶风恶雨的袭击；人间的风雨袭来，孩子扑向母亲，藏进母亲温暖的怀抱，躲避社会风雨的袭击，以获得生命的安全感。母亲给孩子生命安全的依靠，母爱给孩子精神安全的抚慰。泰戈尔说："孩子在纤小的新月的世界里，是一切束缚都没有的，他知道有无穷的快乐藏在妈妈的心的小小一隅里，被妈妈亲爱的手臂所拥抱，其甜美远胜过自由。"（《新月集》）在梵的新月照耀下，孩子的童话世界里只有母爱和神爱，欢笑和自由，没有任何形式的束缚和伤害，这是孩子的自由王国，母亲的母爱王国，是母子和谐、梵爱和谐、"爱"的崇高精神与"梵"的最高灵魂整体和谐的王国。冰心受其影响，在《春水》中写道："造物者——倘若在永久的生命中／只容有一极乐的应许。我要至诚地求着：'我在母亲的怀里，母亲在小舟里，小舟在月明的大海里。'"造物者即基督教的上帝，印度教的梵天。冰心在这里直接将泰戈尔诗中"新月"的意象化为"明月"的意象，叙写孩子对母亲的至诚请求，抒写母亲爱孩子的深沉明澈、孩子爱母亲的亲昵淳朴，母子享受梵爱和谐境界的快乐圆满："我在母亲的怀里，母亲在小舟里，小舟在月明的大海里。"在本诗中，诗人以小舟喻生命之船，以明月喻梵天之光，以大海喻梵我合一、个我的有限生命与"梵"的无限生命整体和谐的境界。冰心认为，如果有梵天，如果向梵天祈祷生命极乐的应允，那么孩子只向梵天表达唯一的祈求：孩子永远躺在母亲的怀抱里，享受安全、温馨、甜蜜和灵魂的安顿——"母亲啊！撇开你的忧愁，容我沉酣在你的怀里，只有你是我灵魂的安顿"（《繁星》）；母亲惬意地躺在小舟里仰望蓝天，享受自由、甜美和怀抱孩子的幸福；小舟则躺在明月朗照的无涯大海里，享受梵光抚照、大海托举的无忧无虑、无我无物、梵我合一、"个我"的有限生命与"梵"的无限生命整体和谐的人生最高礼遇。这就表现了诗人爱母亲、爱儿童、物我一体、梵我合一的思想：母亲向造物者祈求孩子安全幸福，母子自由快乐，梵我合为一体，"爱"的崇高精神与"梵"的最高灵魂整体和谐。

我们深入比较不难看出，冰心的这些诗歌十分明显地受到泰戈尔《新月集》梵爱和谐思想的深刻影响。泰戈尔有时以孩子给母亲写信的方式，以信纸为载体表达儿童对母亲的深切之爱，如《恶邮差》："你为什么坐在那边地板上不言不动的，告诉我呀，亲爱的妈妈／雨从开着的窗口打进来了，把你身上全打湿了，你却不管／你听见钟已打四下了么？正是哥哥从学校里回家的时候了／到底发生了什么事，你的神色这样不对／你今天没有接到爸爸的信么？"（《新月集》）母亲没有收到父亲的来信，孩子误认为是邮差太坏而没有将信送达，于是给妈妈写信，表达对母亲的挚爱。冰心以纸船为载体歌颂母亲之爱和儿童之爱："我从不肯妄弃了一张纸，总是留着——留着，叠成一只一只很小的船儿，从舟上抛下在海里／有的被天风吹卷到舟中的窗里，有的被海浪打湿，沾在船头上。我仍是不灰心地每天地叠着，总希望有一只能流到我要它到的地方去／母亲，倘若你梦中看见一只很小的白船儿，不要惊讶它无端入梦。这是你至爱的女儿含着泪叠的，万水千山，求它载着她的爱和悲哀归去。"（《纸船——寄母亲》）让天风海浪把女儿的纸船送入母亲的梦中，享受母亲之爱和儿童之爱的快乐，证悟"爱"的崇高精神与"梵"的最高灵魂整体和谐的人生境界。

泰戈尔的《新月集》时时流淌着母爱，处处跳动着赤子之心。在《天文家》里，诗人以儿童的视角，以兄弟对话的形式，以捉月亮的奇想，表现了可贵的童真、可乐的童趣和可亲的母爱。当满月挂在枝头时，"我"突发奇想，想捉月亮，哥哥笑"我"傻，说"月亮离我们这样远，谁能去捉住它呢"？"我"便反唇相讥说哥哥傻，因为"当妈妈向窗外探望，微笑着往下看我们游戏时，你也能说她远么"？妈妈像月亮，因为母爱而贴近我们。如果说儿童是梵天的使者，那么母爱就是梵天赐予的礼物：母子和乐，梵爱和谐。金色花是印度的圣树，又译为瞻波伽或占博伽。在《新月集》的《金色花》里，母子之爱直接而彰著。在《金色花》的童话世界里，诗人以拟物的假设表现母子之爱。"假如我变成了一朵金色花，只是为了好玩，长在那棵树的高枝上，笑哈哈地在风中摇摆，又在新生的树叶上跳舞，妈妈，你会认识我么？"孩子变成花，母亲当然不认识，不知孩子去向，便呼唤孩子，而孩子"暗暗地在那里匿笑，却一声儿不响"。孩子故意和母亲捉迷藏，想让妈妈开心，因为孩子深深地爱着自己的妈妈。当妈妈工作时，"我要悄悄地开放花瓣儿，看着你工作"；当妈妈你沐浴后，湿发披肩，穿过金色花林荫，孩子要给妈妈香味，"你会嗅到这花的香气，却不知道这香气是从我身上来的"；当妈妈吃过午饭坐在窗前读《罗摩衍那》时，金色花树的阴影落在妈妈的膝上，孩子要陪妈妈读书，"我便要投我的小小的影子在你的书页上，正投在你所读的地方／但是你会猜得出这就是你的小孩子的小影子么？"当黄昏时妈妈拿了灯到牛棚里去，孩子要给妈妈惊喜，"我便要突然地再落到地上来，又成了你的孩子，求你讲个故事给我听"。妈妈见到天真顽皮可爱的孩子时，急切问话："你到哪里去了，你这坏孩子？"妈妈的嗔怪孩子懂得，这是妈妈的爱，于是天真顽皮的孩子说："我不告诉你，妈妈。"孩子爱母亲、母亲爱孩子心照不宣，更显出母子和乐欢洽的趣味、和谐相爱的情感、合为一体的境界，表达了"爱"的崇高精神与"梵"的最高灵魂的整体和谐的思想。冰心的诗歌受泰戈尔《飞鸟集》《新月集》等诗集中"爱的哲学"的影响，不但抒写母爱的伟大无私，而且抒写儿童之爱的深沉炽烈，表现儿童活泼烂漫、富于幻想、天真无邪、纯洁澄澈的天性，展现童年五彩缤纷的童话世界，正如沈从文所说："冰心女士所写的爱，乃离去情欲的爱，一种母性的怜悯，一种儿童的纯洁，在作者作品中，是一个道德的基本，一个和平的欲求。"在冰心的笔下，童年如诗，童年如画，童年似星，童年似梦："童年呵！是梦中的真，是真中的梦，是回忆时含泪的微笑。"（《繁星》）童年是儿童天真烂漫的梦想世界，敢于上天摘星星，敢于入海戏蛟龙，自由自在，无所不能。成年对童年只能是美好的回忆，不能成为可行的现实，因为成年人在戴着镣铐行走，戴着面具跳舞，因此成年对童年只能是含泪微笑的回忆。童年虽是成年遥远的记忆，却是儿童永远的快乐："小弟弟呵！我灵魂中三颗光明喜乐的星。温柔的，无可言说的，灵魂深处的孩子呵！"（《繁星》）小弟弟是对儿童的泛指，"喜乐"既是诗人"对于人类没有怨恨"、只有爱和感恩的追求，也是奥义书和泰戈尔所谓"梵"的快乐光明圆满的境界就是喜乐的世界。诗人以儿童的美好形象，表达对梵爱和谐境界的向往，对个我的有限生命与"梵"的无限生命整体和谐的追求。梵在诗人的理想中，梵在世人的追求中，梵在婴儿的沉默不语的灵肉中，梵在最高灵魂与"爱"的崇高精神整体和谐的融合中："真理，在婴儿的沉默中，不在聪明人的辩论里"，"婴儿！谁像他天真的赞颂？当他呢喃的／对着天末的晚霞，无力的笔儿，当真抛弃了。"（《繁星》）婴儿不言，"真"在嘴中——"谁像他天真的赞颂"，"对着天末的晚霞"呢喃；婴儿不为，"善"在心中——"含德之厚者，比之赤子"（《老子》第五十五章）；婴儿不欲，"舍"在腹中——"我独泊兮，其未兆，如婴儿之未孩"（《老子》第二十章）；婴儿不刚，"德"在胸中——"为天下谿；常德不离，复归于婴儿"（《老子》第二十八章）；婴儿不忧，"乐"在其中——婴儿"唇上浮动着"的微笑，是泰戈尔眼中"一线新月的幼嫩的清光"；婴儿"四肢上绽放着的"爱意，是泰戈尔心中"甜蜜柔嫩的新鲜情景"和喜乐圆满的执着追求；婴儿"无力的笔儿"的涂鸦之作，是泰戈尔笔下陪伴母亲的金色花、装点孩童世界的"傻傻的云朵和彩虹""航过欲望之海"的独木船。冰心纵情歌颂的婴儿——泛指所有的儿童，与泰戈尔倾情赞颂的儿童有异曲同工之妙和遥相呼应之美。婴儿状态是哲人祈望的境界，儿童世界是诗人驰骋的天地，他们欢笑嬉闹，快乐自由；母亲的生命与孩子的生命融为一体，生命整体和谐；母亲之爱和儿童之爱融为一体，梵爱整体和谐。

　　泰戈尔和冰心的这些诗歌的主题，都呈现出母亲爱儿童的生命律动和儿童爱母亲的生命跳荡，表达了诗人自己独特的生命感悟，以及对母亲之爱和儿童之爱独特的生命体验，表现了"个我"的有限生命与"梵"的无限生命整体和谐、"爱"的崇高精神与"梵"的最高灵魂整体和谐的思想。

泰戈尔"爱的哲学"思想对冰心小诗思想内容的影响，既是爱心的辐射观照，也是冰心自身浓厚澄澈爱心与之产生的共振共鸣。泰戈尔与冰心联袂携手，共同织出了中印诗歌长廊里灿烂辉煌、无与伦比的云锦华章。

学与问（节选）

肖明国：戴老师您对泰戈尔的梵爱和谐思想做过深度研究，并在"爱的哲学"下探讨对冰心小诗的影响，那您认为这种"爱的哲学"对我们现代社会有什么样的影响和价值呢？

戴前伦："爱的哲学"的主要价值为：其一，唤醒人的本心。"爱"是人的本心，也是"本我"的显现。孔子说："仁者爱人"。意即"仁"就是广泛地爱怜他人。"仁"的最高表现形式是"善"，而"善"就是人的本心，诚如孟子所谓"人性本善"。其二，升华人生境界。人为什么活着？这是个古老的哲学命题，不同的人有不同的追求，不同的境界。如果一个人只是"为吃米而活着"（巴金语），那就与动物无异；如果为他人而活着，为爱他人而活着，而献身，那么其人生境界则是崇高而伟大的，例如无数革命前辈和先烈。

"爱的哲学"对我们现代社会的影响和作用可以概括为——保持个体生命自身的和谐：热爱自身生命，做到心理平衡，情绪稳定，个性健康，人格健全；维持个我生命与他人生命的和谐，即人与人的和谐：爱父母，爱配偶，爱儿童，爱他人；维持个体生命与群体生命的和谐：爱平民，爱民族，爱民主，爱光明，爱自由，爱祖国，爱人类。

张卫：戴老师好！冰心与泰戈尔在思想追求、创作风格、审美趣味、语言风格等方面都十分贴近，两人对"爱的哲学"都有自己的思考，都把爱贯穿于作品中，同时也都流露出深厚的人道主义思想和理想主义情怀。但冰心和泰戈尔由于性别不同、文化不同、所处背景不同……冰心在接受泰戈尔的时候是否也呈现出一些新的发展？

戴前伦：冰心在接受泰戈尔影响的过程和诗歌创作中有一些新的发展，主要表现为：其一，冰心诗歌的主题集中于直接赞颂母爱与童爱。如小诗集《繁星》《春水》；而泰戈尔的诗歌的母爱与童爱是融入"梵爱和谐"的思想之中的。其二，从诗歌的表达方式来看，冰心的小诗常常直抒胸臆，抒发对母亲和儿童的热爱之情，如《繁星》；而泰戈尔的小诗多以叙述和暗喻的方式表达母爱与童爱，如《新月集》。其三，从诗歌的体式来看，冰心发展了泰戈尔短章哲理诗《飞鸟集》的体式，创制了轻盈隽逸的抒情小诗，且每章的句数较《飞鸟集》稍多，多为四至十句；而《飞鸟集》是多为二至四句的哲理诗。其四，冰心是女性也是母亲，拥有对母亲和儿童的切身体验，因此其小诗所写母爱与童爱就更加细腻、生动、感人。

胡欣怡：戴老师您好，记得当年您声带手术过后，尚未恢复完全便回到讲台为我们上课。在那个冬天，您那不算洪亮、却格外沉稳的声音，让我们感受到了您对于学生、对于教学的爱。今天特别想再次聆听您执教多年对这份爱的理解。

戴前伦：泰戈尔"爱的哲学"蕴含着丰富的爱儿童、爱他人的思想。对于我这个从教三十八年的教师而言，爱儿童、爱他人就集中表现为"爱学生""爱教育"。我从踏上讲台之年起，就执着地认为：教育就是"爱的事业"，因为教育是"塑造人的灵魂"的神圣事业，而"灵魂"需要"爱"的滋润、呵护、毓养、匡扶，否则"灵魂"就会萎靡、畸长、扭曲，甚至出窍。孟子曾说"得天下英才而教之"是人生最大的幸事，诚哉此言！我曾有多次调入党政部门去工作的机会，但我都推辞婉拒了，因为我爱我的学生，爱我的教育事业。我站在讲台上，走在教室里，漫步校园中，与学生们在一起就觉得是最大的快乐，最美的享受。我常对朋友们说：我平生最值得骄傲的是培养了万名学生人才，此生可算不枉矣！

2017年4月23日

中文楼303教室

作者简介

戴前伦，四川资中人，内江师范学院文学院教授，中国比较文学学会会员，四川省比较文学学会理事，内江市诗词楹联学会荣誉会长。主持国家社科基金项目"泰戈尔梵爱和谐思想对我国早期新诗生态的影响研究"。出版学术专著四部，其中《泰戈尔梵爱和谐思想对我国早期新诗生态的影响》，获四川省第十七次社会科学优秀成果三等奖；《读启教学论》（合著）获四川省人民政府颁发的社会科学研究优秀成果一等奖。公开发表学术论文30余篇。

言之无文　行而不远
——中国大陆影视文化创意产业漫谈

邓国军／内江师范学院文学院教授

> 影视创作要既能展现中华民族的悠久历史和灿烂文化，又能表达中国人特有的精神气质和内在风骨。
>
> ——邓国军

关于中国大陆影视文化创意产业存在的问题，学界已经多有研究。我认为主要表现在创新性不够、文化内涵欠缺、对中华民族遗产继承不够等方面。下面我们来探讨一下中国大陆当下影视文化创意的不足之处。

首先，中国大陆当下影视文化创意的创新性严重不够。

影视文化创意产业一直是我国文化产业的重镇，但我国当下的影视文化产业的创新性严重不够，遭人诟病已有时日，有人甚至称之为"文化垃圾"。近年来我国从韩国购进了一些综艺节目，但由于我们的创新性不够，2017年5月韩国向我国提出意见，认为我国抄袭了韩国的电视节目模式。平心而论，我们确实存在抄袭韩国节目的现象，韩国的反对之声并非空穴来风。说起中国大量引进韩国电视节目版权是从2012年开始，2012年底湖南卫视买入MBC电视台《我是歌手》的版权，从此一档极具影响力的音乐节目便在中国火爆开来。此后，中国又从韩国购入《Running Man》和《爸爸去哪儿》等节目的制作版权，每次的版权费高达几千万甚至更多。受限韩令的影响，各大电视台纷纷开始"节目去韩化"，原先引进版权的节目全部改名，《奔跑吧兄弟》改为《奔跑吧》，《我是歌手》改名为《歌手》。因此有韩国专家认为，正是受到种种因素的影响，中国开始大量剽窃韩国综艺。对此，MBC率先在节目中公开指责上海东方卫视的《极限挑战》抄袭《无限挑战》。之后又有媒体指出湖南卫视《向往的生活》疑似抄袭TVN《三时三餐》。甚至还出现了中国大陆多个电视台争抢同一韩国节目的制作版权的情况，那没抢到正版的自然只能抄袭。韩国放送通信委员会更是列出部分抄袭清单，东方卫视、江苏卫视、浙江卫视、北京卫视、湖北卫视、爱奇艺等等均榜上有名。据统计，2014年湖南卫视《爸爸去哪儿》真人秀节目收视爆红后，湖南台又将其改编成电影，原班人马在广州仅用5天时间就拍摄完成《爸爸去哪儿》大电影。2014年1月31日正式上映，10天后大电影票房突破5.7亿元，次周票房增幅高达28%，成为2014年中国大陆影视的超级"黑马"。有了这个先例，综艺电影在2015年再次发酵。2015年春节档联袂来袭的《爸爸去哪儿2》和《爸爸的假期》以及由浙江卫视热门真人秀节目改编的电影版《奔跑吧兄弟》都成为全国各大影院票房的"王牌"。《奔跑吧兄弟》大电影仅用6天拍摄时间就收获了4.4亿票房。其实，在《爸爸去哪儿》刷出 7 亿票房之前，还有《我就是我》《我们约会吧》《快乐到家》等建立在综艺节目基础上的电影出现。这种盲目地将电视真人秀艺术创造与电影制作对接起来的艺术生产方式虽然能短时间取得一定的经济效益，从长远来看，对艺术生产的消极影响却是很大的——它会倒了观众艺术欣赏的胃口，会使观众产生抵制这种由电视真人秀直接转向电影的艺术生产方式的情绪，最终断送了这类真人秀电影的艺术生命，会让那些真正有艺术创造的电影无缘与观众见面，因为观众只要听到真人秀电影名称就会一哄而散。其实，这类电影制作的初衷就是"借势"——借电视真人秀之"势"，但如果只有噱头而无干货，那终究会让观众毅然决然离真人秀电影而去。

当然，不可否认，我们还是有一些亮点：一部《亮剑》电视剧让人百看不厌。究其原因，主要是电视剧在塑造李云龙这一艺术形象时打破了以往的"假大空"模式，让有血有肉的李云龙形象闪烁着艺术的光芒。一部《康熙王朝》使人们对朝代更迭中丰富的人性有了更加深入的认识，为摆脱昔日历史剧呆板的逻辑推演提供了不错的范本。

但是，对于一个泱泱大国来说，上乘之作还是太少，远远不能满足广大人民群众的需要。

其次，中国大陆当下影视文化创意文化内涵干瘪、单调。

关于"文化"的定义林林总总上千种，但都离不开人类物质文明与精神文明两大方面。在我看来，中华文化应该是物质文明与精神文明在中华民族身上的折光。而且物质文明与精神文明是融合在一起的，没有完全脱离精神文明的物质文明，也没有完全脱离物质文明的精神文明。

中国大陆影视创作的根本缺陷正在于文化的干瘪单调。既有割裂物质文明与精神文明的形而上学，也有只要一点、不要其余的狭隘偏激。这在中国影视产生之初，就已见端倪。早期的中国电影，在人物造型上扁平化就已突出。如早期的歌女形象，定格于艳丽的服饰、程式化的动作，产生了恶劣的影响。尽管也不乏展示中国文化的佳作，但整体质量不高。

在影视文化创业产业发展上，日本值得我们学习，特别是日本的动漫产业堪称全球典范。"动漫被称为21世纪知识经济的核心产业，是继IT产业后又一个新的全球经济增长点。……动漫行业的年增长远高于世界平均经济增长幅度。动漫业已经成为当今世界方兴未艾的朝阳产业。据统计，日本动漫及其衍生产品市值规模已经超越了很多传统生产业，其动画产品出口值远远高于钢铁出口值。""日本现在有430多家动漫制作公司，每周可生产动漫节目80多期。在出版物中40%是动漫作品。而每个月出版的动漫杂志则多达350种。目前，日本动漫产业的营业额已达到230多亿日元，已经成为日本第三大产业。难怪美国《时代周刊》的封面文章都会说，日本已经由一个产品大国变成了一个文化产业的输出大国。"（摘自陈磊《日本动漫产业优势分析》）

日本在动漫发展方面不仅注重文化产品制作的高质量，而且注重动漫产品文化的丰富性。如果说日本动漫文化的丰富性令人目不暇接一点也不为过。"可爱、卡通又真实感人的人物形象，夸张、幽默、充满人情味的情节，唯美生动、令人遐思的画面以及无所不包的广泛取材，构成了日本动漫的'致命诱惑力'"。"可爱、真实、夸张、幽默、唯美、广泛"这一串词汇准确地把握了日本动漫的特征。从《铁臂阿童木》到《聪明的一休》，从《灌篮高手》到《黑子的篮球》无不牵动着世人的心。最受欢迎的日本漫画大概就是少女漫画和体育漫画了。少女漫画的画风较随意，背景多衬有花朵和绿叶，情节上则以描述少女心态、爱情和生活为主。女主角或漂亮或可爱，有着杂草一般坚强地面对生活的勇气和决心，她们迷人的个性和微笑是最大的武器。男主角多半帅而多金，功课第一，运动神经还很发达，通常是全校女生的白马王子。然而这样的白马王子偏偏只对普通的女主角温柔而专情，正因为现实中缺乏这样的爱情，而漫画中的浪漫恰好满足了女生的做梦心理，因而少女漫画才能长盛不衰。浪漫的爱情、英俊的男主角、灰姑娘式的结局正是少女漫画制胜的武器。而日本的体育漫画更是几乎涵盖了各个运动项目，有《灌篮高手》《棒球英豪》《足球小将》《网球王子》《棋魂》等。将这些体育运动项目的规则和知识渗透在主角成长的过程中，可以感受到作者在专业方面所作的努力，进而使许多人了解并爱上这些运动。这种在娱乐中轻松汲取知识的方法也许并不是商业漫画最大的目的，然而却是观者意外的收获。正是日本动漫这种文化的丰富性让很多观众有意外的收获——这种"无心插柳柳成荫"的文化创意产业发展模式是值得我们大陆学习的。日本的动漫在取材上根据分类的不同非常广泛，有贴近生活的，也有天马行空的，但是从整体来看，它们的故事情节是有推动性的，人物是随着故事情节的推移和发展不断成长的，并没有在一开始就贴上标签。日本漫画中好人有任性自私的阴暗面，也会恐惧，也会做错事，他并不是完人；坏人身上也有闪光点，也有他们坚守不渝的信仰，也会为了亲人和朋友奉献。片中的人物让观者感受到的是一个立体的、丰满的人，是现实的矛盾体，而不是一个脸谱。这样观众也会跟着人物一起紧张，一起难过，一起成长。如《犬夜叉》中白心上人一生都为人们奉献，在付出最后的生命要为人们祈福的时候，他突然感到了死亡的恐惧，他为这个感到羞耻，并且为此魂魄迟迟不能升天，因为他对人间有眷恋，对自己作为"圣人"却害怕死亡而感到羞耻，于是桔梗开导他说："没有一丝劣迹的人在这个世界上是不存在的。人们因为心里有迷茫才会伪装，因为害怕生命的逝去而留下的泪水并不可耻，因为这样才是人！"这种对人性的叩问使观众在观看结束后仍然能引起思考。而与之相对的国产动画片则严重脸谱化，好人的形象就是"高大全"什么都好，坏人就为了被好人打败而出现的坏蛋，而不交待他们为什么变坏。脸谱化可谓抓住了中国大陆动漫问题关键所在，说到底是我们文化创意产业文化内涵单调干瘪的问题。以上仅仅是从动漫来分析，实际上，在我们的影视界乃至整个文艺界"文化内涵不丰富"的弊端仍然存在，简单给角色贴标签、"高大全"现象依然突出。毫不夸张地说，这已经成了我们文艺创作的"劣根性"，非下大力气不能改进。

我们同时欣喜地看到，中国大陆的电视台节目的文化创意在不断反思中取得了长足的进展。单从群众参与的娱乐、智力类节目来看，从《超级女声》到《中国好声音》，从《快乐大本营》到《天天向上》，从《中国诗词大会》到《中国戏曲大会》……文化创意已经有了明显进步，打造了不错的电视文化品牌。特别是湖南卫视在娱乐节目上形成了自己稳定的娱乐文化品牌——亦庄亦谐、老少皆宜、自然健康的大众文化趣味。在我看来，湖南卫视节目有张力，能在文化创意上全面考量，打的是"组合拳"。有人评价湖南台的《快乐大本营》具有新鲜的题材、多样的形式、清新的风格、新奇的内容，注重知识性、趣味性和参与性，引领观众走向一个崭新的视听空间；评价《天天向上》凭借强大的制作团队、卓越的节目创新力、超强的主持阵容，融合了多种节目的类型与元素，集多种特点于一身。

学术界甚至有人从文化的"镜像"理论对娱乐电视节目的文化内涵进行肯定：当青少年在看《中国好声音》选手们在舞台上的表演时，在看别人在梦想道路上奋力拼搏时，其实，他们看的是自身在生活舞台上的影子，审视的是自己对梦想的追逐是否也曾如此热切，是否也曾那般始终如一。青少年会无意识地透过《中国好声音》这面"镜子"，将"自我"类似到学员身上，并将学员的表现和评委以及大众对其的评价、态度等信息反馈给自己，以此来认知和修正自己，以便更好地发展自我以适应社会的要求。

正是对中国传统文化的深入思考和个人文化修养的厚重积淀，从60年代到80

年代，或者准确地说，从50年代到90年代，中国著名导演谢晋的电影影响了整整几代中国人。纵览中国电影史上的风云人物，可以在其电影的影响面之广、时间跨度之大能和谢晋相比的可以说是绝无仅有。谢晋以其不断创新的追求精神，创造了中国当代文化史上的一个奇迹。谢晋成功之处主要是：一方面是对时代政治的呼应，另一方面是他根植于中国传统文化并持之不懈的人性关怀。这是对谢晋的准确概括，特别是认为谢晋的电影呼应了社会的深层需求，因而引起广泛、强烈的回应。我认为，无论从谢晋对时代的政治呼应还是从人性关怀来看，他都应该得到高度评价。从中华文艺的历史来看，文艺从来都未曾与政治分离，特别是儒家"修齐治平"的事功观念深入人心。中华文艺具有悠久的"载道"传统，如果因谢晋的电影与政治紧密相连而贬低其价值，那是苛求谢晋了。辩证唯物主义认为：评价一切人或物不能超越其所处的时代。

学与问（节选）

王凯：邓老师好！中国大陆影视中有关于人物形象的塑造是一大硬伤。人物形象扁平化、无弹性、不接地气……这些弊端是否也出现在中国传统文学中？

邓国军：人物形象扁平化现象在中国传统文学创作的任何阶段都是存在的。但是，经过历史的淘汰，经典作品留下来了。文艺创作有它独有的规律，如"文艺来源于生活又高于生活"就是其中非常重要的规律。《西游记》是充满幻想的神魔小说，但我们从中却可以感受到人性的东西，甚至是本质的东西。这种魔幻与现实之间的"张力"成了我们感悟小说魅力的独特津梁。这种"张力"即你所说的"弹性"。读者正是通过这种特有"张力"最终理解了世俗社会的丰富内涵。中国大陆影视创作过程中，对人物形象"张力"的表现非常不够。而港台影视界却有不少亮点，仅就武打影视作品而言，上世纪末港台创作了不少脍炙人口的佳作。我们今天要留下无愧于时代的文艺作品必须在追求艺术"张力"上下够功夫，切不可追求短期的"流量"，留下"一地鸡毛"。

蒋晓琪：邓老师您好！我们都知道不论在哪个领域都强调创新的重要性，同时要善于继承优秀的传统文化。您讲到目前在我们的影视文化创意上就存在着对中华民族遗产的继承不够，我们在讲究创意的同时该如何去把握好其中的度呢？

邓国军：如何把握这个"度"，我认为无论文艺怎么创新，必须做到不影响中华民族精神的继承和发扬，这就是文艺创新之"度"。我们提倡歌颂真善美，鞭挞假恶丑就是对这个"度"的另一种表达。前几年大家追韩剧，除了喜欢韩剧令人耳目一新的靓丽艺术形象外，韩剧对儒家传统文化的推崇也是一个重要因素，特别是韩剧提倡"尊老孝亲"成了我们传统文化氛围逐渐式微的极好补充营养。当然，韩剧同质化、类型化现象非常突出，这是另一个层面的问题了。无论如何韩剧的文化战略是成功的。目前，中国大陆影视创意难以令人满意的一个重要方面就是人物形象立不起来，太"假"，无病呻吟者多，感人肺腑者少。中国儒家讲"修齐治平"，首先是修身、齐家，然后才是治国、平天下。我们很多影视作品为了突出正面人物，夸大了"治平"而忽略了"修齐"，人物形象扁平化而立不起来，缺乏感染力。我们常说：一屋不扫何以扫天下？就是强调自我修养、家庭伦理之重要性。今天我们进行影视文化创意必须继承、发扬中华民族精神，明乎此方能无愧于"炎黄子孙"之称谓！

胡欣怡：邓老师您好！您的观点真的说出了很多人的心声。当前观众们真的是苦影视圈沉闷氛围久矣！打开各大平台，一堆堆类型剧、热门剧，目不暇接。对于当下翻拍剧、脑残剧扎堆并且口碑屡创新低的现象您怎么看呢？

邓国军：当下翻拍剧、脑残剧扎堆现象的确是积重难返。你所说的"脑残剧"当指那些胡编乱造的影视剧。造成这一现象的主要原因一是忽视文艺创作规律，二是人心浮躁，只追求花架子，不注重艺术形象内涵。

先说第一个原因。文艺创作不同于机械制造，不能刻板复制。我们常说"再现典型环境中的典型人物"，既对环境的典型化有明显要求，也对人物形象的典型化做出规范。我们对批量复制的热门剧嗤之以鼻，正是对毫无创造性的"垃圾"的抵制。文艺形象之所以感人，就在于他（她）们是一个个"熟悉的陌生人"。"熟悉"与"陌生"恰好形成一种"张力"，二者相反相成。"熟悉"是指人物形象的生成逻辑是我们熟悉的、认可的，是"似曾相识燕归来"——娇俏的燕子在大家的心中是熟悉而能共情的意象；"陌生"是指经过了文艺创造，不是简单复制，有特殊的"艺术魅力"，是"小园香径独徘徊"——"独徘徊"之"情"则是陌生的（接受者虽能有"同情之理解"，但毕竟无法完全共情，此情是地地道道的"他者"），或者说无人真正领会是"难传之秘"。这种熟悉而陌生的"张力"成就了一千个读者眼中的一千个"哈姆雷特"，而这正是缪斯女神的魅力之所在。

再说第二个原因。当下中国大陆影视界的确是你方唱罢我登场，热闹倒是热闹，能让人感悟出理性光辉的太少。就像感冒发烧，高烧到40度，大汗淋漓之后，只有晕眩与虚脱，而没有运动场上挥洒汗水后的畅快与舒适。前者是昏了头，后者是醒了神，高下立判。

2019 年 4 月 23 日

中文楼 303 教室

作者简介

邓国军，内江师范学院文学院教授，四川大学中国古典文献学专业博士后，硕士研究生导师，曾任文学院院长。1966年出生，湖北省巴东县人，土家族，中国民主同盟盟员，全国马列文论研究会会员，四川省民盟理论研究会副会长，四川省文艺评论家协会会员，四川省民族地区教育科研微型课题研究项目专家库专家，内江师范学院学科带头人。

主要从事中国古代文学、古代文论、文艺美学教学与研究。出版专著《中国古典文艺美学"表现"范畴及命题研究》。近年在《文学遗产》《社会科学战线》《文艺争鸣》《学术界》等刊物上发表、转载论文30余篇。

中国先锋小说的隐在症候

刘云生 / 内江师范学院文学院教授

> 主体的觉醒是当代中国社会思潮的主流，从主体的觉醒到个人的权利意识的增长，贯穿于整个过程之中。
>
> ——刘云生

一、作为审美现代性的"逻辑起点"：当代先锋小说

上世纪80年代初，新时期中国开始了"启蒙现代性"的重建，人的主体意识被重新激活，精神个体渐次摆脱整体性极强的红色体制的依附和压抑，个体性主体获得正名。以"朦胧诗"为代表的中国当代新时期文学，率先发出了人性尊严的历史强音，以个体生命为旨归的感性解放势如破竹，成为颠覆既有历史叙事的突击力量。到了八十年代中期，文学"寻根"行动和先锋小说试验又孕育出一场"革命"，从"写什么"转换到"怎么写"，表达了构建文学自律空间的现代性诉求，开启了审美现代性的自觉意识。但是，它首先是脱离"外在"功利价值取向而呈现出来的审美独立性，即审美的自主性和自律性。在前现代社会中，如韦伯所言，"艺术存在的合法性根据不在艺术，而在艺术以外的其他功利价值领域"。因此，"自主性或自律性是审美现代性关键特质"。[1]其次是针对传统美学理性，审美现代性以个体存在、感性活动为本体，对现代社会种种"异化"现实，以"审美之维"进行批判和反思，寻找现代社会的超越前景。审美现代性，不管这个概念是否水土不服，在文学领域，学者们普遍将先锋小说看成中国当代审美现代性历史建构的逻辑起点，在当代审美现代性历史建构中起到了关键作用。

如果结合创作，上述理论性言说就不抽象了。

　　新时期文学从最初的"伤痕文学"到随后而来的"反思文学""改革文学"，不仅对"文革"十年以及建国以来的历次"左倾"政治运动都进行了一系列控诉和反省，对人性尊严、世俗情感以及自然欲求也给予了积极主动的吁请，并在很大程度上使文学剥离了以往的阶级性、革命性等模式化表达传统，重新回到对人的精神苦难以及生存境遇的关怀之中，而不再是意识形态简单的传声筒。但是，正如李陀的分析："一种不同于毛泽东时代的文学，应该从'朦胧诗'的出现，到85年'寻根文学'，到87年实验小说这样一条线索去考察，直到出现余华、苏童、格非、马原、残雪、孙甘露这批作家……这时候文学才发生了真正的变化，或者说革命。"[2]今天看来李陀的态度有点夸张，像在废墟中发现了熠熠生辉的珍宝。理论界很兴奋地宣布这场美学革命导致整个小说美学观念的解放，带来阅读和批评的根本性变化。从此时起，中国大陆文学的语言、文体、表意、观念等方面都发生了重要的转型。这种文学革命是以对意识形态的逃离和从形式探索开始的。作家们当然希望创作被理论化。格非说："对于大部分作家而言，意识形态相对于作家的个人心灵即便不是对立面，至少也是一种遮蔽物，一种空洞的、未加辨认和反省的虚假观念。我们似只有两种选择，要么成为它的俘虏，要么挣脱它的网罗。"格非谈到1986年开始写作时的动力："我所向往的自由并不是在社会学意义上争取某种权力的空洞口号，而是在写作过程中随心所欲，不受任何陈规陋习局限的可能性。主要的问题是'语言'和'形式'。"[3]在余华1989年发表的被称为"先锋派宣言"的文章《虚伪的作品》中提出："我所有的努力都是为了更加接近真实。"对当代文学形式的破坏，探询一种"不确定的叙述语言"，正是到达"真实"的首要步骤。因为"首先出现的是叙述语言，然后引出思维方式"。语言作为政治工具很累，但是作为作家个人的玩物同样很不幸。

二、被政治"默认"的审美"独立性"

　　应该指出的是，尽管先锋小说声称逃离了政治，但是先锋小说依然具有文化政治的属性。它"一方面是帮助中国'新时期文学'解脱政治宣传功能的束缚，帮助文学向政治'申请自主权'，争取文学的独立性；二是帮助中国青年宣泄他们的精神文化的危机感。显然，后一种精神选项带有更多争取个性自由（乃至社会变革）的思想启蒙意义""它虽然强调形式变革，但那是对形式的追求本身就蕴含着对现实的评价和批判，是有思想的激情在支撑的"，所以，"那是一种文化政治"。[4]也正是如此，先锋小说在文学体制内部力主改革开放、具有强烈现代意识的知识精英支持下，降生、传播，最后蔚为大观，引领一场文学革

命。1986年起，《收获》《人民文学》《钟山》《花城》都成为刊布先锋小说的重镇。李陀、朱伟、程永新等思想敏锐的编辑积极推荐先锋作家的作品，为其扩大影响推波助澜。在这场"当代中国文学最动人场景"的幕后，是思想解放激发的另一种批判性的文学主流思想，它要让文学回到文学自身，要"从文学的马车上卸下政治的重负"；在"文学是语言的艺术"的旗帜下，要绕过、质疑乃至颠覆反映论，对先前狭隘一统的社会主义现实主义美学禁忌加以反拨。先锋派小说激进、绝端的文学实践体现了这些要求。而先锋派小说本质上作为一种现代化的思维方式和文化实践，在八十年代虽然曾经引起争议，但它最终被极力追求现代化的政治主流所默认，也就顺理成章。由此，在各方政治文化力量的合作与博弈中，文学终于向政治申请到了"自主权"，脱离工具化的历史，文学的独立空间开始似乎从无到有。

从审美层面上说，个人风格的美学表现是审美现代性的一个特征，在艺术创作中具有显著的个人自我意识。步入近代以来，社会现代性实践所要求的是群体的社会自觉、统一，而不是个体的生命自立、自由。构成文化叙述的主体，与其说是个人，毋宁说是民族与国家，个人是与民族、国家，与普遍历史规律的宏大政治叙事结合在一起的。当他们漫步在历史河边的时候，大多眺望历史缥缈的远景，或者想象一个个落水者濒死时的灵魂挣扎，赋予一份冷酷和悲悯，记录下他们破碎的经历和只言片语的哀鸣。在他们的存在感受中，历史和事件都是外在的和偶然的，他们放逐作为整体的历史，将历史抽象化、个人存在化。历史废墟上空游荡的是人的无意识、本能和无穷无尽的存在噩梦。先锋作家作品中体现出的自我"经验"实际上是现代主义自我理解和自我批判的基本主题，表达出自我与世界的荒诞关系，是对前三十年理想主义追求的惨痛觉醒和由此而来的一种深沉的幻灭感。

三、"形式革命"的激进姿态

在先锋小说中，叙事形式的革命意义，不仅是它在小说技术武库中的增量价值和阅读感受上的颠覆刺激，在当代审美现代性的建构语境中，也暗示着一种自我的关系和意义生成方式。

有学者积极地将其指认为一种崭新的历史感和自我意识的迂回曲折显现。作品中那些在时间中飘散的意象、意义空白与语言空白的自由转换，暗示出一种自由主体的生成。九十年代，先锋小说已全面退潮，一些中国式的后现代主义者在先锋小说中"发掘"出了类似后现代主义的技法，并提供了另一套先锋小说自我意义的阐释解读。他们把先锋小说声明的虚构性，阐释为对真实性的解构，对于深度模式的破坏。如有后学家认为："马原、洪峰等人所不断制造的叙事混乱，就表明着他们对文学历史的极差性关系的反抗，他们一再地表明不存在任何确定的可能性追寻的真实和因果关系，而只是本文中能指的无穷尽的互相指涉、关联与差异的运动。"[5]在他们看来，从徐星、马原开始，先锋小说试图以某种游戏般的文字操作动作表达深刻的人生哲理和态度，带有各种文化内容的密码被还原成了其原初的状态：一大堆意义不确定或未出场的文字符码。

有的后现代主义者干脆就判断中国先锋小说已经是自我失落，游戏人生，因为"后新时期作家往往不再像他们的前辈那样以寻找自我、启蒙社会、不再以忧国忧民拯救人类灵魂为己任……后现代主义否定在复杂纷繁的具体事物后面有一个最高最后的东西：现象后面没有本质，偶然之中没有必然，意识下面没有无意识，言语背后没有语言"。在弗·杰姆逊看来，后现代主义的"主体的非中心化"表明，现代人已不再处于一个仍然存在着"个人"的社会，我们都不再是个人了，而只是被"他人引导"的人群。他说，如果说现代主义时代的病状是彻底的隔离、孤独，是苦恼、疯狂和自我毁灭，这些情绪如此强烈地充满了人们的心胸，以至于会爆发出来的话，那么后现代主义的病状则是"零散化"，已经没有一个自我的存在了。[6]

显然，在先锋小说的理论化阐述中所谓的批判性、启蒙性只是一个方面，同时它还被后现代主义理论加持。

八十年代早期先锋作家们的个人性的表达，因为面对传统意识形态压力表现出与现实紧张多少带有一定批判性，尽管他们与时代错位，抽离出对外在世界的责任与思考，有意关闭主体面对政治、经济、物质生活的现代展开时应有的复杂感知和审视，苦心营造出存在主义式的个人精神天地，但这种孤绝的自我，依然是一种精神深度，毕竟体现了人的个体价值。

四、激进姿态后的隐在的症候

当代先锋小说被看成是中国当代审美现代性的颜面之一，呈现当代审美现代性展开的现实路径，人们额手称庆。应该看到，其内在的症候开始以极端的方式显露出来。

首先，当代审美现代性的要求最初是作为绝对拒斥意识形态文化陈规的力量出现的，它通过提供批判颠覆潜能来反向建构自己，而不是从自身美学规范出发的。康德对美学经验"无目的（功利）而具合目的性（功利性）"的规范论析，

在中国20世纪上半叶的现代性展开过程中被普遍忽略，或被边缘化，它往往被强行赋予启蒙现代性的阐释功能，在社会主义红色体制岁月中更是付之阙如，规范意义上的审美现代性从来没有获得过自足的意义，我们几乎没有在此规范意义上成熟地能够进入主流的文学艺术经验。现实主义构成了中国文学艺术实践的总体风格。

其次，聚焦于批判颠覆的功用，自然有意无意将"历史""社会"视为一种巨大的政治现实而将其绝对化，将个体存在与"社会""历史"之间的关系设定为某种无法进入调和的状态，个体精神的内在挖掘和人的感性解放被当成战胜后者的唯一武器，形成一条脱离历史的主体（自我）演绎路线。以此倾向选择那些可以借鉴的思想资源，反之这种选择又更加强化了这一路线。以先锋小说接受影响最大的存在主义来说，先锋作家们倾向接受的观点大多是"存在先于本质"，存在的不可确定性，和与他人无法沟通的抽象玄思，而忽略其在主体、历史、社会、文学之间关系的深刻思考。真正意义上个体哲学的缺席与精神生活的犬儒化，导致个性化在90年代伴随着狂欢走到了病态的极端。

最后，作为审美现代性得以实现的关键环节，个人想象力的自我放纵和形式纯技术化由此产生的审美对现实的遮蔽。先锋小说以"怎样写"代替"写什么"这类纯技术性问题给自己圈定一片"纯文学"的疆域，以此构建文学的独立性和自律性。但是，当"怎样写"完全变成一味地不断探求叙事变异，迷恋于自我想象的无限扩张而不能自拔、甚至使之绝对化作为文学性的唯一来源，实际上就表明审美追求背后以及作家精神存在和作家写作方式的恶化。在形式迷宫中，作家可以超现实地将形式游戏推演发展，成为个人的精神寄托和背向现实的避风港，但这只能是对灵魂的一种自慰式的安放，是对现实的漠然和厌恶。

五、开放的结论：是过期"解药"，还是"尚未完成的规划"

可以看出，中国审美现代性之当代建构最初是以一种倒置、对立的方式开始的。由于八十年代初还缺乏除既有社会历史阐释之外的社会理论的支持，那么只要远离政治化社会历史理性，只要远离现实主义美学规范，它的艺术创作都得到鼓励，传统政治文化"掘墓人"历史激情就会远远大过规范意义上审美自足创作的切实践行。作家热衷于"叙事魔方"的纷繁变幻，结果是复杂的形式阻隔了大众的阅读，更遑论在现实中帮助人们获得重塑乃至重构主体的审美启发。它的意义在有话语权的哲学、批评潮流中漂浮不定。这种批判过程中反向实现的审美独立尚显脆弱。同时，我们应该看到，在强化了本土审美艺术经验之后，特别是先锋小说影响下的莫言和阎连科，其创作彰显出极大活力，审美现代性在激活作家个人创造力方面显然功不可没。套用哈贝马斯的句式来说，中国的当代审美现代性或许是一个尚未完成的规划。它的目标是追求艺术的自主自律，即规范意义的审美现代性，它也许只能以理想形态存在，但是，在一批理论家极力否定"自律""独立"审美现代性，认为纯属子虚乌有时，我们又该怎么理解，确实值得同学们思考。

参考文献：

【1】周宪.审美现代性批判[M].商务印书馆，2005: 194-195.

【2】【4】李陀、李静.漫说"纯文学"——李陀访谈录[M].上海文学，2001年第3期.

【3】格非.塞壬的歌声[M].上海：上海文艺出版社，2001年11月版.

【5】张颐武.实验的意义、从现代性到后现代性[M].广西：广西教育出版社，1997年11月第1版.

【6】弗·杰姆逊.后现代主义与文化理论[M].陕西：陕西师范大学出版社，1986:181-185.

学与问（节选）

徐梦琳： 刘老师好！先锋文学对传统文学的反叛与继承、对形式的探索和追求可以说是具有一定意义和价值的，您认为的"但是，当'怎样写'完全变成一味地不断探求叙事变异、迷恋于自我想象的无限扩张而不能自拔，甚至使之绝对化，作为文学性的唯一来源，实际上就表明审美追求背后以及作家精神存在和作家写作方式的恶化"，这段话可否理解为当文学的技巧性大过主旨意义时，也是其衰落之时？那文学的内涵和技巧应该占有怎样的比重？

刘云生： 你的问题很有意思。创作中作家最难的是编故事，所谓"无巧不成书"，"巧"意味着技术形式高超，形式上构建往往是作家创作的难点。作家绞尽脑汁，扯掉胡须，也要让一个故事曲折婉转，不同凡响。好作家善于调动自身才华、经验，扬长避短，同时也善于诱导读者。若读者读了欲罢不能，作品至少有人看，有一定的社会认可。读者众口难调，审美差异巨大。但是大多数读者一定会拒斥一个笨拙无趣的故事（或者叙事）。先锋小说从形式创新起家，确实有些作家在形式叙事上走火入魔，想象失度、脱离内容或者形式繁复，作品难以卒

读，这样的形式成为作品的致命伤，也是部分先锋小说遭人诟病的原因。马原的《虚构》《冈底斯的诱惑》都是叙事创新的佳作，作品形式感极强，与作品表现的藏区风情互为映衬，很难分清形式和内容各占多少比例，写藏区内容的不少，但是马原写得别开生面，点石成金。所以形式创新精巧、有吸引力是关键，当然绝对没有完全脱离内容的形式。

匡星星：刘老师您好！张清华的《中国当代先锋文学思潮论》中谈到，1995年以来，先锋文学思潮经历了整体的衰微，并发生了某种微妙的变化。这是文学发展难以避免之趋势，但对当下来说，先锋文学也不见得就是"过期的解药"。如果把先锋文学看做是"尚未完成的规划"，那么您以为先锋文学之路是要走向"续航"，还是"转型"更为妥帖？

刘云生：我的观点是九十年代现代性话语框架中对先锋小说的思考时过境迁，现代性理论其有限性和有效性都受到不少学者的质疑，比如认为现代性话语还是一种西方中心主义的言说，理想状态的审美现代性是否真正存在？但是作为知识生产的成果，若要进一步学习研究现当代文学理论还是应熟悉现代性理论，否则，学习研究就会形成学理上的断层，因为以前大量的研究理论都在现代性理论下思考，你不熟悉了解，就读不懂这些论文。当下对现代性理论有一定修正和限制，现代性理论依然是我们思考问题的重要视角。北大陈晓明、南大的周宪等著名学者论述颇多，可以拓展。我谈到的"解药"或"未完成性"也是在现代性话语构架中论析的。今天，至少从主流观点上看已有了"答案"，但此问题意义犹存，极富启发性。从具体创作上谈，比较容易理解。张清华的著作出版时，先锋文学已经处于转型期，渐入主流，或者已是一个主要的风格流派，先锋作家也都功成名就，不少作家屡获大奖。文学是创新的事业，作为创新先锋，在主流化的过程中做出适应主流、读者、市场的调整也是很正常的，今天的文学创作应该说或多或少都受过先锋文学的滋养。先锋文学当然有他的缺陷，但是对当代文学的贡献总体是积极的。

代菁：刘老师您好！中国当代文学似乎与读者有一种距离感，这种距离感与当代文学本身的内容和形式是否有关呢？

刘云生：和当代文学有"距离感"，涉及个人的审美趣味、知识趣味、对当代历史现实的理解等。先锋作品的阅读具有挑战性，特别是一些形式"越轨"的创新之作，如马原、格非的部分作品。我们不能用现实主义作品的拟真感受去体验作品。如果事先学习一些先锋小说的叙事理论，对小说结构、视角、寓言性有所领悟，阅读中用心揣摩，阅读中会有智性的、甚至诗性的体验，能极大地提高文学的阅读解析能力。如格非的《青黄》等作品，就可以如此研读。另有途径是由易到难。余华的《活着》《许三观卖血记》可读性很强，从先锋作家创作风格更生活化的作品开始，再去读格非《褐色鸟群》这类作品，接受起来容易些。总之，形式感强的先锋小说确实要求读者转换阅读心态，需要更多的智性玩味。其实，当代著名作家阎连科很多作品先锋色彩浓厚，同时生活味十足，想象奇崛，妙趣横生，寓意沉潜，读后酣畅淋漓，令人击节三叹！

2018 年 5 月 5 日
中文楼 303 教室

作者简介

刘云生，四川南充人，内江师范学院文学院教授，四川师范大学现代文学硕士生导师，原文学院院长。生于1963年10月，1985年7月毕业于四川师范大学中文系。后获四川大学现当代文学硕士学位。中国现代文学研究会会员，中国当代文学研究会会员。学校重点建设学科现代文学专业学科负责人，四川省中小学教学科研专家库专家。近年来先后在《文学报》《求索》《巴金研究》《当代文坛》《小说评论》《红岩》等核心期刊（CSSCI）和大型文学刊物上发表论文、评论30多篇。出版专著有《先锋的姿态与隐在的症候：多维理论视野中的当代先锋小说》。

相逢"大鱼"

王继军／内江师范学院张大千美术学院研究员

> 在那个没有网络和手机的时代，老师是领着我们走进深邃人性和眺望精彩世界的重要引路人。与这些"大鱼"的相逢是我一生的幸运和富足。
>
> ——王继军

清华大学校长梅贻琦说过："大学，就是大鱼带着小鱼不停地游，游着游着，小鱼就变成了大鱼。"我从内江师范学院毕业已经30多年了，虽然一直没有离开这所学校，但是，每天上下班，从东桐路经过桐梓坝大桥时，常常会想起沱江边曾经有一棵硕大的榕树，榕树下有一条通向渡口的小路，小路尽头的那艘渡船，渡船上来来往往的人流，人流中时常会遇见我的老师。在我的大学记忆中，最刻骨铭心和最鲜活动人的片段有很多是关于我的老师的。在那个没有网络和手机的时代，老师是领着我走进深邃人性和眺望精彩世界的重要引路人。与这些"大鱼"的相逢是我一生的幸运和富足。

苦难如花

孙自筠教授是我的中国现代文学史课程老师，安徽寿县人，个子不高，性格温和，面相和善。因为我的祖籍也是安徽，所以对他有格外的亲切感。第一次给我留下深刻印象是听他的讲座。很难将他的苦难经历跟眼前这个娓娓讲述的人联系起来。他自幼喜爱文学写作，毕业于兰州大学中文系。"文革"期间因蒙冤下放至四川内江简阳县农村劳动改造，后在简阳农

《太平公主》孙自筠 著，
中国三峡出版社，2009年版

村一个叫葫芦坝的地方安下家来。直至1979年他得以平反，被组织安排到刚复校的内江师范专科学校中文系任教。今天想起来，如果不是因为那场灾难，我们可能不会遇见他。

无论遭遇什么艰难境遇，他始终没有放弃文学写作。最难得的是，他退休以后，没有选择享受赋闲的清静，却开始潜心历史小说"公主系列"的写作，迎来了他文学创作的高峰期，被誉为"公主文学之父"。在这个成名的过程中，他始终没有忘记自己的"本分"——育人。他多次担任主编，帮助学生文学爱好者们结集出版作品，多次邀请国内知名作家来校做文学讲座，他用自己的稿费在学校设立了"孙自筠文学奖"，迄今已经评奖5届，68人获奖。这个奖设立的时候，我刚好在学生处工作。有一天，孙老师找到我，说想在学校设立一个文学奖，以激励在校学生中的文学写作爱好者坚持文学创作，培养文学新人。我们提出文学奖就以他的名字命名，他起初不同意，说不要什么名声，只想帮帮学生，尽一份力量，因为在学校任教20多年，对学校也有一份情谊。后来，经再三劝说，他才接受我们的建议。有一次，我们谈到文学奖十届的期限，这个年近八十岁的老人恳切地告诉我："不用担心，即便是我有一天离开人世，我也会把文学奖的事情安排好，十届文学奖一届也不会缺的。"

这是一位多么倔强的老人呀，面对苦难，他始终坚信："黑暗只是暂时的，光明最终会到来。"历经艰辛，造就了他坚韧的品格、乐观进取的人生态度。八十岁寿辰前，他给我打电话，邀请我参加，并特别告知不收任何礼物，就是想跟大家聚一聚。遗憾的是，我当时在海口出差，不能到场，只好让爱人代我前去祝贺，他让我爱人带回一套再版的"公主系列"小说丛书，书签上，他坦然写下"不忘初心，方得始终"自语。是的，就是靠着这样的品格和信念，他的苦难人生才能开出如此美丽幸福的花朵。

《离骚》夫妻

官长驰、熊秉尧是对夫妻，都是我的中国古代文学课程老师，两人都毕业于四川大学。我们的中国古代文学课程不只一位老师上，官老师给我们讲的是屈原的《楚辞·离骚》。官老师讲《离骚》时，用的是他自己编的教材，是用手动油印机印出来的，蜡纸刻板是他亲手所刻的，发到我们手中的时候，整个教室都充溢着油墨的味道。更令人惊奇的是，这首长达373句的长篇抒情诗他几乎能够一句不落地背下来。最令我佩服的是他的讲述：一边吟诵，一边讲解。吟诵时情绪饱满，令人身临其境；讲解时博古通今，入木三分。带着我们在《离骚》表达的

理想与现实的冲突主题中思索，在花草禽鸟的比兴、瑰奇迷幻的象征中流连，在对国运民生的关切中探寻。还记得他讲到《离骚》中美艳无比的"宓妃"时，抨击当时美术界盲目跟风的人体绘画现象："走进美术展览馆，就像走进了澡堂子"，引得课堂一片大笑。对我而言，那真是神奇的经历，至今想起来仍然是心潮澎湃。

我们学习《离骚》是有背诵任务的，由官老师选出一些段落，要求每一个同学背熟，而且他要一个个亲自检查。由于我们班人比较多，他就让他爱人熊秉尧老师帮忙，分两个组进行。因为受了他课堂的影响，我们一点都没觉得这是一件困难的事，大家都在课后认真地背诵，然后自觉地到中文系办公室接受两位老师的检查。我排队刚好轮到熊老师那组，熊老师是个很和蔼的人，我前面有个同学背诵时有些紧张，她亲切地说："不要紧张，《离骚》的诗句是很浪漫的，你权且用心灵去体会那种浪漫。就是背不下来，也不要紧，明天再来，这两天我都在这儿。"听她这么一说，我的紧张情绪也缓解了许多，背得也异常流利。因为《离骚》课程，这对夫妻给我留下了难忘的记忆，我对他们产生了深深的崇敬之情。

那时的周末，在过河的渡船上，时常会遇见他们一块上街买菜。在船上，我们还会向他们请教或者讨论《离骚》。下船时，官老师背起背篓，总是不忘牵着熊老师的手。我曾经想象过，一对夫唱妇随的《离骚》夫妻，该有多么令人羡慕的浪漫和幸福。官老师后来还担任学校图书馆馆长，他有一次告诉我，他做馆长最骄傲的事情是力促学校购买了《文汇报》全套影印版。这在当年拮据的学校财政状况下，无疑是一个壮举。说起这一手笔，讲述《离骚》时的神采又浮现在他的脸上，而我更能深深地体会到，他骨子里那份坦诚的襟怀和迷人的智慧。

"无语"经典

刘宗邦是我的古代汉语课程老师。他是一位严肃，甚至有点迂腐的老师，讲课一板一眼，按部就班，几乎没有什么笑容。讲课的教材是他自己编写的《古汉语纲要》，他讲课的时候，基本上内容跟教材一致，真有几分"照本宣科"的味道，不同的是他"宣"的是自己书上的话语，内容简明扼要，深刻精辟。刚开始，我不太喜欢他的讲课方式，后来，在课后复习查资料的时候发现，他讲的内容都是经过他自己深入研究和考证的，很多见解或集众家之长，或独树一帜，对他讲课的学术性也就刮目相看，佩服不已。后来才知道，他早年就读于四川大学中文系，后考取北京大学硕士研究生，受教于中国现代语言学奠基人之一王力先生，其学养深厚可见一斑。按他的资历可以去更好的大学工作，但他从来没有想过要离开内江师范学院。因为，这里是他的"再生故乡"。

我一直自认为是一个自觉的好学生，但是，刘宗邦老师却让我接受了少有的一次"教训"。有一次，我把刘老师布置的《古代汉语》作业忘在宿舍里了，就没有按时交。第二天上午第二节课课间休息铃刚响一会儿，就听见教室后门有人在叫我的名字，回头一看是刘老师，"你的作业为什么不交？"他平静地问道。"我忘在宿舍了，没带来。""那赶快去拿，我在这儿等你。"我的脸一下红了，一路小跑跑回宿舍，等我拿着作业回到教室时，其他同学都已进教室准备上课了，刘老师还站在教室门口等着我。接过我教给他的作业本，刘老师一句话没说，迈着缓缓的脚步走上了走廊尽头的楼梯。从那次以后，我就再也没有不按时交作业。

刘老师刚退休那几年，我从教工宿舍7幢外的斜坡走下来，时常会碰上从下面经过的刘老师，还是那样缓缓的脚步，跟他打招呼，应一声，话也不多。后来见着他的机会就越来越少了。去年，在学校网站上看见一则报道，老人已经95岁了。这个寡言少语的老者，以异常平静的心态面对着纷繁变幻的时代，却用特有的那份安静和严谨沉浸在古汉语研究和教学的世界里。他始终是少语的，甚至有些不善言辞，但是，他的手稿中，却聚集着对我们这个古老民族语言深刻的思索和求证，面对这样的执着和谦逊我们肃然"无语"。那天，在网上搜索"刘宗邦、古汉语"，竟然发现还有他的《古汉语纲要》出售，毅然拍下一本，收藏下这本"无语"的经典。

知鱼之乐

陈应祥，是北京师范大学苏俄文学研究生，是我的外国文学课程老师，也是我们中文系的系主任。他在我国《外国文学》教育研究领域具有重要的影响。曾两次被国家教育部聘请为主编，编著《外国文学》教材，他任总主编的《外国文学》由山西人民出版社出版时，《人民日报》（海外版）发表专版书评："这是一本很好的书，它不但对青年学子能起引导的作用，还将在中国未来世界整体的外国文学研究上起先锋的作用。"他是全国高等师范院校外国文学研究会常务理事、四川省外国文学研究会会长。我们都很喜欢他的课。他的课堂开放浪漫，激情飞扬，无论是讲授外国诗歌、戏剧还是

陈应祥主编的《外国文学》
等教材一时影响了全国
高等师范专科学校

小说，他都会以洪亮的声音、饱满的情绪带着你畅游那个无限神奇的文学世界，体验和理解、享受和思考，潮起潮落、共情共鸣。

我与陈应祥老师并没有什么过多的交情，却在即将毕业之际与他有一段邂逅趣闻。1985年夏，我们已经完成全部学业，等待毕业分配结果。一个周末，雨后阴天，我与另外一个同学到沱江边散步，顺着河边芦苇丛中蜿蜒起伏的小路向下游走，走到现在学校东区河段时，远远看见有一个人坐在河边钓鱼，走近才发现是陈老师，看着他专注的神态，我们也没好打扰他，况且他也不一定认识我们。走过他身边几米远，忽然听见"啪啪"的响声，回头一看一条大鱼上钩了，陈老师熟练地把鱼拉上了岸边，刚把鱼钩取下来，准备把鱼放在河边的鱼篓里时，突然，脚下一滑，连人带鱼一下滑到了河里，鱼跑了，陈老师全身也打了个透湿。我们正想跑回去帮助他，只见他利索地爬上了岸，从放在岸边的一个背篓里拿出一套备用衣裤，走到芦苇丛里，把湿衣、湿裤一股脑地脱了，迅速地换上干净衣裤，走回岸边小凳坐下来，又回到专注钓鱼的状态，仿佛什么事情都没有发生过一样。整个过程干净利落，一气呵成，一看就知道属于训练有素的钓鱼高手。不过，我跟同学因为这一偶遇，看见了老师的湿身，忍不住笑了好一阵。

后来，我被分配留在学校中文系。在班上毕业聚餐会时，陈老师来了，我们书记刘安善老师把我介绍给他，我说："我知道陈老师爱钓鱼，那天我在河边还看见您呢！"书记告诉我："你还不知道吧，陈老师还是我们学校钓鱼协会的会长呢！而且，他还会做鱼，做的鱼好吃得很，全校第一。"工作后，听说了陈老师更多的趣事，他好吃肥肉，家里人因为他有"三高"等病症不让他吃，他就趁上街的机会，偷偷跑到饭馆里，要上一份咸烧白（芽菜扣肉），吃了再回家。而且他坦承自己抵挡不住美味的诱惑，也不想压制自己的美食欲望。至于身体嘛，听天由命，顺其自然。在我眼中，陈应祥老师是一个对事业和人生都充满激情的人，做学问、干事业充满激情，享受创造和进取的美妙；对生活、对文化充满激情，享受人间天伦的乐趣。一个能够尽情追求和享受世间美好事物的人，一定有一个无比幸福、无比有趣的灵魂。

诗书情怀

肖体仁老师是我的《写作》课老师。还没有上他的课之前，就听高年级的同学讲，听他的课，从头到尾就像是听散文朗读，很美妙的感觉。见到他的时候，跟想象的还是有些不同。第一，他是一个腼腆的人，少有诗人的奔放气质。第二，他讲课用的四川话，当年，我们的老师讲课用四川话的人不少，但他是用四川话朗读散文，感觉有点异趣。第三，他讲课的时候，基本是照着稿子念，也就是说，他的讲稿就是事先写的一篇散文体讲稿。他是我们学校80届的学生，比我年长几岁。想来也是，刚毕业留校教书，性格腼腆，又缺少教学经验，语言表达能力又不是很强，讲课前在讲稿上下足功夫也不失为良策。但是，能够做到他那种程度却并不是一件易事。除了超强的写作能力、坚持不懈的毅力和强烈的责任感非常人能比。可他就是靠这样的执着，一学期一学期，一届一届地坚持下来。那些厚厚的散文体讲稿，练就了他敏捷的文思，成就了他出口成章的才气。

他是一个对学生特别友爱的人。那个时代是一个特别崇尚文学艺术的时代，很多人都想当作家，我们有很多同学课余、周末都喜欢往他家里跑，跟他聊天，讨论诗歌、散文创作，他也非常乐意与学生真诚地交流分享。他的家我去过两回，那与其说是家，还不如说是个"图书馆"，家里几乎所有的墙壁都是以书柜做装饰，从地面一直到天花板，特别壮观。他是一个嗜书如命的人，1998年，他在北京大学做访问学者结束，回川时，竟然包了两个集装箱，才把买的书运回来。那些书都是他在进修期间，跑遍北京大大小小的地摊、书店淘来的。记得那年，我们年级的同学回校搞同学会，请他讲话，他动情地说："我长得不漂亮，但我的女儿很乖巧；我生得不富有，但我有万卷诗书相伴。"他的女儿后来以优异的成绩考入北京大学，我们中文系的毕业生能够一度出现著名的作家"群落"，不能不说与这样的老师，这样的诗书气质息息相关。

北京大学钱理群教授说：教育就是"爱读书"的校长和"爱读书"的老师，带领学生一起读书。大学是一条永不停息的河流，这条河流的生命力在于，一拨一拨的"小鱼"能够在这条河流中与一条一条的"大鱼"相逢，"大鱼"领着"小鱼"带着梦想畅游远方。这样的相逢是思想和价值的交汇，是情怀与信念的交融。我是幸运的，虽然20世纪80年代是一个物质相对匮乏的年代，却是学校学术思想最活跃的时期，尤其是这些"大鱼"的言传身教、耳濡目染给了我严谨的态度、独立的思想、勇敢的担当和温暖的人间情怀。相逢这些"大鱼"使我终身受益无穷，令我永远难以忘怀。那棵江边的大榕树、那条蜿蜒的小路、那条南来北往的渡船、那些温暖的相逢，永远在心里生长、延伸、往复和回想……

学与问（节选）

王帅龙：王老师好，您是从这里出发的学生，也是在这里坚守的教师。有人说现在的大学生越来越浮躁了，也越来越不爱读书了。从您工作多年的经历来看，内师的学生在读书和思考方面几十年来有什么变化吗？

王继军：读书是需要静下心来的，静下心来的前提是对知识和学问的尊重、渴望和喜爱。现在的大学生比起我们那时候获取信息的渠道要丰富、便捷得多。总体上看，现在学生读书的功利性比较强，学生读书的目的大多是为了考试、考证或者升学求职，思考探索社会和人生的自觉与主动有所衰减，有些学生的思维能力堪忧。这跟注重考试技能训练的基础教育和追求应用的大学教育有关。因此，大学通识教育质量的提升和教师人文修养的影响力提高都是高等教育面临的重要课题。读书的结构决定一个人的学识和修养，无论学什么专业，读书至少应该包括哲学、历史和艺术三类。哲学开发空间想象，历史构建时间联系，艺术提升生活品位。一个人读书的乐趣要靠自己在读书的过程中去品评，去找寻。

胡欣怡：现在的校园都越来越大，老师与学生的心灵距离似乎也越来越远；学校里学生越来越多，但似乎人与人之间灵魂的碰撞却越来越少。一所大学里，学生人数和学生与学校的亲密度似乎是不成正比的。您置身其中有何感受呢？

王继军：现在的校园越来越大，办学环境和条件都越来越好，是这个发展的时代给予我们的恩惠，老师和学生都应该倍加珍惜。与过去比起来，教师与学生的交流途径和方式都有极大的变化，网络时代给师生交流带来的即时和方便缺少的是面对面的真切感触和影响，"隔网而谈"正如"隔空对话"。其实，朋辈之间、师生之间的直接交流对彼此的成长和发展都是非常有益的。师生之间平等而真诚的交流有助于成就彼此，这就是所谓的"教学相长"。一个学生，在大学期间如果有自己喜爱又可以经常交流学问和思想的老师，一定会受益匪浅。因此，学生要学会主动与老师交流，教师应该尊重学生的思想，学校应该为师生交流提供更好的途径和条件。

张毓婷：王老师您好！在您讲述的一个个生动感人的故事中，我看到了那个时代的大学之道，"学为人师，行为世范"的先生们让人肃然起敬。相信也正是一代代相传才成就了这种为人治学的风范和大学校园文化。您觉得这种传承在网络信息化时代应该如何更好地延续呢？

王继军：无论什么时代，大学教育最根本的支柱是老师，为人和治学是老师对学生最重要的影响，也是传承大学文化的根本之道。一个好老师应该有丰厚的学识、辨析的智慧和独立的思想；一个好老师应该有进取精神、家国情怀和生活品位。为人遵从道德，治学追求卓越，生活向往美好，这样才能成为大学文化的坚守者、传承者和发扬者。网络信息化时代带来的不仅是交往方法、途径的变化，更是多元文化价值的纷繁和杂糅，老师需要有强大的辨别力才能去伪存真，需要有顽强的定力才能守正创新。每一位老师都任重道远、责无旁贷。

汤彩燕：王老师好！听说母校将要搬迁了，在新的环境里，新的记忆将重新累积，新的校园、新的学生、新的精神都是内师。然而对于我们这些已经从母校离开多年的学生来说，除了老师，除了同窗，还能从哪里安放我们的记忆与情感呢？内师过去几十年的精神、几十年的深情，要怎么搬过去呢？不知道在内师求学、工作的王老师，此时此刻，是怎样的心情呢？

王继军： 内江师范学院是所年轻的学校，只有六十多年的历史。新校区正在建设中，一旦落成，学校将整体搬迁，老校区终将不复存在。看到新校园的未来规划，我感到兴奋和幸运，这是我们几代师院人梦寐以求的大学校园，今天终于实现了。走在老校区，我感到失落和不舍，这个承载几代人奋斗青春的校园，终将消失在桐梓坝。学校在制定搬迁方案时，对老校区的一些有价值的文化遗存有充分的考虑，他们将随迁到新校区，成为新校区校园文化的组成部分，不仅在校史馆，而且散布在各个主题园区。更为重要的是，学校将有规划地营造一种新时代的校园文化。我以为校园文化是师生传承和积淀下来的，而不是仅靠一个什么工程就能够一蹴而就的，因为文化说到底是师生的精神价值追求和家国情怀铸成的大学之魂，我相信，内江师范学院师生过去几十年的文化精神一定会在新校区生根、开花、结果。

2018 年 10 月 10 日
中文楼 303 教室

作者简介

王继军，内江师范学院文学院1982级汉语言文学专业学生，1985年留校。获四川师范大学法学学士学位，思想政治教育研究员。先后任内江师范学院"两课"教学部副主任、学生工作部部长、团委书记（兼）、张大千美术学院党总支书记等职。在《求索》《西南师范大学学报》《河北师范大学学报》《学术探索》等发表论文20余篇；主持教育部世界银行贷款"师范教育发展"改革项目、四川省"三全育人"综合改革等省级科研项目；文学作品《父母的川藏线》获得四川省"忆沧桑·记奋斗·颂辉煌——庆祝中华人民共和国成立70周年"文字和影像作品征集活动一等奖。

生态教育：生命最美生长的教育

胡志金／内江师范学院教育科学学院教授

> 让每一个人能够全面、有机、有韵、适境、持续地生长，成全生命最美的生长。
>
> ——胡志金

在信息时代，作为学生，我们最大的悲伤不是没能考上好学校、找到好工作，而是饱受学习之苦，却终其一生不知何谓学习、如何学习，今生今世成就不了更美好的自己。

进入新时代，作为教师，我们最大的悲伤不是没能进入好学校、教上好学生，而是饱受教学之累，终其一生不知何谓育人、如何育人，今生今世成为不了创新型的教师。

回顾过往，审视当下，有谁知道：人是如何成长的？人是如何学习的？教育是如何进行的？我们是否守住了根本？

一、天性何在？

人是在生长中学习，在学习中生长的。

在婴幼儿时期，我们在自己的生命活动中，用我们的感觉器官，自由自在地展开感性学习，并获得初步的感知力。这些感知力，即是人之为人的生命自然性特质，它将伴随我们一生，并成为终身学习的关键。可以说，生命的自然性特质是婴幼儿生长和学习的根本。然而，我们成人社会却罔顾这一根本，一意孤行地培养婴幼儿的文化素养、艺体素养和文明素养。不断损坏婴幼儿的自然性特质，不惜抹杀婴幼儿的生长之根。有谁知道，一个人过早学习文化艺术，过早习得规则指令，会有什么样的结果？难道这不是一种拔苗助长的自损行为？有谁知道，一个人过早离开母亲的怀抱，离开大自然的怀抱，会有什么样的后果？难道这不是一种舍本逐末的自残行为？

在小学时期，我们被关在学校里，圈在课本中，赶到竞争的烤架上，每天被老师充分调动，只消一个手势、眼神、一言半语，我们就闻风而动。我们就像杂技场上的小猴那样机灵，只要那无形的鞭子挥一挥、晃一晃，我们就立刻出场：跑动、翻滚、直立、作揖、溜杆、悬空、手搭凉棚、蹲高远眺，以敏捷的身手、各种高难度动作赢得啧啧赞赏和阵阵掌声。随着学段的升高，我们被"学业"套得更牢，每天早上六点半起床，一直忙到夜里十点后睡觉，周末还有作业或作文，如此周而复始，直到小学毕业。有谁知道，一群活泼的儿童挤在单调的教室里，关在狭小的校园里，大部分时光和心思耗在语文、数学和英语（所谓主科）课程上，起劲儿地围着老师的指令转，这会有什么样的后果？难道幸福的童年就是为了赢得作业本上的"大红勾"、学习园地里的"五角星"、班会或家长会上的"进步表现"、课堂上的"掌声"与"表扬"吗？我们如此这般地损坏儿童的学习兴趣、成长乐趣，难道不是在扼杀儿童终身学习与终身发展的能力吗？

初中时期，我们被变成吸收知识的海绵、操练习题的机器和遵纪守规的成人。有谁在乎，中学生有一颗孤寂躁乱的心灵？有谁在乎，中学生有一个叛逆的灵魂？老师找来谈心、诱导、批评，甚至在教室里训诫，责令在班会上检讨，在学校晨会上点名批评和给予处分；家长揪来责问、责骂、训斥，甚至暴打、监督和经济制裁。我们不禁要问：为什么成人社会只盯住学科成绩、纪律、表现，而看不到中学生的心灵、灵魂，难道一个人的成长不是身体、认知、情感、德性、精神等全面生长吗？为什么成人社会不容许青少年有松弛、违规、犯错误、走弯路的机会，难道一个人的成长不是在错误中不间断地弥补、修正和完善过来的吗？我们如此机械狭隘地设计教育，难道不是天底下最大的失误吗？

二、生态之路

回首学习之路，我不相信——

我不相信：婴幼儿需要关在幼儿园里训育成文明人，小学生需要挤在教室里训练成学习人，初中生需要在学校里管制成表现好、成绩优的单面人，高中生需要在题海战中变成惨烈竞争的高考人，大学生需要在本本主义的导向下变成职业人。

我不相信：学校是制度化的，是脸谱化的，是可以直接套用国家教育方针的；教师是教书的，是训人的，是站在讲台上掌控全场的；学生是听课的，是做

作业的，是考试的，是周而复始只能做这三件事；课标是三维的，内容是学科的，课堂是只能设在教室里的，教学只是为了考试的……

回首从教之路，我想说——

我想说：学生是生生不息的人，是日日生长、复杂多样的生态人。

我想说：成人社会太狭隘、太单调、太机械，还没有找到适合学生成长的教育。

纵观古今学校教育，古代学校忙于训育人的体能、智能和德行，近代学校忙于教人掌握学科知识和专门技能，当今学校则忙于教人获得扎实精深的知识和应试技巧，以及培育人的素质与学科核心素养。一句话，学校教育旨在把学生培养成为未来时代的文化人和社会人，而不是自主、自能、有机、协调和持续生长的生态人。

然而，自信息时代宣告来临的那一天起，学校教育所秉持的基本逻辑就注定了必然破产的命运。

在今天，信息大爆炸、网络大传播、知识大创新、技术大综合和产业大发展，我们必须面对社会大变革、生活大变化、环境大建设，必须适应全球经济社会一体化、多样化和开放化，必须迎接以几何级速度飞速增长的新知识新技能，必须承受新知识新技能在三五年甚至三五月之间转瞬变成了旧知识旧技能。学习无限而生命有限，我们无论怎样抓抢时间去学习，去扑腾，去拼搏，但我们依然可能赶不上时代变化的节奏。庄子曰："吾生也有涯，而知也无涯。以有涯随无涯，殆已！"

在信息社会，我们必须建立新的学校教育逻辑：面对高科技支撑、高信息运转、高需求驱动、高速度变化、高质量发展的人类社会，面对多元追求、多边互动、多领域集成、多情境创新、多内涵发展的现实生活，学校教育在难以把握未来生活的情况下而企图规制个体生命的做法是错误的，正确的做法应当是固本培元，从人的个体生命这一原点出发，着眼人的生态发展和终身发展，解放人的生命力，培养人的生长力，提升人的超越力。

这是因为一是信息、知识和技能是学不完的，而且是会很快过时的。德行并非是学校教育出来的，一成不变的，而是在生活中通过社会规约、法制约束、教育引领、文化浸染、自我生成等形成的，并将随着社会发展而发生新变化的。二是信息、知识、技能、品性和精神，并非是通过分离式的专门学习而获得的，而是通过情境、交互、历练、演进、转化和集成等方式，有机、持续地内化生成的。农业时代的百科全书式学习、道德化的学习，工业时代的专业化学习，这些脱离问题情境、忽视个体生命的教育是行不通的，未来的人必须在实际情境中通过生命在场来学习，必须在生活、社会和工作中通过终身学习来完成的。三是学习不只是习得信息、知识、技能、品性和精神，还必须把这些要素凝聚形成人的身心动力、认知结构力、操作能力、习惯潜力、环境互动力和精神品质力（这些作为支撑终身学习和终身发展的人的内在力量，我们称之为生态学力）。四是教育不只是告知、传授、训练、管制、引导、促进和培育，还必须把这些方式变得适人、适境、有机、有韵、全面协同和持续演进（这种能够支持人的生态发展的教育，我们称之为生态教育）。总之，信息时代的教育之道是：学校教育走向生态教育，学生学习追求生态学力。

三、生态教育

生态教育是生命生长的教育，是建构人的内生态、外生态和发展生态、并着力培养人的生命力的教育。

生态教育是基于生态哲学和生态科学的教育。它以生态原理和生态规律为指导，针对不同学龄和不同类型的人的发展需要，建构自然丰富的教育环境和有机协同的教育体系，实施有机生成和全面协同的教育过程，培养身心和谐、自主自能、融入环境和持续发展的生态人。

何谓生态？所谓"生"，即生命及其生长。所谓"态"，即状态和情态。其中，状态，指生命体的实在形态，包括机体形态、机能形态、与他者的关系形态和行为呈现的活动形态；情态，指生命体的心理形态，包括情意形态和精神形态。由此可见，生态有两层面含义，即生命之态和生长之态，前者包括生命体的机体形态、机能形态、关系形态、活动形态、情意形态和精神形态，后者包括生命体在机体、机能、关系、活动、情意和精神等方面展现出来的发展态势。概括起来，生态即是生命体在机体、机能、关系、活动、情意和精神六个方面的存在形态及其发展态势（简称为"六态"）。

人是最完整、最复杂的生态存在。从完整性看，人的六态是缺一不可的，而且是同时空、同情境的。可以说，每一个人，无论男女老少、贫富贵贱、国别种族，都是完整的"六态"人。从复杂性看，人的"六态"不仅是自成一体、各自完整、独立运行的，"六态"其实是六个独立系统，它们是彼此关联、互相协作、交叉融合、统整集成的，从而共同构成一个完整统一的人。

请允许我们大胆地想一想，根据上述生态观而实施的教育，这就是生态教育。

生态教育是人之六态全面展开、有机生成和持续递阶生长的教育，绝非是单向度的、分数化的、功利化短期成败的教育；

生态教育，是自然感性的、自由理性的、多元场域的、独特美好的教育，绝非是知识堆砌的、道德工具的、三点一线的、形塑达标的教育；

生态教育，是着力培养人的内生态（身心系统）、外生态（关系—活动）和发展生态（潜能态势）的教育，而不是身心分离、脱离关系—环境、超负荷运转而损害潜能的教育。

四、最美生长

生态教育绝非空穴来风，它蕴含在中外经典教育学家的梦想之中。生态教育的最美生长之义，可以从这些渊源流长、时隐时现、各有所表的梦想中获得启迪。

在中国，孔子是第一个深谙生态之道的教育家。他要求学生先做人、后学文，要有智慧、节制、勇敢、才艺和礼乐等多方面品质才能，并在教育实践中推行启发诱导、因材施教的教学原则，营造民主对话的教学情境，倡导学习过程"学思行"结合，主张学习态度要实事求是、好学乐学。

我国第一部教育专著《学记》，全面总结了春秋时期的社会化生态教育思想，认为学习和教学是自反自强的自我生长过程；九年大成的学习是有序生长的展开过程；学习是包括课业、技艺、思考、生活、交往等方面有机协同生长的过程；教学要顾其安、由其诚、尽其材而顺乎学生的生长；教师要遵循"豫""时""逊""摩"四原则，把握学习的生态节律和营造学习共同体；教师要"喻教""善教"，以便营造"和易以思"的生态课堂。

到清朝初期，颜元提倡反对传统教育的"主静"和"书本教育"，主张通过习行而得到真知，开创了"习行"教育法的先河，注重培养人的生命力。

民国时期，陶行知则是洋溢着生态教育思想的教育家。他说：学生的"学"就是要自己去学，不是坐而受教；学生的"生"，就是生活或是生存，学生所学的是人生之道。他的《自立歌》写道："滴自己的汗；吃自己的饭。自己的事，自己干。靠人，靠天，靠祖先，都不算好汉。"他主张生活教育，培养有健康的体魄、农人的身手、科学的头脑、艺术的兴趣、改造社会的精神等品质能力的新人。

在西方，以自然主义为主线的生态教育思想源远流长。古希腊时期，有毕达哥拉斯的非功利和谐教育观、柏拉图的回忆说、亚里士多德的潜能观。柏拉图宣称知识不是外来的，而是在心灵上孕育出来的，认为灵魂本身具有一种认识能力，教育只是使这种固有能力能够掌握正确的方向，并构建了从幼儿时期到35岁期间如何持续有序、强身健魂的教育体系。亚里士多德认为，任何事物的生成和存在都有质料因、形式因、动力因和所为因，并把人的潜能比作质料，把潜能实现的存在状态比作形式，认为人的发展即是一种可能性转变为现实性的过程。就好比一颗棕树的种子，虽然蕴含着生长成为一棵树的全部可能性，但是具备适当的条件（土壤、阳光和雨露），它才能生长成为现实中的棕树。

到文艺复兴时期，一大批人文主义思想家和教育家先后发出了生态教育思想的先声，如弗吉里奥（1349—1420），维多利诺（1378—1446），康帕内拉（1568—1639），认为"教育主要是由学习者的本性所决定"的玖恩·维夫斯（1492—1540），向往自由朴素生活、崇尚自然，主张教室应该铺满鲜花和绿叶的蒙田（1533—1592）等等。这一时期，涌现出了夸美纽斯（1592—1670）、约翰·洛克（1632—1704）、卢梭（1712—1778）三位具有丰厚生态教育内涵的教育思想家。其中，夸美纽斯把人看作整个自然界的一部分，认为学校教育要遵行自然法则慢慢前进，遵行儿童身心发展规律选择适当方式进行，这就好比一天要早晨到傍晚，被孵化出来的小鸟到成长为老

《爱弥儿》卢梭 著
方卿 编译，北京出版社，
2008年版

鸟，建造房子要从打地基开始，植物需要从生根发芽到成长结果实等。约翰·洛克是第一个主张研究儿童心理特征和个性特征的教育思想家，认为人天生就有似乎能做任何事情的诸多官能和诸多能力，教育的目的是教会人们生活，教育不是培养教士、学究和朝臣，而是要培养事业家——身体健康、精神健全、能以理性克制欲望、谙悉人情世故、娴于礼仪、能在生活中精明处理各种事务的能干的创业型、开拓型人才。卢梭以《爱弥儿》一书，强力宣示了生态教育的巨大魅力，认为教育必应受天性指引，"把儿童当作儿童"，充分度过儿童时代。他说："大自然希望儿童在成人以前就要像儿童的样子。如果我们打乱了这个秩序，我们就会造成一些年纪轻轻的博士和老态龙钟的儿童。"

进入18、19世纪，欧洲涌现了众多具有生态教育思想的教育改革家。他们是英国空想社会主义家罗伯特·欧文（1771—1858）；主张"为完满生活做准备"，通过"发现"学习的赫伯特·斯宾塞（1820—1903）；主张通过自然本身来教育儿童，16岁以上青年在工作中学习的拉·夏洛泰(1701—1785)；力图想阐明学校教育应遵循发展和培养人性各种能力的自然进程的裴斯泰洛齐（1746—1827）；主张教学核心是培养"性格的道德力量"，主线是学生兴趣的赫尔巴特（1776—1841）。在这一时期，福禄贝尔（1782—1852）无疑是最具生态思想的教育家，他第一次用自然进化概念来看待人的发展和人的教育，认为如同万物生长一样，人的发展是分阶段的、连续的和联系的，人的命运和使命在于展现他的本质，教育的实质在于使人能自由和自觉地表现他的本质，教育、教学和训练的最初的基本标志是容忍、顺应人的本性，"一切专断的、指示性的、绝对的和干预性的训练、教育和教学必然地起着毁灭的、阻碍的、破坏的作用"，其危害就

在于会使存在于人身上的自由与自觉精神丧失掉。与卢梭相比，福禄贝尔更加明确指出了教育的本质是生态的，即容忍、顺应、引导和发挥人的本性，即便是社会化历程也要基于生态的个性实现，而不是外在的扭曲和形塑。

进入20世纪，欧美教育家全面深化了自然主义生态教育的基本内涵，凸显了儿童中心、潜能生长、生活经验、生长节律、发展自由、教学民主和全面和谐等生态教育主题。其中，英国的尼尔（1883－1973）、美国的杜威（1859－1952）、意大利的蒙台梭利（1870－1952）和苏联的苏霍姆林斯基（1918－1970），无疑是具有生态教育思想的教育大家。

尼尔，第一次创建了自由生长学校——夏山学校。他用60年的时间，践行了"让学校适应学生，而不是让学生适应学校"的办学理念，他说："在夏山，凡有做学者的天分和志向的人都会成为学者，而只适合做清洁工的则会发展成为清洁工，但至今我们尚未教出一个清洁工来。我说这话并无势利之意，因为我情愿看到学校教出个快乐的清洁工，也不愿看到它培养出一个神经不正常的学者。"

杜威，第一次从教育哲学的角度阐述了生态教育的关键内涵。他提出"教育即生长"，认为教育不是一件"告诉"和不被告知的事情，而是一个主动的和建设性的过程，"教育就是各种自然倾向和能力的正常生长"，教育者应尊重儿童生长的需要和时机，重视生长的过程，这种生长并非仅仅是内部潜能的展开，还有赖于对社会生活的参与，要把内部需要与相应环境互相作用，因此，儿童是各种教育措施围绕旋转的中心，儿童变成了太阳；他认为"教育即生活"，认为学校课程不应着眼于学科，而应着眼于儿童现有的生活经验，他说"使人们乐于从生活中学习，并乐于把生活条件造成一种境界，使人在生活过程中学习，这就是学校教育的最好产物"；他指出生态教育的正向生长性，希望"解放儿童能力朝着社会目的向前生长"。

蒙台梭利，第一次以科学方式深入研究儿童生态发展特征。她对生态教育的独特贡献有四点：第一，从生物学的角度揭示了儿童的发展潜能，认为儿童成长是"由于内部潜在的生命的发展"，是"由于生命的胚胎按照遗传决定的生物学规律发育"，她研究了8岁之前儿童在感觉、秩序、动作和语言等方面发展的敏感期；第二，从无意识心理的角度揭示了儿童天生具有一种"吸收心理"，生物本能驱使他们主动吸收外界的养料，他们在无意识之中进行着创造人的活动，并通过活动及其所形成的生活经验把无意识心理变为有意识，从而实现自己教自己；第三，从社会学的角度揭示了环境对儿童成长的支撑作用，认为"环境在成熟的过程中起着主导作用"，心理变化只有通过有机体与环境的交互作用才能产生，"并只有通过对环境进行的自由活动所获得的经验才能完成"；第四，从生态学的角度揭示了儿童发展过程的动态性、节律性和阶段性特征，提出0－6岁是儿童个性形成期，6－12岁是学识和才艺增长期，12－18岁是身体快速成熟、产生理想和探索事物的青春期，强调安排适宜的环境以使儿童通过亲身活动所产生的直接经验来进行自我教育，主张根据儿童发展的阶段性特征采取相应的教育方式，如实际生活练习、肌肉训练、自然教育、体力劳动、感觉教育以及读写算练习等。

苏霍姆林斯基，第一次创建了全面和谐发展的学校——帕夫雷什中学。他直接观察学生达3700多人，撰写了41部著作、600余篇论文、1200多篇童话故事、短篇小说及多种"校本教材"，被誉为"活的教育学"。苏霍姆林斯基是伟大的生态教育实践家，他把学校建成了书香校园、智慧花园、劳动田园、瓜果林园、师生乐园，主张把全体学生都培养成为全面和谐发展的人和社会进步的积极参与者，他所奉献的是原生态的实践经验和无止境的探索精神，他的每一部著作和每一段文字都浸润着生态教育的思想光泽。他深刻理解儿童和少年的发展，把兴趣置于第一要素，把课外阅读视为前进的风帆，把思考作为核心要素，把劳动视为培养智慧的根本途径，把自然界和文化环境作为生动课本，把"拥有终生幸福的精神生活"作为终极目标，他说："学校的重要任务是培养爱好钻研的、创造性的、探索性的思维的人。我认为童年正是培养思维的时期，而教师是悉心地造就学生的机体和精神世界的人。"

五、面向未来

进入新时代，习近平总书记在党的十九大报告中提出建设生态文明社会："坚持人与自然和谐共生，实行最严格的生态环境保护制度，形成绿色发展方式和生活方式，坚定走生产发展、生活富裕、生态良好的文明发展道路。"

报告表明，生态文明不仅是狭义层面上的保护生态环境，而且是广义层面上包括精神生活、行为方式、社会发展和人的发展等多内涵的一种文明形态。正如生态哲学首倡者、中国社科院专家余谋昌在《生态文明是人类的第四文明》中认为，生态文明是继物质文明、精神文明、政治文明之后的第四种文明。可以说，生态文明是位于人类文明之巅的文明，是承载伟大中国梦的文明，是需要扎根中国文化、立足中国本土、承担中国使命、富有中国特质的文明。建设这样的文明社会，生态教育可谓生逢其时、前景无限广阔。

未来30年，我国要建成中国特色社会主义现代化强国，实现伟大中国梦，就需要教育把所有人培养成为拥有社会主义核心价值观、德智体美劳全面发展的公民劳动者和各类建设人才。围绕这一宏大、终极的育人目标，各级各类学校教育应当从个体生命这个圆点出发，精准定位，厘清职责，着眼本学段的生命特征和生命"六态"内涵，着力实施生态教育。

面向未来，生态教育应当以最美形式徐徐展开：

一是大力推进学校标准化建设，让每一个学校拥有宽阔的校园、标准的运动场、配套的功能室、绿树成荫的小道、物种丰富的林园、四季飘香的花园、师生劳作的田园、健身娱心的游乐园、探索秘密的科技园、动手动脑的手工坊、妙趣横生的艺术园，让学校成为环境优美、设施优良、功能完备、情趣盎然的生态校园。

二是完善教育体制，进一步推进校长专业化，提倡教育家办学，让专业的人担当主角，让非专业的人当好配角，让教育行政部门抛弃指令化、指标化管理模式，实现简政放权并扩大学校自主权，实行任期内目标督导、问责督察和满意度挂钩拨款等机制，让学校成为自主自能、持续发展的生态学校。

三是统一顶层设计，国家制定各级各类学校的教育标准，明确各级各类学校的培养目标，确保这些目标具有一定的贯通性和衔接性，严禁学校定位假大空、盲目超前、机械套用国家教育方针，消除有违生态规律的幼儿园小学化、小学中学化、中学学科化、大学中学化等怪现象，让整个教育系统成为学生递阶发展的生态系统。

四是引导促进社会各行各业配合学校开展社会实践，把《中华人民共和国教育法》第48条有关规定变为现实，并制定相应的鼓励政策，让学校融入社会，让师生走向社会，让学校与区域社会成为相生相融、关联互动的共生系统。

五是完善教师编制，进一步降低生师比，明确按学校类型、课程类别和学生人数来设置教师岗位，严禁管理人员占用教师岗位，大幅下调教师工作量，为教师精力充沛、潜心育人、追求卓越和专业发展提供足够支撑，让教师的工作、生活、学习三方面有机协调，让每一个教师成为乐业敬业、生机勃勃的生态型教师。

六是更新学校理念，明确学校定位，理清办学思路，针对特定学段的学生做特定完善的教育，让每一个学生的生命六态得以充分生长。一方面，要尊重并彰显每一个学生的个性特点，养育并发挥每一个学生的潜能，激发并历练每一个学生的力量，引导并促进每一个学生全面生长，让每一个学生有成人成才的发展生态；另一方面，要培育学生群体的共同生活、共通情感、共性品质，让不同个性的人相通相融、和谐共处，大力营造互生、共生的生态型集体，大力培养内生态全面和谐、外生态协同集成、发展生态正向生长的生态型学生。

七是大力开发生态课程，广泛实施生态教学，让学生自我与自然、社会、文化和谐交融，让中国传统文化、中国地方文化、当今世界文化、人文科学艺术等融合起来，注重知识、技能和素养的转化与平衡，突出课程的立体性、整合性，强调教学的生成性和养成性，把静听课、活动课、自学课、网络课、社会课等课程形式，文化课、技能课、艺术课、体育课、修身课、劳动课等课程类型组合设计，并依照学段持续递阶演进，为学生提供学知识、练技能、研问题、做实践、养品性的多维学习课程。

八是大力倡导生态家庭、生态社区和生态社会，让学生家长明白生态人和生态之道，让社区组织机构和广大居民懂得生态规律和生态生活，让全社会崇尚生态科学和生态教育，为每一个人的生态发展，尤其是学生的生态发展，提供强有力的社会支撑。

面向未来，生态教育将成为人类有史以来的最美教育：

它将穿越重重障碍，破除种种陈规陋习，克服古今学校的诸多缺陷，勇于担当新时代所赋予的历史使命；它将敞开胸怀，海纳百川，不拘一格，让每一个人能够全面、有机、有韵、适境、持续地生长，成全生命最美生长；它将扎根中国大地，彰显中国气派，拥有中国信念和世界情怀，让每一个人成为身心和谐、学力强劲、品质优良、实践创新的生态人。

学与问（节选）

汤勇： 胡老师您提出关于学校的教育逻辑正确做法应该是固本培元，短短四字，蕴含着强大的力量，它是一个方向上的指引。对于目前的状况来说，您认为学校应该用什么具体的措施来推进并最终实现人的生态教育和终身发展呢？

胡志金： 牢记初心使命，端正办学定位，是当前学校的第一要务。学生是家庭的未来，是国家民族的未来，学校的初心使命就是培育学生全面自由的健康成长，不是学校的排名，也不是升学指标，更不是领导和教师的业绩。全面自由健康成长，要看学习成绩，但学习成绩只是其中的一部分，而且并不是那么重要的一部分。特别重要的是学生的生态学力，如身心动力、认知结构力、操作能力、习惯潜力、环境利用力和精神品质力，具体包括身体健康、兴趣爱好、实践历练、群团能力、自主自制、思维能力、精神品质等素养。这些素养聚合成为生态学力，才是学生持续发展的秘诀、终身幸福的保障、创新创业的源泉。为此，学校办学就应该为学生的终身发展奠基，不能舍本逐末，要有大胸怀、大格局、大眼光、高品位。家长不懂，但教师作为专业人要懂，校长作为专业领头人更应该要懂。

学校可以采取多种措施。从紧要程度看，可以有以下几种：

第一，取消分数评价，改用发展评价。要改变教学的分数论惯习，让师生、家长紧盯学生的进步、表现、情意和能力，而不是习题对错、分数高低。分数高低评价是一种低级的单一评价，学校面对学情复杂、具体多样的学生就不应该使用这种评价，把这种评价交给教研部门或评价机构好了（因为这些机构的职能就是比高低、搞排名、一把尺子打天下），学校和教师的任务就是潜心让学生自

· 191 ·

由、多样和持续不断地发展。

第二，减少静听课，增设活动课。要改变照本宣科、只讲不练、只听不动的教学惯习，大量的时间不能耗在课堂、书本和知识上，最好是上午上文化课，下午上活动课，晚上自由安排，尤其需要增加艺术体育课、社会实践课和劳动课。这样做好处多多，至少不像当前整天静坐、听课、做题，贪多嚼不烂，入不了心、动不了脑、提不了神、强不了身、践不了行，既损害身心健康，又导致厌学情绪，还造成实践能力、精神品质下降。中小学一门心思搞学科教学，往深处扎、往宽里弄，这是违背基础教育规律的，违背人的终身发展规律的，在中日韩之外的其他国家里也是没有的。

第三，更新学科课程理念，落实五维教学。当前学科课程的知识化理念很普遍，把课程视为知识载体是相当陈旧狭隘的。对于中小学生而言，一门学科课程的首要任务是培养学科兴趣，如兴趣点、兴趣活动、兴趣品质；其次是掌握学科方法，如学科角度、思维、工具和手段；第三是体验学科情感，如自我满足感、大我成就感、超我实现感；第四是渗透学科理念，如学科哲学观、价值观、实践观；第五是涵养学科品性，如学科德性、品质、行为。五方面教学，实质上是学知识、练技能、研问题、做实践、养品性的五个维度教学，只搞知识教学显然是有害的，偏离学科育人轨道，是违背中小学生的发展规律和学习规律的。在五维之中，尤其要重点扎实开展学科活动，让学生的"知"付诸"行"，化之为性，炼之成品，把浅知变深知、假知变真知，知知变行知、情知、德知。缺乏学科育人活动的教学不过是虚假教学、劣质教学。在这方面，我校王彤老师坚持近20年指导学生开展莎士比亚戏剧表演就做得很好，是文学类学科课程的教学典范，值得研究和推广。

第四，改革课堂教学范式，打造生态化高质量课堂。今年上半年，我先后前往多地的中小学听课，发现教师急于讲解，频繁抽问，一旦发现某个学生回答正确就进入下一环节，学生思考只给1分钟，小组讨论只给3分钟，每个教学环节匆匆忙忙，课堂节奏太快、氛围太紧，注意力都在知识理解和掌握上，学生即使理解了也没有体验，课堂认知多、建构少，甚至没有建构。像这样的课堂应当说比较普遍，其基本结构是复习旧知导入新课、情境感知、初步理解、重点理解、拓展学习、练习展示、课堂小结和作业布置，整个过程是认知掌握取向的，教师控制引导过多，学生自主生成太少，不利于培养生态学力。对此，我们提出生态化高质量课堂范式，即入境动心、沉浸生成、涌动生长、开放生长。入境动心，即导入问题情境、经验情境、社会情境、历史文化情境、审美情境、生态环境等生境，引发产生同感、共鸣、疑惑、惊讶、喜怒哀乐、激动、激烈、震撼等。沉浸生成，即潜心进入愉悦、专注、忘我、无界、不止、合一（身境、物我、人我、情知）等状态，生成感觉、情趣、情感、认知、想象、愿景、审美、理念、品性等精神要素。涌动生长，即内心世界生力饱满、本质涌现、冲破遮蔽、寻求新境，以及外求表达交流、自主操作、合作探究和成果展示。开放生长，即课堂向课外校外开放，指导在实践中学生拓展认知、问题探究、策划解决、综合协调，在演练历练中获得兴趣、自主、团队、技能、品性、视野、思维、能力等生长。

曾林：胡老师好！在疯狂内卷的社会，如何协调平衡做一个既能掌握一些应试技巧又能发展为一个健康全面的生态人？

胡志金：这个问题可否是说既要成功升学又要全面生态发展？这不仅是学生个体的美好愿望，也是我们所有人的美好愿望。客观上说，并不是所有人都能实现这一美好愿望的，但却是值得学校、家庭和学生个人共同努力的方向。

首先，在理论上，成功升学与全面生态发展是一回事，不是两回事，两者之间的关系是表里关系。退一步说，即便是两回事，也是一体两面的关系。成功升学的关键是由学习力、自制力、意志力和思维力决定的，而这些力又取决于人的生态发展程度。全面自由生态发展，包括人的机体、机能、情意、精神、关系、活动、潜能、态势和生境，这些要素恰恰是孕育和培养学习力、自制力、意志力和思维力的。所以，一般说来，生态发展越好，就越有可能成功升学。

其次，在现实中，成功升学与全面生态发展是混合的，不是对立的。事实上，我国学校教育长期同时肩负着两大使命，即培养提高人的素质和为高一级学校输送优质生源。既没有完全的素质教育，也没有完全的应试教育，小学和大学的教育是素质教育成分多，应试教育成分少，而中学教育则应试教育成分多，素质教育成分少。只是由于认识狭隘和功利主义风气，许多学校不断压缩素质教育，导致应试教育越来越盛行罢了。

第三，个人发展终究还是取决于个人的经历特点、身心状况、生境状况、潜能水平和主体能动性，如何平衡升学与发展当然需要根据自己的情况去探索、尝试和不断完善。如每天健身运动一小时，体力充沛；充分利用学余时间搞好劳动、尝试、观察、体验、反思、表达、交流和帮助他人；善于利用各种机会历练自己、磨砺自己，包括吃苦耐劳、勇挑重担、迎接困难以壮大自己的精神力量；做好学段规划，明确阶段任务，要有战略定力、战略眼光；每个阶段要遵行起承转合的运行规律，要保持好张弛有致的节奏。

胡欣怡：胡老师您好！我现在是一名小学教师。您讲了特别令人向往的教育的理想状态——让学生的生命得到最美的生长。然而现实是我们的很多学校、老师、家长包括学生自己都被分数裹挟，都被考高分的鞭子赶着走。有人说，中国的家长和老师普遍忽略了一个事实：大部分孩子长大了都是普通人。老师和家长对此几乎是不接受的，是学生就得往死里学，都是按考上清华北大的劲儿去努力，而不管他是否有这个潜力——我们都知道从比例来说，这绝对是少数人。家长和老师都在焦虑中，没有想过把目标定位成培养孩子做一个正直善良幸福的普通人，您怎么看待这种意识的缺失呢？

胡志金：这个问题问得很好，很关键。从国情看，我国科举考试源远流长，"朝为田舍郎，暮登天子堂"的翻身情结很重，加之媒体、专家不断宣传苦读成功案例，普遍激活了大众对孩子的期望，甚至变得有些焦虑。应该说这是好事，因为人们重视教育是教育的发展动力。从教育历史看，我国古代近代教育是精英教育，新中国成立后于1952年开始统一高考，文革十年期间高考废弃，1977年恢复高考，为国家选拔人才的高考制度在当下仍然是国家基本国策，历史决定了人民群众对子女的核心期盼是升学，而不是要培养成为一个正直善良幸福的普通人。相信随着社会和教育的发展，人民群众的视野更宽，社会上升通道更多，实业岗位和自主创业成为高收入群体，教育定位更加平实，培养孩子做一个正直、善良、幸福的普通人将是未来社会的大势所趋。

2020年5月5日
中文楼303教室

作者简介：

胡志金，内江师范学院教育学教授、教育科学学院院长。1989年毕业于原西南师范大学汉语言文学专业，1998年毕业于原西南师范大学"课程与教学论"研究生班。长期从事教师教育、生态教育、教学评估、远程教育研究，在《教育研究》《中国教育报》等核心刊物上发表论文40余篇。出版专著4部，《从学生出发——整合设计论》《0-9岁孩子怎样教——学力培养与测评》《信息时代的终身学习策略》《职前教师的卓越之道》。2010年、2017年两次获四川省哲学社会科学优秀成果三等奖，2018年获四川省高等教学成果一等奖。

眺望故乡　咀嚼旧梦

——从《内江旧闻录》说开去

孟光全／内江师范学院文学院教授

> 有"家"我们就不会流离失所，不会惶惶不可终日，不会单调乖戾。有了"家"就会身心安顿，且能安之若素。
>
> ——孟光全

今天我们来说一人一书：我的好友李建友老师和他的《内江旧闻录》。随书谈谈我记忆与思考中的内江文化这座"富矿"，点滴不成系统，希能抛砖引玉。

内江，东汉置汉安县，《华阳国志》载汉安县"土地虽迫，山水特美好，宜蚕桑，有盐井、鱼池以百数，家家有焉，一郡丰沃"，隋文帝开皇元年（581年）置内江县。

李建友老师对内江"吾乡与吾民"一往情深。我先读其文，后识其人，我们相互借书，去彼此书房，就张大千、沈从文深谈过好几回，还一同漫游内江乡下、古镇。李老师满怀对桑梓的爱、对文化的敬重，漫游、读述、写作都乐在其中。几十年默默耕耘：实地勘察寻访，包括文字笔录、寻访当事人、摄影测绘等，做到了"言之有物"；又查阅史书、方志、族谱家谱、地方契约、碑刻文献、文集、笔记、专著专论、回忆录等，做到了"言之有据"。这就使得《内江旧闻录》饱满充实、可靠可信、有情有意，行文平实含蓄，把对吾乡吾民的爱都藏于可靠材料与平实叙述中，足以广布众口，传诸后世，让人油然而生对内江这方水土、乡人的爱意。这本书从内江本土汉画像石入手，梳理了隋唐、宋元明清、民国到现当代的内江旧人、旧事、旧物（文化遗址遗物），画就了一幅波澜壮阔、璀璨辉煌的内江历史文化长卷。其中，写明代、民国最详，此时内江经济、社会、文化最活

《内江旧闻录》
李建友 编著
中国文化出版社，2019 年版

跃，名人辈出，建树最丰，堪称内江史"双璧"，足以感召后人。全书内容丰富，琳琅满目，经济、社会、文化三位一体，堪称内江历史文化百科。书里如数家珍式地说了农业、工业（糖、酒精、蜜饯、夏布与纺织等）、交通金融、邮驿仓储、商业餐饮旅馆等实业众领域，注重经世致用，关怀国计民生。内江古称科举之乡、文献名邦，今获文化之乡、教育之乡、书画之乡、石牌坊之乡等美誉。历史文化名人，分"走出去的内江人"（如王褒、赵贞吉、丈雪通醉、张善孖、张大千、范长江等）、"走入内江的外乡人"（如黄云鹄、林同炎、魏岩寿、范旭东、中国科技史研究家英国人李约瑟、冯玉祥、老舍、丰子恺、沈从文等），"出入"交相辉映，共同谱写文化交流的激昂乐章。内江自古"因航而兴、因驿而兴"，内江人不保守不僵化，勇于闯荡大千世界，勇于吸纳外来文化。

内江有非常丰富的文化遗址遗迹、遗物：古镇街巷、佛寺道观、书院会馆、牌坊义渡、太白楼鹭澜洞、翔龙山题刻、大洲坝等。古镇如椑木、白马、东兴、龙门、高梁、双才；街巷如民族路、桂湖街、蛋市巷、河坝街；众多以"义"字冠首的田、学、医、桥、井、渡等，其中义渡最著名，川南素有"行遍州县路，内江好过渡"俗语，赞美内江人乐善好施。佛寺如圣水寺，《内江圣水寺及其名人缘》就梳理了从宋到民国众多高僧大德、文人墨客、书画家、政治家、社会名流、学者、

民国时期的内江市圣水寺

实业家等的"圣水情缘"，一寺就牵出丰富、有趣的旧人旧事，读来真有《世说新语》"从山阴道上行，山川自相映发，使人应接不暇"之感，让人惊诧感怀！其实仔细一想，内中大有深意：从杨衒之《洛阳伽蓝记》可知，早在南北朝时，佛寺作为全民共建、共享的"公共文化空间"就已发育健全了，佛寺是全民共享的宗教空间、佛经翻译研究传播空间、文化交流空间、政治空间、画雕乐舞园林艺术空间、教育空间、公益慈善空间等，不一而论。这样，佛寺在佛教中国化历程中就扮演了非常重要的角色，其社会文化功能就十分重要而多元，与民众发生密切关联。内江重要文化遗址如"鹭澜洞"，现有唐颜真卿题"众香之国"，宋黄庭坚题"桃李蹊"（源自《史记李将军列传》"桃李不言，下自成蹊"），明刘丞祐、清胡微元、龚晴皋、何绍基、张问陶、黄云鹄（国学大师黄侃之父）、罗赐卿等，先后撰诗文、对联、榜题共30幅，小小洞窟，跨越了时间长河，成为古今文化名人"欢聚""对话"之地，成了内江文化的聚宝盆。又如"云霞古刹牌坊"，原为佛寺山门坊，寺已不存，坊上刻清代李天伍、高廷俊、潘登瀛、王果、躬俊索、刘稚、刘景伯与刘景叔兄弟、张文成、陈文藻、潘裕本、陈毓品、

尤觐光诗十二题共二十首（参《内江风物咏丛》等），其中以本土诗人为主，兼宦游或路经的外地诗人，成为名副其实的"诗坊"："石龙曲卷萦洞水，野鹤斜盘澹宕云""四面青山迎客笑，两行白鹭破烟还""漠漠平田将绿绕，迢迢远树送青来""薄宦忝浮名，幸换到人耕绿野，犬卧花村，市隐山居齐案堵；行途看晚节，那能够足踏芒鞋，手拄藤仗，禅林精舍任相于""掬水闻香，此间便是曹溪口；凌云杰构，何处飞来洛浦霞"、刘景伯"春在枝头月在天，此中消息胜枯禅。何当共谒如如谛，却话他生有有缘"、刘景叔"夜来月窥牖，倚枕悟禅关。小别无须约，春风共往还""法雨充馀功德水，心灯照澈恒河沙。"这些诗有着重要而多方面的研究意义：这些地方诗，写景、抒情、议论佛理交融，意蕴丰富深厚，乡民备感亲切，文学与生活、乡土水乳交融，很多名句让人回味不尽，能增进对桑梓的爱，让人亲近诗意生活。与前代相比，清代传统雅文学创作大为普及，遍及城乡，作家作品众多，比较全面学习继承了古典诗歌遗产。

"中国石牌坊之乡"的隆昌石牌坊群量多，现存17座明清石牌坊，门类齐，有德政、节孝、功德、贞节、孝子、百寿、庙宇山门、镇山、观赏九类，有官建、官准民建、士民共建、民建公助、民建等多种形式。隆昌石牌坊有着丰富的历史、社会、文化意蕴，位于成渝驿道上，借驿道将坊主事迹、功德等口头传播开来，是富于表彰激励性的公共纪念性建筑，是开放的公共文化空间。牌坊能体现古代良好的官民互动，其建立与维护能体现民间社会组织机能、民间经济实力活力，有助于培育共同的思想情感与文化心理，引导公众一心向善。牌坊作为综合艺术，聚建筑、雕刻、诗文辞赋、戏曲故事、书画于一体，最能展现地方的文化实力与自信，见证"内江书画之乡"的璀璨。

美国约翰·布林霍夫·杰克逊在《发现乡土景观》一书中说："景观之美源于人类文明。我们看到的乡土景观的形象是普通的人的形象：艰苦、渴望、互让、互爱。只有体现这些品质的景观，才是真正的美的景观。景观不仅强调了我们的存在和个性，还揭示了我们的历史。识别一处栖息景观，栖居者都是凭感觉：公认的当地美酒佳肴的地道口味，特定季节的芳香，还有民歌的唱腔。"内江的乡土景观是美的，让人流连忘返。美国研究中国古典文学的著名汉学家斯蒂芬·欧文（汉名：宇文所安）说："记忆总是同名字、环境、细节和地点有关。""有一些场景可以使得回忆的行为以及对前人回忆行为的回忆凝聚下来，让后世的人借此来回忆我们。"

沈从文于内江土改的旧事在其家书提到，这些家书"除谈及家事以外，笔墨多用于记录、描写内江所见乡土民风民俗、蔗乡的人文精神、旧时糖房的生产情况及资金，对表现和反思乡村世界的文学的思考"，家书"正是这位蜚声中外的艺术家留给内江人民可惠传百代的宝贵地方文献"。"沈从文与内江"这一话题确实非常重要。我认为：沈从文的内江之行，是内江一城与沈从文一人的"共赢"。在此仅说说《沈从文家书》里的"内江乡下民俗文物":《沈从文全集》第十九卷收1951年11月8日到次年2月9日从内江双才寄妻、子家书三十六封,寄友人金野、杨振声书信各一。一如他1934年初新婚后回凤凰写给张兆和的著名书信,也是图文并茂。书信中沈翁这位"乡下人"(沈从文自称)关注内江"乡巴佬"的劳动生活,对内江农村民俗文物有简明生动描述,甚至随文线描,寥寥几笔却形神俱备,如那加铁钉以防雨天路滑的钉鞋,烘笼(内江方言称"huo'er"),大木甑,双才老戏台("一个小小的乡场,竟有四所庙四个戏楼,看戏的部分三个当面能容几百人,都设计得极妥贴。戏楼顶且是老建筑藻井穹窿,收音好又美观。台前木头浮雕也讲究得很"),神龛雕花长案,"这里竹椅子都是宋代款式""本地极好的红陶质器,却很少有本地人提起。本地的旧式木浮雕,到处都有极有价值的东西,在国内都可展览,即以乡村窗棂而言,也可以收集成一大观",最有趣的是为防"糟蹋"庄稼而给小猪嘴上套上一小竹笼。孔子说,读《诗经》"可以多识于鸟兽草木之名";宋代形成崇尚博物的"名物学";沈从文的考古被尊为"抒情考古",名物"抒情考古"的背后,是乡民的劳动生活,是沈翁的温情与滋味;后来承此的有孙机,以及著《古诗文名物新证合编》的扬之水。在此谱系里,我们明白了什么叫一脉相承、薪火相传。小说稿《中队部》形式独特,全以村干部电话应答来结构全篇,节奏紧凑,情节有跳跃,富于想象回味空间,又用浅近俚俗的川南方言,这一切都在展现了磨难中的沈翁对艺术的孜孜以求、可贵探索。我认为:目前所见应该不是沈从文内江书信的全璧,以后可能会有新书信面世,尤其写给朋友的,我们翘首以盼。无论如何,这批书信是外来者写内江最详、内容最丰富的历史文献,也是描写生动细腻、抒情淡淡的最优美白话文学。复旦大学张新颖在《沈从文九讲》里说,"书信所包含的信息涉及诸多方面,丰富复杂,不可简慢对待",诚哉斯言!

我和李老师都深爱张大千其人其艺,常交流看法和材料,他写了一系列文章,关注张善孖、张大千的人生与艺术,一题一内容,涉及其生平艺术各方面,可分可合,分是一个个有趣重要话题,合则可见大千翁人格之感人、艺术创造力之卓荦不凡。张大千豪爽乐观,乐于享受今生的美好,喜交际,人情练达,敢为人先,以一支笔行走天下,为自家艺事更为中国

内江市市中区芭蕉井是张大千出生地

画走向世界,硬是在后半生打出人生与艺术的新天地。傅申说,张大千"是中国有史以来,真正将艺术与实际生活结合为一体的画家。他是旅游最广、最频繁、

住过最多国家，但一直穿中国传统服装的中国画家；他是为自己造园最多，并拥有最大私人园林、蓄养动物种类最多的中国画家；他是一生展览最多、画册最多、画价最高的中国画家；他是传奇故事最多、报章杂志介绍报道最频繁、生前死后传记版本最多以及有生之年知名度最大的中国画家；……是画家中的名厨，名闻全国的美食家"。张大千一生能拥有这么多的"最"，与内江文化滋养不无关系。法国丹纳在《艺术哲学》中说："艺术家不是孤立的人。我们隔了几世纪只听到艺术家的声音；但在传到我们耳边来的响亮的声音之下，还能辨别出群众的复杂而无穷无尽的歌声，像一大片低沉的嗡嗡声一样，在艺术家四周齐声合唱。只因为有了这一片和声，艺术家才成其为伟大。"内江这方水土、人民、历史传统、文化氛围等，就是伴随了大千翁一生的"和声"，是他成长的"空气土壤、阳光雨露"。

我认为，当下对张大千亟需深湛精细研究，不光是回顾大千其人其艺的"来路"，更要思考中国文艺的现在与今后发展，可启迪我们文艺如何上"续"传统文脉，下"跟"当下世界文艺潮流。从大千翁一生可知，中国文化充满活力与创造力，是完全可以平和而优雅地走向现当代、走向世界的。

"不贤识小"，这里再说说内江俗语、名物称谓背后的百姓情意：《东街子蜜饯故事》里记东兴镇朱家蜜饯，"城里一面笋，东街一圈猪"分指蜜饯业界两大家——县城里的罗氏、东兴镇的朱四婆。这俗语无疑就是口碑、活广告，俗语在《史记》、古代城市著作《洛阳伽蓝记》《武林旧事》《东京梦华录》中比比皆是。其有多方面研究价值：社会生活史、城市史、商业史、广告史等。《洛阳伽蓝记·洛阳大市》记刘白堕的名酒，就有"鹤觞酒""骑驴酒""擒奸酒"等别名，"市西有延酤、治觞二里。里内之人，多酝酒为业。河东人刘白堕善能酿酒。季夏六月，时暑赫晞，以罂贮酒，暴于日中，经一旬，其酒不动。饮之香美而醉，经月不醒。京师朝贵，多出郡登藩，远相饷馈，逾于千里。以其远至，号曰鹤觞，亦名骑驴酒。永熙年中，南青州刺史毛鸿宾赍酒之藩，路逢贼盗，饮之即醉，皆被擒获，因此复名擒奸酒。游侠语曰：'不畏张弓拔刀，唯畏白堕春醪。'"苏鸣鹤为内江引种红苕、红橘，内江人称红橘为"苏得橘"，有苏得橘，才有著名的内江蜜橘、内江橘饼。小小称谓的背后，是乡亲的感激感恩，大凡造福一方的先贤总会被乡人铭记感激。请允许我"带点私货"，就本书让我备感兴味的话题说点私人记忆：书里说到"上世纪50至70年代末，内江不少家庭都长于做'假鱼海椒'"——这道菜，泡海椒、豆瓣、芹菜、大葱等一应俱全，"啥都有，就是没鱼"。家母就常做，做得还很好，色香味俱全，让我们觉察不到里面没鱼，很开胃下饭，幽默的四川人称这种"弄虚作假"是"哄嘴巴、哄肚皮"。书里还提到晚清、民国内江地方印书堂、书店——我家就藏有"内江唐善文堂"于光绪甲午年间发行的苏鸣鹤《常用字义：平上去入声同音辨别发兑》，集辨音、释义于一体，是蒙学读物，也是内江语文工具书，可由此研究内江方音，考察内江教育、出版等。家里类似线装书、手抄本还有几十册，有宝卷、善书、戏曲、习医练武笔记等，如光绪七年《新增庆春对》、全麟书社《启蒙捷径》、贵文堂《选唐诗春联新谱》。这些劫后遗物弥足珍贵，吉光片羽，可借此怀想老内江的丰厚文化、民间勃勃生机，回味那全民尚文的风雅。

总之，从内江历史文化我们不难看出：一是经济繁荣、社会和谐、文化昌盛，三者往往一体。陈垣说"一个国家是多方面发展起来的，一个民族是长时期积累起来的"，多方面发展与长时期积累缺一不可。二是民间是有力量的，民众有活力、创造力。三是人要有"出"有"入"，有交流。"饮水思源"，为向内江先贤时俊致敬，为进一步研究内江历史文化"盘底"，供来者采撷，兹胪列近年来一些重要典籍目录：《四川省内江市地名词典》《内江十贤》《内江胜览》《美食内江》《发现内江》《内江蔗糖档案资料选编》《内江清代契约档案选编》《内江抗日救亡运动档案史料选编》《内江自然灾害档案史料》《内江文史资料：内江糖业

《中国甜城兴衰记》向思宇 著，
中国文史出版社，2012 年版

专辑》《中国甜城兴衰记》《内江乡土文化探骊》《资中文化面面观》《隆昌石牌坊》《隆昌石牌坊文史资料专辑》《隆昌云顶寨史料》《内江民间文学集成：民间歌谣、民间故事、民间谚语》《四川威远石坪歌谣》《赵贞吉诗文集注》《赵贞吉研究初集》《赵贞吉研究参考资料辑存》《丈雪通醉禅师诗文集》《纪念丈雪通醉禅师诞辰400周年学术研讨会论文集》《内江风物咏丛》《内江对联集览·漫话》《20世纪内江文学通论》《回忆张大千》《内江历代书画名人》《内江文艺历史散记——梅晓初〈丹青日志〉选读》《邱笑秋画集》《文史资料话说书画之乡专集》等。

地方文史，我觉得应走两条路：一是充分汲取中国传统学术资源。古典中国，地方文史著述、研究传统很是久远，学术资源甚为丰富，历代史书、方志、谱牒、都市赋与笔记、竹枝词等，都足资取用，依旧有学术活力，此举一例——北朝杨衒之《洛阳伽蓝记》记洛阳佛寺，两宋继以《东京梦华录》《梦粱录》《武林旧志》《南宋临安两志》《剡录》等，形成文脉不断的都市著述谱系，这些又影响朱自清写成《欧游杂记》《伦敦杂记》，并直接催生了法国汉学大师谢和耐汉学名著《蒙元入侵前夜的中国日常生活》。其次，"他山之石，可以攻玉"，欧美西方新文化史学派、年鉴学派（可参辜振丰《布尔乔亚：欲望与消费的古典记忆》），关注社会文化、劳动生活的全部；中国都市史研究，美国施坚雅

以及日本汉学家斯波义信等都已着先鞭，成果不俗。我们完全可以借用这些"利器"，使地方文史关注的空间更大，更具国际视野，让地方文史更有滋味，从而与每个人都息息相关。

闻一多曾说："旧国旧都，望之怅然，是人情之常，纵使故乡是在时间以前、空间以外的一个缥缈极了的无何有之乡，谁能不追忆，不怅望？庄子的著述，与其说是哲学，毋宁说是客中思家的哀呼；他运用思想，与其说是寻求真理，毋宁说是眺望故乡，咀嚼旧梦。""汉安·内江"，有美食可咀嚼回味，有先贤可想象、景仰，有温婉可人的民俗得以依恋、助人成长并自然融入桑梓，有蕴含不尽情味的旧址可流连，有老物件儿可抚摩——上面隐隐还有祖辈的手泽温情、劳动生活的智慧情思，这就是我们的"家"。有"家"，我们就不会流离失所，不会惶惶不可终日，不会单调乖戾。有了"家"就会身心安顿，且能安之若素。

学与问（节选）

徐梦琳： 还记得我们2011级3班的学生有幸在孟老师的带领下一起到内江双才镇上寻找沈从文先生的足迹，当时我还简单写下了一篇寻找沈从文的散文。此次您分享的《内江旧闻录》介绍，像是一条神奇的纽带，将我和这座与我命运息息相连的甜城进行了又一次的奇妙联结。这本书的确立体地再现了内江曾有的辉煌。如果我想关注地方文化，该从何入手找资料呢？

孟光全： 前些年，我曾带12名中文系学生到湖南永州江永县乡下，历时12天，考察"女书与村落文化"；又指导同学到遵义考察"海龙囤土司遗址遗物的文化意蕴"。

我深深觉得：地方文化研究，中文系学人大有可为！这里我就举例简单说说"地方文化研究如何得到有用材料"：

1、密切关注一个地方已有文献，摸清地方文史的"家底"。中国历来重视地方文史材料的整理出版，这是我们研究的出发点，应珍视并充分利用：如号称"地方百科全书式"的地方志（如《内江市志》《内江县志》《资中县志》等等），各地都办有的某地文史资料（如《内江文史资料》《隆昌文史资料》），前些年各市县都已完成的"三大集成工程"（即某地民间歌谣集成、民间故事集成、民间谚语集成，如《内江民间文学集成》，我藏书里最厚一册就是《成都民间文学集成》，堪称皇皇巨著），各历史文化名城往往还有记录风俗民情的竹枝词传世（如《成都竹枝词》）等。

2、关注地方政府官网（如"永州市人民政府官网""江永县人民政府官网"，里面有大量地方文化历史有价值信息，可以做到"人未行，心先到"）、地方报刊如《内江日报》（尤其周末版）、地方微信公众号如"最内江"、地方论坛（如"汉安堂"，内江古称汉安）、自媒体（如泸州地方文史爱好者办的"江阳沽酒客"，此号已坚守多年，我一直关注，觉得此号主人对泸州一带地方文史颇为熟稔，已臻初步研究水平，都严谨可信）等。以上所说，只是举例而已，难免挂一漏万。

从"江阳沽酒客"处，我觉得这些是地方文化研究的源头活水，有了民间热心人的积极、持续参与，地方文化研究就能源远流长、根深叶茂。

一言以蔽之，对地方文化，我们只要热爱，并持之以恒，就能大有作为。

徐梦琳： 似乎昨日还在课堂听您分享洛阳伽蓝寺的辉煌，如今我却已站上三尺讲台向学生传递知识的力量。再次听到您的讲座，十分亲切。您在其中提到"说书中俗语、名物称谓背后的百姓情意"颇有情趣，老师可否再向我们介绍一些内江的方言、俚语？对我们有何建议？

孟光全： 再举一例：比如内江方言里有个现象，就是"词头"特别丰富（其实川南方言往往也如此），如"香"我们说"喷香"，"臭"说"滂臭"，"老、硬"说"梆老、梆硬"，"嫩"说"水嫩"，"辣"说"飞辣"或"飞辣八辣"，"苦"说"刮苦"，"毒"说"寡毒"，"酸"说"溜酸"……这样既强调了语义，又生动形象，一听就难忘。

我本书生，建议大家关注《四川方言词典》，内江、资中方言可关注《内江市志》《资中县志》中"方言"部分，两志的方言部分都是我们文学院老教授陈若愚写的，从语音、词汇、语法三方面讲，全面又简明切实，词汇部分读来特有趣。复旦大学游汝杰、周振鹤《方言与中国文化》堪称经典，读来启迪多多！建议大家多从社会语言学、文化语言学名著中汲取营养，如罗常培《语言与文化》、张清常《胡同及其他》、陈原《社会语言学》《在语词的密林里 重返语词的密林》等。多读，你会觉得语言原来如此丰富有趣、如此海阔天空。

张家春： 孟老师好，您的讲座再次勾起了一位毕业已久的内师学子对甜城的亲切回忆。甜城上坡下坎的小巷，青山绿水间的红墙黑瓦，以及弥漫在热闹街市中的烟火味道，都充满了令人怀念的温情。我对隆昌印象深，请您谈谈对隆昌石牌坊群的认识。

孟光全： 我很早就看过隆昌石牌坊。前几年，我们中文系有五个同学参加四川省大学生"挑战杯"论文比赛，我让他们写石牌坊，大家经过实地考察、查阅资料、反复讨论，我们最终确立梳理牌坊群上的文字，结合隆昌历史文化，解读牌坊上的文本，摘出记叙公益慈善活动内容，再结合当下公益慈善活动中存在的问题，最终写成一文，即《隆昌石牌坊所叙公益慈善事业以及对当下的启迪》，该文最终获奖。

石牌坊，被尊为立体史书、形象的史书，蕴含了极为丰富深厚的文化意蕴，需跨学科研究。研究隆昌石牌坊群，我觉得意义是多方面的：

1、从交通上看，隆昌历来是成渝驿道之要冲。石牌坊是富于纪念性、表彰性的公共建筑，被纪念表彰者的功德善行主要借行人"口耳相传"形式传播开来，因此隆昌石牌坊群研究，就具有文化地理、传播学研究意义与价值（可参吴予敏好书《无形的网络——从传播学的角度看中国的传统文化》）。

2、从文化分层来看，众多牌坊的建立是政府官方、地方乡绅大族以及百姓"合力"的结果，其中体现了良好的"官民互动关系"。由此可看到某种意义上价值观的共通性、通融性，大文化与小文化融通，有益于我们了解明代尤其是清代全社会的某种共同价值观。

3、石牌坊建立与维护，需要雄厚的经济支撑与长久的地方维护，这就体现了一个地方的经济活力，也能展现官员、乡绅乃至民众的组织协调、沟通能力（可参民国时顾颉刚主编的《妙峰山》）。

4、牌坊是综合性艺术，上面有文学（文学居于中心地位。涵盖对联、诗、骈文和叙事性散文，雕刻的不少画面是古代戏曲、小说场景，因此古代小说戏曲也就生动"浮现"在牌坊上了）、书法、美术（主要是雕刻），人物、花卉、各种吉祥图案应有尽有，体现了精湛的雕刻、绘画技艺，也体现了地方的文化实力与文化自信。

2020 年 5 月 12 日
中文楼 303 教室

作者简介

孟光全，1964 年生，四川内江人。1986 年毕业于重庆师院中文系，获文学学士学位。现为内江师范学院文学院中国古代文学教授、四川张大千研究中心研究员，执教中国古代文学、乐府民歌研究等。

曾获内江师专优质探索课比赛文科组二等奖，主研省级科研课题"《洛阳伽蓝记》研究"。专著《〈洛阳伽蓝记〉研究》获四川省政府社科三等奖；在《当代文坛》《西南民院学报》《名作欣赏》等刊文数十篇。

学而时习之：《论语》的温度

高　佳／内江师范学院文学院副教授

> 孔子的理想是向着自己的理想努力之后的一种圆满的不怨天尤人的境界。
>
> ——高　佳

《论语译注》杨伯峻 译注，中华书局，2017 年版

杨绛先生将读书比作"串门儿"，"隐身"的串门儿，不需要提前打招呼，也不怕搅扰主人，想去就去，觉得不想再看，便可以不辞而别。当然，杨绛先生所说的这种阅读，应该是一种"闲读"。很多时候，我们都是为了对付某种考试而阅读，这种时候，不管喜不喜欢所阅读的书籍，都只能读下去。但"闲读"不一样，是完全没有外在逼迫的自我的选择行为。在人的一生中，应试性的阅读必不可少，但"闲读"也同等重要，因为"闲读"的时候，我们以自在之心，在书本里作精神的遨游，让自己的思想突破时空的限制，从文字里吸取精神的营养，这是一件十分美妙的事情。

《论语》是一部重要的儒家经典，被称为"中国的圣经"，记载了孔子的丰富的思想，是一本有"温度"的书。但它的温度，只有真正静下心来，翻开书页，彻底走进《论语》的世界，才能真正感受到。就我自己而言，并不是一开始就对《论语》感兴趣的。我接触《论语》是很早的事情，大约中小学就接触到《论语》的一些篇章，背住了其中的一些句子，但那个时候，背诵这些只言片语更多的目的是为了应付考试，或者希望在作文里引用，从而为自己换一个高分。那会儿哪里会去体味《论语》的"温度"呢。

我对《论语》真正有了一点兴趣应该是从大学时期开始的。但那时的兴趣，具体来说，可能叫"好奇"更合适。大学时我选修了一门课，具体名称记不得了，内容是讲《论语》的。据同学们说讲课的老师很有思想，我们都想去听听很有思想的老师上的课。但很多时候，真的是听得不太懂。《论语》中的话好像很简单，简单到一听就知道在说什么；却又好像很难，难得无法理解其更深的意义。而且，那样一个年龄，正是最讨厌说教的时候，觉得《论语》里好多话都在说教，很难敞开心扉去接受和思考。所以这门课，我是没有真正听懂的。但有一个细节，却一直存在我的心里，鲜活到现在。记得有一次老师讲到孔子和他的弟子在游历的时候失散了，孔子"累累若丧家之狗"。当时，大家都觉得孔子真是惨得很，以前大家接受的都是孔子是伟大的"圣人"，从来没有想过孔子也会有这么惨的时候。记得老师讲了孔子的这段遭遇之后，沉默了一会儿，悠悠地说了一句"累累若丧家之狗，这是最高境界"。我们无法理解为什么一个人都像丧家狗了，还是最高境界，曾经还拿这个来开玩笑。可是，多年之后，我却开始重新阅读《论语》，并从《史记》找来这段记载"丧家之狗"的文字：

孔子适郑，与弟子相失，孔子独立郭东门。郑人或谓子贡曰："东门有人，其颡额似尧，其项类皋陶，其肩类子产，然自要以下不及禹三寸，累累若丧家之狗。"

——《史记·孔子世家》

由于大学时期的记忆与疑惑，多年以后，我开始反复阅读《论语》，阅读与《论语》相关的书籍。我似乎渐渐懂得了当年老师的那声悠悠的"最高境界"的叹息，也渐渐有些懂得老师当年在讲台上的片刻沉默。李零先生写了一本《丧家狗：我读〈论语〉》，正是取自孔子这一经历。"丧家狗"，什么是"丧家狗"？李零说："任何怀抱理想，在现实世界找不到精神家园的人，都是丧家狗。"孔子的理想无法实现，却又明知不可为而为之，这样的坚守，有些愚钝，却又愚钝得让人感动。那一门课，那一个细节，老师的那声叹息和短暂的沉默，像一把小锄头，在我内心的土壤上挖掘出一个小洞，种下了一颗种子，这颗种子促使我在有了更多的人生经历后，开始重新阅读《论语》，走进孔子的世界，至此，我才算是真正叩开了《论语》的大门了吧，而《论语》就像一块儿温润的美玉，滋养着每一个走向它的人。在当年大学课堂中懵懂的我，确实没有想到，今天我会站在高校的讲台，如我的老师当年一般，和我的学生一起阅读《论语》。或许我的学生也像当年的我一样，还不能很好地理解《论语》，但也许，我也能像当年我的老师那样，播下几颗好奇的种子，如果真这样，那也算是有点意义的事情了。

在原典中寻找孔子

《论语》不是一本冷冰冰的说教的书，它是亲切的、生动的。杨绛先生曾在《我是怎样读〈论语〉的》里说，"四书"里她最喜欢《论语》，因为《论语》

最有趣，读的是一句一句话，看见的却是一个一个人，孔子和他的弟子个个都有自己的特点。读《论语》，读到"克己复礼"的颜渊、善于辞令与经商的子贡、勇敢却又鲁直的子路、爱问刁钻问题的宰予……每一个学生都是那样的鲜活生动。读到子见南子，子路责问，孔子指天发誓，会觉得这对师生真是有趣，读到伯牛染疾，孔子隔牖而叹，痛心疾首，读到颜渊去世，孔子痛哭，也会禁不住流下眼泪，为他们的师生情谊而感动。所以，翻开原典，去亲近里面的文字，才能感受到《论语》的温度。

在没有真正进入孔子的世界之前，或许会觉得孔子是一个比较刻板的夫子，一个严肃的老师，每天训教他的弟子们要成为一个品德高尚的君子。在历史上，有被"圣化"的孔子，有被"魔化"的孔子。或许每个人心里都有一个不完全一样的孔子。阅读原典的意义是可以让我们走进孔子的日常，真正和孔子交流，得出"我心目中的孔子"而不是"听别人说的孔子"。李零在《丧家狗：我读〈论语〉》中说："孔子不是圣，只是人，一个出身卑贱，却以古代贵族（真君子）为立身标准的人；一个好古敏求、学而不厌、诲人不倦、传递古代文化、教人阅读经典的人；一个有道德学问，却无权无势、敢于批评当世权贵的人；一个四处游说、替统治者操心、拼命劝他们改邪归正的人；一个古道热肠、梦想恢复周公之治、安定天下百姓的人。他很栖皇，也很无奈，唇焦口燥，颠沛流离，像条无家可归的流浪狗。"或许我们对孔子的认识不一定和李零教授完全相同，但确实只有当我们走进原典，才能真正走近孔子，看到一个有血有肉的孔子，一个有思想、有道德、有文化、有学识的孔子，他是平凡的，又是伟大的。

黑格尔在《哲学史讲演录》中说到孔子时，指出孔子没有"思辨哲学"，认为《论语》中只有一些"常识道德"，没有什么出色的东西。其实常识的道德往往是最质朴而深刻的思想。德国哲学家雅思贝尔斯在描绘人的历史时，曾把公元前800年至前200年这一时期称作人类的"轴心时期"（Axial Period），轴心期代表着人类精神上的觉醒，而孔子则是中华轴心时代第一人。孔子并非一个彻底的无神论者，但孔子承继周文化的"敬德"思想，建立了以"仁"为核心的思想体系，突破了人对神鬼的依赖与恐惧，而发掘出"人"的意识和自觉，从这个意义上说，孔子确实是一个伟大的思想家。"天不生仲尼，万古如长夜"，人的意识和自觉像一道光，照亮了历史的混沌。

孔子的思想是丰富的，我们不能在短时间内一一交流，下面就从教育角度谈谈孔子。

伟大的师者：诲人不倦

蔡元培《在信教自由会上的演说》提到："孔子学问，文章政治事业，朗如日月，灿如星辰，果足为万世师表。"孔子被称为"至圣先师"，被誉为"万世师表"，这不是虚空的称誉之辞。《论语》一页页的"子曰"，都带着庄严的气息，传递着一位伟大师者的声音。"学而不厌，诲人不倦"，这是孔子一生的实践与坚持，这是一件很伟大的事。我们先来谈谈孔子的"诲人不倦"。

一、教学目标与生命之乐

《论语》开篇：

> 子曰："学而时习之，不亦说乎？有朋自远方来，不亦乐乎？人不知而不愠，不亦君子乎？"（《论语·学而》）

正义曰："此章劝人学为君子也。"这是说，这章孔子是在谈论教学的目的是使人通过学习成为君子。孔子不是要教学生学习农业技术或者百工技艺，而是要教育学生成为君子，君子是有道德有才能的人，能够成为明君或者辅佐君主治理天下的人。在那个礼崩乐坏的时代，天子权力日渐式微，诸侯并起，争霸不断，贵族生活奢侈，道德日益沦丧，因而孔子希望培养出能够施行"仁德"之政的君子以匡救天下。只有将目光穿过深长的历史隧道，定格在孔子生活的那个时代，才能理解孔子所树立的教育目标的涵义，以及隐藏在这一目标之下的一颗希望天下和谐的心。

在这一章里，孔子不仅表明了教学的目标，更重要的是孔子谈到了学习的"乐"。孔子用了三个不需回答的问句，用了"悦""乐""不愠"等表达心情的词语。这其实谈到了学习和"乐"之间的关系。学习并且将学到的东西不断地实践，这不是愉悦的吗？有能够相互切磋的志同道合的朋友从远方来了，这不是快乐的吗？别人不能理解自己，自己却不懊恼，这不是君子吗？按着自己的成长追求不断学习实践，增长提高，是一种"悦"，一种不需要向他人宣示的内心的自悦。学业稍有所成，能有朋自远方来，就是快乐的。"远方"，为什么是"远方"？难也。一个人学识越高，境界越高，能够懂得和理解他人会越少，当人不知时，依然不怨恨，能保持一种平和的心境，这当然是君子了。所以，从这一章里我们读到了孔子的理想，孔子的坚持，孔子的孤独，孔子的胸怀，孔子的愉悦幸福。孔子的理想不是狭隘的理想，孔子的愉悦也不是物质的愉悦，而是向着自己的理想努力之后的一种圆满的、不怨天尤人的境界。孔子是孤独的，就算是他最优秀的弟子，也不能完全了解孔子的思想境界，因而孔子也会叹息"莫我知也夫"！但因为"求仁得仁"，这种叹息很快便泯灭，因为"不怨天，不尤人。下学而上达，知我者其天乎"？这种"莫我知"的孤独，被孔子对自我生命的圆满追求所溶解，这样的追求是一种高级的精神之"乐"。在当今"娱乐至死"的时代里，被物质化娱乐、肤浅化娱乐所捆绑的当代人，应该可以从孔子的追求里汲取到生命真正丰足快乐的养料吧。

二、教学对象：有教无类

自行束脩以上，吾未尝无诲焉。（《论语·述而》）

子曰："有教无类。"（《论语·卫灵公》）

上面的引文说到孔子的教学对象。孔子主张"有教无类"，这是非常伟大的思想。春秋中期以前，只有官学，贵族子弟才有机会接受文化知识教育，贫贱身份的人没有机会接受教育。礼崩乐坏之后，文化知识中心开始下移，出现了对时代发展起到十分重要作用的新兴的"士"阶层。孔子的弟子中有富贵的，如南宫敬叔、子贡，也有很多出身低微、生活贫寒的学生，如子路、颜回等。孔子力推私学，并努力践行"有教无类"的教学理念，在当时具有重大的意义，对新兴"士"阶层的形成以及文化思想的传播起到了很大的作用。关于这一点，杜国庠《先秦诸子百家思想概要》写道："孔子不但是儒家的开山祖，同时也是中国教育史上第一位公开教学的教育家，最先把古代氏族贵族所专有的诗、书、礼、乐这类学问普及给民间，不问来学者出身贵贱，实行'有教无类'把官学变成私学。"

孔子主张"有教无类"，但不是对收学生没有要求。孔子说："自行束脩以上，吾未尝无诲焉。"人们对"束脩"的理解不一样，有人认为是"十条干肉"，是学费，有的认为是"束发"。所以对这句话的理解就有两种，一是十条干肉做拜师礼，孔子就收为弟子。一种认为只要能自己束发，孔子就收为弟子。大约反对"十条干肉"作学费的说法的人，觉得孔子作为圣人这么收取学费太物质，所以另辟蹊径进行解说。我觉得理解为十条干肉也没有什么问题，圣人也是人，也是要收学费的。"束脩"在这里强调的应该是一种拜师的礼仪。孔子是一个十分注重礼仪的人，而且尤其重视礼仪背后的礼义，收取"束脩"强调的是拜师礼仪之后的礼义：师生关系的庄严神圣，学生学习态度的庄敬。这正是体现了孔子对学生的要求，要求学生对学习态度是庄敬的，至于学生具体能不能拿得出十条干肉，我想孔子应该是不会那么去较真的。

三、教学内容：文行忠信

子以四教：文行忠信。（《论语·述而》）

正义曰："此章记孔子行教以此四事为先也。文谓先王之遗文。行谓德行，在心为德，施之为行。中心无隐谓之忠。人言不欺谓之信。"孔子教弟子们时，注重文行忠信，既重视先贤典籍的学习，又重视德行的教育，特别是忠信品质的培养。孔子的教育既重视理论，也重视实践，既重视知识，也重视德行。以此四教，孔子希望弟子们能通过学习而成为具有"君子"品质的人。孔子希望通过这样的教育内容来实现自己培育"君子"、匡救天下的理想和目标。孔子无疑是一个成功的教师，相传他弟子三千，贤人七十二，很多弟子及再传弟子都是当时和后世的重要人才。如果在教育中，只重视纯粹的知识和技术，而忽略德行的教育，就会培养出高智高能的"精致的利己主义者"，钱理群先生就曾有过这样的感叹和呼吁。如今，我们又再次将"立德树人"作为教育目标提出，虽然我们今天"德"的具体内涵和孔子时代已经不完全一样，但这无疑是对孔子重视德行、知识、能力的教育理念的传承和发扬。

四、教学方法：因材施教

孔子在教学过程中有很多有效的教学方法，这里谈一谈因材施教。孔子对弟子因材施教，首先是认识到了每个人都是独特的，具有各自不同的性格特点。下面是《论语》记载的孔子和几个弟子交流的片段：

> 冉求曰："非不说子之道，力不足也。"子曰："力不足者，中道而废，今女画。"（《论语·雍也》）

> 子谓颜渊曰："用之则行，舍之则藏，惟我与尔有是夫！"子路曰："子行三军，则谁与？"子曰："暴虎冯河，死而无悔者，吾不与也。必也临事而惧，好谋而成者也。"（《论语·述而》）

> 子路问："闻斯行诸？"子曰："有父兄在，如之何其闻斯行之！"冉有问："闻斯行诸？"子曰："闻斯行之！"公西华曰："由也问'闻斯行诸？'，子曰：'有父兄在'；求也问'闻斯行诸？'子曰：'闻斯行之。'赤也惑，敢问？"子曰："求也退，故进之；由也兼人，故退之。"（《论语·先进》）

以上的文字记载的是孔子对学生冉求以及子路进行教育的片段。当冉求说自己不是不喜欢夫子的"道"，只是自己"力不足"时，孔子告诉他，他不是力不足，而是画地自限。这是鼓励冉求要勇敢地求道。子路是很勇敢的人，因为孔子夸赞颜渊，心里不太舒服，希望老师也夸夸自己，因此问孔子："您率领军队打仗，和谁一起呢？"孔子委婉地告诉他，自己是不会和有勇无谋的人一起做事的。这实际上针对子路勇敢但缺少谋略、做事较为急躁这样的特点进行了引导和教育。在"闻斯行诸"章中，孔子直接点明了自己对子路和冉求的教育实行的是"因材施教"的策略。"听到一件事就立刻去做吗？"子路和冉求都问过同样的问题。孔子的回答截然相反，其原因在于两个学生的性格特点不相同。冉求的特点是容易退却，所以孔子激励他前进。而子路则勇过于谋，容易冒进，故孔子让他学会"退"。

像这样"因材施教"的片段在《论语》中比比皆是。如：

> 宰予昼寝，子曰："朽木不可雕也，粪土之墙不可杇也，于予与何诛？"子曰："始吾于人也，听其言而信其行；今吾于人也，听其言而观其行。于予与改是。"（《论语·公冶长》）

宰予昼寝，孔子很生气，说我还批评他干嘛呢？后世的有些读书人，误解了孔子的意思，以为孔子批评宰予不应该昼寝，所以自己也不敢在白天睡觉。但实际上孔子批评宰予并非是宰予昼寝的行为，而是宰予的言和行的不一致。孔子感叹从宰予这件事，他改变了对人的观察方法，以前是听其言信其行，如今要听其言、观其行。《论语》是语录体散文，所以记载的并非详细事件，而常常是只言片语。从这段文字，我们不能看到宰予说了什么，造成言行不一，但宰予本身属于言语辞令方面非常突出的学生，从孔子的感叹可以知道，孔子是批评宰予言过于行的弱点。这也是针对学生的特点进行的教育。

人与人的不同也体现在对某一领域知识的学习和领悟能力上。因而，孔子主张要根据学生的领悟能力进行教育，在教育过程中十分注重启发和点拨：

> 子谓子贡曰："女与回也孰愈？"对曰："赐也何敢望回？回也闻一以知十，赐也闻一以知二。"子曰："弗如也，吾与女，弗如也！"（《论语·公冶长》）

> 子曰："不愤不启，不悱不发，举一隅不以三隅反，则不复也。"（《论语·述而》）

以上的两则《论语》引文足以说明孔子认为每个人都是特殊的个体，在对某一领域知识或道理的领悟上有区别。孔子问子贡："你和颜渊相比，哪一个更厉害？"子贡是孔子学生中很优秀的一个，善于辞令和经商。子贡回答说，自己不如颜渊，因为自己闻一知二，而颜渊是闻一知十。可见，孔子和子贡都认为颜渊对道的领悟能力是惊人的。根据学生的具体特点，孔子在教育中很注意根据学生情况来进行启发和点拨。所以，孔子认为，作为老师，首先要激发学生的学习兴趣，激起他们求知的欲望，也就是"不愤不启，不悱不发"，这一点，我很认同，一个没有求知欲的学生，老师再启发，也只能是"启而不发"。如果学生不能"举一反三"，孔子说，就不要再举了。孔子的意思是不是说就不再教育这个学生了呢？我认为不是，孔子的意思是这个学生目前的状态再"举"也是起不到作用的了，那么作为老师，这个时候要根据学生的状态去激发他的求知欲，或在他易于接受的层面上去进行教育。

我们在《论语》中经常看到学生问同样的问题，孔子回答都是不一样的。比如学生问"仁"，针对颜渊，孔子说"克己复礼为仁"。针对子张，孔子说能够做到恭、宽、信、敏、惠就是"仁"。显然，孔子对颜渊的回答更加抽象，并且谈到了仁的"克己复礼"内涵。这其实也是孔子针对两位学生的不同领悟能力而进行的教育。

好的教育，不是一味地灌输，而是激发和唤起，是灵性的，是个性的。孔子对学生的因材施教，尊重学生个性和天赋，注重唤起和点拨，对我们今天的教育有着极大的启发意义。

伟大的师者：学而不厌

"学而不厌"是一个人一生保持生长活力的源泉。一个优秀的老师，首先是一个"学而不厌"的老师，"学而不厌"，方能渊博学识，涵养精神，才能更好地引领学生成长。言传身教，身教潜移默化的力量是无穷的。孔子作为伟大的师者，一生学而不厌，令人敬佩。

一、信而好古：郁郁乎文哉！吾从周。

孔子重视唤起学生的求知兴趣，主张学生立志与守志，孔子自身也做到了这一点。孔子"信而好古"，崇尚周代的文明，认为周文明是在前代文明基础上的融合发展，因而感叹"郁郁乎文哉！吾从周。"这是孔子的兴趣，也是孔子一生坚持学习的对象和实践的理想。孔子遍读先王遗文，并对这些文献进行编删整理，并以此教授弟子，对文化的传播起到了很大的作用。这样的坚持便是源于一个"好"字。只有真正"好"，才会如此投入和坚持。当然孔子崇尚周代文明，是基于对自己所生存的"礼崩乐坏"的现世的反抗，是希望复兴周礼以使天下重回和谐。这样的理想在转型期的时代里的确是无法实现的，但其对现实的批判，以"仁"救天下的理想与担当却深入人心，成为后世士人坚守的节操。

二、真正的"好学"

> 子曰："十室之邑，必有忠信如丘者焉，不如丘之好学也。"（《论语·公冶长》）

孔子说自己是一个好学的人，这不是孔子的自夸之辞。韩愈在《师说》里谈到："圣人无常师。孔子师郯子、苌弘、师襄、老聃。"孔子曾问官于郯子，学乐于苌弘，学琴于师襄，问礼于老聃（这里的老聃，有学者认为不是道家的老子，赞同）。在孔子的眼里，"三人行，则必有我师焉。"孔子擅长从他人身上进行学习，学其优点，对照自身的缺点，以此不断完善自己。下面看看《论语》中记载的孔子学"乐"的片段：

> 子在齐闻《韶》，三月不知肉味，曰："不图为乐之至于斯也。"（《论语·述而》）

> 子与人歌而善，必使反之，而后和之。（《论语·述而》）

孔子听《韶》乐，竟然达到痴迷的地步，三月而不知肉味。这是一种沉浸和体悟式的学习。孔子听到别人唱歌很好，就会请求对方重复，自己和之。孔子主张"乐教"，首先是自己学乐，懂乐，再以此教授学生，作为老师，这是最好的"身教"。

走进原典，我们会看到一个如此"好学"的孔子。但在这里，强调我们要真正去理解孔子"好学"的内涵。《论语》多处谈到"好学"，我们举其中一则看看：

> 子曰："君子食无求饱，居无求安，敏于事而慎于言，就有道而正焉。可谓好学也已。"（《论语·学而》）

从上面的引文我们可以看出，孔子认为"好学"包含三个层次：一是对待物质的态度，一个立志学为君子的人，不是一个无度的物质享受者。以前很多人一看到这样的文字就不舒服，觉得孔子就是想让人清贫，这是误解，孔子并不反对用合于道的方式去求取物质，不要忘了，孔子的高徒子贡就是一个富人，这并不妨碍他成为一个贤人。孔子在这里其实谈到了一个很现实的问题，在求道为仁的过程中，有时候可能会处于物质贫乏的困窘境地，这个时候要守志，不为物质贫乏而改志，这是很难的，所以孔子才这么赞美颜渊箪食瓢饮而不改志的快乐。"不义而富且贵"，在孔子眼里，不过是浮云。第二层是要"敏于事而慎于言"，就是要落实在实践上，孔子主张"仁"，"仁"不是口头的，而是实践的，不是说到，而是做到。所以孔子特别强调言行一致，行在言先。第三层"就有道而正焉"，是说学习的对象是有道之人，或者换句话说，勤奋努力的目标是要让自己变为有道之人，一个完善的人。孟子也曾经提到过"鸡鸣而起，孳孳为善者，舜之徒也。鸡鸣而起，孳孳为利者，跖之徒也。欲知舜与跖之分，无他，利与善之间也。"（《孟子·尽心上》）圣人与大盗都是刻苦的人，但分别是什么？是做人的选择。所以孔子、孟子其实都强调了学习的目标是学做一个完善的人。

孔子好学的内涵包含了以上三个层次，我认为，这是非常重要的。孔子的一生也是在实践这样的"好学"。我们今天对"好学"这个词的使用似乎更随意一些，我们认为一个人只要在努力刻苦学习知识和技术，就可以称为"好学"，这里面失落了一些东西，那就是教育和学习的终极目标是使一个人成为一个完善的人。我们把目标定在了纯粹知识和技术的层面，使得"好学"的含义也变了味。这样看来，孔子"好学"的内涵对我们今天仍然有着重要的启发意义。

高山仰止，景行行止

走进《论语》，走近孔子，一个平凡的人，也是一个伟大的人。

还是用司马迁在《史记》里的一段话作结吧。

太史公曰：诗有之："高山仰止，景行行止。"虽不能至，然心乡往之。余读孔氏书，想见其为人……天下君王至于贤人众矣，当时则荣，没则已焉。孔子布衣，传十馀世，学者宗之。自天子王侯，中国言六艺者折中於夫子，可谓至圣矣！

——《史记·孔子世家》

"高山仰止，景行行止"，读其书，想见其为人，还是去读《论语》吧。我们为何要读《论语》？记得鲍鹏山曾说过，因为它是一个知识体系，一个价值体系，一个文化体系。怎么读《论语》？记得李零说过："《论语》要拆开来读：

纵读之，历览孔子的一生；横读之，深入孔子的内心。"体系也好，纵读横读也好，总归是需要去读的。

学与问（节选）

巩朝海：高老师好！请问有没有更适合我们现在读的《论语》版本可以推荐？

高佳：从古到今，《论语》的版本很多，这也说明《论语》历来受到学者们的重视。如果想要了解《论语》版本的情况，可以去看看相关的书籍或论文。不同层次不同需求的读者可以根据具体情况选择不同的版本。任继愈先生给《中华读书报》"名家荐书"栏目推荐了《论语》和《老子》。记者询问版本选择时，任先生认为初读的一般读者可以先找一个简易的读本，必须是全本，且是可靠的出版社的。看完之后再去看难一点的版本。对于我们文学院的学生本身有一定的基础，可以先看看杨伯峻先生《论语译注》（中华书局），有简体本和繁体本。此书正文前的"试论孔子"，可以让读者大概了解孔子的身世、思想体系的渊源、孔子论天命鬼神和卜筮、孔子的政治观和人生观，以及孔子的忠恕和仁、孔子对后世的贡献等等。导言部分对"论语"命名的意义和由来、版本和真伪以及古今"论语"注释书籍都有论及。正文部分注释功力深厚，可以帮助了解文意。书后的"论语词典"部分也很值得参考。所以，可以先读读这本，然后有兴趣再去读读其他版本，包括各种古注本和今注本、解说本，进行比较阅读，这样就一步一步深入了。当然，要更好地理解《论语》的思想，还需要看看讲孔子经历的书，看看讲先秦历史的书籍。

徐梦琳：高老师好，听您讲受益匪浅。《论语》的价值毋庸置疑，具体而言，《论语》或万世师表孔子对于我们当下生活、或者对于师范院校的学生（未来要当老师的学生）来说，有着怎样的现实启发意义？

高佳：我们现在强调要批判继承中华传统文化，非常好。对于《论语》，对于孔子的思想，我们也需要如此。把孔子放入历史中，观看他对特定时代的意义，也看他对当今世界的意义。这个话题很大，我们还是就"老师"这一点简单说说。孔子作为一个老师，他是有理想的，他要培养君子，匡救天下，使天下和谐，虽然恢复周礼在当时不可能，但其理想是一个大的理想，具有崇高性。我们今天做老师，如果没有"育人"的理想，就会成为教书匠，我们好像也没有办法指望教书匠教出一个有灵魂的人。所以在物化严重的今天，我们也要努力做一个有"育人"理想的老师。另外，就是要像孔子一样，注意教学方法，注重学生的个性和天赋，因材施教。总之，"学而不厌，诲人不倦"这八个字要实践非常难，孔子一生都在实践。"学而不厌"既是老师涵养自身的需求，同时也是一种身教，身教非常重要。"诲人不倦"也是说起来容易做起来难的。孔子自身是言行合一的，这一点很打动人，是后世老师学习的榜样。我们今天学习孔子，不是要学习他去恢复周礼，我们要培育的人才的素养需求也与孔子时代不同了，但孔子作为一个教师的那种精神是应该传承和发扬的。

张倩：高老师您好！在您看来，孔子这样一个非常有温度的师者是怎么变成了一个大众眼中带着刻板印象的儒家符号的呢？是什么隔在了我们和孔子的温度之间呢？

高佳：有时候，我在想，我们读经典是读什么呢？我比较赞同文中提到的李零先生的说法："《论语》要拆开来读：纵读之，历览孔子的一生；横读之，深入孔子的内心。"读经典的时候，我们读到的是一个个伟大的灵魂，是在和这些伟大的灵魂对话，所以是必须去体悟的。比如孔子，我们会去感受一个特定历史时代中的孔子，他面对的境况是怎样的？他是怎样的一个人？当我们通过阅读了解越多，这个人的形象就立起来了。我们会感到这样一个凡人身上的伟大。如果只是记住一些知识，没有好好去体悟从而涵养自身，那么我们获取的也只能是"知识"而已。当然，刻板印象的原因是多重的，比如历史上对孔子的"圣化"和"魔化"。如果我们很少去读原典，只接受一些零碎的片段，且只作为知识而不涵养，那么就感觉不到孔子的温度，因为"符号"是没有温度的。我想，让我们感动的其实不是思想，而是提出这些思想的人。只有把孔子放到他身处的历史中，去思考他的言行和思想，才会真正去了解他，了解他的平凡，也了解他的伟大，才能真正谈到批判传承其思想。

2021 年 9 月 28 日

中文楼 303 教室

作者简介

高佳，四川大学汉语言文字学博士，内江师范学院文学院副教授。公开发表学术论文 20 余篇，参编词典 1 部，主持四川省社会科学研究规划项目 1 项，主持省教育厅项目 2 项。曾指导大学生课外论文大赛获省"挑战杯"二等、三等奖，获内江师范学院科研优秀奖，多次被评为内江师范学院优秀教师。

社会行走　灵魂聚焦
春暖花开　左岸风来

第三部分 ,

素履之往

凡心所向，素履可往。

——木心

代课教师是农民的天使，是教乡村娃读书识字的先生，更是拯救乡村娃脱离苦海的救星。

——报告文学作家／向思宇／《行走大山的教鞭》

我关注过去的人们在大地上行走的方式，搜集他们逝去的声音、飘零的血液、散落的骨头，把它们还原成某一阶段的人的生活、人的历史、人的存在，并留在文本里。

——内江日报社记者／李　莽／《纷纷掉落的故事》

人们说我的长城由对长城景观的个性化阐释，发展到对心灵密语的自由释放，长城与自然、长城与生命、长城与百姓、长城与当下生活的视角，有哲思，有调侃，有戏谑，有混搭，有愤怒，有哀痛，当然也有无奈和叹息。

——中国摄影家协会副主席／杨越峦／《中国野长城的呼唤》

诗是一种需要。诗性的思维，诗意的创造力，诗情的挥洒，才是青春永驻、文明向前、变化无常，却又合乎自然法则的宇宙动力。

——羌族诗人／杨国庆／《诗是一种需要》

用这些影像的碎片探寻生命的意义，也许是漫长而痛苦的，但正如陀思妥耶夫斯基所言："有些幸福，要在痛苦中探寻。"

——内江日报社记者／王　斌／《生命的碎片》

人文素养就是爱、浪漫、自然、敬畏、宽恕、批判、怀疑，独立的思考、对苦难的感同身受、不可遏制的同情。

——内江市第一职业中学高级教师／谢银恩／《听学生读海子的诗》

每次坐在巴黎花神咖啡馆时，打开点单上方最先看到的是一句法语："Les chemins de la liberté passent par le Flore."（Jean-Paul／Satre）这是萨特的话，一般译为"自由之路经由花神"。

——全国政协海外列席代表／张亚玲／《左岸风来》

一个普通艺术家可以选择一个城市，但一位杰出的艺术家早已被城市选择，并成为弥漫整个城市的人文气场与文化符号。

——内江师范学院文学院教授／王　彤／《莱茵河畔的音符》

行走大山的教鞭：中国西南乡村教师纪实

向思宇／报告文学作家

> 代课教师是农民的天使，是教乡村娃读书识字的先生，更是拯救乡村娃脱离苦海的救星。
>
> ——向思宇

今天在我讲座开始前，首先给同学们读一段文字，选自秘鲁诗人巴列霍的诗：

现在，我无缘无故地感到痛苦。我的痛苦如此深切，它已经没有什么理由，也缺乏理由。什么也不能再成为它的理由。这痛苦为什么产生，由于它自己吗？我的痛苦来自北风和南风，就像某些怪鸟由于风而生下的卵一样形状不明……今天，我忍受着难以承受的痛苦。今天，我就是感到痛苦。

接下来，给同学们讲几个我走访西南乡村遇到的代课教师的故事，也是我此时此刻的痛苦。

"阻止"下葬的学生

在贵州，在铜仁地区，德江县煎茶镇新场村是个毫不起眼的小山村。有一天，这个毫不起眼的小山村突然来了好多人，这么多人的到来让偏僻闭塞的山村一下子喧嚣，不，不，是悲痛起来，那一刻，整个山村陷入了一场空前的悲痛，悲痛来自一个教书20多年积劳成疾去世的代课教师。因病去世的代课教师叫周明道。

几天后举行了追悼会。周老师教过的学生，近在本地的来了，远在贵阳等地的也来了。煎茶镇教办的领导，青岛海洋大学支教团的代表……

追悼会上，六年级学生杨丽，泣不成声地念着写给周老师的悼词。她说："每当听见周老师用木棒敲击铧犁——煎茶镇新场村望海小学（先前的桂花小

学）上下课的铃声是木棒敲打铧犁的声音——我总会想到吆着牛在田里犁地的爸爸。周老师先前也是农民，当过农民的周老师教书教得这么好为什么就没有转正呢？"这话让在场的所有人揪心！

杨丽，周明道教得最长的一个学生，从学前班一直教到六年级。

课堂上，周老师手拿课本，借助教室房顶"天窗"透下来的光——这儿停电是常有的事。教室里的长条板凳是周老师找附近的村民想方设法弄来的，高一些的当桌子，矮的作椅子。下雨天，破旧的房顶透着风也漏着雨，从房顶漏下来的雨水，将师生们浇成落汤鸡是常有的事。起风时，山风呼叫着，扑打在教室墙壁上，将糊在手指头宽窄的墙壁缝的旧课本纸刮得噗噗作响……

听着杨丽的讲述，我的眼前浮现出在网上看到过的类似的场景：

严重漏雨的村小教室，地上积满了水洼；薄薄的石灰粉刷过的泥巴墙，墙上挂黑板的位置是一块用墨漆出的黑板。

又一所破旧的乡村小学，几张破烂的课桌，没有凳子，听课的学生只能跪着，虽然跪着却并不妨碍张大嘴巴跟着老师大声诵读。

其实，没走进教室前，我就被震慑住了。教室旁边那块多边形的长满了荒草的杂草地，草地边上是用石头垒起的乒乓球台……台边的水泥墙壁上嵌着用瓷砖拼凑的世界地图——学校唯一奢侈铺排的东西——如果不是亲眼所见，我怎么也不会把偌大的"世界"，同中国最贫困的山地省的区区一村小联系在一起。"世界"与"村小"，如此大的反差场景同时在一地出现，恐怕只有在神奇的魔幻世界中才会有！

刚刚下了一场雨，雨水混淆了"世界"的"大洲"和"大洋"的边界，世界地图旁边"放眼世界"几个鲜红的大字，像一束电焊弧光强烈地刺痛了我的眼睛……

周老师下葬的时候，学生们一起围了上来死死拦着，不让把老师抬走。有一双手，任凭你怎么抬就是不松。两只手吊着绳子，还把整个身子也压了上去，两只脚板呢，死死蹭着地面，蹭了好长一截路！

聆听过柏格理课的苗族后裔

在文化版图上，贵州威宁的石门坎乡曾是茅塞未开的村落。20世纪初，随着一个叫柏格理的英国传教士的进入，从此，成千上万地处边缘落后的苗族人开始接受现代化知识，并跃进为文化先锋：创制苗文，结束了苗族无母语文字的历史；创办乌蒙山区第一所苗民小学；培养出苗族历史上第一位博士；在中国首倡和实践中文与苗文双语教学。石门坎，这个地处乌蒙山深处的蛮夷之地因而被人比喻为苗疆的文化圣地。

张国剑在家排行老大，后面还有六个兄弟姐妹。张家老大几岁时，便跟在父母后面到田间地头挣工分了。没多久，几个弟妹在他带领下也走进了庄稼地。白天，父亲率领母亲和张国剑兄弟姊妹7个，在地头挣工分；晚上，去英国牧师柏格理办的教会学校读书。能读书的张国剑不止在班上成绩突出，在全年级也遥遥领先。考试经常得第一的他，刚刚念到初一，突然，前面的路断了——过于贫困的家境迫使他不得不休学。

向思宇采访贵州石门坎
代课教师张国剑老师

张国剑先去威宁县中水镇修建水库。两年后，从中水回到石门坎。这以后，石门坎的牛儿湾子、新龙村以及相邻的云南倒马坎等地的挖煤大军中，多出了一个能读书却读不了书的张家老大。两年后的1987年3月，新龙村小缺老师，学校搬迁到新龙村二组，更名为：坪子小学。村支书找到张国剑，跟他说，你这人有文凭，人蛮可以的，字又写得好，你来教小崽吧！

多讲课倒没啥，代课嘛，就是哪儿缺老师，就上哪儿代课去。可代课没有工资，妻子不干了，她说哪有干活不拿钱的？干活不拿钱是不大合理，但张国剑还是想干，教书毕竟是他的人生目标呐。他对妻子说，包谷不算钱吗？其实包谷（每斤价格1角钱左右）也值不了啥钱。按一个学生每学期交1升包谷算，全校三个班，每班20来人，三个班大约60来人，可收60来升包谷。一升等于7斤，折合420斤，420斤包谷42元钱，两个老师人均21元。一个学期四个月，每月就五六元钱。

日子苦不怕，怕就怕天降横祸。2006年春季的一天，结婚分家过的老大张礼铭的媳妇在石门坎新龙二组生孩子，产后大出血。那天，张国剑正在村小上课，接到电话后赶紧往回赶。赶到家时，一切都晚了，流血过多的儿媳妇已经停止了呼吸。

站在床前的公公，伸出手指，将儿媳没有闭上的眼睛合上。儿媳的旁边躺着一对双胞胎，没有吃上一口奶的娃儿哇哇啦啦地哭着，哭得娃儿他爸完全傻了，呆呆地站在那儿，一点办法也没有。

从此，在繁忙的代课和帮妻子干农活的双重劳作下，张国剑又多出了一项，抚养照料两个孙儿。白天，走十多里山路去上课，晚上，除了批改学生作业，就

是照料孙子。喂奶粉，刷奶瓶，把屎尿，孩子一有感冒、腹泻，赶紧背着去村、乡卫生院所……

怒江两岸的桐子花

十天前，我从寓居的川南小城出发，先去贵州采访，之后往西、再往西，进入云南怒江州的福贡县。

我住的房间窗外就流淌着由北向南而去的怒江。高高的碧罗雪山和高黎贡山，犹如两位忠诚的卫士。眨眼间，眼前的桐子花消失了，河流两岸的繁华转换成了萧条。

20世纪80年代末，达普洛村委会有四所学校：施朵村小、达普洛村小、黑阿洛村小、实利底初小。有村小，又有初小，怎么回事？四所学校，唯有大队所在地的实利底学校叫初小。初小有一至四年级四个班；村小呢，通常是一个年级一个班，多的有两个班。班上学生人数不等，有时候十几名，有时候二十几名，有时候呢，三十几名。学生的多少，要看当年的招生情况。

村小的老师苦，村小的学生也苦。学校整合前吧，老师缺。整合后呢，学生上学就更远了。

邓四叶的一句"上学更远了"叫我想起搭他的摩托，从碧罗雪山脚下沿着机耕道盘旋而上，快到实利底初小时，走在前面窄窄的机耕道上的几名学生，远远地见了他们的邓老师，赶紧在路边站定，一只手拎鞋——孩子们怕鞋被泥水弄脏，一只手举过头顶，齐扑扑向老师行队礼问候"老师好！"

"同学们好！"邓四叶赶紧回应。

多好的学生！多么可爱的孩子！

这些孩子除了学习成绩差一点，反应慢一点外，几乎让你挑不出什么毛病。最让人感动的是他们在老师带领下搞勤工俭学。每年的10月份，学校用一个星期的时间，组织全校120名左右的学生去野外捡掉落在地上的桐子。那年头，一斤干桐子能卖一元钱，一天能捡50斤，最多时能捡一二百斤。卖了桐子的钱用作学校资金，这些资金多数用来复印试卷，少数用作学生生病时的医药费。

复印试卷得去县城，主要是复印单元测试卷，半期考试和期末考试卷由上帕镇中心校发。

一个科目按每张0.4元计，一次得花12至13元。一、二年级三门课：0.4元（复印费）×20（学生数）×3（课目）＝24元；三、四年级四门课：0.4元（复印费）×20（学生数）×4（课目）＝32元。一次测试（8个单元），复印测试卷一次就五六十元。两个班级（一、二年级和三四年级）共16次测试，一个学期下来复印试卷费得800至900元。

这笔钱从哪里出？就从学生们捡的桐子里面出，当然是出一部分，捡桐子卖的钱没有这么多，缺口部分由学校的4个正式老师和校长分摊。

到了2009年，突然就捡不到桐子了。原因么，一是气候变热了，到桐子收获季节时，桐子不饱满了；二是由于桐油贬值，桐子不值钱了，每斤干桐子从先前的1元／斤（卖的最好时能卖到2元，这样的价格卖了一年）跌到现在的0.3元／斤，严重挫伤了农民的积极性。伤了心的农民开始逐年对怒江两岸的桐子树进行砍伐，砍了桐子种包谷。

村小的代课老师学历普遍不高，村小学生的底子普遍也差。刚当代课老师那阵，高中学历的邓福生教他们数学，教了好几遍，很多学生还是不会做，在黑板上不会做，在作业本上也不会做。教除法，三位数除两位数，全班竟然没有一个人做对。看到这种现象，他很伤心，可光伤心也不行啊，得想办法。就叫学生带回家做，明天来学校交。作业批改后，根据具体情况再讲，再做。再有，原本头天上三节课，改成上两节课，把进度放慢。然后，布置几道题让学生拿回家做，第二天把作业带来。专门用一节课，针对普遍存在的问题进行复习、巩固。

那山，那路，那水

李世荣，傈僳族，20世纪80年代末，从云南楚雄师范学校毕业后被分配到独龙江乡南边的马库初小教书。

漫漫的独龙江乡山路！单是从独龙江乡到贡山县这段130公里（这段路不通车）的路，走路就得花上四天时间（还要走得快走得久——每天走七个小时）！从贡山到六库（怒江州府）300公里，再从六库去保山130公里，乘车要四个小时左右。就是说，从独龙江乡去一趟保山，走路四天，加乘车半天，光是单边路程就得四天半！

独龙江乡山路崎岖

别说从独龙江乡去保山了，就是从马库到巴坡这17公里山路，也得走上半天。然而，从马库到巴坡一走就得半天的让人揪心的山路，李世荣整整走了十年！

巴坡，当时是独龙江乡的乡政府，也是巴坡村委会所在地。除了给学生上课，学生每个学期用的笔墨、纸张，多数都要靠老师去巴坡背。学校当时就李世荣一个老师。

去巴坡时还好，从巴坡回学校可就困难了，背上要背自家吃的30多斤米，还有油盐，还有学生的铅笔、本子，老师用的粉笔，总重量不低于70斤。背着70斤重的包袱走30多里山路，得六七个小时。通常从中午十二点过，或下午一点左右从巴坡出发往回赶，要走到晚上七八点钟才能到。这种徒步去巴坡买粮油和学生的学习用具，每个月最少要去一次。

有时买点干粮，带上水壶。有时在老百姓家吃点东西，比如炒面，要不就是火塘烤的芋头或土豆。

与天天走山路的农家孩子相比，乡村老师走山路的次数还算少的了。

退无所养的乡村教师

今年66岁，患有痛风病、关节炎、肾炎、心脏病多种疾病，疾病发作时走路都困难的耿志忠，看上去有七十多岁。坐在火塘边老态龙钟的耿志忠，生涩的普通话里夹带着明显的独龙语，加之耳朵背，采访便进行得异常缓慢。

"我们这一代人普通话不普及，讲普通话困难。"仿佛看出了我的担忧，耿老师一开口就说。

与多数独龙族乡村子弟一样，家里五姊妹、排行老三的耿志忠，12岁那年才跨进学校大门。1961年秋天，小学毕业的耿志忠进了茨开中学。上初中后，每月有了25斤口粮，家里便不再给他送粮食。25斤口粮对于正长身体的小伙子实在太少，就省着吃，克扣着吃，多数时候吃稀饭。照得见人影的稀饭吃进去嘴巴虽不说什么，肚子可是不答应，成天叽哩咕噜地吵着闹着要主人给点干的：我可是长身体的时候呢，你别太亏待了我！

干饭没得吃，老吃稀饭又不经饿，就在稀饭里面掺包谷面，一半大米，一半包谷面地掺和着，总算比光吃流水一样的稀饭扛饿些。吃饭（半饥半饱）问题基本解决后，剩下的就是穿衣——国家发给他们一件衣服，一条裤子，一双解放鞋。内衣呢，得自己买。没钱买，只好穿空心（只穿外套不穿内衣）。一年四季都穿国家发的这一套——圈里的猪，出来进去一身皮！

热天好熬，难熬的是冬天。

学校的床是用龙竹做的，上面垫张草垫，很冷。为了御寒，几个同学挤在一起睡。挤在一起也冷，就不脱衣服睡。没有被子，只有一条薄薄的独龙毯。半夜时分，常常被冻醒。

"年轻时生活再苦，毕竟也熬过来了。要讲啊，在乡村学校教书，再苦，也还有盼头。没想到，盼到头，退了休，反而更苦了。"

3个孩子，老大初中毕业，老二中专毕业，老三是学电力的大专生，3个孩子却没有一个找到工作。

"你们老两口现在还管他们？"我说。

"不管咋办啊？"一旁的木老师说。

退休老师没有土地，3个孩子也没有。耿志忠的退休工资2300元，木玉莲退休工资2700元，两人加起来5000元，应该不少了，可5000元管一大家子的日常花销就吃紧了。他们老俩口，老大家四口，老二、老三两口，一共8张嘴吃饭，怎么够？就搞点副业，养3头猪，20来只鸡。猪养到一年多，长到100来斤，杀了，多数卖出去换点钱，留下少数自己和儿孙们吃。

我用目光在屋内搜寻：破败的木板房，铁皮瓦的房顶，破旧的双人床，低矮的供吃饭用的小桌子，倚墙而立的歪斜的碗柜，火塘顶上悬挂着干农活的撮箕、箩筐……木板搭建的墙壁有着指头宽窄的缝隙——冬天，凛冽的寒风轻易地穿过墙缝，钻进屋里。

堂屋、香火与泪光

徐本柏，这位巴中地区通江县文胜乡，代课近半个世纪，教了当地三代人的老师却顾不上自家的孩子读书。提起这一层，徐老师刚刚呈现在脸上的一丝光亮消退了，代之而起的是一脸的悲戚。

前些年，大儿媳妇受不了家里的穷，跟人跑了，把两个孙子（大的2岁，小的1岁，现在大的已经10岁，小的也有9岁了）丢在家里，全靠他和老伴抚养。他名义上是个老师，可实际上却是个临时工，命运攥在别人手中，呼之即来，招之即去，始终没有安生的感觉。最让徐本柏胆战心惊的是校长那句"你是不是不想教了？不想教就明说，还有人等着要教"的话，吓得把想说的话赶紧吞了回去。

他不能没有代课这个活儿啊！

一间仅仅30平米的堂屋，里面要放下28套课桌凳，一张黑板和学生的卫生工具，整个"教室"课桌挨课桌，板凳抵板凳。在这样的"教室"里给乡村学生娃上课，徐本柏感慨万千。

堂屋，汉族叫做"香火"。旧时乡村的堂屋主要具备两个功能，一是敬奉先人，一是接待宾客……神圣肃穆却窄小的堂屋啊，却装不下神圣而艰苦的乡村

教学!

"都说'老有所养,老有所靠',现在是找不到养的,找不到靠的,娃儿在外面打工,自身都难保,家里有两个孙子和一身都是病痛的老伴,生活十分窘迫。"徐本柏说这番话的时候,眼里早已泛着泪光。

我不禁对祖籍巴中的"世界平民教育之父"晏阳初先生问道:"先生,我先向您请教一个问题:代课教师是老师吗?在村民眼里,他们是农民的天使,是教乡村娃读书识字的先生,更是拯救乡村娃脱离脸朝黄土背朝天苦海的救星。然而,在教育界,在社会上,不,在教师队伍内部,代课教师都算不上真正的教师。他们在本质上是'农民',身份是'代课',教书时间为'临时'。今天要你代课你是教师,明天不要你代了,你就成了农民,而且往往是'失去土地的农民'。"

2011年秋天,在采访巴中通江和南江代课教师基础上,我重新从川南小城内江出发,往山地省贵州、西南边陲云南采访乡村教师。云、贵采访后,返回四川,整个行程走了一个不规则的反L字形,最后回到反L字形的川南地区,采访资中鱼溪镇自费筹办小学的民办老师。贵州采访的学校有:铜仁德江县煎茶镇村小,习水县二郎乡新泉村小,贵州最西部的石门坎新龙村小,云炉小学,新寨村小,石门坎民族学校;云南采访的学校依次为:福贡县上帕镇实利底初小,贡山县独龙江乡马库初小,独龙江乡巴坡龙元初小,独龙江乡普拉底乡小学,独龙江乡校区学校,还采访过独龙江乡教育督导,贡山县杂腊小学退休老师。一年多的持续采访,行程横跨三个省,采访十五所乡村小学,二十来个乡村老师。我记不清代课老师们每天走了多少山路,说不出那些没来得及采访的代课老师名字,但我永远忘不了告别他们时,从山里传来的孩子们欢快的笑声。

学与问(节选)

符琼:向老师,您好!非常敬佩您不负知识分子的责任与使命,不畏艰苦,深入偏远农村,挖掘底层社会的苦难现实。我们很多学生在宽敞明亮的教室听您讲述苦难的乡村环境,非常震惊,亦深感羞愧。身处象牙塔的我们是底层苦难的陌生人,传递社会苦难的您,对当代青年学生持以怎样的期望,如何让读书更有价值?

向思宇:在我看来读书的价值主要有二:一是意识的觉醒,二是丰富自己。通过读书能够局部改变自己的命运,比如,获得一份相对好的工作,但要真正改变命运,或者说,要推进社会和历史的进步,光靠读书是办不到的,需要全民族的觉醒，而民族的觉醒靠的是启蒙，当代教育最匮乏的就是这一点。尤其是青年学生和年轻的一代，应该摒弃快餐文化，多读书，读好书，读人世，做好精神财富储备，以备他日之用。

刘兰兰： 向老师您好，我也曾是被代课老师教导过的学生，生活在山谷小村庄之中，翻过几座山，步行几公里去求学。两个老师，两间教室。一个教室里面有25名来自不同年级的学生。我很庆幸通过自己努力走出了小村庄。教育逐渐走向公平，代课老师这一群体也会慢慢消失，他们的故事还会有人知道吗？

向思宇： 代课教师之前，在乡村中小学里，与国家正式公办教师一道担负起乡村教育重任的临时老师叫民办教师。民办教师在一段时期和偏远山区，也叫"民请老师"。20世纪50年代，农村老百姓把子女送进学校读书的愿望强烈，他们出工出勤、集资筹粮，请当地有一定文化的初、高中毕业生担任中小学老师。1985年，教育部为提高基础教育的师资质量，采取"一刀切"，要求在全国范围内不允许出现民办教师。但不少地区公办教师缺乏，或地方财政困难，招不到公办教师；或地区偏远贫困，公办教师不愿去，造成教学缺口。于是，之前的民办教师转而被称为"代课教师"。

代课教师是一个极为尴尬的群体，在学校他们是编外，身份是农民；在农民眼里他们是老师。被清退却没能得到应该有的待遇——实行逐步清退并有相关的补贴政策。清退后的他们年龄偏大，干农活力有不逮，多年来的超负荷工作量让他们身染沉疴。这是对代课教师的亏欠，是乡村教育的痛点。

易垚： 向老师您好！"乡村教师"纪实再一次把"代课老师"这个特殊教师群体的艰辛和真实呈现在我们眼前。好的文学其实是"苦"的，因为真实才能让我们看到有血有肉的生命过程，您用最痴的心、最苦的脚步、全息的视角带我们一次又一次"看见"不同形式的生命形态。教育是百年大计，或许我们在关注"教辅机构""教育内卷""减负"等关键词的时候，应该多一些目光投注到山村基础教育上来。

向思宇： 没错，好的文学是苦的。苦，而且还"重"，读这样的作品，不是春风拂面，不是花前月下，而是品上等苦茶，从苦味中咂出滋味：促你思考，让你开悟。我们不止一次谈论过教育的话题，在我眼里，教育是一个沉重的话题，其沉重的分量足以与国家希望、民族未来相提并论。什么时候教育回到教育的正常轨道，钱学森之问"为什么我们的学校总是培养不出杰出的人才"才会给出正确的答案。

杨达明： 这些年你写的每一篇作品和出版的每一部书籍，我都认真读过。你的所有作品均是自主选题，自费采访，与受访者"同频共振"后"产"出来的。读你的作品仿佛令人置身其间，跟一个个鲜活的生命交谈，与个个生动的灵魂碰

撞……让我再次从中感受到文学真实性的力量，也感受到一个有良知的作家对社会的关注、对苍生的悲悯。

向思宇：谢谢杨老师对我一直以来的鼓励。报告文学作家是用脚行走、用步子丈量文字的作家。具体到我头上，则是偏重民间叙述文本，而乡村教育当然属于民间叙事范畴。写作长篇报告文学《行走大山的教鞭》（出版社出版时将书名更为《中国西南乡村教师》，对此我一直耿耿于怀）之前，在《南方周末》上看到关于代课教师的一篇报道，于是前往伟大的民间教育家晏阳初家乡巴中采访乡村代课教师，写成两万多字的小中篇《最后的代课教师》（《时代报告》2010年第10期），以大巴山代课教师生存状况折射中国当代乡村教育现状。文章发表后我意犹未尽，进而催生了更深层次的思考，就有了前往云贵高原探寻当代中国乡村教育现状的行走。

《中国西南乡村教师》定稿后，《北京文学》从中节选出三万余字，冠以《中国代课教师》（《北京文学》2013年10期）标题刊出，被收入《中国当代文学作品选粹》，翻译成蒙、藏、维、哈、朝五种文字，由作家出版社出版（2015年5月第1版）。为乡村教师，尤其是乡村代课教师群体代言，这是我个人民间叙述文本报告文学选题范畴，但能否为他们实质性"代言"并非写作者凭一己之力所能办到的。

一亩田：这些代课教师的故事我看了两遍，非常感动和不安。从您的字里行间传递了代课老师的痛，我真希望有一天到这些地方去走一走，看一看，真想把他们拍成纪实电影记录下来。作为普通人的我们能够具体做些什么好呢？

向思宇：社会各阶层人各有各的悲欢，但底层人的悲与欢更具撕裂性：悲得痛彻肺腑，欢得满怀憧憬。我去巴中采访那位失去所有机会年近七旬的代课老师徐本柏，他提前一天准备了酸菜豆腐稀饭（当地人说"杀牛等得，酸菜豆腐稀饭等不得"）来款待我这个采访者！当地只有在过年过节时一家人才能吃上的酸菜豆腐稀饭吃得我满腹辛酸：他几十年来渴望解决的代转公仍然在路上。最让我愧疚的是：搬了几次家的我竟然把他的联系电话给弄丢了，以至书出版后都无法寄上一册。去年，中央电视台读书栏目相中了《中国西南乡村教师》，让我从书中挑选两个教师制成节目播出，我第一个便选了徐本柏老师，读书栏目编导往徐老师所在小学打了半天电话，却始终未能联系上。慨叹之余，我只有默默为之祈祷：祝愿徐老师平安！《中国西南乡村教师》出版后引起广泛关注，许多读者和大学生都在义务支教和捐款捐物表达对乡村教育的关注。

谭琦琪：向老师，我很难受，因为其中大多数事情我都直接或者间接经历过。从我浅薄的历史观念来看，教育从来与农民无关，因为农民需要大量时间种地，收入也少，没有时间和金钱培养孩子，而且因为贫穷和条件艰苦，也没有多少优秀老师愿意去农村从事教育事业，这样的恶性循环导致虽然农村人希望通过教育改变命运，然而命运却从不垂青农村人。历史上"寒门贵子"太少了，这种困境如何解决？

向思宇：你的提问主要涉及两点：一、教育与农村的关系；二、农村依然很穷。先说教育与农村的关系。乡村教育是一个国家教育的基础，乡村教育是中国教育的短板，短板主要体现在乡村教育资源的极度贫乏，而"民办老师""民请老师"再到"代课教师"则是乡村教育资源贫乏派生出来的异类。如今形式上的民办老师和代课教师虽已退出历史舞台，但这并没有从根本上改变乡村教育现状，更没有提升乡村教育的质量。再说农民依然很穷。中国是一个农业大国，经济改革开放后，随着大量农民工进城打工，在乡下务农的人逐年减少，且逐年衰老。再有，作为农业大国坚实基地的农村，千百年来一直无私地供养着城市——与供养城市相对应的是"城市反哺农村"，客观现实却是：农村供养城市久矣，但受师资条件局限，真正考重点大学的大多是城市里家庭条件好的学生。

2014 年 5 月
内江师院中文楼 303 教室

作者简介

向思宇，笔名向剑波，中国作协会员，中国报告文学学会理事。作品在《小说家》《报告文学》《北京文学》《中国作家》《小说月报》（原创版）《人民日报》等报刊发表，计200多万字。有作品被《新华文摘》《中外书摘》等转载、选载。入选《中国最新文学作品排行榜》（2005—2006）、《2009中国报告文学年选》和《中国当代文学作品选粹》（翻译成蒙、藏、维、哈、朝五种文字）等。报告文学《筑巢》获新世纪第五届《北京文学》奖。出版长篇报告文学《太阳照常升起》《中国西南乡村教师》《废墟上的"小太阳"》和中短篇报告文学集《太阳祭》等5部。

纷纷掉落的故事
——从新闻到长篇小说《屋顶下的天空》

李 莽／内江日报社记者

> 我关注过去的人们在大地上行走的方式，搜集他们逝去的声音、飘零的血液、散落的骨头，把它们还原成某一阶段的人的生活、人的历史、人的存在，并留在文本里。
>
> ——李 莽

1998年，我开始构思一部长篇小说，名字叫《屋顶下的天空》。我一直对时间和空间里存在过的事物着迷，写作这部小说是想从自己的生活经验入手，表现时间和空间里发生的一些事情，在新的层面上认知这个世界，由此探索自身生命的意义。当时这部小说只有一个总体构想，人物、故事、结构、语言、主题等都不是很明确。究其原因，是生活积累不够，一些构想停留在空洞的概念上，质感不强，故事与情节没有坚实的出发点。

1999年，我从工作了九年的报纸副刊编辑岗位转到新闻记者岗位，与现实社会零距离接触。这是一个将人生经验与人类经验融合的机会。那些年，我游走于新闻事实和小说构想之间，一边当记者，一边写小说，原有的小说构思与现实相遇，无数有质感的生活细节涌进小说构架里，替代了一些概念化的东西。我意识到，要表现在时间和空间里存在过的人和事物，社会现实就是最好的载体。记者生涯使我再次从生活出发，重新认识一些生命场景，把过往的经验和此刻的体验融为一体，为自己构建了一个小小的世界。在这个世界里，我要做的事情，就是用生活验证观念，用观念验证生命，用生命验证历史。

《屋顶下的天空》李莽 著，
四川文艺出版社，
2017年版

在小说中运用生活经验，并不是品质的保证，但生活经验一旦与写作相遇，会给写作者提供创作的激情、增添书写的勇气。十年记者生涯，让我用全新的方式进入更广阔的生活场景和生命场景，以新闻的视觉进入小说，从一个朴素的角度进入全新的感知世界，被真实的活力氛围笼罩。我在里面找到了感觉，也找到了逻辑。感觉和逻辑是小说品质的前提，也是我持续写作这部小说的动力。这部小说的写作时间长达十四年，动力从未衰竭。

　　2009年，我重回编辑岗位，小说完成了三分之二，电脑里积累了近三十万文字。这时，我就像一个农民站在秋天里，这部小说里面的重要元素，如人物、故事、结构、语言等，像农作物一样，已经从新闻的土壤里生长出来，正在成熟。

人物

　　人物是小说的要素，新闻的主角往往也是人。小说里的人物和新闻里的人，是某种意义上的双胞胎。其中一个是虚构的，一个是真实的；一个是过去的，一个是当今的。虚构的人物的血液与真实的人的血液是一样的，只不过它们流淌的时间不同，流经的方向也就不同。如果我们的视线转向过去，这样的血液像一条河流，会把一个人带离眼前的景观，进入历史的视野，让人们看到许多自己难以经历的人和事、难以置信的细节。

　　从新闻的角度看，他们是人，从小说的角度看，他们是"人物"。"人"是否能够成为"人物"，取决于他们身上的信息是否被一个写小说的人记录、提炼、融合，通过作者的想象力升华。这些信息就是"物"，与自己的经历有关，与社会有关，与时代有关。

　　一个采写新闻的人，只要描述这些人当下的状态，获取他们当前的信息即可。而一个写小说的人，却需要发现深层次的信息：这个人性格如何，有过什么样的经历？这些经历在社会和时代的背景下，会演绎出怎样的故事？在记者眼里，这些人接受采访后，就会转身去做自己的事情，采访工作也随之结束；在一个小说写作者眼里，真正的工作才开始，作者还要去寻找这个人的往事。往事一定会有的，就像一个人一定有自己的影子；往事是一种力量，是促成被采访对象从一个"人"变成一个"人物"的力量。

　　在当记者之前，他人对我而言，除了自己的亲朋好友，其余的人都是面目模糊的群体。随着采访经历的积累，我所接触的人越来越多。随着采访的深入，这些人身上越来越多的往事被我了解，他们变成了个性鲜明的个体，我的视野也随之扩展。他们身上的历史烙印和过去生活的痕迹与我自己的人生经历相遇，就像

泥土与水融合，成为一种可以塑形的材料，成为小说中的人物。还有一些采访对象令我印象深刻，却无法直接进入这部小说，但他们的精神内核可以移植到小说人物身上。比如，一位下肢残疾的乡村教师行动不便，只能居住在他任教的乡村小学里，每天放学后，学校只剩下他一个人。感到寂寞的时候，他就用一把手锤和一枚大铁钉在教室的石头墙上凿刻毛泽东诗词，笔画深入石头至少一厘米。十几年后，教室的每一面石头墙壁都刻满了毛体字。他的形象令人难忘，但《屋顶下的天空》里没有他的位置，我就把这种乡村教师特有的寂寞转化到文纹身上，他这个"人"身上的"物"，就成为书中女教师文纹的一部分。

故事

罗兰·巴特认为，叙事是与人类历史共同产生的，适宜任何材料，存在于任何地方。由此看来，小说充满叙事元素，新闻也充满叙事元素。即便是一根火柴，也充满叙事的元素。比如，它怎样从树木变成火柴，这个过程，充满细节，能够形成故事。

一件饱含新闻元素的事件发生了，如果媒体没有做报道，它就称不上是一件新闻，比如，一座城市或一个地方经常发生各种案件，只有被媒体关注了，它才是新闻，没有被媒体关注，它就只是案件，甚至连案件都谈上不（如果当事者不报案或警方不立案）。当然，它还可以以另外的方式在民间传递，以传说的方式，或传说的变形——谣言的方式……虽然它不能成为新闻，但可能成为历史，也可能成为小说。

报道某一个事件，是新闻的责任；叙述某一件事情，是小说的责任。它们的共同点是叙事，只不过，新闻主要是用准确的叙述方式还原事件，小说则是通过讲故事的方式表达更加内在、也更加广阔的东西。不管是用何种方式叙事，它们都是对人生、对社会、对历史尽一份责任。

无论哪种类型的小说，故事都是基础。新闻工作者每天面临的事情充满叙事的元素，这些元素也是小说需要的故事元素。从事新闻工作，就是与社会各阶层的人打交道，采集、发布信息。《内江日报》是一个信息汇集的平台，在这个平台上，我看见了很多东西，看见市委、市政府在开什么会议，也看见城市和农村发生了什么事情：在城市的拆迁工地上，一个农民工利用休息时间在房屋的废墟里寻找曾经的居民遗落的小物件，他找到一些金银手镯和钻石戒指，还找到一部徕卡相机；在一个乡镇，几个警察从一个旅馆里抓住了一男一女，他们本来是抢劫与被抢劫的关系，后来却成了犯罪的同谋——一个女出租车司机被一个人抢走了钱包和手机，当她去拿回手机时，却和抢劫她的人私奔了，还给自己丈夫打电话索要赎金，说自己已经被绑架；在一个养老院里，一个退伍老兵每天用夜壶里的尿浇灌花坛里一株黄桷兰，它开出的花朵，与玉兰一般大。视线如果越过时间的界限，可以看见几十年前的一个情景：解放军在一个乡镇与国民党残兵打了一仗，解放军发射的一枚迫击炮弹在一座悬崖上炸出一个弹坑，弹坑至今不长草，像一处永远新鲜的伤口……这些信息经过时间的光线折射后，在城市和乡村闪闪发亮。它们首先进入新闻的视野，然后进入小说的视野，变成故事。

那些发生在当下的事情，作为新闻见诸报端后，并不就此结束，它还有发展，还有下文，只是被人们忽略了。它们往往呈现出平面的状态，像一个平台，上面站在许多人和事件。就新闻而言，这个平台的边缘就在眼前；对小说而言，这个平台的边缘在远方。采写新闻的人和阅读新闻的人，可以在这个平台上止步；写作小说的人和阅读小说的人，却另有期待，他们的眼光会越过这个平台的边缘，看看远方还发生了什么。远方发生的事情，就是平台上的人和事件的延伸与扩展，在这里，时间是主要原因。

时间永远不会停止，所有的人都生活在时间里，所有的事情都发生在时间里，新闻只报道其中的一个片断，小说则可以把这个片断扩展，或者把它立体化，探索发生在时间深处的事情，以及发生这些事情的潜在原因，这是小说里故事的形成方式之一。从被采访对象的眼神里，从他们讲话的语气里，从我阅读的一些书籍里，或是从某个地方偶然听来的消息里，我明白了一个道理：事情一旦发生，很快就会在时间里消失。它的意义，在于被重复提起。历史就是重复提起某一件事情，使它变成历史；小说也是重复提起某一类事情，使它变成故事。在当记者的日子里，我采访了无数的人，精彩的细节在他们身上不断出现，又随之消失。当我再次回顾，它们已经凝结成故事，我相信，它们还可能凝结为历史，前提是被重复提起。

在任何人身上都藏匿着新闻，藏匿着一些故事，藏匿着一些小说，也藏匿着一些历史。无论生在活在哪一个时代，人们身上总是延续着历史的元素，每一个被采访对象都可能成为新闻的主角，从而成为故事的主角，成为小说的主人公，成为历史的一个角色。只不过，他们并不知道，我们也会忽略。作为一个小说写作者，就是要凭借想象力，帮助他们找回遗落的往事，在细节中寻找象征意味和哲学意味。在人们的生活表面之下，藏着一些更久远的东西，或者凝结成了一个又一个故事。有时，我采访完毕，与被采访对象告别时，他们一旦站起来，故事就从他们身上纷纷掉落，有一些直接掉进这部小说里，如徐婕的故事、吴国柱的故事，还有旧时买卖粪肥用锅盔作为媒介的故事。当然，《屋顶下的天空》里的故事，是我一生中各个阶段汇集而来的，当记者的这个阶段，无疑是一个重要的阶段，在里面遇到的许多故事，成了这部小说的重要组成部分。

结构

　　人物的性格和命运是小说结构的基础。人物的性格和命运的发展变化充满悬念，这也是小说悬念的意义所在。或者说，悬念依附在人物的性格和命运上面，这是悬念的最佳存在方式。人物性格和命运的脉络清晰了，小说结构的走向也随之明晰，生命力也随之产生。它们会像原始的根茎，在生活的土壤里探索，汇聚力量，最终破土而出，生长成一部小说。

　　《屋顶下的天空》的最初构想，是发生在一个朋友身上的故事：上世纪八十年代中期，重庆市一个青年作家与一个年龄比他大的文工团钢琴演奏员相爱，他们私奔了，然后分手了。这根粗略的线条成了这部小说的初步构想。这个构想有天真和幼稚的成分，却是这部小说的开端。2005年，我根据已写了十多万字的小说创作了一个电影剧本，内容是小说的男女主角叶飘与林译苇私奔及分手的爱情故事，引起了峨眉电影制片厂的关注，他们有意将此搬上银幕，包括导演在内的工作人员来到内江市隆昌县的云顶寨（小说中的名字是天顶寨）考察，初步考虑将此作为外景拍摄地。在云顶寨小住期间，导演有了撰写另一个电影剧本的构想：一个在大城市工作的白领，厌倦了红尘的喧嚣，努力回到自己的家乡小县城，过上了平静的生活。根据这个构思，我写出初稿，与导演一起完成了剧本。2006年底至2007年初，峨眉电影制片厂花了一个月时间将这个剧本拍摄成影片，并于2008年4月入围了美国滨江国际电影节。这样，关于叶飘和林译苇的爱情故事没能在电影里展现，在小说《屋顶下的天空》里也没有继续下去。他们在小说中随着时间成长，最终没有在感情上走到一起，然而，小说的脉络却更清楚，小说中人物的性格和命运也更明晰。

　　在小说人物性格和命运的基础上，面对变幻莫测、虚虚实实的大千世界，我只能采用多重结构来搭建《屋顶下的天空》这座建筑物：当代社会一座城市里下层群体人物的生命史，是第一重结构；女主人公林译苇撰写的以叶一峰与田单岭为主人公的小说，是第二重结构；徐婕叙述的故事，把金人立等人物引入小说，是第三重结构；第四重结构是一种隐形结构；我试图让这部小说形成一幅时代画卷。我设想，画卷的前景是一些现实生活的碎片，呈现形形色色小人物的生存状态；画卷的中景由爱情、战争和死亡的历史线条组成，串连起人性深处最隐秘和最敏感的部分；画卷的远景，隐约浮现出朦胧的诗意，给整部小说罩上一层柔和的灰色。正如荷尔德林所言："人，诗意地栖居于大地之上。"诗意是世界各民族生活的基本色调，也许，每个地域、每个民族的生存方式各有千秋，但本质上有一个共同点，那就是诗意。在生活中，诗意无所不在，这些诗意不会被生活的碎片掩盖，而是逐渐游离到远方，形成生命的图腾。每个民族、每个人都有自己向往的远方，无论他们面前的苦难有多么深重，但诗意始终与他们同在——各民族的文化就是诗意的表征。一个人即便是文盲，他也置身于文化的氛围中，被诗意笼罩，被远方吸引。而远方的色彩，都是灰色的，都是相同的。越是远方，越是相同，越是灰色。灰色是生活最本质的色彩。在色彩学里，所有的颜色调和在一起，就会成为灰色；在生活中，把一个人所有的喜怒哀乐聚集在一起，会在情感世界里融合成灰色的对应物——平静。在小说中，所有的复杂性聚合在一起，会构成沉默。沉默也是灰色的，蕴含着最朴素的诗意，它是小说中人物的远方，也是小说最好的终点。《屋顶下的天空》的第四重结构是一条无形的路径，穿越所有的复杂，经历所有的喧嚣，抵达小说的终点，也让读者抵达自己的远方，站在灰色的暮霭里，面对真正的沉默。

语言

语言要抵达的地方，是大地上存在过的事实，包括人的行为和人的思想。小说语言的风格最是多样化，但我偏爱具有新闻语言特点的小说语言，这样的语言具体、准确、简练、通俗，最能体现被描写对象的质感，能够最大限度地还原生活场景，能够凝结历史的碎片，让它们在时间和空间里显形。同时，我也喜欢诗的语言，它是物象之间有机化、戏剧化的神秘联系，游走在小说中各种人物、各种事件之间，呈现它们内在的因果关系。

一部长篇小说的所有意图，要由语言来实现。除了故事、人物、结构等要素，长篇小说蕴含的缜密的思绪、微妙的感觉等，是小说最珍贵的部分，类似一个人的灵魂。要精确地表达它们，过多的修饰只会适得其反——事实上，一些飘浮不定的思绪，只能用准确的词语把它们固定一个地方，让人们仔细观看它们。熟语和形容词因其类型化的特质，作为工具显得粗糙而简陋，无力完成这个精细的任务，描述事实的新闻语言和描述某种神秘或某种感动的诗的语言，能够承担这样的重任。新闻语言的特质是细致、指向性强，能够准确地表现有形的事物，而诗的语言却可以准确地表达无形的事物。新闻语言（包括方言土话）存在于小说中的第一个层面，用于叙事；诗的语言存在于第二个层面，用于探索故事的本质。把新闻语言和诗的语言结合起来，是《屋顶下的天空》的写作要求，更是生活的要求——生活是人类为生存发展而进行的各种活动，本身就饱含无限的诗意，因而，在《屋顶下的天空》里，不可避免地存在诗的元素。在想象力的作用下，这两种语言融为一体，能够清晰地展示现实和历史，又可以创造清明澄澈的

意境。如果要从功能方面区分一下，那么新闻语言构建了"屋顶"，诗的语言营造了"天空"。当然，在小说中，二者不可能泾渭分明，但各自所起的作用，还是可以分辨出来。

无论是新闻的语言还是诗的语言，以及它们综合而成的小说语言，与其所表现的对象总是有距离，或者说，作者使用的语言，不能绝对精准地表达自己从生活中感悟到的东西——语言与其所指之物之间并没有绝对准确的关联，这就产生了一种变形。这种变形正是产生艺术感觉的空间，是容纳语言魅力的地方——诗的语言与所表现对象之间的距离更大，所产生的空间也更广阔，可以容纳更广阔的想象力；新闻语言与所表现对象之间的距离更小，指向性更明确，所产生的空间更小。大小空间交错，形成新的空间——小说的语言空间。在这个空间里，新闻的元素、诗的感觉、现实的碎片和历史的影像融为一体，并互相摩擦，砥砺读者的想象力和灵魂，从而产生一种新奇的、既熟悉又陌生的快感，这就是审美的感觉，也是艺术的魅力产生的原因。

推而广之，语言的变形产生魅力（文学），色彩的变形也产生魅力（美术），声音的变形更产生魅力（音乐）。艺术的奥秘，很大一部分就藏匿在这个变形的过程中。

《屋顶下的天空》最终在2012年12月完成，这个过程，是小说的各种元素在新闻的土壤里生长的过程，也是自我认知和完成某种体验、向时间深处行进的过程。自我认知必须在社会的大环境里才能实现，正如庄稼必须在土壤里才能生长。

庄稼的生长也是一种认知，只不过，植物生长的力量是先天设定的，按照其基因程序的遗传密码来完成这个过程。一个人在社会中成长，也在不知不觉遵循某种预先编制的密码，这些密码，我们可以理解为人类社会进化发展中形成的独特的生活方式和习惯，这是人们长期积累的生命活动的信息结晶。但在生活中，这些预先编制的密码只是基础部分。一个人要在自己的生命历程中完成自己，需要接受新的信息。一部小说要在作者的脑海里成长，需要重新梳理这些密码，融合新的信息，形成新的结晶。

《屋顶下的天空》是一部从新闻的角度写就的小说，以个人的视角从现实向历史纵深。我试图让它远离某种模式，让叙事本身从讲述变成探寻，类似田野考察。在探寻与考察中，寻找这些密码的奥秘，寻找一些还没有被理论捕捉的存在物，让他们在语言的世界里显形。我关注过去的人们在大地上行走的方式，搜集他们逝去的声音、飘零的血液、散落的骨头，把它们还原成某一阶段的人的生活、人的历史、人的存在，并留在文本里。但愿在这个过程中，他们沿途掉落的生活碎片，会被现实的光芒和历史的反光同时照亮。

学与问（节选）

李沛润：从李老师刚才的分享中，我体会到了一个作家对于自己作品的那种虔诚的热爱和使命感，就像您所说的："在这个世界里，我要做的事情，就是用生活验证观念，用观念验证生命，用生命验证历史。"我相信这是您的初心，也是您一直以来所坚守的东西。完成作品的这个过程带给您最大的意义是什么呢？

李莽：最大的意义是携带自己的生活，前往陌生的领域，见识不一样的社会与人生。

从某种意义而言，写作是个人的事情，它不会改变自己的生活，只会证实自己的生活，并寻找新的证据辨识社会、回忆人生、预设生活。这是用理性的光辉照亮生命里某个未知角落的方式。如果能够引起他人的共鸣，意义就会延伸，光辉就会扩展。

陈文婧：李老师您好，我是文学院学生陈文婧。非常喜欢您对写作经验的描述，抽丝剥茧，徐徐点亮雾中的灯火，让学生看到进行小说创作的可能。我明白了写好一本书不仅仅是做一些文字组织工作，更是一场人生修行。巴尔扎克自称是法国社会的"历史书记员"，您认为自己是否也有相似性呢？

李莽：的确，写作是一场人生的修行，但是谈到记录社会，要保持足够的警惕——写作这件事，以私人的名义比以公众的名义更妥当。写作只对自己的负责，原因很简单：任何人对社会的认识都是片面的，甚至是不正确的，即便单纯的记录，也难免失误。写作是一种主观性极强的行为，如果把写作视为私事，将它安放在合适的位置上，所犯的错误就可以得到历史的原谅，写作者就可以心安理得。

匡星星：李老师您好！我是文学院文笔协会的学生。听您的讲座非常受益。一本书成功面世，就像是作家的孩子的诞生。《屋顶下的天空》在诞生之前酝酿了十四年的岁月，您巧妙地将新闻与文学建立艺术上的联系，最终孕育了这部长篇小说。请问您认为一个好故事的标准是什么呢？

李莽：好故事的标准有三个：独特、隐形、开放。

好故事是独特的，因为故事是一种信息，信息的价值在于独特。故事的独特不是猎奇，而是蕴含独有的品质。

好故事是隐形的，曾经有人用"青草下的堡垒"来形容好的文学作品，这个比喻很好地说明了一个好故事的性质。

好故事是开放的，能够弱化指定性、强化启发性。对作者而言，一个开放的故事没有明确的结论，能让读者仁者见仁、智者见智，把文本主体转化为读者主

体——"一千个读者，就有一千个哈姆莱特"，但是，一千个读者，只有一个韦小宝。

周长媛：李老师您好，我是文学院17级2班的学生。《屋顶下的天空》蕴含的艺术气质与生活哲理令人回味无穷。请问在十几年的创作过程中，您是否想过放弃呢？

李莽：没有想过放弃。创作本身是令人愉悦的，小说创作更是这样。在十四年的写作时间里，这部小说已经成为我生活的一部分，并给我的生活带来亮色。在小说完成后的两年时间里，一种失落感挥之不去。

龙宇：李老师您好，我是文学院学生龙宇。拜读了李老师的作品，深切感受到老师用时间的长度积累了丰富的人生阅历，从而充实自己的作品，请问在创作小说的时候，想象跟现实孰轻孰重？想象是否必须基于现实基础上才能发展，没有现实根基的小说是否显得虚无缥缈？对于没太多机会接触更深层次的现实社会、了解人生百态的我们，怎么才能去积累自己的社会基础？

李莽：现实是想象的基础，想象是从现实中生长出来的一种力量，是小说创作的基础。

了解人生百态，接触社会现实，不在于经历多少，也不用刻意去追求，只要能够借助广泛的阅读，体会、反思、审视自己有限的经历，就能够积累自己的社会基础，形成独特的自我。

2018 年 3 月

内江师院东区文学沙龙

作者简介

李莽，内江日报社记者，作家。历时十四年创作而成的长篇小说《屋顶下的天空》于2018年获内江市首届文学奖一等奖，散文《铁路桥》获2017年度四川新闻奖报纸副刊作品奖一等奖。

中国野长城的呼唤：历史与现实之间

杨越峦 / 中国摄影家协会副主席

> 人们说我的长城摄影由对长城景观的个性化阐释发展到对心灵密语的自由释放，展示了我对长城与自然、长城与生命、长城与百姓、长城与当下生活的视角，有哲思，有调侃，有戏谑，有混搭，有愤怒，有哀痛，当然也有无奈和叹息。
>
> ——杨越峦

博伊斯说过"人人都是艺术家"。有这句话垫底，我才敢来这里露怯，与老师、朋友们学习、交流，哪怕遭到批评也备感荣幸。

1

先坦白一下自己的经历吧。从童年时代起，在很长的一段时间里我是想当作家的。可以说我是揣着作家梦进了河北师院中文系，那是1981年。毕业后留校做了院报的编辑。那是一张四开的铅印小报，麻雀虽小，却也五脏俱全。由于人手少，所以采访、编辑、撰稿、摄影、校对，我都要承担。那时候办报，每篇稿子都要数字数，在格子纸上画版式，每一栏、每一行都要搞得很清楚，如果乱了来回改动，就会增加排版工人的无效劳动，很讨人烦的。所以，排好版后的每次改动都觉得特别难为情。印刷用的字都是用铅块铸出来的，以一定的规律密密麻麻地排在一个个木头格子里。所以印刷厂要有个铸字车间。每次下印刷厂印报纸两手都会被铅粉弄得灰黑。我怀疑如今的迟钝、健忘都是那时铅中毒惹的祸。当然，这是玩笑，自己的愚钝主要是基因不够优秀。看看，又怨到祖宗身上了，真是该打。总之，大学毕业以后就开始接触摄影了。四年后又调到省税务局，当杂志编辑，一干就是十多年。这期间与摄影的关系从若即若离到发烧中蛊，最后竟"弃

明投暗"，调到了省摄影家协会。但摄影的状态却从专业转到了业余：当编辑记者的时候，摄影是工作，是专业；到协会工作以后，是专业的组织工作者，拍摄反而是业余的了。这是我之前所不曾料到的。

2

在我国，长城是许多摄影人所钟爱的题材。其实最早拍长城的还不是中国人。今年是摄影术诞生185周年，摄影术诞生不久，就有西方人开始拍摄长城。如今我们所能看到的第一张长城的照片，拍摄于1860年，由英国的费利斯·比托在北京密云与河北滦平交界的潮河边古北口及卧虎山拍摄的长城。托马斯·查尔德于1870年拍摄了第一张八达岭长城的照片。美国的威廉·盖洛则是第一个专注于长城摄影的外国人，他在1908年专门来到中国进行长城的探险、考察和拍摄，留下了珍贵的较为系统的长城影像资料。中国人拍长城的就更多了，影响最大的恐怕是沙飞先生，他把摄影当成抗日的武器，把长城当成中华民族的精神力量；他的一系列长城照片，确实起到了唤醒民众一致抗日的巨大作用。新中国成立后，尤其是改革开放以来，我国的长城摄影空前繁荣，涌现出了一批以长城摄影作品闻名天下的著名摄影家。直到现在，长城依然是摄影人的拍摄热点。如果把这些照片连接起来，恐怕要远远超过长城的长度了。

3

说到长城，似乎无人不晓。然而，我们真的了解长城吗？长城是什么？有人把长城看作中国脸上可以炫耀的一颗"美人痣"，也有人把长城当成中国脸上一道伤疤。其实很多人都是人云亦云，想当然地、轻易地下结论，并未对长城进行认真的研究。正如长城是一个庞大的体系一样，也很难用一句话来概括它的是非功过。在中央美院国际摄影双年展上有我的作品《失落的长城》展出。在作品阐释中，我写了一段话，如果说是诗，你们不会打我吧？如果笑掉了下巴，我也是不会付医药费的。

我是这样写的：

世界上没有一个工程，工期如此漫长：竟消耗了两千年的时光；

世界上没有一座建筑，身影这样修长：要经过十万里的丈量；

世界上没有一个标靶，忍着古时的箭创，又受着现代的枪伤；

世界上没有一部小说，承载着万千历史，纠结着爱恨癫狂；

世界上没有一堵墙，同时又是一条路，让不同国籍的人执著奔忙；

世界上没有一个勇士，能"屠杀"如此多的胶片，引无数摄影人攀爬思量；

世界上没有一个对象，既是被捧入庙堂的精神图腾，却又遭受着如此多的指责和诽谤；

……

唯有，长城

长城在那里

承载着膜拜、狂爱，

承载着蔑视、中伤，

一段段用生命垒砌，

一次次被无情折伤，

没有言说，没有辩解，

一任风雨若刀，时光如芒。

卑微着自己的脚步，

在高山与大漠中，

我

追寻它渐行渐远的身影，

用微不足道的影像，

感知它的存在，

述说它的苍茫……

河北省涞源县石城安长城　杨越峦 摄

我所走过的摄影道路，就是大多数摄影爱好者所走过的路，从喜欢、热爱到发烧、疯狂。之前好多年总喜欢全国各地到处跑，其实是打着摄影的幌子去游荡。花费了那么多时间和金钱，"屠杀"了那么多宝贵的胶卷，却拍了一大堆不中看、更不中用的废片。说来真是惭愧！拍长城也是这样，那时候长城在我眼里就是山上一堵奇特的长墙，一处可以消耗体力、屠杀胶卷，偶尔得个小奖，可以显摆显摆的风景。追逐的是长城的风花雪月，关注的也是那些能出片的几个地方，应该说是跟着荷尔蒙游走的。季节不好不去拍，天气不好不去拍，长城不出片的地方也不去拍。我眼睛里只有那道墙和那几座敌楼。

2009年4月，一个偶然的机会，我爬上了张家口怀来县陈家堡长城。这里距八达岭、居庸关都不算太远，属于明代修建的昌镇长城的一部分。长城在群山游

河北省秦皇岛市海港区义院口长城　杨越峦 摄

弋，气势恢宏，雄伟磅礴。但与八达岭不同的是，这里的长城处于一种原始状态，是影友、驴友所说的"野长城"，近期没有维修过，敌楼坍塌，城砖散落，草木茂盛，游人寥寥，真是满目苍凉，刻骨铭心。正是长城的这种真实状态，打动了我，也颠覆了我头脑中长城的意象。罗哲文先生说，中国的长城"上下两千年，纵横十万里"。经过大规模维修，保持雄伟状态的长城景点，在长城体系中只是很少的，却也是被无限夸大的一部分。它们当然是精华部分，却不能代表长城的全部。那么，大部分长城的真实状态是什么样子呢？我由此开始了寻觅，由河北到山西、内蒙、陕西、宁夏、甘肃、青海、新疆等等，全国凡是有长城的地方，只要有机会我都会去拍。

　　世界上任何一件物品，除了它的直接实用功能外，可能还潜存着认知功能。长城也是如此，这样一个绵延千载、纵横万里的伟大建筑体系，决不单单是一项军事设施。我坚持拍摄长城，一是对现实中长城存在的呈现，弥补我们在长城影像上的欠缺和不足；二是从眼前的历史存在出发，去探寻浸淫其中的中国传统文化的意蕴，从单纯的历史延伸到文化的内涵，以此来表达我对这个世界的思考。这是我一直坚持拍摄长城的真正核心。

4

拍摄长城这么多年，我一直在想，一直在追问自己，无数人拍摄过的长城在我的镜头中到底应该是怎样的？怎样才能使我拍摄的长城照片体现出中国文化的内涵？甚至在国际上不了解中国的外国人眼中，看我的长城照片，不仅仅是看到中国的象征性符号，更能够读到中国的文化，并且在观看中自觉自愿地接纳、喜爱、传播中国的文化。高兴的是，这一点在与外国朋友的交流中得到了回应与证实。我以这样的思路开展自己的长城系列拍摄，十年下来，自我感觉突破的不仅仅是拍摄的技巧和水平，最主要的还是影像与文化融合过程中的方法、途径以及一点粗浅的经验。

面对长城，我也在不断地探索用新的方式来表达自己对这个世界的思索，长城是个背景和符号，也是中国现实社会的一个缩影。尤其是在当下，长城的变化是剧烈的。现代化的生产、生活方式可以迅疾改变长城的面貌；住在长城周边的百姓生活也在被时代的潮流裹挟，他们的生活环境和方式也在发生着剧烈的变化，是当下中国现实重要的组成部分。这无疑为我们的拍摄提供了丰富的内容，不管你是欢喜还是忧伤。在这个急剧变化的时代，一些新事物总会在不经意间冒出来，成为长城的时代特征。在这个平台上，应该是有无尽的思考和方式。我现在的长城系列摄影也在不断地递进和完善，它将成为我一生都不会停滞的艺术追求的目标。作为艺术家，我们作品的表达不能仅仅停留在对长城的骄傲、自豪，抑或悲哀和忧伤。

河北省秦皇岛市抚宁区冰塘峪长城　杨越峦　摄

河北省秦皇岛市海港区正冠岭长城　杨越峦　摄

拍摄长城这个体量巨硕的大块头，当然需要大量的时间。而时间对于我来说是最稀缺的。我只能忙里偷闲，以节假日为主，根本无从选择季节、天气与光线。摄影是光的艺术，理想的光线，再佐以合适的季节、天气，无疑是最理想的拍摄条件。但是我做不到，至少目前做不到。我的长城摄影是全天候的，即使是别人认为无法拍摄的天气，比如雾霾天，我也舍不得放弃。因为时间就是套在我脖子上的锁链，我只能在它松懈的一刹那，去放一下风儿、撒一点欢儿。在长城上我的思维是发散的，什么都去拍，尝试着不同的语言与方式。就像一个作家，小说、散文、诗歌，适合用什么表达就采取什么方式。有朋友问我为什么采用黑白的影像表达方式，黑白是一种基本的语言风格，适合我用这种高度抽象的方式实现对拍摄对象的思考和表达。

5

朋友们说我的长城作品与别人不一样，我想主要是两点：一是我拍摄的对象不一样，观察的角度不一样，我是从文化的角度来观察、拍摄那些少有人关注的"野长城"，是常态下的"野长城"；二是影像的表达有自己的特点，关注细节，注意从大的人文背景下来审视长城，或者以长城为背景进行思考。其实，我也没有刻意跟别人不一样，实际上长城就在那里，是我们的观看和选择不一样。我拍摄的对象跟人们平常看

河北省秦皇岛市海港区板厂峪东沟长城
杨越峦 摄

到的长城照片本身就有很多不一样的东西。它可能没有宏大的气势和场面，甚至没有出"大片"的气象条件。摄影大师的那些长城大片，可能就是我们眼里的名人、伟人，就是交响乐中的华彩乐段。而我拍摄的这些长城可能就是我们身边的普通人，就是不施粉黛的邻家女孩儿，一个面朝黄土背朝天、土里刨食的农民，就是一曲信天游。

6

很多人看到我的长城作品第一个感觉就是我吃了很多苦。其实苦与乐是一对

孪生兄弟，苦中寻乐、苦中作乐、以苦为乐，苦就无影无踪了。2011年3月份，我去参加秦皇岛一个摄影展览，活动结束后去拍长城。抚宁县板厂峪有一个叫穿心楼的地方，处于柳江国家地质公园的边缘，据说是没有完全喷发的火山口，那里山势巍峨，石笋林立，长城就建在那些山顶上，特别险峻，非常震撼。其实那个地方，我已经去过两次了，但拍得不满意。于是想再去，在上面住一晚上。那天风特别大，天气灰蒙

河北省秦皇岛市海港区板厂峪长城
杨越峦 摄

蒙的，不太好。秦皇岛的影友马海丰陪着我，另外又找了板厂峪村的老乡许长富为我们背着帐篷、睡袋和干粮。老许以前就给我们带过路，是长城的管护员，对那里的情况比较熟悉。这个帐篷是秦皇岛一个影友给我提供的，我原以为是一个双人帐篷，想让许长富和我们一起住，双人帐篷挤三个人应该没有问题。打开一看才发现是单人帐篷，我和马海丰块头儿都挺大，两个人钻进去都困难。许长富说："我也不习惯在外睡觉，一有刮风的声音我就睡不着。"这样一来，他帮我们把行李放下就摸黑回去了。当时我觉得特别过意不去，让他一个人摸黑下山也很不放心。老许毕竟是当地的农民，身体好，习惯了走山路。我们来的时候花了两个多小时，他回去只用40分钟就到家了，给我打电话报平安说："到家了，你放心吧。"那个楼子四面透风，有很多残破的门和窗口，那天风特别大，没法在一楼支帐篷，二楼有个小铺楼，也叫楼橹。头顶已经塌了一多半，就剩一个角遮天，摇摇欲坠的样子。有一个大的拐角可以避一点风。我们就在那个拐角支上帐篷，狂风中听见沙子刷刷地往帐篷上落。马海丰就特别担心，说："这么大风，长城别塌下来把我们砸了。"但是没有别的选择，只能自己给自己壮胆。我说："马海丰你有没有干过缺德事？"他说："没有。"我说："那就放心睡吧，老天有眼。"我们就这样在里面待了一晚，迷迷糊糊，哪能睡好觉，何况那晚我还发着烧。那一次的片子拍得也不好，主要是风太大，支不住机子，很好的月亮，也没有办法拍好，真是非常遗憾。

7

长城是一个伟大的客观存在，是一个无限丰满的现实世界，同时又是我们民

族精神的家园。长城上的一草一木，一砖一瓦，飞鸟走兽，民窑瓦舍，都可能触动我的绵绵思绪，让我产生倾诉表达的艺术愿望。这些物质的元素，就是我写文章的词语，就是我作画的画笔和油彩，更是我作为摄影家的黑白灰、点线面、光与影。在我的眼里，长城是现实的，又是超现实的；长城是物质的，更是精神的，是人格化的象征和载体。我从眼前的长城发现了许多超越长城自身的艺术元素，由此来构建自己的影像体系。天地万物皆可为我所用，都可以传达我对这个世界的思考与情感。

与长城的雄伟高大相比，或者说在长城残垣断壁的沧桑面前，百姓的生活是丰富多样的。既有仿佛亘古不变的停滞，又有现代生活的植入，穿越与荒诞感交织。在偏僻的长城周边，现代生活的烙印也在一点一点地呈现。我想用影像来呈现的就是这种存在与变化。当然，就像面对山川万物一样，面对长城，先人这样一个伟大的创造，一部浸透着民族精神与情感的历史大书，我肯定会有自己对自然、对历史、对生命、对时间的哲学思考，这些思考自然会融入作品之中。关注长城的当下性，关注长城与当下生活的关系，反思我们自身与长城的关系，应该是近期长城摄影的一个特点，或许这正是当代性的体现。

人们说我的长城摄影在影像上最大的变化，莫过于由对长城景观的个性化阐释发展到对心灵密语的自由释放，展示了我对长城与自然、长城与生命、长城与百姓、长城与当下生活的独特识见，有哲思，有调侃，有戏谑，有混搭，有愤怒，有哀痛，当然也有无奈和叹息。

学与问（节选）

王萌：杨老师您好，很感谢您的摄影作品，它们让我以一种独特的视角走近长城，倾听文化。您镜头下的长城以残缺呈现现状，以失落表达真实。作为一种特殊的文化符号，长城是墙的艺术，也是民族的艺术。那么在对外传播中您除了想真实地呈现还希望传递一种怎样的讯息呢？在对外交流中您认为您的作品是如何传递与表达中国文化意蕴的呢？

杨越峦：长城是中国先民的伟大创造，是人类文明成果的重要组成部分。它决不仅仅是一道墙，而是一套完整的军事防御体系；它的成就也不局限于建筑，而是华夏文化、东方智慧的集大成者。虽然用摄影作品诠释长城文化有些捉襟见肘，但影像探索的空间是无限的，相信会有更多的朋友、更精彩的作品，来讲好长城故事。

康锐平：杨老师您好，正如老师所说除了那些被及时保存下来的部分，很多地方都已经成了断壁残垣，自古传承下来的长城文化也正在慢慢被消解。请教您对于当代长城文化的传承有什么见解？

杨越峦：长城建筑形式和文化意蕴，不是单一模式，而是丰富多彩的。单从物质形态来说，长城从修筑到残破，甚至部分湮灭，既有自然的原因，也有人为的因素，这一过程也浸润着文化感知的元素，也是文明与野蛮不断博弈的过程。这个过程其实也是一面镜子，可以洞见历史，也可以鉴照未来。

何丛：杨老师您好，听了您的"中国野长城的呼唤"仿佛看到一个自由的灵魂在长城间奔行，驻足，大口大口地呼吸。想要捕捉意义丰富的画面如何锻炼观察能力？艺术家最应该具有的品格是什么？

杨越峦：一幅好的摄影作品，人们往往归之于"捕捉"的成功。我认为一幅好作品的"生产"，是"发现、选择、控制"这个"系统工程"共同作用的结果。而"发现"的前提是作者的世界观、人生积淀和文化修为。艺术家最重要的品格，我认为是真诚和独立思考。

易垚：杨老师您好！您谈到坚持拍摄长城不仅是对现实中长城存在的呈现，弥补我们在长城影像上的欠缺和不足，更是从眼前的历史存在出发，去探寻浸淫其中的中国传统文化的意蕴，从单纯的历史延伸到文化的内涵，从而表达对世界的思考。您能谈一谈野长城所蕴含的文化吗？

杨越峦："野长城"不是一个严谨的学术概念，而是人们为了描述长城存在状态的一个"乡间俚语"，因此我认为不能简单地说野长城文化，而应该说长城文化。当然"野长城"这个存在状态也是自然与文化共同作用的结果。

连莉：杨老师您好，相机之于摄影家，笔之于作者，都是作为人们触及社会的媒介。摄影作品作为摄影家向世人展现思想和见解的方式，但视觉语言的摄影作品相对于文学作品，人们更容易对视觉语言产生理解障碍，作为普通观众的我们要如何才能深入与作者产生共鸣？

杨越峦：摄影是一种媒介，对摄影作品的解读当然也是仁智各见。其实对一幅摄影作品的解读，并不是只有、甚至就没有标准答案；"有一千个读者，就有一千个哈姆雷特"的说法，在某种程度上也适用摄影，它取决于读者的文化"品味"和生活历练。

谭琦琪：杨老师，摄影于我而言，不只是记录生活的道具，我想要把即将消失的东西拍下来——我的家乡，我不想下一代只能从只言片语中去接触乡村，我想要他们能看见。摄影一定需要特别专业的器材吗？我总感觉手机和一部普通单反无法满足我的需求了。胶卷摄影和电子摄影哪一种您觉得更好呢？如何深化自己对摄影的理解呢？

杨越峦：很欣赏你用影像持久地记录自己生活及所见的做法！如果说摄影是

艺术的话，我认为从某种程度上说它也是时间的艺术。摄影对工具（照相机、手机及其他影像机器）有着信赖性，对工具的选择主要有几个方面要考虑：一是目的，二是便利，三是经济。如今，摄影工具的身段已经放下来了，可供选择的空间也很大，完全可以量力而行，千万不要被误导和吓住。具体如何选择，不是一句话能说清楚的，但适合自己的就是最好的。

2018 年 6 月

内江师院张大千美术学院美术红楼

作者简介

杨越峦，河北元氏人，编审，现任中国摄影家协会副主席、理论专业委员会主任、学术指导委员会委员，河北省文联副主席，河北省摄影家协会主席兼秘书长。第八届中国摄影金像奖获得者，第四届全国中青年德艺双馨文艺工作者，国务院特殊津贴专家。近年来致力于中国长城的拍摄，出版有专著《中国·野长城》；长城摄影专题作品曾在国内外多个摄影节、艺术画廊展出；作品被多家艺术机构和个人收藏。

诗是一种需要

羊　子 / 羌族诗人

> 诗是一种需要。诗性的思维，诗意的创造力，诗情的挥洒，才
> 是青春永驻、文明向前、变化无常，却又合乎自然法则的宇宙动力。
>
> ——杨国庆

　　诗，为什么是一种需要？

　　一旦发出疑问，谈话其实就拉开了序幕。一个拿出话题，一个回应疑惑。再问下去，可能会是这样，由己及人的认真模样：我需要吗？每个人都需要吗？从唯物的立场，再来一问：诗不属于吃穿住行中的要件，我们需要吗？或者跳出话题本身，站到问题的对面：那么，什么是诗呢？我问的诗、与你要谈的诗，是同一个"诗"吗？到了这一问，仿佛军队集体的倒戈，这会使没有经验的指挥官的额头冒出不少的冷汗。但是对于坦诚相待的人来说，这些疑虑或者询问乃至质问，都是谈论最好的开端，相信这是非常有趣的交流。那些话题无论褒贬，不分男女，都在共同构建"诗是一种需要"这个大厦，描绘"诗是一种需要"这方风景，品鉴"诗是一种需要"这道美食。我喜欢有问题的开头。这就像出门遇见大晴天，身上刚好带着新买的太阳伞，又仿佛瞌睡遇见枕头，多好！

　　诗是一种需要。的确，这是我的主张，也是我的人生经历。不知在座当中，还会有哪些人秉持这样的体会，这样的认同。其实啊，每一个人，在生命开初，已经和诗发生了神秘交融。不妨回忆一下，孩童模仿说话之后，慢慢启动自己的语言天赋，三四岁便萌芽出属于自己的语言系统，那是作为一个人最可宝贵的童年思维和童年用语，充满灵性，充满诗性，时常闪烁神性光芒，给周围的人带来惊喜和欢悦。显然那些语言就是诗，那些观察与思考、初步判断周围的思维也是诗的思维。这里举个例子，虽然我儿子今年七月即将大学毕业，依然保有非常奇妙的童年的语言。有一天中午出门忽然感到高原猛烈的阳光，他脱口而出："爸，太阳好酸哦！"这是用味觉来代替眼睛所受到的强光刺激的不舒服感，如果换作其他的家长会怎么认为这个孩子呢？还有一次他要吃的理由是"你已经是我的儿子了！"他说我是他的儿子，可明明我是爸爸啊，这句话的可贵在于孩童的他已经非常明确俩人的关系是抚养与被抚养的关系，多么深刻的伦理责任思考啊。于是，我在组诗《家政》中这样写《儿子》：

民间说儿子是一把伞 / 让手指细腻的妇人遮阳又躲懒 //

而我，儿子的父亲 / 在这柄稚嫩可食的太阳伞下 / 匆匆地离开 / 慌慌地回来 / 朝如斯，夕如斯 / 护着他的身 / 呵着他的魂 //

迷我如雾哟我不满两岁的儿 / 我是一位兴奋异样的游者 / 顾不上坐下好好食一餐饭菜 / 来不及蜕去潮湿周身的衣履 / 我已隐失在你 / 秒胜于秒的层峦叠嶂中了 //

儿子，乖巧的儿子 / 你该是灵动活现的心理学 / 真实无虚的历史学 / 高度浓缩的人类学 / 幽默风趣的语言学 / 令求知的父亲牵来青春的母爱 / 一同坐进某年某月的某个日子 / 欢天喜地地阅读，圈点，画线 / 心的波澜在斗室之内 / 荡过去啊荡过来 //

多数时候儿子是一株绿色藤蔓 / 纤纤细细地伸上来拴了我手 / 心痛痛地爬过来缠了我脚 / 那向往蔚蓝色海天的眼神啊 / 委落如一屋子的红地毯 / 儿子的笑声在上面 / 跌跌撞撞也不疼 //

但是，因为社会环境的属性和惯性的强大，还有教导的强行介入，后来慢慢地儿童语言和儿童思维被一次次打断、修正、"纠错"，以致不得不隐藏掩埋起来，或者彻底终止，为了获得欢迎的生存，幼小心灵的孩童只好放弃那些纯粹的、个性化的思维和语言，接受"灌装"，进入成人世界，表现出与天真活泼相反的、与年龄不相符的成熟与周到，完全的模式化、简单化、程序化。从那时起，儿童天性就这样被迫遭受到了侵犯、伤害和扼杀。直到后来进入小学一年级，为了科目考试的分数和班级、学校的名次，生命当初那种对于世界的好奇、率真在有意无意中逐步减弱，诗性的认知和诗性的表达已然被迫排出体外，

《一只凤凰飞起来》
杨国庆 著，四川文艺出版社，
2007 年版

整个小学阶段几乎完全同与生俱来的诗性、灵性和神性隔膜开来，人就成了一个新的存在物。很无奈，也无辜，是不是？刚才我所说的我的痛也是这样的绵长且历历在目，一直伴随着儿子小学六年、初中三年、高中三年，险些放弃最后的中国高考。好险，好险啊！

回过头来先说说人。哲学地看，人就是物质世界中一种客观的、真实的存在物，主要的构成人类整体的每一个人，都是有感情的存在物。我们每一个人都是

有感情的，对不对？按科学分类讲，人是极其富有感情的高等动物。何为高等？自命高等就是高等了？我们知道，因为人类相对于其他类型的各种动物，更加具有智慧，拥有更多智慧的成果——文明，经过不停地实践、丰富和成熟，再不断传播，成为比起其他类型动物更有系统和层出不穷的文化。其中，极少部分的智慧和文化会默默地潜藏、转化到一代代人的遗传基因中，群体优势超越个体差异，这样几乎每隔一代人的心理，先天都带着对人的不同程度的文化需求、精神需要、内在渴求、盼望或者诉求。这便是人的需要中最隐秘、最原初、也最基本的属性。

因此，在这里，我十分肯定地说：诗是你所需要的。在座每一个人都需要诗，即便天生的诗性早在童年就逐渐丢失了也罢，只要愿意回忆，愿意去挖掘，那些在有意无意早已掩埋和丢失的诗性思维、诗性眼光、诗性率性，一定会回到生命之中、生活之中。

是的，诗是一种需要。还得强调一下，这里说的需要是一个人的内在的需要，绝不是外部环境要求的那种需要。"熟读唐诗三百首，不会作诗也会吟"，是外部要求，还有"昔时贤文，诲汝谆谆"的《增广贤文》、"四书五经"以及中小学课本里的诗词等等，都是外部环境中家长和学校的要求，即便耳濡目染了这种需要，但终究不是我主张的那种需要。我的人生经验告诉我，一个人，不管其性别、信仰、年龄，无论其知识水平、人生阅历，只要想保全成为一个真正的人，一个有思想、有灵魂、有尊严、有文化、有智慧的人，一个反对武力霸权、身心自由、富有诗性的人，所谓的诗和诗性早已化作这种人的人格、人品，因此，诗是绝对不能丢弃的，也是绝对不能或缺的。即使曾经不小心被迫丢失了或者掩埋了，那也得自我醒悟，回访自己的生命，把苍天赋予的诗性、诗意、诗情一天天发掘、唤醒、找寻回来。与诗相融在一起，就是诗意地栖居在这个可以更好的人世间。

也许，有人会发出针对的好奇，其实如此适时的好奇恰好就是他的率真，也就是他的诗性的外显。而我的回答是，不然的话人生就惨了。也许，这个感性中夹杂着理性的人，不会立刻罢休，还会诗性地追问：人生没有了诗，怎样就惨了？惨在哪里？好吧，请先把目光投向四周，那些随处可见的没有诗的生活、生存和工作吧。

譬如，有着五千年文明发展史的中国，到了现代文明的今天，五湖四海的广场舞大妈应运而生，随地"喊劈"。再譬如，有着天府之国美誉的四川，飞机即将飞到盆地上空，仿佛也能听见盆地当中的麻将馆

《汶川羌》羊子 著，
四川文艺出版社，2020 年版

里杀声喧天。再看看没有诗的工作状态：按部就班、依样画葫芦、得过且过的人比比皆是，让我不住地惊讶于这些人，大都是受过良好的学校教育，最起码受过九年制义务教育，更不说拥有大专院校的专业文凭，青春的激情、理想、创造力和社会担当，都被"活着"这一块巨大的现实压住头顶，直不起腰身。对此我只有喊天了——买嘎德！

说实在的，我的人生曾经也是这般泥沙俱下、面目模糊、浑浑噩噩、碌碌无为，有时居然还会十分享受，但是后来某一天，我突然不愿意了。我听见自己的灵魂在愤怒，在呐喊，最后让自己的一句话"一旦正确就不可收拾"来照亮自己，头颅无需再向下低垂，脊梁骨无需再佝偻，也无须再被打断。我的精神为之一振，切身感受到真实的诗性回归生命。我真为自己鼓掌喝彩。我反躬自省，逐日成长为自己希望和心愿的那种人，一个警惕庸俗的人，一个与现实保持距离的人，同样与自我保持距离的人。我的眼里，随处可见荷花，那是因为我深深地知道，荷花的祥瑞和芳艳，源于水底那些缺少氧气、缺少阳光和忍辱负重的藕块、藕根。诗在我，就是荷花。

那么，什么是诗呢？诗和诗情、诗意、诗性是什么关系？

有人写了一辈子的所谓的诗，根本就没有理会到诗，还经常在台面上哇啦哇啦、指手画脚，以为那些分行的文字就是诗。我非常鄙弃。对诗的认识，必须完成从被动到主动、从形式到内涵、从现象到本质的透彻理解。要看清，诗不等于诗歌，也不等于诗篇，更不可能等于诗集。要悟出，诗是一种思维方式，多维、通感——万花筒一样，跳跃、飞翔——鸟儿一样，蓬勃、新颖——春天一样，晶莹、灵动——水滴一样，温馨、唯美——田园一样，自由、个性——宇宙一样。这种思维，白纸黑字之后才是诗篇。这种表达，很多人是不懂的，因为经验中唯有看得见摸得着的诗篇，要么叫格律诗，要么叫自由诗，要么叫做外国诗或是翻译诗，要么叫做少数民族诗歌。因此，回想起开头有人问的诗，很显然他的诗不是我所说的诗。不但是他的诗与我的诗不同，而且是在座的每一个人的诗都自成一家、各有千秋，这样的气象才是万马奔腾，这样的花朵才是万紫千红，这样的世界才是诗的世界，是创造与平等、自由与和谐、美好的人世间，才是根本意义上的"百花齐放，百家争鸣"。你说，是不是应该这样理解？

诗是一种需要。应该指出，这里的诗并不排除文本样式的诗，但是还要更加丰富。首先，"诗是一种需要"中的诗是一种思维方式；其次，思维方式与人的性格、行为、语言、文字等结合在一起，诗就等于诗情，等于诗意，等于诗性。所以说，我们的思维一定要打开，逐步培养，逐渐习惯，不断激活和超越原有思维模式、原有语言习惯与原有交流方式。如果一个人老愿意停留在自己熟悉的认知领域里，诗意就进不来，科幻也进不来，于是诗性出不来，诗情出不来，创造也就出不来。我们要习惯于自己思考和自我警惕，习惯于反思和创新创造，敢于和昨天告别，同时不忘和感动昨天的经历。对于世界的认知，有唯物的，也有唯心的，还有隐秘不可言说的。如果仅仅停留在某一种已经熟悉的认知方式和理解的认知领域，那么这样的人只会使用语言、使用知识，不会创造语言，更不会创造新的文化、新的文明。因此，诗是一种需要，还有另外一层含义，那就是人活在这个人世间——实际上随时随地都可以更好的人世间。

　　说到这里，对于"需要"，我还得解释一下。也许读过书的人会想起美国心理学家马斯洛的需要层次理论，马斯洛认为，人类具有一些先天需求，人的需求越是低级的需求就越基本，越与动物相似；越是高级的需求就越为人类所特有。同时这些需求都是按照先后顺序出现的，当一个人满足了较低的需求后才能出现较高级的需求，即需求层次。各种基本需要的出现，一般是按照生理需求、安全需求、社交需求、尊重需求和自我实现需求的顺序。但是客观地说，人的需求并不一定都是按照这个顺序出现的。我和马斯洛的研究认知有相同的地方，也有不同，我的不同在于刚刚谈到每一个诞生于母体的人，在遗传基因里，除了生理需求、安全需求之外，先天还带有最隐秘、最原初、最根本的精神需求、文化需要。咿呀学语伊始，大脑的思维开始活泛、翻腾、迷惑、甚至空洞，但是经过外部环境的源源刺激和内在心理的不断尝试，一天天地疑惑、揣摩、探索，直到形成幼稚的判断或者推理，这时候的思维尤其重要，不合外部的奇异表现常常会引起外部很大的回应——或者亲吻，或者拥抱，或者静静的微笑，婴儿的需要获得保障，更主要的，诗的思维得到维持和鼓励，于是自然就延伸到整个的童年时代。因为新生身体的弱小和语言、行为的反常，得到了家人温暖的庇护和更多的容许，天性拓展到极大的可能，即便世界万象缤纷扑面，孩童的自我依赖是诗性盎然，直到学前教育的斧头无情砍下，原初生命强大的创造力随即戛然终止，滑入外部环境强势的规范、约束、乃至惩处之中。我的儿子，包括我儿子一样的孩子，哪一个不是如此这般走过来的？依然记得，他读小学三四年级，我俩正经过广场改造的花园走回旁边的家的时候，听见他对我说："爸，其实每个人都是宇宙的中心。"当时我听了仿佛受到了全人类的最大的嘉奖，我当然明白儿子这句话里包含的丰富意思，其实是从哲学的根本上来说，"每个人"透漏出他平等的思想，"宇宙"竟成了他思考的对象和内容，"宇宙的中心"更是年幼的他对宇宙本体和人类个体的关系确认。他就这么随意地一说，却是多么不简单的深刻啊，对此，我能不感到欣喜和惊异吗？儿童的思维和创造力真是谁也不可想象，你说对不对？后来阅读《歌德谈话录》，我才发现伟大的歌德到了七十多岁才讲出来同样的道理。后来的后来，儿子徘徊在高考门前，我用心编订、彩色打印了厚厚一册他在小学和初中创作的诗文，取名叫做《海鸥的思想——从若尔盖大草原经过昆仑岷山大高原》。《海鸥的思想》是他11岁写的诗的题目，诗篇当然收录其中，我想以此来唤醒他的尊严和长期遭遇打击的自信力。好在苍天有心，赐予我们每一个生命以必备的纠错功能和自救原力，暗示着将来的某一天，只要你愿意，你一定会在适当的环境中幡然醒来，如同那个早已失踪的我终于归来："一旦正确便不可收拾"，请你也记住，这，一定是自己讲给自己的，因为这个世界上只有自己最懂自己。

放心吧，"诗是一种需要"，是我一个人的说法，也是我这个人生活状态的描述，也许只适合我这样的人生，对付我这样的人。经过这个人世间与我之间的反复较量，从我挚爱的身心出发的二十出头的青年儿子，早已彻底地沦陷到当前所谓奋斗的忙忙碌碌中了，虽然他目前的身份还只是一个实习生。我想，在这个时候，我是不是应该修订一下"诗是一种需要"这个主张，具有唯一性而不该具备普遍性？你认为呢？谢谢！

学与问（节选）

张家春：杨老师好，您所讲的内容中一直在强调一点：诗，是一种需要。同时也从多方面多角度阐释了诗情、诗意、诗兴对于生活和生命的作用。您这里一直所说的"诗"，从某个角度来看，是否也可以理解为一种自由豁达的人生态度呢？

杨国庆：很高兴你有这样的理解。我谈诗，目的只有一个，希望突破固有观念，要有新反观、新反思、新收获。

很多时候，我们被环境硬生生教育成一种答案，观念的土壤中便种植下所闻所识的绝对性。其实不然，因为大家都知道，人类一代一代从自然界中走来，最后也是一代一代回归自然。从历史规律看，人类社会总体上是向前发展的，那么书本中的知识、观念、理论、思想，无不具有阶段性及其局限性。对于文学，对于诗，也不例外。两千年前董仲舒对几百年前孔子编定的《诗经》说过一句影响深远的话——"诗无达诂"，意思是说，对于《诗经》的理解，因为处时代变迁了，作者和读者环境、学养、认知、理解力都有变化，各有理解，所以不能只有一种理解，不能有唯一的阐释。

"诗是一种人生态度"，反映出来的是内在这样的人作为人生主体的情趣、思想和方法论，而不是非诗意的刻板被动，伟大的诗人、思想家、革命家毛泽东在井冈山、长征路上创作诗篇，就是最好的明证。

徐少华：杨老师您好！我是中文系的学生。听您讲述儿子的经历，我时而为富有灵性的生命力折服，时而心痛不已，自己身边的学生们也处于同样的彷徨中。在目前的教育制度下，如何帮助受到压抑的孩子们呢？您心底温柔，愿意站在孩子一边，发现并赞美他们，为孩子所感动。我们是否该尽早培养自己的诗性方能减少对儿童的伤害呢？

杨国庆： 对眼下教育，我仿佛无话可说，但是我知道自己也是从同样的教育模式中硬闯出来的幸运儿。至今我的梦境中，几十年都在不间断地出现，考场有做不完的题或者找不到教室的情景。我曾经当过高中语文教师，完整教过高中三届学生，两届初中语文，每一届学生的酸甜苦辣麻我都知道。另外，我还是孩子的父亲，教育的冷暖至今十分清晰。这种背景下你让我谈如何帮助受到压抑的学生，同时还说如何减少伤害，真是难为我了。

首先，你能够看见孩子们受到压抑而彷徨这种现象、现实，而不是充耳不闻，说明你是一个有灵魂的人——"惺惺相惜""于心有戚戚焉"。这就具备了改变事物内部的因素。

其次，有一种行之有效的方法便是尊重。要知道，即使孩子再小他们也是人，是独立的、唯一的、珍稀的人，而很多环绕在孩子们周围的外在环境（家庭、学校、社会）都不太尊重孩子这个主体，口上说得海誓山盟，行动却是"手之舞之足之蹈之"，泥沙俱下，让孩子身陷泥潭而美其名曰"佛光普照"，所以我们得蹲下身子与孩子平视，耳闻目睹他们的泪水与欢笑，欣赏并且引导，矫正并且鼓舞，温暖并且相信，每一个孩子都是美好的，强大的。

第三，理解诗性、诗情和诗意、神性是无处不在的。然而很多时候，我们被教育成去崇拜、去向往、去憧憬的人，忘记了自我诗意的存在，因为环境本身也没有主体意识，这不足为奇。我现在主张，我们的孩子、家长、教师都要发现自己先天的那种本能，对于世界的开初理解，在成长和生活中去对应、借鉴、学习他人的、进步的、文明的理解和阐释。

第四，关于诗性培养的说法，这是不妥当的。我说过，诗性是天生的，天然的，被后天磨损了或者折断了，甚或毁灭了，这是问题出现的源头，认清了源头、原因，再一次回复、重启曾经天性弥漫的岁月或事件，自重也尊重，从自身生长出纯洁晶莹的意趣、意味、意象，或者说，再次以孩童的目光和心情看待自我，看待环境，看待知识和科学，看待孩子，一切必是"欣欣然睁开了双眼"，宁静而祥和，五彩且欢乐。这也是一种诗的世界。

邓铜： 杨老师您好！诗是一种需要。诗的"需要"是人与生俱来的内在精神需求，贯穿于马斯洛提出五种人类需求的每一层次。请问您认为不同需求层次的人如何将已有的诗性滋养生活呢？

杨国庆： 这里谈到诗是一种思维方式，一种生活方式，当然根本上是一种文学样式，适用于五种层次需要的人，但是要让每一个层次的人如何具体与"诗"为伴，还真是有点"科研"的味道了。

首先，我们要正确认识、理解层次需要这种理论。马斯洛提出的这种层次需要说，是从人的成长和发展来说的，从而将五种"需要"形成层次关系、逻辑联系，其出发点和落脚点都是为了更好认识、观察、理解人本身。但是我必须还要进一步指出来，这五种层次不能当作客观存在的五种阶梯来绝对分离，除了哺乳期满足于生理需要和安全需要外，之后孩提时代开始，人的五种需要都是同时存在的，只是相对来说，某一种需要在人的某一种年龄阶段更为突出，更具有稳定性。

其次，要正确看待"诗"与"需要"的关系。我说过，"诗"是人的精神领域的需要，是先天自带的能力和状态。出于表达方面、认识方面的原因，"诗"被定义为一种文学样式。"诗"和"需要"的关系，都是人自身的认识问题，关乎人的生存状态、人的精神状态。因此，看待二者，勿需要那么迥然对立起来。我想，忠实于内心的自我，尊重自我，继而尊重他人，并且与他人建立平等文明健康的关系去生活、学习、工作，如同光芒遇见光芒，雨水遇见雨水，伯牙遇见钟子期，互为镜面，互为表里。

周长媛：杨老师您好！诗于我，是物质之上的精神享受，然后又反过来慰藉着我的物质生活。诗中情感聚集在风暴之上，理智极有可能受到摧毁。请问在诗中该如何平衡情感和理智呢？那经过权衡的情感与理智，还是"生活"的诗吗？

杨国庆：说得很好，这是关注"自己"与"生活"的切身感受。很显然，是受了二元对立的深刻影响。

我是这样来理解的：理性光芒照耀下的情感世界。"人非草木孰能无情"，讲明人是讲感情的动物，那么，拥有感情、理解感情、珍惜感情和处理运用感情，是人之为人的基础所在。但是人类社会的发展变化，经过世界各地一代代人们探索实践、再探索再实践，不断改进人类自我、改善生产工具，推动个体和群体的不断发展。这之中情感肯定起到了相当重要的作用，但是没有智慧的产生、积累、突变和正确运用、传承，个体和群体乃至族群到人类整体，都不可能发生沧海桑田的历史变迁、今非昔比的社会发展。

理智和情感是需要平衡，我的理解只是其中一种。今天讲法理同在，也就是基于这样的考虑。如果单凭制度、规则、法令，人们很容易进入到失去人情味的那个冰冷世界，故而法治社会也讲情、重义。但是，有些影视在反映爱情婚姻的时候，或侧重于情意，或侧重于法理，这样观念下的故事人物的生活和命运，经常会让观众感受到撕心裂肺的悲伤与疼痛，要明白这恰好就是影视制作者的一种方式，以引起观众对于影视的关注、评议而影响更多人来观看、消费。身处在社会各阶层的人们，经历过人类发展的诸多阶段后而享受到眼前利益，追求物质生活，也追求精神生活，其实精神与物质早已经融入人们的生活、工作、学习、旅游、交际等活动之中了。至于如何去平衡理智和情感，因人而异，没有一个标准答案供人检索。

珍惜情感，拥有理智，平衡理智与情感，最后谈"诗"，这样一种顺序也是可以成立的。这时候的"诗"，依然是"诗"，因为保持了"诗"的特征、特性。不过，"诗是一种需要"，是人的自然属性与精神属性的共同表现，"需要"可以一生同在，也可以一度失去，可以再次拥有，或者再次失去，从此不再，都极有可能。通过你我这样的交谈，用心在于要学会自重，学会思辨，学会超越，学会灵动与变迁，这才是"需要"所应该达到的一种境界。

谭琦琪： 羊子老师，您讲的内容真的说到我心坎里去了，因为我就是这么过来的。曾几何时，我因为种种缘故陷入了混沌蒙昧的状态，对一切事情都提不起兴趣，觉得世界也就这样，死亡也不是什么大事，每个人都会死，早与晚罢了。那段时间，我是没有自我的，像一个提线木偶，被提过来晃过去，沿着既定的轨道加速坠入深渊。如果我没有醒悟自我，或许会浑浑噩噩一辈子。可某一天，我心中潜藏已久的自我苏醒了，那是在我看到《科幻世界》这本杂志的时候，我第一次发现世界可以是如此广阔，在对未来无限的畅想中，人生可以如此有意义。从那时起，我开始写小说，写一些"诗歌"，如这一首《孤独》"人啊/戴上耳机/拥抱着全世界/可摘下耳机/世界却只有我一人"。我写的一些"诗"，更多的是写内心的一种状态，因为可以把郁结在心中的烦闷释放出来，让我轻松一些。我开始写诗："每当我仰望星空/沐浴千百万年前的璀璨/我短暂的一刻，握住了奔腾的时间/卑微的人啊，这是足以让大脑死机的震撼/仰望吧/仰望吧/昂起你的头！挺起你的肩！/那恶臭沼泽里的，那蛆虫一般蠕动着的/那渺小如灰尘的权力与金钱/只会拖着人，灰色的人/坠入深渊/仰望吧/仰望吧/低头找食的，那是牲畜/仰望着的，只有人！"

杨国庆： 首先肯定你是一个好青年，有理想，有激情，有方向，坚定自我，忠于自我，相信自己，给予自我以新形象、新力量。这是你作为一名优秀学子求学上进、开拓进取的品质的延续。很好，这也奠定了你走向新生的精神物质基础，希望这份清醒和奋发向上继往开来。

可以看得出你这样的同学与周围环境的隔膜、脱离、对峙关系，曾经我也是这样。"偏激""义愤""狂妄""孤独""清高"这些特性像刀片一样，划断了自我融入周围世界的可能性与现实行为，因而会发出"仰望吧/仰望吧/低头找食的，那是牲畜/仰望着的，只有人！"要知道，你终究不是哈姆雷特，那是虚构的戏剧人物；你也不是屈原，既不高居在政治集团的顶尖层次，也未成熟深邃优美

的文学作品。那样的切肤之痛与超然世界，纯属于"书生意气"的感性表现。继续这样滑翔下去的阶段到了应该转折的时刻了，但是，需要保留的是进取之心，胸怀崇高理想的志趣，且学也创，且孤也群。否则，山海关的铁轨眼睁睁地等着，激流岛上的斧头亮闪闪地笑着。

现在，因为诗、诗歌，我听见了你们年轻人声音里朦胧而清晰的身影，一群充满理想和激情的青年，我心痛你犹如心痛曾经的我自己。鉴于时间关系，不做阐释，只有一个强烈心愿，你们会穿出理想主义丛林，爬出理想主义沼泽，走下理想主义山头，来到现实主义篝火的欢笑与泪水的旁边，被他人感动，被自己感动。

2020 年 4 月 29 日
线上文学讲座

作者简介

杨国庆，笔名羊子，羌族，四川理县人，毕业于四川师范学院（今西华师范大学）中国语言文学专业。国务院特殊津贴获得者，第四届四川省专家评议（审）委员会组成人员，四川省非物质遗产保护中心专家库成员、中国作家协会会员。公开出版《一只凤凰飞起来》《汶川羌》《岷辞》等10部作品。曾参加美国爱荷华大学"国际写作计划"。主编《新时期中国少数民族文学作品选集·羌族卷》《震前汶川100个经典记忆》。《汶川羌》研讨会在北京中国现代文学馆举行。作词《神奇的九寨》选入人教版九年义务教材《音乐（第14册）》。

生命的碎片

王　斌／内江日报社记者

> 用这些影像的碎片探寻生命的意义，也许是漫长而痛苦的，但正如陀思妥耶夫斯基所言："有些幸福，要在痛苦中探寻。"
>
> ——王　斌

一张照片就是一块碎片，一次瞥视，它随时供我们回忆。

——苏珊·桑塔格

迷人的"魔镜"

最初对影像的好奇是上世纪七十年代，那时我才几岁。拿着一叠透明糖纸，蒙着小人书《董存瑞》小心翼翼地勾勒出了10多张英雄的故事。随后，找来手电筒和纸壳做成一个"幻灯机"。天一黑，约上几个小伙伴，将一张张英雄的形象投射到墙壁上，嘴里一段一段地背诵着书上的台词……第一次，我用影像讲述别人的故事。

高中时，我用几元钱在一家照相馆租了一台120相机，照着胶卷盒上提供的曝光参数，在内江火车站广场，从不同角度拍下毛泽东的塑像，前景是茂盛的万年青。这是我第一次通过镜头观看这个世界，但这样的"创作"是模糊的。

1986年，我参军到了部队，成了一名放电影的战士。当时，政治处有一台135理光相机，透过"魔镜"我发现了更为奇妙的世界。其后我不是去岷江拍渔民，就是在机场拍飞行员……1989年我的第一张作品发表在了《空军报》上。

当时，团里有一个暗房，一有空我就钻了进去，冲胶卷、洗照片，照片慢慢地在盆中显影所产生的神奇让我更加着迷。然而，几个小时，胶卷不是冲坏，就是废片一堆。失败中我对黑白灰有了最早的认识。

街头的"猎者"

1990年退伍回家,一本从旧书摊淘来的《外国摄影十大名家》才真正打开了我通往摄影世界的大门。从布勒松的"看""等""抓"……我知道了"决定性瞬间"。慢慢地,我的镜头从唯美转向现实,从远方回到出生地。

摄影是时空的艺术,而街头正是这时空的交汇处。偶尔,你会遇见一位父亲;偶尔,你会碰见一个母亲;偶尔,你会遇到一个工人;偶尔,你会撞见一个农民;偶尔,是一阵风,或一场雨……一次次行走,一次次相遇,这种未知往往充满惊喜,戏剧性的瞬间也往往稍纵即逝。

摄影的语言特性区别于其他的艺术门类,文字可以描述过去、现在和将来,而摄影只能定格"此刻",留下"此刻"也就留下了历史,错失"此刻"就成了空白。

罗兰·巴特说,好照片由两个要素构成:一是"意趣",二是"刺点"。我时常想,是什么触动我按下了快门?最终,答案只有一个:好照片往往都是生活的馈赠。透过镜头我一次次地凝视这熟悉而又陌生的城市,在现实中寻找诗意,在诗意中审视现实。

熟悉的陌生人

时代在变,生活在变,命运也在变。2009年4月12日,在四川省内江市市中区四合乡,一次意外的相遇让我对命运有了新的诠释。这是一个普通的农家,一个十来岁的孩子开心地在院坝玩着篮球。然而,让我没想到的是,这个篮筐竟是个没底的箩筐。

《一个人的篮球》 王斌 摄

第二天,我将照片贴到网上,立刻引起强烈共鸣,"看到这张照片,我想到了自己的童年,也想到了乔丹……"一网友这样留言。他就是"乔丹",一个来自中国农村的"乔丹",任何人成功的背后何尝不是饱含艰辛与不屈?

不久,我将这张照片和一个新篮球送给了这个孩子,把一个新篮筐安在了墙上,"这下，村里一定会有不少孩子到这里打篮球了。"孩子的母亲说。

第二年，当我再次来到这里，墙上的篮筐已有了锈迹，院坝却没有孩子的身影，"娃儿读书不得行，去深圳打工了。"孩子的母亲说。这一刻，一阵酸楚涌上心头。那年，孩子才13岁。

《补习》 王斌 摄

后来，这张照片获得中国新闻摄影的金奖，但却无力改变这个孩子的命运。也许，孩子跳起的那一瞬成了他童年最快乐的记忆。

"不要让自己的孩子输在起跑线上。"这是许多中国家长的心理。2010年5月8日，我与许多家长一样，周末陪孩子去补习英语。因为天气炎热，一些陪伴孩子读书的家长趴在教室外的桌椅上睡着了，教室内除了听话的娃娃，也有"身在曹营心在汉"的学生，门口一个等待哥哥姐姐的幼童无聊地耍着地上的纸屑……后来，央视"午间新闻"播放了这张照片，有网友写到："可爱又可怜的家长，可怜又可爱的孩子。"

这些都是中国的故事，也是这个时代的碎片，也许这些影像碎片，就是一个民族不可或缺的历史，而摄影正是时间的摆渡者。

哭泣的山河

大自然赋予人类太多的恩赐，而人类的行为一次次让山河破碎。

2004年3月2日，四川化工集团氨氮超标排放，致使沱江沿线数百万人饱受长达26天的无水之苦。与许多人一样，我经历了这场灾难所带来的痛楚。我一边提着水桶排队取水，一边用镜头记录下江中浮尸的河鱼、等水的孕妇、运水的车辆、掘井的市民……一双双无奈的眼睛控诉着制造这场新中国成立以来影响面积最大、持续时间最长的特大水污染事件的肇事者。

不久，我拍摄的这些照片被刊登在《中国新闻周刊》和《四川日报》头版，时任四川省委主要领导对此做出重要批示，沱江等河流的综合治理再次提上议事日程。

然而，10年后，在海拔3660米的四川雅安牛背山，山顶的一幕再次让我的镜头沉重起来，《无限风光》——壮美的云瀑下一大片生活垃圾。此刻，人间最美的风景已被垃圾消解；此刻，影像无须太多修饰，让它自己发声！

《沱江大污染》组照之一　王斌 摄　　　　　　　　《无限风光》　王斌 摄

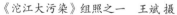

流泪的镜头

2008年5月12日14时28分，汶川8.0级特大地震震惊世界。

5月19日，全国哀悼日。我只身一人，背上早已备好的干粮来到重灾区都江堰，新建小学、聚源中学……垮塌的水泥板让我第一次强烈地感受到生命如此脆弱。

5月23日，我与影友驱车再次前往灾区，这次带去的有内江人民给灾区的食品、药品等救灾物资，在什邡、绵竹、都江堰……5天时间，镜头里除了悲伤还有爱。

6月6日，由160余张照片组成的"生死不离——5.12汶川大地震纪实摄影展"在内江展出，从街头到广场、从学校到军营、从工厂到社区……近10万的内江市民被照片感动，各种援助源源不断地飞向灾区。6月26日至29日，我又一次来到北川、映秀等重灾区，此时的灾区已逐渐从救灾转为重建。在汶川萝卜寨，两

《无尽的哀思》　王斌 摄

个村民拉着皮尺修新房，旁边是一座还没长草的坟地。年迈的父亲告诉我，这里埋着地震中死去的孩子。说话时，他的眼中已没有眼泪。

2009年5月12日，汶川大地震一周年，数十万人从全国各地赶到北川祭奠遇难者。这天，天空下着小雨，整座城都在哭泣，时间也仿佛凝固。这一刻，镜头后的我眼睛模糊了；这一刻，让我懂得，面对巨大伤痛，我的镜头应保持足够的距离和安静。

失声的川腔

越是民族的越是世界的。然而有着300多年历史的川剧，如今却面临了严峻的困境。据调查，20世纪50年代我国还存在有367个传统戏曲剧种，但到目前已经消亡了100多种。从2006年起，我开始走进一个个民间戏班。当时内江市川剧团已很少演戏，英英川剧团是内江唯一一个民间戏班，班主胡英原是资阳川剧团的一名演员，14岁开始学戏。资阳川剧团解散后，2003年酷爱川剧的胡英在内江拉起了自己戏班子。然而，12年的经营，戏班亏损达20多万元。

最终，2015年谢幕关门。

《乡戏》 王斌 摄

2011年1月19日，我跟随一家庭戏班住在四川省乐至县宝石乡一山顶寺庙，床铺是用谷草铺成。冬夜，天空飘起了雪，有些寒冷，隔壁房间传来声声吟唱，那"画面"美丽又伤感。吟唱的是一个19岁的女孩，这个不到10人的家庭戏班，除了父母，还有儿子和儿媳，"唱了20多年的戏，想改行也没别的手艺。"班主邓成顺告诉我，上世纪九十年代以来，不少从国营川剧团解散出来的演员都来到民间戏班谋生，台柱子唱一天也只有100元左右的工资，一般演员一天几十元不等，且时常风餐露宿，转场于偏远山区。

在乡下，老人们对川剧依旧迷恋，花上一块钱就可以看上一天的戏，中午还可在寺庙吃一顿午饭。破旧的戏棚，倾情的演出，古老的川剧在21世纪的今天，向世人诉说着它迷人的魅力和失声的无奈。

21世纪的凉山

一直以来，在世人眼中，落后、贫困这些词总是和凉山联系在一起。然而，从2011年第一次踏上凉山这片土地，我对凉山有了新的注解，除了贫困，山里人的勤劳、朴实、坚韧、好客等都是值得我们去记录的。我时常这样告诫自己和身边的影友，希望镜头中的凉山变得真实客观。

20余次往返凉山，这里的一切依旧充满神秘，平视地面对眼前每一个孩子，力所能及地帮助贫困家庭是我和朋友们在一次次

《天菩萨》　王斌摄

的拍摄中愿意做的事。当每次看到孩子们受到好心人帮助时闪动的泪花，便觉得人世间的一切没有比这更珍贵。作为脱贫攻坚主战场，今天的凉山已发生了翻天覆地的变化。然而，在中国众多少数民族中，凉山本民族文化却保留得较原始，天菩萨、毕摩、查尔瓦、火把节等一系列代表彝族人民最古老的传统习俗至今仍在。这些年，我努力"以世界的眼光看中国，用历史的眼光看今天。"

隔离病房

"照片拍得不够好，是因为你离得不够近。"著名的战地记者罗伯特·卡帕将这句话留给了世界。事实上，这不仅仅是空间距离，而是心的距离。

2020年春节，突如其来的"新冠"疫情让世界变得不安，口罩成为人们抵御病毒最重要的"武器"。

1月24日，内江首例新冠患者被确诊，一时间，人们惶恐不安。

"隔离病房的患者怎样？""医护人员怎样？"1月29日，带着这些问号我走进了内江市第一人民医院隔离病房。

面对看不见摸不着的病毒，没有恐惧那是假话。这样的采访是首次，这样的拍摄不同寻常。准确地向外界传递这里的一切，有节制地控制影像是我按动快门的原则。

疫情是道裂痕，也是光照进来的地方。连续两个多月的采访，一位在隔离病房工作的大叔用行动诠释了什么是平凡的伟大。从内江首例确诊病例入住内江市第二人民医院隔离病房，到3月11日，最后一名确诊患者治愈出院，长达48天，这位叫赵国平的保洁工每天穿梭在隔离病房的每一个角落，默默地做好他所负责的一切工作。采访中，这位54岁的大叔淡淡地说："这工作总得有人去干，等最后一名患者出院，我就回家好好休息。"

30多年，我无法计算镜头中拍过多少人，也无法丈量拍摄中走过多少路。我努力用这些影像的碎片探寻生命的意义，也许，这样的探寻是漫长而痛苦的，但正如陀思妥耶夫斯基所言："有些幸福，要在痛苦中探寻。"

学与问（节选）

刘兰兰：王斌老师您好！我是文学院2015级学生。我是一个土生土长的四川人，但是从来没有看过川剧，不清楚川剧的经典剧目，甚至现在连四川方言都不太会说了。我想问传统的消亡是不是必然的呢？

王斌：一个时代有一个时代的文化，而传统文化是一个民族的魂。古往今来，文化都是随着时代的发展而变化的。几千年来，中国文明已深入到中国人的骨髓和血液，即使是文化的变革，它也脱离不了这片土壤，或多或少都依附着华夏的血脉。

有句话叫"越是民族的，越是世界的"。我相信，当一个国家越发达，本民族的文化往往愈加会受到重视，才能屹立于世界民族之林。当然，文化也罢，艺术也罢，贵在发展创新，其生命力只有顺应时代的审美需求才可能不会消失。

向立冬：王老师您好！我是第二次听您讲座了。透过您的讲述，我看到的是一颗无比真诚而火热的赤子之心，不仅是对于摄影，更是对于生命和大自然。我很喜欢您说到的一句话："摄影是时间的摆渡者。"您能具体阐释一下这句话吗？

王斌：自摄影术诞生以来，摄影的记录功能就在人类的历史长河中发挥着独特的作用。在摄影术诞生之前，人类的文明大都是通过文字和图案记录，而文字

和图案往往没有影像真实和具象。

摄影是时间的摆渡者，最重要的要从它的记录特性说起，这是其他艺术不具备的相对"真实"。文字能跨越时空，可以写过去，也可以写未来。而摄影不能，摄影只能拍"此刻"，这是其长，也是其短。其短往往又具有文字难以实现的"眼见为实"的见证性。当我们回过头去看100年前的影像，这些影像就像一颗颗珍珠，泛着岁月的光泽，摆渡着百年的历史。

付诚雁：王老师您好！从《一个人的篮球》到《天菩萨》，这是一个灵魂飞升的过程。镜头后面是对人世间的悲悯与大爱，有向往，有追求，有不屈，有一路的发现和内心的坚守，每一个瞬间的停留都撼动着人们的心灵，引人深思。从事摄影活动肯定需要补充能量，您喜欢阅读的书能否与我们分享呢？

王斌：学习是掌握一切知识的必经之路，摄影同理。而读书就是学习专业知识、提高思想认知和吸收艺术养分不可或缺的途径。

30多年的摄影实践，我从未间断过读书，从纸质书到电子书，只是阅读方式的改变，而个人认为纸质阅读更益于深度思考。一切学习与实践都是吸与呼的过程，吸就是吸收，呼就是释放。只有当你有足够的能量，你的释放才会有力量。

我的阅读涉足面相对较广，除了一些"闲读"，大都是"为我所用"，历史、文学、艺术等都有所涉猎，这些我都有浓厚的兴趣。文学艺术对我影响较大的是现实主义和浪漫主义文学。我崇尚经典，除了中国古代、近现代、当代文学，还有英国、法国、德国、俄罗斯等外国文学，莎士比亚、巴尔扎克、莫泊桑、列夫·托尔斯泰、普希金、果戈理、陀思妥耶夫斯基、契诃夫以及别林斯基、车尔尼雪夫斯基等等，这些作品带给我的除了艺术创作的方法，更多的是思想和精神的滋养。

而专业书籍，除了摄影史，我更多的是学习领悟大师的理论和作品，其中布勒松、萨尔加多、杜瓦诺、尤金·史密斯、詹姆斯·纳切威，以及国内的王文澜、贺延光、吴家林等对我影响较大。但所有的学习只是学习思想和方法，最终是探寻自我的艺术语言。

刘爱国：王斌好！你拍摄的大部分照片我都欣赏过了，受益匪浅。你似乎力求每一张照片里都传达出对生命意义的探索。这些"碎片"是否也不知不觉成为你"痛苦"前行的动力呢？

王斌：所有文学艺术的终极目标应该是诠释人性，而摄影同时包含记录历史的功能。

摄影于我而言，更多的是表达。通过影像，我可以"发声"，其中有对世界的认知、有对事物的评价、有审美的表达。这个过程就是认识世界的过程，也是提升自己的过程。同时，它又是我生命的足迹和人生的意义。

这些影像既是时代的碎片，也是我生命的碎片。数十年后，这些碎片或许可以一窥我曾经经历的时代和这个时代的人，也有我个人生命的痕迹。这样的生命探索或许是"痛苦"的，但痛并快乐着。

龙宇：王老师您好！谢谢您为我们表演莎剧留下大学时光的珍贵记忆。在您的摄影生涯中面对太多的人生百态，也触及了许多人生无奈，您摄影道路中的力量源于何处？

王斌：人生充满了苦乐酸甜，我崇尚"雪中送炭"，因为这是人性的善。无论是曾经的业余摄影，还是今天的职业摄影，我把摄影大师萨尔加多的那句话"劳动者属于人类的大多数"一直当作我的座右铭。

30多年的摄影经历，在我的镜头里更多是记录身边的普通人，甚至有一些是生活在社会边缘的弱势群体。每当走近这些人，我的灵魂都会受到一次洗礼，在这些穷困与无奈的生存环境中，我看到的更多是人性的光辉，这是人类最为宝贵、最应珍重的。我想，这是一切文学艺术最终极的目的，这力量源自于爱。

胡皓鸣：王老师您好！我是中文系2018级5班的胡皓鸣。《电影的本性》中曾提到"你是否看到过一只鸡"，您的摄影作品从普通生活、人文景观到山川风貌与自然灾害，不同的镜头都蕴含着不同的意味。您遇到过观赏者对作品的"误读"吗？促成您不同风格的动力是什么？而这些不同的风格是否含有什么内在或外在的联系？

王斌：万事万物都有其内在联系，人与自然、人与动物都是宇宙之生灵。虽然短片所呈现的镜头不同，都是与生命有关，既然与生命有关，这就是艺术所观照的范畴和对象。因为让世界更美好是文学艺术存在的意义，也是包括电影在内的所有艺术的动力。

我时常遇到过别人问我为什么你摄影的画面里有"一只鸡"或"没有一只鸡"等问题。有些联系既是主观的，也是客观的，完全的主观与客观几乎没有，只是偏重而已。我想每个人的观赏角度都离不开他自身的环境、眼光与心灵感应，就如同一千个读者就有一千个哈姆雷特。

2020 年 12 月
内江师院中文楼 303 教室

作者简介

　　王斌，内江日报社记者、中国摄影家协会会员、四川省摄影家协会理事、内江市摄影家协会副主席。作品曾三度荣获中国新闻摄影金奖。2014年国际新闻摄影比赛"华赛"银奖、四川省文艺最高奖——巴蜀文艺奖。被中国摄影家协会授予"抗震救灾优秀摄影家"。中国新闻摄影学会授予"中国地市报杰出摄影记者"。作品曾在法国巴黎等地展出，被中央档案馆和中国乡村摄影艺术中心（泥美术馆）等永久收藏。

听学生读海子的诗
——中学语文教师与人文素养

谢银恩 / 内江市第一职业中学高级教师

> 人文素养就是爱、浪漫、自然、敬畏、宽恕、批判、怀疑，独立的思考、对苦难的感同身受、不可遏制的同情。
>
> ——谢银恩

"没有热情，世界上很多伟大的事业都不能成功。"这是伟大的哲学家黑格尔说的。大家请看这幅法国画家米勒的《拾穗者》，我想说：作为一个教师，他是一个播种者，那么我们应该播种下什么呢？就是爱和希望。海子曾在《麦地与诗人》中写到：诗人，你无力偿还，麦地的光芒和情义。简单地说，就是对于天地万物，我们每个人都要有一颗感恩的心、一颗虔诚的心。

谢银恩老师与文学院大学生
交流语文教师的人文素养话题

我谈谈培养语文教师人文素养的基本途径。对于教师来说那就是读书。大家会说我们在校期间已经通过专业课程的学习，取得了教师资格证，还需要读书吗？如果教师要给学生一碗水，他自身必须要有一桶水，而且是源源不断的活水，不是死水。宋代朱熹说过"问渠那得清如许，唯有源头活水来"。那么在座诸位首先必须明白，大学教育只是一个开始，远远不是结束。培根说过："读史使人明智，读诗使人聪慧，演算使人精密，哲学使人深刻，伦理学使人庄重，逻辑修辞使人善辩。"英国作家罗素在《我为何而生》里写道："对爱情的渴望、对知识的追求、对人类苦难不可遏制的同情，这三种纯洁而无比强烈的激情支配着我的一生。"首先是爱情，当然这种爱情并不仅仅指男女之间的感情，还包括对我们的父母、长辈乃至天地万物的感情。对知识的追求，显然读书是一条必由之路。我想请一个同学在黑板上板书一下"爱"的繁体字。对了，很多人不会写。我们看看，繁体字的"愛"和简化字的区别，后者少了一个心。有同学马上会说，我有心，有一颗跳动的心脏。但是生理学和医学上的心不是我们现在要讨论的。这里心应该是中国儒家传统里提倡的仁、义、礼、智、信、忠、恕、恭、敬、勇。用现代的理解就是思维、想象、情感、信念、意志、动机、毅力、悲悯等富有人文内涵的精神需求。英国作家狄更斯在《双城记》中写道："这是最好的时代，这是最坏的时代；这是智慧的时代，这是愚蠢的时代；这是信仰的时期，这是怀疑的时期；这是光明的季节，这是黑暗的季节；这是希望之春，这是失望之冬；人们面前有着各样事物，人们面前一无所有；人们正在直登天堂；人们正在直下地狱。"所以，阅读帮我们修心。读万卷书，行万里路，旨在强调读书的重要性。中国古代四书之首的《大学》写道："大学之道，在明明德，在亲民，在止于至善。"它最终还是落在了明德。要想做一名称职的语文老师，首先应该要博学宽泛，古今中外、天文地理，都要有所涉及，从我们专业的角度应该力求达到更高的标准。人的生命和精力有限，你不可能读完所有的书，要选择读经典。什么是经典呢？经典是历代先贤思想与智慧的结晶，是战胜时间的精神硕果，是滋润人类心灵荒漠的甘泉，是人不断战胜自我、超越自我、完善自我的精神力量。

首先我们要从哲学出发，西方哲学的源头是柏拉图和亚里士多德，他们的作品作为全世界的经典，我们应该去阅读。德国古典哲学的集大成者是黑格尔。而20世纪以后影响最大的是萨特和海德格尔。萨特非常出名，他获得诺贝尔奖项之后拒绝接受一切官方的荣誉。尼采是最狂妄的人，他是我的偶像，在他的作品《偶像的黄昏》中有这样一句话：精神借创伤生长，人性借创伤茂盛。他还有一句话：既然人生是一场悲剧，我们就要把它演得轰轰烈烈。他提出了一个非常伟大的学说——超人学说，人应当在精神上超越我们自己。叔本华是个悲观主义者，和尼采是截然相反的两个人。

西方文学的源头从古希腊的神话、史诗和悲剧等到中世纪但丁的《神曲》，从文艺复兴时期、古典主义时期、启蒙文学时期到浪漫主义文学、现实主义文学、现代派文学等。我从性格上最亲近的是俄罗斯文学，十九世纪七八十年代俄国批判现实主义文学达到了高峰，名家如林，名作如海，他们的作品闪耀着对人性的探索、对精神的追求和对苦难的拷问与承担。

作为一名语文教师，应该读一些语文教学专业的书籍。我今天带来的《不跪着教书》和《语文的诗意》这两本书就是很好的选择，大家看了这两本书的题目有什么看法呢？就是有主见，有自己的见解教书，但是我们很多老师站不起来，因为他没有读太多的书，肚子里没有材料，教育的活水是从哪里来，就是从经典的作品里来，然后自己思考，和学生一起成长。

我给大家推荐《理想课堂的三种境界》《青春课堂》《余映潮的中学语文教学主张》《不跪着教书》《钱梦龙与导读艺术》《韩军与新语文教育》《于漪语文教育艺术研究》，这些作者都是当代非常活跃的语文教师。于漪是一名非常优秀的教育家，她和北大的钱理群教授提倡语文的人文主义教育。苏霍姆林斯基撰有《给教师的建议》《帕夫雷什中学》等，在《育人三部曲》这本书里面讲了苏霍姆林斯基和一个摘玫瑰花的小女孩的故事，告诉我们一定要探究学生做这件事情的原因。

同学们，教学是一门艺术，教育一定要尊重生命，如果连这点都没有达到，那真的是非常失败了。所以，教育一定要有爱，我们不跪着，要站起来，成为一个大写的人、立体的人，用你的爱、你的激情去感染你的学生。我相信只要你这样做了，那么他在最绝望的时候一定会想起你的一句话、一个眼神、一次谈话或者一次握手。同时还应该涉猎一些相关的人文刊物，以及我们一些专业的语文学习期刊《语文学习》《教学与管理》《中学语文教学通讯》等了解语文教学与研究的最新动态。

书这么多，我们要怎样读呢？首先我们要有比较的眼光。以杜甫为例，中国研究杜甫都是一个套路，先介绍生平、背景、内容、定性的分析，思想主旨，包括我们的古诗鉴赏，一直都是这样，这其实是一个怪圈。如果把我们的眼光放长远，美国汉学家宇文所安，他写了很多研究中国古典文学的书，在《盛唐诗》里面，他对杜甫的研究就和中国不一样，比如说："杜甫是律诗的文体大师，社会批评的诗人，自我表现的诗人，幽默随便的智者，帝国秩序的颂扬者，日常生活的诗人，及虚幻想像的诗人。他比同时代任何诗人更自由地运用口语和日常表达；他最大胆地试用了稠密修饰的诗歌语言；他是最博学的诗人，大量运用深奥的典故成语，并感受到语言的历史性。"他里面有很多类似的语言，可以明显看出与中国研究杜甫的不一样。另一个重要的作家就是汉学家洪业，他的《杜甫：中国最伟大的诗人》中开头就说到："中国八世纪的诗人杜甫，作为中国的维吉尔、贺拉斯、奥维德、莎士比亚、弥尔顿、彭斯、华兹华斯、贝朗瑞、雨果及波德莱尔，被介绍给西方。"他的定性就不一样，他把杜甫和欧洲伟大的诗人并肩，是很了不起的。为何杜甫会被比作这么多不同类型的诗人，简单地说就是杜甫不能被视为他们中的任何一位，杜甫是独一无二的。另外就是我国的叶嘉莹先生，她是一位值得敬佩的学者，她对杜甫的感悟又有所不同："他真能在诗歌中传发出一种感发、激励的生命，那种生命是最真实的，最纯真的，用自己的一生去实践的生命。"举杜甫的几个例子，主要就是想要大家明白，假如你对一个作家或诗人感兴趣的话，在教学过程中，你一定要收集他各个方面的有价值的材料，三到四年之后，你一定会成为这方面的专家。杜甫的《茅屋为秋风所破歌》这首诗，按照一般的教学过程，就是读、背诵，介绍写作背景、翻译等等，但是仅仅停留在这个层面是不够的，学生没有走进杜甫的心灵与精神世界。那么我在教学中就让学生们尝试改写，强调改写中一定要注意细节，包括他的动作、环境和心理，其中一位同学改写的文章还发表在《内江日报》文艺副刊上了。

我们不能只知道读，还要走进作家的心灵世界，读出感动。大家都已经读了十多年的书，那么给你们印象最深刻、最感动的是哪篇文章呢？朱自清的《背影》最令人感动的部分就是父亲买橘的那一部分，里面的"蹒跚"就是非常好的一个词。我现在不需要你解释这个词，请你上来用肢体语言把这个词演绎出来。（一名男生主动上台，演绎得很形象）。

如果你在读作品时内心真的受到了感动，那么你一定要把感动传递给你的学生，从而引起学生的共鸣。如果一个没有感情的人来讲如此感人的文章，那简直就是一种亵渎，所以作为语文教师一定要有丰富的感情。

俗话说：读万卷书，行万里路。仅仅是读书还是不行，还应该到处走走。我年轻的时候喜欢到处漂泊。我1989年的时候到了敦煌莫高窟，去那儿的原因就是"大漠孤烟直，长河落日圆"这句诗打动了我。我去敦煌这段经历非常具有传奇色彩，那时候从成都去乌鲁木齐坐火车要走7天7夜，当时我还坐的硬座，脚都给坐肿了。之后还去了很多地方，包括喀什、长城、三星堆、苏州、杭州、甘孜藏区、大凉山等等，都给了我很大的感动。

读书之外，还要热爱写作，写作的方式有很多种，有的时候很多老师要写下水作文，如果作为一名老师你都对写作的要求一窍不通，那么你怎么去教学生呢？所以我们一定要热爱写作。

刚刚我们讲到了浪漫主义，其实浪漫主义有一个先驱叫荷尔德林。他的一生很悲哀，但是他写了一首伟大的诗篇——《人，诗意地栖居》，"当生命充满艰辛，人或许会仰天倾诉：我就欲如此这般？诚然，只要良善纯真尚与心灵同在，人就会不再尤怨地用神性度测自身，神莫测而不可知？神如苍天彰明较著。我宁愿相信后者，神本人的尺规，劬劳功烈，然而诗意地，人栖居在大地上。"这诗歌的影响很大，因为现实生活是充满苦难的，但仍然要战胜苦难、超越苦难。大家都知道梵高，我有一个朋友有一本梵高传记，当年我向他借，他拒绝了，我想不通，后来有机会买这本书，我一口气买了3本，送了两本给学生，自己留下一本，后来我也理解了朋友对梵高的热爱。我们都知道梵高疯了之后把耳朵割掉了，但是在传记之中我们仍然可以看出他渴望生活，我在了解他之后写下了《阿尔的太阳》这一首诗读给学生听。

海子是一个天才，他15岁就考上了北京大学，虽然他卧轨自杀了，但是他的作品仍然被我们认可，每年的3月26号都要举行海子诗歌纪念会。我当时在讲海子诗歌的时候有感而发，写下了一首诗，《阴暗的初冬，听学生读海子的诗》：

> 阴暗的初冬
> 宽大空阔的教室里
> 学生们诵读《面朝大海，春暖花开》
> 阳光切开
> 词语包裹的血肉
> 袒露赤子情怀
> 被你祝福的高山
> 依然挺立着无言的悲伤与辛酸
> 被你讴歌的河流
> 依然流淌着墓园的荒凉与肃杀
> 明天的幸福
> 何时才停止你风中飘零的乱发
> 鼓起涂满鲜血的帆船
> 向遥远的家园返航
>
> 我渐渐放慢思想的速度
> 那些被悲怜情怀
> 烙满伤痕的脸庞
> 久久滋润风雨飘摇中的微弱灯火
> 被所有的幻想拒绝后
> 真实的苦难
> 在麦地静静吐穗
> 千百黄昏集聚起尖锐的锋刃
> 把你饱满的伤痛馈赠给饥饿的麦粒
>
> 走出教室
> 初冬的阳光洒满大地
> 温暖着你永远孤寂的灵魂

《海子的诗》海子 著，
人民文学出版社，1995 年版

有一次讲《赤壁赋》有个学生就问我：老师，我可不可以不学这篇文章，反正不考？我就说："可以，但是学这篇文章仅仅是为了考试吗？你读读开头几句有什么感觉？"他读完之后说有点飘飘欲仙的感觉，我说这就对了。但苏东坡之所以成为一代大师，不仅仅景物写得好，还有他旷达的人生境界："逝者如斯，而未尝往也；盈虚者如彼，而卒莫消长也。盖将自其变者而观之，则天地曾不能以一瞬；自其不变者而观之，则物与我皆无尽也，而又何羡乎？且夫天地之间，物各有主，苟非吾之所有，虽一毫而莫取。惟江上之清风，与山间之明月，耳得之而为声，目遇之而成色，取之无禁，用之不竭，是造物者之无尽藏也，而吾与子之所共适。"所以，中国古典文学传达的更多的是人文的智慧与情怀，正是要通过读这些文章来提醒何处安顿我们的心灵。

作为一名老师，我最为关注的是两种学生：一种是特别活泼的，一种则是坐在角落里的。我们班有一个凉山的女生，一眼看过去仿佛就经历了很多事情，不爱说话，非常内向。有一堂课，我认为是个非常好的机会，就让她的同桌写了一首赞美她的诗。里面有一句话"你是上帝赐予人间的天使，希望你未来的人生道路过得开心"。我敢说这句话拯救了一个人。演讲家尼克·胡哲回忆说，他上小学的时候所有的人把他当怪物来看。他有一次就说："如果今天还有人这样说我，我的生命就将结束。"没有想到一个女孩走过来说："嗨！你今天看起来真不错。"顿时他仿佛得到了救赎，有了活下去的勇气，后来成了一个风靡全球的励志演讲家。所以，各位如果选择了老师这个职业，就一定不要带着有色的眼镜去看学生，你的眼光一定要带着慈悲，然后你就有可能拯救他的生命和灵魂。我们不仅只关注我们的教材本身，还要关注现实，语文学习的外延与生活相等，才能更好地提高我们的人文素养，成为一个合格的人。

总而言之，我们的人文素养就是爱、浪漫、自然、敬畏、宽恕、批判、怀疑、独立的思考、对苦难的感同身受、不可遏制的同情。这些跟学校的考核毫无关系，它是自然而然形成的。学生都是非常纯洁的，你如果不对他们负责，你就愧对了他们，愧对了他们的父母，愧对了天地。

学与问（节选）

曾小珊：谢老师，您好！通过刚刚您的演讲，我们知道了您是一名非常有热情的诗人和老师，那么您在选择读书上有什么标准呢？是什么使您一直坚持读书呢？

谢银恩：好！谢谢。说到选择的标准，就是对自己有益的，自己喜欢的，只有自己愿意去读这本书我才会去触碰。另外就是坚持，坚持的话就是兴趣和热爱，喜欢读书才会一直坚持下去。

赵华香：谢老师您好，您提到了一个好老师必须要具备良好的人文素养，这让我想起了一位名家曾说过的话，"教育"应该重在"育"而不是"教"。但是从现实来看，受社会教育环境等多种因素的影响，很多教育者还是难以跳出应试教育的"壁垒"。我们作为汉语言文学专业的学生，将来很多人都可能从教，我们该如何找到二者之间的一个平衡点呢？

谢银恩：人文素养是一个真正的语文教育者的精神基础与动力。冰冻三尺非一日之寒。靠长期的积累、反思、调整、更新，与书为伴，多借鉴。不能只把教书当成谋生的手段。把语文课狭隘地理解为语文教材，把教学参考书当成唯一指南，照本宣科，这显然是目前语文教育界的问题。王国维在《人间词话》中指出词以境界为上。现代著名哲学家冯友兰把人生的境界分为四种：自然境界、功利境界、道德境界、天地境界。孔子登泰山而小天下。杜甫诗云：会当凌绝顶，一览众山小。某种意义上说，语文的境界当是教师自己带领学生一起不断登心灵之峰的过程，语文教学应该追求一种境界。应试教育是现阶段中国的教育逃不开的一环，虽然一切都得围绕着应试来进行，但并不意味着作为老师就得止步于应试。围绕着应试的文本进行讲解的同时，不仅要把文本的内容，即考试所会用到的技巧讲得清楚明白，还需要老师以身作则，率先进行合理的反思，反思文本，反思人物，反思历史背景，在老师的内心中就要先构建出对于教学文章的一个立体认识。接下来才能在课堂上通过灵活多样的角度切入文章，激活文本，为学生带来对文学立体而全面的认识，进而与文本对话。老师必须要坚持的一个原则，让学生认识到语言意味着思想，而思想伴随着一生，并且决定影响着一个人的处事态度、理想追求、优良品格、坚定意志以及崇高信仰等。实现这个原则的基础，首先便是需要老师自身对文学、对文字有一个全面的认识。与此同时也要鼓励学生对文章与教学内容进行反思与想象，要让学生自己构建自己的思想模型，并与老师的模型相互比较，体悟自我模型的可取之处与粗糙的地方，觉察到可以精进的潜力，使得这种模式不是死板的刷题、解题、答题，让学生对于语言的学习本身具有一种更加正确的导向。

黄书月：谢老师，您好！我明白了作为一名有人文素养老师的重要性，我们都知道语文学习是没有标准答案的，但是在改卷的时候还是不得不去按照标准答案来改，可是有些学生的答案又很有道理，我们也不能否定，那么您是怎样看待这两者之间的关系呢？

谢银恩：你说的现象的确是一个问题，也是我们现在作为语文老师普遍遇到的问题，这实际上是我们应试教育的一个不足的地方，因此我们只能在鼓励学生言之有理的基础上帮助学生尽可能多地拿到分数，鼓励学生发散思维，但是也要让学生明白怎样做答才能得分。

陈文婧：谢老师您好！不得不感叹：与一位好老师相遇，真幸运！请问老

师，当与学生打交道时遇到了困难是什么信念在支持着您走下去呢？教师应如何设计富有人文趣味的课堂活动呢？

谢银恩： 每接手一届新生，走进教室，平静地把每一张脸都看过一遍，那些眼神，有期待的，有羞涩的，有稚嫩的，有灵动的，有茫然的，有平静的，有麻木的，有冷漠的，有叛逆的，这些眼神是一道道无形的光，折射出这些年轻的心灵烙下的种种印痕。这是一片荒漠地带，但经过耕耘，将会成为青春的绿洲，成为我们的理想国，成为他们高中三年最宝贵的经历，这会从内心深处涌起一种激动和责任。走进心灵是困难的，但要相信精诚所至，金石为开。这是属于你的班级，学生们的理想王国，让他们习惯创造美好，铭记美好，获得自信，这是一件多么功德无量的事。虽然会出现你说过的那种情况，但是，你的身份决定了你要善于调节自己，反思自己。这种情况下，多读名人传记，尤其是艺术家、哲学家、教育家这类人文性很强的传记。比如苏格拉底、马丁·路德、加尔文、特蕾莎修女、梵高、尼采、萨特、苏霍姆林斯基、胡适、蔡元培、陶行知等，从他们身上汲取智慧和力量，并善于与学生一起分享，当然也就要思考如何设计富有人文趣味的课堂活动了，也就是有效的落到实处的课外阅读。高一年级，读史铁生《秋天的怀念》、亚米契斯《爱的教育》，海伦·凯勒《给我三天光明》，要有眉批旁注，适当写读书笔记，要控制数量，一般我会作为假期作业处理。高二，读路遥《平凡的世界》，罗曼·罗兰著、傅雷译《约翰·克利斯多夫》等。前提是你自己必须热爱阅读，热爱文学。

语文，语文，顾名思义，本意为语言文字。教科书中的经典文学篇目，从更高层次来说，只是精神路标，把你带进广阔、丰富的经典世界。一个只教教科书、不读文学著作的人是不配当语文教师的，至少是不合格的。我所敬仰的北大教授钱理群先生认为：语文教育的目的在于使人变得更美好，语文教师则承担着给予学生"精神的底子"和对语言之美的感受力。为此，语文教师需要提升自己的文化、精神素养和主动精神。上海的于漪老师也说过，教学参考书毕竟是别人的劳动，只有自己的劳动所得才是带着生活露水的鲜花，是你自己的心得，学生才容易和你交融。教出自己个性的时候，才是学生收获最大的时候。教师胸中要有一团火，在任何情况下都要朝气蓬勃，对学生有感染力、辐射力。我想当我们都这样理解语文，这样践行语文，方能对于自我与人生有一种救赎。做一名理想主义者，做一名真、善、美种子的播种者，让爱、浪漫、自然、敬畏、宽恕、批判、怀疑、独立的思考、对苦难的感同身受、不可遏制的同情等精神源泉无声地滋润学生的心田。

2016 年 4 月

内江师院中文楼 303 教室

作者简介

　　谢银恩，1967年生，诗人、评论家、民刊《存在诗刊》主要创办者之一。四川师范大学汉语言文学专业本科。中学语文高级教师。倡导并践行人文主义与大语文观，注重语文教学的文学性与情感性，落实课外文学名著的阅读与积累。教学论文《语文，回归素质教育与人文教育》获《教学与管理》杂志社第三届全国优秀论文一等奖。其中《素质教育的反思》入编中央教科所编辑出版的"全国基础教育论文"丛书。

左岸风来：去咖啡馆的路上

张亚玲／全国政协海外列席代表

> 每次坐在巴黎花神咖啡馆时，打开点单上方最先看到的是一句法语："Les chemins de la liberté passent par le Flore."这是萨特的话，一般译为"自由之路经由花神"。
>
> ——张亚玲

想不到这是我第三次来内江了。如果不是中欧商学院同学邀请我来参加泸州老窖举办的国窖开封大典，我还不知道泸州离内江这么近。我和王彤老师从初中做同学开始认识已经四十多年了，四十年来我们从未中断联系，想想都好神奇。虽然我们各自的时空变化很大，但每次通话我都能感觉到文学带给她的精神养分，让她过得有趣自在，好像我们之间并没有产生多大的距离，世上只有灵魂可以使两个生命隔空相联。没有王老师到这里教书，我一辈子不会来到这座城市，也无从认识昨天在王老师家出现的几位内江的作家和内江师院的老师，更不可能站在中文楼 303 的教室里看到一张张青春的面庞。

每个人心中都有一条塞纳河，它把我们的一颗心分作两边，左岸柔软，右岸冷硬；左岸感性，右岸理性；左岸住着我们的欲望、祈盼、挣扎和所有的爱恨嗔怒，右岸住着这个世界的规则在我们心里打下的烙印；左岸是梦境，右岸是生活。

有几位同学主动提前给我做了简单的课件，希望我简单聊聊我认识的法国巴黎。我在巴黎前后生活了快20年，回国后也保持每年回巴黎住一些日子的习惯。我熟悉那里的每一座博物馆、每一幢建筑和每一条街道……我就选择几幅画面，再聊聊咖啡文化吧。

法国巴黎协和广场

初到巴黎，有幸住在协和广场附近。协和广场一边是国会大厦，另一边是马德兰教堂。我就住在马德兰教堂后面的一条大街上。

协和广场上最为显著的建筑是拥有3400多年历史的方尖碑，是1831年埃及送给法国的礼物，来自埃及的卢克索底比斯神庙。1994年我去埃及参观这座神庙时，看到了神庙旁它的孪生兄弟——另一座一模一样的方尖碑，孤独地矗立在那里，不免有些伤感。运送法国的这座方尖碑可谓大费周折，历时三年，经过尼罗河、地中海、大西洋和塞纳河，又用时三年才将方尖碑矗立在协和广场的正中。现在人们早已经习惯它的存在，和巴黎的协和广场没有一点点违和感。

协和广场像一座历史剧的大舞台，路易十六国王和王后在这里被送上了断头台。而它的政治地位颇像我国的天安门广场，每年法国国庆都会在此广场阅兵。广场背后是卢浮宫，前面是著名的香榭丽舍大街。街的地面仍保持着建造时最初的模样，一块块带着包浆感的小石头铺成的花地，坚硬中充满了艺术感。而大街的另一头便是星形广场，广场上坐落着著名的凯旋门。12 条林荫大道从广场中心辐射延伸，像一颗明星放射出灿烂光芒，这也是星形广场的由来。

站在协和广场看向凯旋门，街道上地势的起伏会让人产生视觉起伏效果，整条街看起来像一条彩带的律动，你甚至会感觉它在动。巴黎这座城市是世界上最完美的城市之一，没有一处不带来惊喜的。

当年我在马德兰教堂后面的那条街住了四年，之所以对巴黎这么熟悉，就是因为我那四年也像你们一样每天坐地铁穿梭于整座城市求学求职。那时候二十多岁的我，几乎去过巴黎的每个大街小巷，虽然我是北京人，但是我对北京却不太熟，每次回国都感觉北京变化很大。不过巴黎两百多年都未曾改变，今天的我回去也没有一条街道是不熟悉的，这座城市不可能高楼林立，所有高层建筑都会建在城外。

我们看这幅图，巴黎圣母院之所以享誉盛名由于它是最完美的哥特式建筑之一，这里是巴黎的中心。法国任何城市都有大教堂，因为每个城市都是一个教区，每个教区都有市政府，而这个大教堂就是市政府。巴黎圣母院是所有教堂中最大的教堂，平安夜的时候这里的主教就会出来给大家做弥撒。它的前面有一个 zero kilometre（零公里）地标，是起点，巴黎的起点。罗马建筑和哥特建筑的区别就是它的恢弘气势，哥特建筑尖塔高耸，内部布满雕刻与绘画。罗马建筑最大的缺点是窗户少，所以内部光线暗，如罗马万神殿。哥特建筑内部则很敞亮，采光很好。浪漫主义小说《巴黎圣母院》作者是法国大文豪雨果，

始建于 1163 年的巴黎圣母院

令人敬仰。如果不是他精彩的文学创作，今天也不会有这么多游客出现在这里。这是我参观雨果故居的图片，他家里有很多中国的瓷器，由于被存放在箱子里看不到实物，所以将照片贴在了墙上。雨果出名很早，是一个创作丰厚但又晚年不幸的人，他的一个女儿在十九岁和丈夫同时淹死在了塞纳河，雨果的孩子也几乎都走在了他前面。

巴黎圣母院是巴黎最完美的哥特式建筑。由于坐落于巴黎，也使得其更负盛名，每年12月24日平安夜，各个教堂都会举行弥撒，而最为盛大的则属巴黎圣母院的弥撒活动。巴黎圣母院的正面由三个扇形拱门组成，每扇门上精美绝伦的雕塑都刻满了圣经故事。但于我来说，它的侧面才是最美丽的。正门出来跨过一座桥，你会发现街上全是贩卖古书的，这些古书精美且有古老巴黎的韵致。

在我和王老师的多次通话中，她都会提起每年给学生们讲《巴黎圣母院》，每当说起雨果对巴黎圣母院建筑的描述长达30多页时，她说都会有一种观赏石头交响乐的感觉。当她第一次和朋友来巴黎旅游时，我正在巴黎度假，我俩约定在巴黎圣母院对面的莎士比亚书店见面，那是很有意义的一天，我还和她在巴黎圣母院的侧面留影纪念。

2016年8月，本书作者和张亚玲（左）摄于损毁前的巴黎圣母院。这座哥特式建筑背面高达90多米的的尖塔与塞纳河交相映衬

如今这个塔尖已经在大火中焚毁了，正在修复中。

你们看这幅照片，在这座埃菲尔铁塔上面你们可能想不到会有咖啡馆吧。

巴黎有很多著名的咖啡厅，都是一些文化名人常来的地方，巴黎人都非常尊重文化人，他们从来都不是讲钱的，所以他们并不需要太丰厚的物质条件，大多数人都不是非常富裕，他们住的地方也不是很大，但是他们对精神生活有特别的追求。巴黎跟美国不同，很少有类似美国那种party，美国都是办大型party，结束了就回家了，他们讲究的是money，却很少有人与人之亲近的交往。而巴黎则是家庭与家庭之间小规模的聚会，都是长时间的交往。这就是不一样的文化，为什么我们现在这么向往美国却仍然还是怀恋着欧洲，就是那里给了我们精神上的慰藉。当然，我同学会问我"你在那儿会不会得忧郁症？"（笑）那里虽然人特别少，但思想家特别多，有一种每个人都在思考的感觉。

这里顺便谈谈礼仪话题，他们社交讲究也特别多，有很多的礼仪要求。举个例子，你从他人面前过你不说 Pardon（法语对不起）就是没教养，打个喷嚏还不说话，也是一种缺乏教养的表现。你吃饭打个嗝都是不可以的。美国也是这样，有时候你要跟他说话，他会赶快嚼了下去，咽了再与你对话。我记得当时有个中国旅游团来巴黎，因为不懂这些礼仪，吃完还无所顾虑地打饱嗝，后来法国人就说他这样是不是表示他吃得很饱啊，为什么会有这样的疑问，因为阿拉伯人就有这样的习惯，他们一旦吃得特别饱，就会以打个饱嗝的方式告诉主人自己吃得特美。（笑）从这可以看出世界的文化是多么得不同。我没有说哪个好哪个不好，但是我不是很喜欢这种。在国内有人吃饭打嗝儿、打喷嚏时不懂得顾及他人。包括在公共场合，像什么清理个人卫生的行为都是不能做的。所有自由真的是有边界的，你可能会说"我做这些跟你有什么关系"，但这影响了他人的视觉感受和心理感受。

有时法国同样有些习惯也是中国人看不了的，所以不要认为他们的表现都是好的。我刚回国的时候（我女儿到现在都如此）我们都是用盘子吃饭，吃完盘子上会有那种沙司，会用面包把盘子上的沙司抹一遍。以前周恩来总理好像就是这样，别人还因此夸赞周总理节俭，其实这是一种习惯。法国人吃完还有嗍手指的行为是中国人接受不了的，其实我也受不了，但也习惯了，因为用餐前是洗了手的。面包也是不能咬的，都是把面包掰着吃。一般把面包搁在小盘子上，面包是永远不可以搁在桌子上的。现在我跟法国的同事去饺子馆吃饺子，就问有刀叉吗？服务员说我们这饺子馆怎么会有刀叉，我就拿筷子把饺子夹成两瓣儿，一定不会咬一口吞掉。

1993 年我们中国刚开始有手机，法国也开始有了"大哥大"。当年我们公司的经理有一部手机，当我们出去办事走在大街上时，他有事的时候都不能站在马路上接听电话，要找一个门洞走进去打电话，因为当时有电话代表着有钱，街上人比较多，不能让路人看到他在用手机，因为这是一种show off（炫耀），不能够炫耀。在法国问一个人挣多少钱、有没有买房子、到人家里看房子好不好、问是买的还是租的，这是非常没有教养的，极其没有教养，他们会觉得外人不应该问这样的问题。因为在法国，物质的、金钱的东西是不能放在台面上来讲的。但当我们提到咖啡，说到咖啡馆的时候，我们的思维、思想、精神是一定要表达出来让大家知道的，这才是一种真正的教养。我说的法国文化即欧洲文化。不是因为你有钱而尊重你，你有钱只能承认你有挣钱的能力。但是如果你有独立思考的精神，有思想，懂文化，大家才会真心地尊重你，尊重你独特人格的魅力。法国是一个特别崇尚文化、尊重文化的地方。现在我们中国也开始趋于注重精神文化，大家不会因为你富有而格外尊重你，也不会因为你贫穷而忽略对你。法国的文化和美国的文化也是完全不同的。

我先生是科学家，原在法国科学院工作，职位也比较高。当别人知道他在科学院工作的时候，会因为你的水平，对你肃然起敬，不是因为职位。所有的知识分子在法国都有一个称呼叫Grosse tête，就是大脑袋，意思是这些人脑袋里装的东西比普通人多。至今他们都是一个崇尚精神、崇尚文化的民族。当然，反过来说，（有一部分原因）正是因为他们至今仍只崇尚文化精神，不崇尚利益，以致于他们现在的发展并不是很快。大家可以发现，他们来中国谈生意经常谈不下去，他们常常问为什么中国人总在说钱呢？我说因为现在的人都需要挣钱。我不做什么道德的评价，只是想告诉大家，他们现在也在进步。法国人以前不说英语，因为他们觉得法语是贵族语言。学法律的都知道法语是联合国法律里的第一书写语言，第二是英语。法语被认为是世界上最精确的语言，所有国际上的运动会，比如奥林匹克运动会播报成绩的时候先用法语，再用英语。2008年中国举办的奥运会也一样，这已经成为了一种国际惯例。法语被公认为是世界上最严谨的一种语言，是全东欧和西欧宫廷里使用的语言。连俄罗斯宫廷里的人全是说法语的。宫廷里如果有人不会说法语，那这个人会被视为没有文化，就像早年时的知识分子不会说拉丁语一样，那这个人根本不能称其为知识分子，这是一个道理。英国的黛安娜王妃虽然很喜欢巴黎，却不会说法语，但是她的丈夫查尔斯王子、伊丽莎白女王到了法国都是说法语，而且说得比法国人还要好，因为他们说的都是贵族间的法语，而且在宫廷里彼此也是用法语对话。因此法国人还是有他们骄傲的资本。但是现在的法国，甚至整个西欧确实在走下坡路，未来怎么样，谁也不知道。

我们再谈谈左岸的咖啡文化。在巴黎的人不知道咖啡馆是什么，基本上可以断定他没有文化。在左岸，所有的文化都在咖啡馆中进行讨论。或许是因为喝咖啡价钱便宜，从以前的7法郎到如今的1欧元左右，但你却可以在其间待上一整天。

巴黎左岸以前全是大学，人少且荒凉。被称为法国"太阳王"的路易十四是特别爱秀的一个人。他崇尚文化，喜欢艺术，当郊外的凡尔赛宫建成后，路易十四迁居于此，因为那里足够奢华宽绰，皇亲贵族在那里举办舞会、宴席。左岸成了从巴黎中心去凡尔赛宫的必经之路，这个时候左岸便慢慢发展起来。如果你在法国听到Grosse tête（大脑袋），就是指左岸的人；Petite tête（小脑袋），就是指右岸的人，这也是法国人对文化的一种尊重。

左岸咖啡馆的装饰都较为古朴，而右岸的咖啡馆则恰似皇宫。左岸咖啡馆门口的人都坐得很挤，我们不习惯人跟人很远。而在中国，大家习惯进入包间吃饭，那么这无异于在家里吃饭，为什么要跑到外边进人家包间吃饭呢？这是刚回国的我所不能理解的。在国外没有包间的概念，人之所以出去吃饭，是为了可以和更多的人接触。国外因为人少，当你突然想到一个地方聚集，肯定是希望看到更多的人。我所有的文章都是在咖啡馆里完成的。我的先生在北京只去798艺术区，那儿有很多艺术家建的咖啡馆。现在但凡要想写点什么，都会开上一个多小时的车去那儿写，朋友都奇怪为什么我每周都会去那儿写文章。其实这是一种感觉，虽然你在人群里，但你会有一个安静的世界。

对巴黎人来说，咖啡不只是一种饮品，更含有丰富的文化内涵。自从三百多年前巴黎第一家咖啡馆普洛柯普咖啡馆开张以来，咖啡馆就与巴黎人形影相随，是可以让他们冷静观市的岛屿，一种另类的精神栖居高地。在18世纪那些天花板及墙壁都被烟火熏得黑乎乎的小咖啡馆里，有人组织艺术家协会，有人撰写小说、诗歌或编辑期刊，一时浓郁醇厚的咖啡刺激着艺术家的创作灵感和神经的亢奋。伏尔泰、卢梭、狄德罗等启蒙思想家在咖啡馆里的聚会，酝酿了那一场影响世界历史进程的思想风暴。到19世纪，巴黎的咖啡馆增长到4000余家，当时有名的咖啡馆都聚集在塞纳河左岸，如花神咖啡馆和双偶咖啡馆都很有名气，除了萨特和波伏娃，还有毕加索、海明威、茨威格和布莱希特等文化名人与社会名流纷纷在此聚会碰撞。所以每年工作再忙，我都尽量抽时间回到法国，感觉去咖啡馆坐一坐是一种时光穿越，是一次精神吸氧。每次坐在巴黎花神咖啡馆时，打开点单上方最先看到的是一句法语："Les chemins de la liberté passent par le Flore."这是萨特的话，一般译为"自由之路经由花神"。我理解萨特之意是他的自由思想大多源于当年他和波伏娃在幽静的花神咖啡馆时诞生的——那源源不断的思绪和如有神助的写作。

坐在巴黎咖啡馆的门外，人虽然很挤，但都非常安静，要么说话声音很小，要么不说话，每个人都是放低声音跟周围人讲话，如果稍微声音大一点可能就会有人提醒。来自世界各国的人从咖啡馆的门前路过，你可以看到很多的风景。香榭丽舍大街上遍布咖啡馆，没有咖啡馆的街道都是不完整的，每个咖啡馆都设有室外座位。我经常会在香榭丽大街上从中午坐到晚上，有时候一杯咖啡一本书，有时候没有书就看看街上的风景，默默思考，也很享受。

现在这些左岸、右岸之类的名词，已经不是一个天天挂在嘴上的概念了，却仍然是知识分子的一个骄傲。现在，"左岸"在全世界成为了一个时髦的词汇，在美国也一样，北京到处都有左岸一词，各国都有左岸咖啡馆。"左岸"似乎意味着一种不一样的优雅和精神。似乎人们已经把"左岸"变成了一种品位的象征。

法国崇尚文化但更崇尚自由。大家知道自由的定义是什么？我是学法律的，法律一定会讲什么是自由。每个人对自由的定义都不同，我比较欣赏的一个解释是：自由不是你想干什么就干什么，而是你不想干什么你就可以不干什么。另外，自由是有边界的，是在不影响别人的状态下属于自己的自由。萨特和波伏娃的自由是没有任何人给他们做评价的，他们是一对特殊的情侣。既生活在一起，每个人又都有自己的节奏，但没有人因为他们的这种自由、这种状态来随意评价他们。我可以按照我的意志去生活，但是我不会影响别人。在法国街上，别人和你打招呼可以不理，你只要不理他，他就会离开。他和你打招呼是他的自由，你不理他是你的自由，他如果再纠缠你那就不是他的自由了。所以人们是在这样一种状态下生活，不干预任何人的私生活，也不做评价，这也是一种咖啡馆的文化。人们不会因为有人着奇装异服坐在那里而去看一眼，抬头刻意地看一眼都是不礼貌的，所有的这些都会让你在咖啡馆觉得很自在。在法国是不可以大声说话的，法国人从小就没有放开过声音，这也是一种有教养的体现。如果你在咖啡馆或餐厅里大声说话，这都是没有教养的表现，法国人有自己的行为规则。大家会一边畅谈思想，一边慢悠悠地吃饭。在自己家请客也是一样，上菜的时候大家都会聊天，聊的都是精神。不会有人聊薪资方面的，那种聊天我们叫商务会谈，是最无聊的一种状态。

法国人很讲究出去旅行，因为他们国家比较小。巴黎人也非常喜欢看书，不管在哪里，你都会发现大家在抱着书看，在法国很少有人一直拿着手机看，他们都是抱着书籍或报纸，手机都是用来打电话、查资料的。虽然年轻人现在看手机的越来越多，但是在汽车、地铁仍然可以看见很多人手里拿着书。据我了解，他们的阅读量是非常大的。

我先生是全国政协委员、中科院高能物理研究所的科学家，他写过一篇文章《科学与咖啡》，大家可以上网搜一下，他对咖啡的理解更绝对一些。我拿研究所举个例子吧，像欧洲的核子研究中心，那个地方的科学家发明了万维网，也就是我们现在使用的网页、网站。因为科学家们发现，为了调集资料需要查看很多台电脑，而每一台电脑上都要读取不同的数据，万维网的发明则把所有东西整合在了一起。我们现在运用的很多东西都是基本粒子物理的研究。就像在不同的电脑上查东西很复杂，所以就发明了可将资料整合在一起的万维网，这就属于一个小网络。他们认为咖啡馆就是这样一个连接体，把人都聚集在一起，科学家们在那儿讨论问题就像无数个点，组成了一个小网络一样。大家认为咖啡本身是一种兴奋剂，很多创意来自咖啡。就像有的人不抽烟就没有写东西的灵感一样，这是一种化学因素。

我先生之前问他学生如果要新建一个研究所最重要的是什么，他学生回答的是咖啡馆。现在他们研究所里有两个咖啡馆，大家都很感谢他，因为现在一有什么事，大家都去咖啡馆里讨论，既轻松，又可以碰撞出思想的火花。

王彤老师家的书房对我来说就是一个"咖啡馆"，是精神、文化、艺术、思想可以相互碰撞的地方，不需要豪华大气，反而越小越舒心。如果你们以后走出国门，不管去哪儿，咖啡馆、艺术博物馆和教堂是一定要去的地方，这样你会更加了解他们的文化。

学与问（节选）

李靓：张老师您好，我是来自文学院的学生。从老师的讲述中我们可以感受到巴黎的咖啡馆不仅是饮品店，更是人与人之间的集散地，它将所有人聚集在一起交流讨论，带给人创作和灵感。而我们中国同样也有历史沉淀下来的茶文化，老师您觉得这两种文化之间的区别是什么呢？

张亚玲：这真是一个贴切的对比，这两种文化异曲同工。茶人相聚充满内敛禅意，以茶会友，修身养性，茶文化博大精深，品茶是中国人的一种生活方式。而早年左岸的咖啡馆却是文人口诛笔伐、唇枪舌剑、抒发个人观点的地方。大文豪、政治家、哲学家、音乐家多汇于此。当然，现在的左岸咖啡馆已经不是当年那番景象了。

余梦：张老师您好！您谈到的充满文化气质与格调的咖啡馆的文化场所，我特别向往，但也感觉到自己读的书太少，想要不断提升自己的文化储备。您认为当代大学生应当如何增加自身文化的厚度？

张亚玲：只有毫无倦怠地思考和读书。读书而不思考就如同被砸成碎片的镜子，或者断了链子的珠子项链，不成体系又无法连接。不思考的读书就像穿肠而过的果壳，没有给身心带来任何养分。

龙宇：张老师您好，我非常向往法国的那种优雅和浪漫，却又不得不困在生活的繁琐和贫乏中，在这样一个到处都是浮躁的社会里，挣扎在生活中的普通人要如何在宁静中达到自己的左岸呢？

张亚玲：但凡人都会在茶米油盐、一地鸡毛中度过自己的日常生活，这是生活本身的真象。不要抱有幻想谁会生活在真正的优雅浪漫中，我们眼睛看到的都是外相。其实如何在浮躁中生活得如童话一般那就是靠内在的修炼。罗曼·罗兰说过一段话：世界上只有一种英雄主义，那就是看清生活的真相并且还能够热爱它。我想这是真正的优雅浪漫，它来自我们内心，与外界无关。

2019 年 10 月
内江师院中文楼 303 教室

作者简介

　　张亚玲，职业经理人。现任上市公司深圳市同益实业股份有限公司董事，总经理。原美国SONOS中国创始人董事、首席代表，爱可视亚洲董事总经理。全国政协海外列席代表。1985—1989年任中国政法大学教师。兼任深圳外商投资企业协会副会长、深圳商业联合会副会长、财富百人协会副会长、青年才俊协会总主席。

莱茵河畔的音符：德国艺术家故居寻访

王　彤 / 内江师范学院文学院教授

> 一个普通艺术家可以选择一个城市，但一位杰出的艺术家早已被城市选择，并成为弥漫整个城市的人文气场与文化符号。
>
> ——王　彤

对从未到访的德国向来心存十问：

为什么世界音乐家前十名大部分都是德奥人？

为什么世界音乐之父出现在德国？

为什么巴赫的大提琴无伴奏曲如此摄人心魄？

为什么听着巴赫的音乐有时会想到中国的老子？

为什么爱因斯坦说"什么是死亡？意味着不能再听莫扎特音乐了"？

为什么上帝让音乐家贝多芬成为聋子？他出生在哪里？又消逝在哪里？

为什么歌德的《浮士德》写了60多年？

为什么魏玛小城的艺术浓度如此之大？

为什么德意志文化的抽象虚无和具象务实如此对立统一？

为什么德意志文化的美德修炼如此影响深远？

一、难以定义的德意志

弗里德里希·尼采说到"德国人的典型特征是，他们对'什么是德国人'这个问题的追问永无止境"。

法国艺术家罗丹写过一本关于哥特式大教堂的专著，提到哥特式确实源于法国，但将这种风格比拟德国人依然很容易引起共鸣："在法国它可能有更完美的表现方法，对我们来说，却是世界上再也没有比德国这样的国家更适用哥特式：它既深沉稳重又轻巧挺拔，既混沌幽暗又明快和谐，既植根于尘世又富于幻想，就和德国人精神的表现形式一样。"

在我印象中，目前世界上除了"雅典"翻译得如此贴切（指希腊人卓越完善的追求），可能就是"德意志"（Deutschland）的译音了，最能体现出德国人精神气质的命名。它主要是指土地和祖国，属于民族融合范畴。而"德国"却可指政治上的国家形态，属于国家政治范畴。在一个统一的民族国家中，"国土"和"国家"基本是相一致的，甚至可以彼此互换。在我们的观念中，中国理所当然代表中华民族的国土和国家，但对一个长期处于民族融合和长期政治分裂过程的德意志人来说，"国土"和"国家"是不一致的，而且是相互分离的。1830年大文豪歌德痛苦地说："我们没有一个城市，甚至没有一块地方可以使我们坚定地指出：这就是德国！如果我们在维也纳这样问，答案是：这就是奥地利！如果我们在柏林这样问，答案是：这里是普鲁士！"同时代的奥地利首相梅特涅也有一个德意志民族的说法，"德意志"不过是一个地理概念。只有到了1871年俾斯麦统一德国后，德意志才真正包含了国土和国家一致的含义，把德意志翻译成"德国"才名实相符。

埃里希·黑勒尔说到"在两次世界大战中战败的德国，却好像已经入侵了思想世界的绝大部分领土"。

"美国和英国说的是英语，但他们很清楚他们在用德语思考。"彼得·沃森说。

诱人思考而又纷乱的文化谜团，真是难以定义的德意志。

2017年暑假，读博的女儿打电话说她已获准九月赴德国访学。期待的游历机会来了！从秋天开始掉下第一片落叶时，我便开始整理寒假赴德国游学的行囊了。一场期待已久的精神远游！

一个月的时间一口气匆匆游览了欧洲八个国家17个城市，包括到过德国的8个城市：斯图加特、科隆、乌尔姆、波恩、慕尼黑、莱比锡、魏玛、海德堡和法兰克福。

今天是开学第一课，在此先和大家分享几位德国文学艺术家故居寻访的经历，他们分别是莱比锡的世界音乐之父巴赫、波恩的浪漫主义音乐家贝多芬和魏玛的德国文学大师歌德、席勒等。

二、莱比锡的巴赫博物馆：托马斯教堂的"音乐之父"

这次出行我们临时居住德国霍恩海姆大学所在的斯图加特市，几乎每天都会在街头遇到拉小提琴的青年男女，他们气质出众，琴艺娴熟，至少是音乐学院的水准。我和女儿到德国第二天就购票去一个剧场的莫扎特厅聆听了一场德国室内音乐会，票价不贵，成人票17欧，学生票才9欧，这是常见的德国大众消费的小型音乐会。会场气氛典雅、庄重、安静，没人走动，没人掏出手机拍照，只有静静聆听，莫扎特、舒伯特、勃拉姆斯……台上古典音乐的旋律和演奏水准足以将人们带入轻柔又深邃的时间隧道。音乐会结束乘地铁路上，一位和我们拿着同样节目单的白胡子老先生一路凝神冥思，他仿佛依旧被刚才音乐会的旋律紧紧裹挟，陷入一种莫名的萦绕，一种难以描述的精神冲动，一种不确定性的生命召唤，我有同感。坐在地铁里，这种音乐流动性的状态很像我们人生之旅的忽明忽暗，令人有一种扑朔迷离的着迷。遂想起十年前在一个书店买书，走进去，一段

莱比锡的巴赫雕塑　王彤 摄

大提琴旋律传来，突然觉得脚下不能动了，屏住呼吸，被牵引着，吸附着，带着向前，向上攀升，好像进入一个无人所及的藏身之地……后来得知这首音乐是巴赫的无伴奏大提琴组曲。

托马斯·曼曾说过"非德国人能成为音乐家吗？"这句话背后包含着德国音乐的神秘，又让很多音乐家遇见巴赫音乐后身不由己地沦陷。

中国的朱晓玫女士旅居巴黎35年成为享誉世界的华裔钢琴家，她一直痴迷巴赫音乐。有一次她接受采访，记者问她如果上帝存在的话，你最大的心愿是什么？她不假思索地回答："我希望上帝介绍我认识巴赫，和巴赫有一场对话。"2014年，她成为了全世界第一位应邀在莱比锡托马斯教堂巴赫墓前独奏的音乐家。那一天，她和在场的所有人都忘记了时间，这是一场神交已久的世间相遇。

为什么世界音乐之父在德国诞生？为什么在德国出现了很多世界一流的音乐家和作品，比如说巴赫、莫扎特、贝多芬、舒曼、门德尔松、勃拉姆斯还有李斯特等等？莫非音乐是德国人的食粮？为什么全世界音乐家都愿意到访德国？为什么朱晓玫女士说中国人能听懂巴赫？

莱比锡是德国最东部萨克森州的第一大城。一走出莱比锡（Lepizz）中央火车站，就看到了距此不过一公里、高142米的地标性建筑——莱比锡大学的主体大楼。我们从大学主楼西行就到了托马斯教堂，教堂门前耸立着巴赫的铜像，教堂对面就是著名的巴赫博物馆。我们走到门口，一群德国小学生由一个老师引领、踩着欢快的步子从里面参观出来，何其幸运，童年遇见巴赫便是最高雅的艺术浸润。我肯定来晚了，过了天命之年，但总算幸运，还是有机会来了。

巴赫博物馆有非常方便的中文语音导览，展厅两层楼，分别陈列着巴赫世家音乐家族谱系、巴赫家族走访演出路线图表、珍贵的巴赫乐谱手稿等，尤其巴洛克时期的各种丰富乐器摆放了几个展厅，包括羽管键琴、管风琴、小提琴、大提

琴等。现代游客可以随手按提示键播放眼前一种乐器在巴赫音乐作品中的旋律。在音乐视听室，有舒适的沙发让人可一边休息一边戴上耳机静静地享受巴赫音符。

巴赫1685年出生于爱森纳赫一个人丁兴旺的音乐世家。父亲从小就教他演奏小提琴和羽管键琴，并且很早就参加路德教会的唱诗班，他的男童女高音声极美（在变声前巴赫一直唱这个声部）。10岁时他丧怙失恃，投靠比他年长14岁的长兄，后者在奥德鲁夫的主教堂当管风琴师。从15岁开始他独立谋生，靠音乐养活自己。在吕讷堡学校的图书馆收藏着大量管风琴谱，他读谱、抄谱、奏琴，既请教本地的管风琴名家，又数次到汉堡等地聆听管风琴权威的演奏。从18岁开始，他就出道在魏玛和科藤的宫廷或教堂任乐师或乐长，也在阿恩施塔特、米尔豪森以及莱比锡教堂担任管风琴师或音乐主

巴赫手稿　王彤 摄

管。他是托马斯学校的乐监，为此要承担繁重的教学任务（音乐课、拉丁文等课程），莱比锡城一共有四个教堂，其余三个教堂所需的宗教音乐也通通由巴赫负责。莱比锡重大的婚丧嫁娶凡需音乐的活动也少不了巴赫的身影，做这些事额外的报酬——这对于经济拮据、人口众多的巴赫家来说确是雪中送炭。巴赫的前后两任妻子一共为他生育了20个孩子。22岁时与表妹结婚，育有8个孩子。巴赫与第二任妻子在莱比锡一共生了12个孩子。当巴赫为几个大孩子的出嫁、谋取职位的事而操心时，几个最小的孩子才刚呱呱坠地，故而有人开玩笑说，巴赫的音乐传世之作是伴随着婴儿的啼声而诞生的。20个孩子中诞生了两个优秀作曲家，第三个儿子被誉为"汉堡"的巴赫，最小的儿子被誉为"英国"的巴赫，由洛可可开启了音乐的古典时代，他们与海顿一起又影响了莫扎特。

巴赫博物馆对面的托马斯教堂至今都是巴赫音乐奉献的见证者。作为教堂的音乐主事，巴赫在莱比锡一共写了二百多首宗教康塔塔（Cantata），一年52个星期，从数量看已足够四年使用而不重复了。大家熟悉的巴赫所作《B小调弥撒》《马太受难曲》《约翰受难曲》《圣诞节清唱剧》等都达到了宗教音乐的最高水准，正是巴赫赋予了德国音乐至高无上的地位，使德国音乐从此高踞于各国音乐之上。巴赫的名字Bach，在德语里是小溪的意思。据说，当贝多芬第一次听到巴赫的音乐时说："这哪是小溪（bach）啊，这明明是大海呀！"巴赫享年65岁的一生，完全奉献给了音乐，作品已超过一千首，莱比锡时期的巴赫作品无疑达到了他音乐生涯的顶峰。他回顾一生曾感慨地说过："如果谁像我那样下过如此这番的苦功，那么他也会达到像我一样的境界。"

应该说如果欧洲没有宗教就没有今天我们听到的哥特式教堂传出的音乐。教

堂带给人的不在于寻索，乃在于静候。正如法国艺术家罗丹所说："人们从大教堂带走的记忆，使人不由得不肃穆；正是在这种肃静里，灵魂才能体验无上的欣慰和思想的快乐。"听着巴赫为教堂所做的宗教音乐，恍惚置身于几天前我们刚刚走出科隆火车站就抬头撞见的集宏伟与细腻于一身的科隆大教堂（它与巴黎圣母院大教堂和圣彼得大教堂并称为欧洲三大宗教建筑）。令人震撼的双座高塔直入苍穹，157米高，无处不在的精雕细琢、栩栩如生的宗教石刻，耗费600余年，由16万吨石头堆积而成，如石笋般林立，仿佛至今爬满了巴赫的音符，回旋缥缈的宗教旋律将灵魂引领入天，表达着人与上帝沟通的渴望。传说当年舒曼进入科隆大教堂即震慑于其气势，从而萌发了创作《莱茵交响曲》的意念。华裔钢琴家朱晓玫女士也强调说，比起那些新建造的音乐厅舞台，她更喜欢在几十人的小场地演出，而教堂是最适合演奏巴赫的场所，她说："巴赫的音乐就是教堂的产物……教堂是给人们祷告的地方，很安静。我一走进教堂，就会不知不觉感受这种静的气氛，这对我帮助很大。我大概已经在25个国家的200多个教堂弹过《哥德堡变奏曲》。听过古尔德手里流淌的巴赫音符总有一种父辈般的怀抱，温暖，宽厚，慈悲。"

终于渐渐明白音乐之父一直就是爱的福音传播者。教堂建筑和宗教音乐并不在于描绘任何的东西，它似乎有一个通往神圣之域的世界，巴赫的音乐渐渐给人建造起了无形的教堂。记得但丁《神曲》提到"我在一座昏暗的森林之中醒悟过来"，他的苏醒之地是在繁复而幽暗的黑森林。其实，我们每一个人都有一种可能会被遣送到生命的昏暗中。命运往往通过人的迷失来促成我们的觉醒，因为只有在黑色的森林里，在歧路丛生或者无路可走的时候，才会逼迫我们真正思索生命的去向。人因迷失而后得路，因困惑而后获解，因混沌而后得以澄澈。

当天晚上，我们住在了特别预订的莱比锡巴赫大街的一家旅馆。第二天早晨，正好收到好友老杨的微信，他说昨晚从上海出差来成都了，从都江堰青城山一个人下山，万籁俱寂，非常享受，仰望苍穹，想起了两个人，一个是东方的老子，一个是西方的巴赫。或许只有巴赫看似"味无味"的旋律里才能叠影着老子"万物并作，吾以观复"的非常之道。

三、波恩巷20号：贝多芬诞生的地方

坐在去波恩的火车上，一路自动脑补着贝多芬《田园交响曲》《英雄交响曲》《第九交响曲》等，一种终于快要抵达的幸福。

曾经做过几十年西德大国首都的波恩几乎没有高大的建筑标志，东西德统一

后剩下的最大荣耀可能就是贝多芬狭小的故居和贝多芬广场的雕像了。从明斯特教堂走出来就能迎面看到表情凝重而又激昂的贝多芬雕像，远远看去好像遇见了一个背负人类命运十字架的"耶稣"，那边传来那本尼采自传的画外音：瞧，他来了！贝多芬能弹奏出惊人的琴声时还十分年幼，这座城市已开始提醒催促孩子到维也纳去了。贝多芬走了，维也纳有了大师，而贝多芬却长久地将波恩的花环戴在自己身上。

波恩巷20号，一个普通的没有明显标识的粉色房子。游客稍不留神就可能错过的一个绿色大门口。轻轻推开音乐家的门，安静的故居小院，摆放着一把绿色长椅。故居分楼上楼下两层，房间小巧紧凑，贝多芬雕像、画像、同时代的各种乐器和贝多芬乐谱手稿，简洁，素朴，别致，仿佛几个大小房间的角落都藏着贝多芬不安的音符。或许贝多芬异常敏感的内耳和听觉中枢，由于工作紧张和劳累而充血肿胀。罗曼罗兰在《贝多芬：伟大的创造性年代》有一段描述，从1799年起，他为了掩饰失聪，已经躲避一切社交活动。在剧院里他要挨近管弦乐队就坐，才能跟得上演

贝多芬故居位于波恩巷 20 号
王彤 摄

员的表演。他说，离开远一点儿，就听不见器乐和声乐的高音。如果轻声说话，就几乎听不见……到1801年，陷入全聋的黑夜里。这一方面是他跟外界隔绝，一方面又是他的听觉中枢持续停留于兴奋状态，导致他有时高度专注于感受到的音乐震荡和嗡鸣。当看到展柜里他当年用过的笨重助听器时，中文语音导览器即时播放了从较为清晰、逐渐模糊到几乎混浊不清、渐行渐远的三段贝多芬音乐，那是贝多芬失聪后的阵阵痛楚和疯狂痴迷。

1824年《第九交响曲》在维也纳首演之时，贝多芬已经近乎全聋，他坐在乐队之中，手持总谱，试图跟着音乐进行，当巨作演出完毕，全场欢呼雷动，如醉如狂，而他竟然充耳不闻，是合唱队的一位歌唱家拉着他的手，让他转过身来面对全场站立向他致敬的观众，人们无不像触电似地感到震惊，听众们同情和仰慕的心情像火山一样爆发出来，深刻感受到了这一切的贝多芬一下子热泪盈眶，无所适从。柏辽兹曾说，贝多芬可以就此死而无憾。瓦格纳说，贝多芬之后，在交响乐领域不可能有什么任何新的和重要的作为了。爱乐者们也往往在《第九交响曲》发出最后一丝音后，感到了一种难以忍受的真空，那是声音的真空，音乐的真空，精神活动的真空。他的《第九交响曲》是将人类战胜自己、超越自己、对世界大同和普世价值的一种呼吁，他使音乐变成了自己内心的追索，让人类生命

变成越来越壮丽的过程。同时贝多芬使音乐变成了德国哲学诗意的体现。如同席勒所说："英雄之所以为英雄，在于他们对痛苦的感觉最强烈、最深刻，但不至于被痛苦所压抑。"傅雷先生也说过："赤子孤独了，会创造一个世界。"

孤独的贝多芬没有家庭，他却创造了一个关于人类大家庭的世界。

如果说巴赫的音乐魅力在于献给上帝，用音乐记录上帝创造的神性之美，那么贝多芬的伟大之处在于他使音乐成为丰富的心灵记录，将音乐拉回人间，表达凡人的内心冲突，对幸福的渴望，意志的希冀，能感动每一个凡人，启发每一个人的精神丰富性。

走出故居顿时觉得狭窄的房间有了一种英雄的澎湃与壮阔。在准备购买贝多芬纪念品时候，热情的故居工作人员一看我们是远道而来的中国人很高兴，主动用英语提醒我们如果有时间，可以走过一条街去拜谒贝多芬家族的墓地。因为想到出国前有一个热爱贝多芬的学生李至特意委托，即使贝多芬在维也纳去世，也希望老师有机会替他献上一束鲜花。女儿和我在空旷寂静的波恩墓园里徘徊了一个

歌德故居让魏玛小城有了不同寻常的艺术浓度
王彤 摄

小时，意外发现舒曼和克拉拉的合墓，深躬致敬。终于在一个角落里发现了，仿佛搏斗了一生的贝多芬从墓碑上的字母Beethoven依然向世人传递出光亮的音符。此时天色已晚，周围没有任何的花店。于是，俯身捡起一片梧桐落叶，写下一句"向为音乐而生的英雄致敬——李至敬上"。当拍下这组照片微信发给国内学生李至时，他第二天看到时正乘出租车在返回学校的路上。他看到自己名字能和英雄同框的照片，顿时热泪盈眶。一旁的司机不解地问，小伙子怎么哭了？他掩饰说，没事，有点发热。他抑制不住地将来自波恩的珍贵照片发到了朋友圈。好朋友向思宇老师是一位著名报告文学作家，曾大力推荐我读读赵鑫珊老师写的《贝多芬之魂》，他看到这组波恩图片后立刻留言：请王老师有机会为我在莫扎特故居献上一束花，题词想好了——跪拜乐圣。署名东方向氏。

一路旅行的故事如此诗意，让我感动的不止是音乐大师激越人心的生命乐章，还有那么多大师带给世人的精神感召，也让我有了这次寒假"扶摇直上"飞越万里的勇气，继续推开一扇扇音乐家的门——萨尔斯堡粮食胡同的莫扎特故居、波恩的舒曼与克拉拉故居、魏玛的李斯特故居。

四、歌德故居：魏玛小城的艺术浓度

　　德语里有一个词Epigonentum，德意志精英经常使用。这个来源于希腊语，原本的意思是"英雄的后代"，但它表达的意思却是一种沮丧和挫败感。因为这些精英发现，自己不幸生在了伟大人物之后，在文化和创作中永远都在前人的阴影中，无法有新的独到见解。而他们所说的"伟人"指的就是歌德和好友席勒一起创立的古典主义风格。歌德在魏玛50年的经历，给这座小城涂染上了醇厚浓郁的文化气质。

　　魏玛在1999年成为了德国第一个欧洲文化之城，有着22所历史建筑和文学纪念馆、德国国家剧院、魏玛古典主义基金会和每年举办的文化节，是"德国象征之地"，这些象征包括了约翰·沃尔夫冈·歌德的工作场所、包豪斯大学、弗兰茨·李斯特音乐学院等。就像雅典曾是欧洲文化的心脏一样，魏玛也有过作为德国文化中心的辉煌时代。

　　每次课堂上给学生讲到歌德，都会提到他的一段文人从政的经历。当时魏玛公国的国王十分欣赏他的才华，以优厚待遇诚邀他的到来。26岁的歌德想施展才华告别法兰克福，一转眼为宫廷服务十年，但未曾想在魏玛一住50多年。他曾借助《浮士德》中的主人公浮士德形象寓意人类必然经历的五个悲剧阶段：知识悲剧、爱情悲剧、政治悲剧、艺术悲剧、事业悲剧。其中政治悲剧阶段的描述就是他自己从政的自况自嘲。然而魏玛却因为歌德的到来名流云集，文学家、艺术家闻风而动，为魏玛增添了浓厚的艺术气韵。

　　歌德故居现在也称为歌德国家博物馆，个人故居竟然是一座如此之大的黄色大楼。歌德故居楼道和客厅几乎就是一个艺术博物馆，陈列着他当年在意大利游历带回的雕塑和拉斐尔的名画，皆为世界珍品；他还有一个拥有6000多册藏书的书房和一个自己的自然科学实验室；会客室的小钢琴还不时流淌出贝多芬的音符；他一生博览群书，周游欧洲，见多识广，但家具陈设非常简朴实用；他说生活中一切的奢侈品都是为愚蠢的头脑准备的。在故居的十六个房间里，我仔细辨认着，不敢相信自己能够有一天出现在歌德的客厅。还记得德国作家艾克曼《歌德对话录》的文字像老胶片一样回放，恍惚之间觉得70多岁的歌德和艾克曼围着壁炉正在热聊，我好像就坐在他们的对面："他坚毅有力的褐色面孔满是皱纹，每一条皱纹都富有表现力。他的整个神情是如此诚挚而又坚定，宁静而又伟大！他说话缓慢、安详，谈吐如同我们想象中一位年事已高的王者。看外表便知道他气定神闲，已然超乎于世间的毁誉之上。待在他身旁，我感到说不出的惬意，内心充满了宁静，就像一个人在历经长久的艰辛和渴望之后，终于满足了自己最热切的愿望。"艾克曼眼中的歌德最大的特点就是学识渊博。歌德关心的东西简直是包罗万象，他跟艾克曼谈过诗、小说，谈过美术、建筑、雕塑、天文学以及圣经、中国文学、文学批评、伦理学，他谈梦境，谈自由，谈天才，谈想象力，谈爱和理智，还谈健康与长寿等话题。歌德还强调，要欣赏最出色的作品，去接近这些作品背后杰出的心灵。他说："每个重要的有才能的剧作家都不能不注意到莎士比亚，都不能不研究他。一研究他就会认识到莎士比亚已把全部人性的各种倾向，无论在高度上还是在深度上描写得竭尽无余了，后来的人都无事可做了。只要心悦诚服地认识到已经有一个深不可测、高不可攀的优异作家在那里，谁还有勇气提笔呢？……如果生在英国，做一个英国人在知识初开的幼年，就有那样丰富多彩的杰作以它的全部威力压到我身上来，我就会被压倒，不知怎么办才好。"（《歌德谈话录》艾克曼 著）歌德很怕自己像浮士德学生瓦格纳那样貌似做大学问，却只是粘贴拼凑，用残肴剩菜烧一锅杂烩，从一些灰烬里吹出一些微弱的火来。所以歌德一生从未停歇地苦苦探索人生的终极意义，他在《浮士德》里非常清楚地表明了人类生命的有限与未知世界的无限：

（靡菲斯特）

> 你是什么，到头来还是什么。
> 即使你穿上几尺高的靴子，
> 即使你戴的假发卷起千百层绉波，
> 你是什么，永远还是什么。
> ……

浮士德的形象表达了资产阶级对人类自身精神世界矛盾的探索和追问："有两种精神居住在我们心胸，一个想要同别一个分离！一个沉溺在迷离的爱欲之中，执拗地固执着这个尘世，另一个猛烈地要离去凡尘，向那崇高的灵的境界飞驰。"这就是西方文学中有名的浮士德难题：怎样使个人欲望的自由发展同接受社会和个人道德所必需的控制约束协调一致起来——怎样谋取个人幸福而不出卖灵魂。从哲学讲，这就是康德所探讨的自然欲求与道德力量之间的矛盾。浮士德意识到了人的全部存在从某种意义上说是悲剧性的。作品告诉我们的道理是：人有什么资格可安于现状？安于现状就是甘于悲剧，所以浮士德头也不回地追随魔鬼而去。就像那个西西弗斯推石上山，每次快到山顶，石头从山上滚下来，永不停歇，依然再次推石上山。如此往复，终日不息的西西弗斯和浮士德属于同一家族，代表同一种精神。荣格说，每一个德国人灵魂深处都有浮士德的影子。不是歌德创造了浮士德，而是浮士德创造了歌德。钢琴家李斯特说1848—1859年的魏玛时期音乐创作灵感来源于一种伟大的思想，亦即通过诗歌的更为紧密的联系来改变音乐的思想，他于1854年创作了《浮士德交响曲》。瓦格纳、舒曼、柏

辽兹、古诺等相继创作了有关浮士德题材的音乐作品。因此，当歌德和他同时代的文化精英们定下了德国文学的素质时，也定下了德国人的心灵素质。也许反过来，他们的素质原本就是德国人本体素质的产物，他们经过天才的过往悄悄萌发了一份神圣的精神冥契。冯至先生曾经说：“德国整个十九世纪的诗歌，不论赞美歌德、反对歌德，都没有超过歌德。”

五、席勒故居：“欢乐，好像太阳”

歌德和席勒的雕像
王彤 摄

席勒的故居是临街的一座小楼，距离歌德故居只有十几分钟步行路程。席勒的生活条件逊色很多，故居陈设简洁有序，室内的每一幅席勒画像都散发着他浪漫迷人的诗人气质。据说他身高有一米九多，歌德接近一米七，魏玛剧院广场著名的标志性景点就是歌德和席勒的雕像，两位却是同样的身高，他们的目光勇敢坚毅，风采凛然，气韵和谐。这座塑像生动展现了歌德和席勒这两位大文豪狂飙突进时期的勃发英姿，他们的右手共同握着诗人的桂冠。由衷感佩雕塑家对两位文学大师的热爱和深度诠释：他们的精神高度是一致的，他们身居魏玛小城，却开启了欧洲文学艺术的一个时代，魏玛小城也因此被深深镀上了德国古典主义狂飙突进运动时期的文艺色彩。歌德写出了第一部具有世界声誉的作品《少年维特之烦恼》后，同时他也幸运地遇到了审美志趣相投的精神知己，席勒几乎成为他可以随时交流的一个对话者。在他们交往期间，歌德努力创造条件帮助席勒搬到魏玛，曾一度接济在自己家，后又帮他买房，平日事无巨细地帮助，如送水果、木柴等。席勒的古典主义观点和文章重新激活了歌德已被政务纠缠的创作热情，使他完成了《浮士德》第一部。歌德比席勒年长十岁，不幸的是席勒36岁病逝，歌德在席勒死后承受了20多年锥心的怀念与孤独，他非常痛苦地说：“我失去了席勒，也失去了生命的一半。”二十余年后，根据歌德遗嘱，将他安葬在席勒身边。

席勒的才情在于既可让“纵然美好亦必然逝去……”的《悲歌》给舒曼的学生勃拉姆斯带来创作灵感，同时也能将自己在莱比锡创作的诗歌让音乐大师贝多芬获得了灵感风暴的源泉。贝多芬晚年，有一天朋友韦格勒来看他，贝多芬回忆起他们年轻时一起在读席勒的《自由颂》，追求着自由的理想。贝多芬说他要写一部交响曲，告诉全世界的人们人类团结成兄弟的理想，由此诞生了贝多芬不朽的《第九交响乐》和最后的大合唱《欢乐颂》，成为了响彻全世界的大爱旋律：

> 啊朋友，我们不要这种声音。
>
> 唱吧，让我们更愉快地歌唱。
>
> 更欢乐地歌唱。
>
> 欢乐，欢乐，
>
> 欢乐女神，圣洁美丽，
>
> 灿烂光芒照大地。
>
> 我们心中充满热情来到你的圣殿里，
>
> 你的力量能使人们消除一切分歧。
>
> 在你光辉照耀下面，
>
> 人们团结成兄弟。
>
> ……
>
> 大家相亲又相爱！
>
> 朋友！在那天堂上，
>
> 有一位仁爱的上帝永世长存。
>
> 亿万人民团结起来！
>
> 大家相亲又相爱！
>
> 欢乐，
>
> 欢乐女神，
>
> 灿烂光芒照大地！

一百多年后，法国著名作家罗曼·罗兰再一次提到贝多芬和席勒两个人的理想，他写出了《名人传》和《约翰·克里斯朵夫》。后者寄托了他对法国和德国两个世仇民族团结成兄弟的理想，这个伟大理想终于得以实现。

一个多月的德国游学边走边看，边思边想，又产生了更多的为什么。令人欣慰的是德国经济的崛起并没有让人们失去阅读，在每次乘公交和地铁的车厢以及公共场所街头喝咖啡的路边，都能看到低头读书的人们。即使竣工不久的斯图加特图书馆也是用来崇拜书籍和知识的圣地，是一个让人能用头脑和心灵来呼吸的空间。图书馆设计师说设计灵感来源于古罗马那个跨越了两千年的不朽建筑万神殿。斯图加特这座全球知名的汽车城里的每条道路原本可以诉说奔驰和保时捷的荣耀与传奇，但图书馆的灯光依然是一座夜行的灯塔，在工业文明高度发展的城市里，人们自知更需要有一方文化与思考的空间。

时间和空间是一种宏伟的互创关系，环境与大师的关系必有灵性传递的互创现场效应。莱比锡与巴赫、门德尔松，波恩与贝多芬、舒曼、克拉拉、勃拉姆

斯，魏玛与歌德、席勒、李斯特等，这几个城市的名字背后，总有一个或几个艺术家的魂魄环绕游走。一个普通艺术家可以选择一个城市，但一位杰出的艺术家早已被城市选择，并成为弥漫整个城市的人文气场与文化符号，因为他们就是一个城市历史过往的诗性守望者。奥地利思想家贝塔朗菲阐述艺术、诗、历史等人文现象时说："它们不是短期的、有用的价值，而正是自身的目标……当人这种可怜的生物带着动物的本能，在数千种压力下，在复杂的社会中疲于奔命时——能超越动物的也仅仅是这一无用性，这构成了人类的本质……"如今寻访这些看似"无用"的文学家和艺术家故居，在一个极速向前奔跑的物化社会里，依然显得弥足珍贵。每一条街道、每一扇门、每一个房间、每一件陈设、每一个萦绕的音符，都那么温暖、高贵、典雅与厚重，表达着一种不动声色的静穆之美。

学与问（节选）

陈文婧：王老师您好，贝多芬、巴赫、老子……您再一次将丰厚的世界文化遗产展现在我面前，像轻轻走进春天花园的孩童一样，我深深为他们拜倒，沉醉不知归路。特别是刚才巴赫说"如果谁像我那样下过苦功，那么他也会达到像我一样的境界"。听了这句话，再也没有懒惰懈怠的理由了。愈是听，愈觉得音乐奥妙无穷，美不胜收。音乐如何带给人类共同感受的？

王彤：我第一次看到巴赫这句话特别亲切，温厚，更是感觉世间一切都是天道酬勤。当我在巴赫博物馆的展览图标中看到他一生创作了1200多首乐曲时，非常震撼，只有他有资格和两任妻子生育20个孩子，又精心培养出几个小"巴赫"！这让我想起雨果在巴尔扎克葬礼提到"作品比岁月还多"这句话。两位大师很相似，创作量惊人。法国雕塑大师罗丹制作了一座巴尔扎克身穿睡袍抬头仰望星空的雕像，非常传神，他每天都是深夜开始写作，一天十几个小时，51岁去世。所以当巴尔扎克身穿睡袍，左手咖啡，右手奋笔疾书，就是在向《人间喜剧》96部长中短篇小说中400多个人物递交开战书……

其实巴赫的宗教音乐就是一场人类的自我放逐与救赎。艺术与文学是相通的。全世界人类的情感、意志、气质和丰富美丽的人性追求也是共通的。非洲人听到莫扎特的《土耳其进行曲》也会情不自禁敲击手鼓手舞足蹈起来，电影《肖申克救赎》监狱里犯人播放莫扎特"西风吹拂"时，传来一种美得心痛的安抚旋律。学生李至在文学沙龙聊起接触古典音乐的过程，一开始听不进去，放下，又听……有一月夜，忽然感觉到贝多芬、肖邦和德彪西都来敲门了，愿为你弹奏月光曲，你会感觉到月光泻地的洒落与震荡。美是一场神奇的相遇，离不开积累、浸润、熏陶。人类的高贵与典雅在于艺术联觉，从视觉、听觉走向心灵之觉。

邓铜：坐在教室里听您讲述德国之行，仿佛已置身遥远的莱茵河畔，正在拜访一位又一位伟大的艺术家，感谢您的分享。特别喜欢您说"一个普通艺术家可以选择一个城市，但一位杰出的艺术家早已被城市选择，并成为弥漫整个城市的人文气场与文化符号，因为他们就是一个城市历史过往的诗性守望者"。从您的分享里总能感受到巴赫、贝多芬、歌德等这些伟大艺术家的影响力，包括人们听音乐会时的修养和在公众场合的言行举止，包括对艺术的爱，对大自然的爱，他们对艺术家的崇敬是融入血液里的，也是幸福的。现在我们许多城市经济的快速发展，一座座高层建筑拔地而起，而生活在建筑丛林的人大多生活节奏很快，您认为在大城市的快节奏中如何获得更好的身心安顿？

王彤：当走到一座有文化底蕴的城市时，我们能在人们的神情里感受到一种与生俱来的自信从容。好像一棵大树有了深藏地下的根脉，有了坚实的附着，才会有枝繁叶茂的迎风摇曳。当我们到当地打听贝多芬故居时，波恩人自豪地指路，临走还要补充告诉你贝多芬家族的墓地。好像向世界游客宣布那是他们的精神家园。难以想象没有贝多芬，波恩城市中心的大教堂广场将失去对面"英雄"贝多芬雕像的凝望。现在是一个城市教堂晚钟与音乐的交汇和谐。许多城市都希望与文化名人有关，据说在希腊，有七个城市争夺荷马故乡，花落谁家，争论不休，最后七个城市都出了名。佛罗伦萨曾经驱逐了诗人但丁，但在失去大诗人后又和但丁客死的拉维纳小城多次谈判，想要回但丁的一切遗物，终未果，佛罗伦萨只能在每年诗人忌日为拉维纳但丁雕像前提供那盏油灯里的油。

人类是漂泊的灵魂，人生是行走的影子，都希望能获得诗意的栖居。"文化"一词来自于拉丁语，是培育栽种的意思。世世代代的璀璨文明都是我们以文化之的经典传承和精神营养，文化会构成一种社会人格与民族性格，关乎个人修为与形象品位。文化就像空气一样除了不在手里，无处不在。文化的艺术审美与满足让人活得优美，典雅，高贵。人类不论以怎样的速度向前奔跑，城市节奏多快，但情感意志依然是柔软的存在，听音乐会、去博物馆、观摩展览都可以获得艺术的慰籍，从中培养自己审美的迷狂、理性的审视与开阔的理解力。联合国教科文组织曾提到：我们有一千个理由相信，艺术是我们人生之旅走向人文圆满不可分割的一部分。艺术，让人成为人。

赵华香：王老师您好，您的旅行经历也让我们历经了一次心灵洗礼，仿佛我们也同您一路感受到了一个个伟人的呼吸和心跳。在这一次德国之旅中，让您感触最深的是哪一个瞬间呢？

王彤：这次出行属于深度自助游，因而才可以自由安排时间走进名人故居，这要感谢女儿的访学机会和随时帮我翻译的方便。我每天出行路上手机随时记录

的小标题就是珍贵的瞬间，感觉几乎一路都在享受艺术井喷。以后我想写一本书，有关英、法、德的游学手记，比如德国部分的题目有——

　　　　乌尔姆小镇：爱因斯坦诞生于此

　　　　乌尔姆大教堂：世上最高的教堂

　　　　科隆大教堂：哥特式教堂的完美典范

　　　　黑格尔故居："存在即合理"

　　　　贝多芬故居：助听器飞出的音符

　　　　波恩大学：马克思和海涅来过

　　　　波恩墓园：音符萦绕的落叶

　　　　慕尼黑王宫：世世代代"凡尔赛"

　　　　国王私藏雕刻馆：雅典神庙浮雕之痛

　　　　丢勒自画像：是耶稣降临吗？

　　　　新绘画陈列馆：全世界的《向日葵》

　　　　莱比锡："种满菩提的地方"

　　　　巴赫博物馆：21个孩子和1200首曲子

　　　　舒曼故居：克拉拉与勃拉姆斯的遥望

　　　　门德尔松故居：乘着歌声的翅膀

　　　　魏玛小城：不可思议的艺术浓度

　　　　歌德席勒塑像：狂飙突进的精魂

　　　　歌德国家博物馆：《浮士德》写了60年

　　　　席勒故居：《自由颂》感动贝多芬

　　　　安娜夫人沙龙图书馆：典雅的巴洛克风

　　　　李斯特故居：钢琴王子的39年苦恋

　　　　包豪斯博物馆：艺术与技术的交汇

　　　　海德堡大学：浪漫主义发源的精神高地

　　　　快乐的学生监狱：禁锢与反叛

　　　　哲学家小路：人是会思想的芦苇

　　　　海德堡的王者之气："暴风雨中的李尔王"

　　有一个很奢侈的瞬间终生难忘，当我在慕尼黑新绘画陈列馆撞见梵高《向日葵》时，一下子意识到了自己作为一个普通观众是幸运的：听说他一生有十几幅原作，而这是我看到的第三幅原作了。第一次是2014年暑假在英国国家美术馆，记得当时一个从日本来的女老师正带着讲解器给十几个小学生现场讲解，孩子们端坐在地上，抬头望着《向日葵》，戴着耳机静静聆听。周围的大人游客自动退后一旁观摩，直到孩子们离开，他们才凑到画像前仔细欣赏。第二次是在巴黎奥赛美术馆，还有梵高的自画像，还看到莫奈《蓝色睡莲》，马奈、高更、德加的画。现场游客如潮，没有喧哗，只有静静观赏。后人对梵高艺术家的热爱与崇敬，伴着那燃烧般的画面，那一刻我终于明白怀抱向日葵的梵高是属于全世界的艺术家。

刘兰兰：王彤老师您好！我很喜欢去一些具有历史感的地方，也提前做了功课，但当真正面对具体场景以及古迹文物的时候，发现自己从书本了解的知识非常单薄，无法准确理解它。如何摆脱"知其然，而不知其所以然"呢？

王彤：这几乎是每个人都遇到的现象，很正常，只要吸收就会渐渐反刍。你说的具体问题可能还是属于学生时代的局限，相对来说出门旅游机会少，观摩的遍数不够，长途旅行是需要一定资金的，等你们有工作、经济独立了，一定每年攒一笔"壮游"费。听说过"壮游"吧，英文为Grand Tour，十八世纪盛行欧洲，贵族家庭为让子女接受欧洲传统文化教育，都要安排孩子20岁前后做一次长途文化"壮游"，浓度和密度很大的精神文化吸氧。于是他们就会去希腊和罗马，还有意大利的佛罗伦萨、那不勒斯、威尼斯等历史文化名城打卡，到艺术氛围浓厚的博物馆流连，观摩大量的古代建筑、雕塑和绘画等，简直就是一场艺术大喘气……想象一下，他们站在阿波罗神庙能不想到"认识你自己"那句箴言吗？拜伦当年壮游时还在德尔斐神庙石柱刻上自己名字呢。走进古罗马斗兽场能不感受到帝国时代的恢宏气势与血腥残酷吗？到了米开朗琪罗《大卫》雕像前只有美的眩晕了，青春、凛然、健美、自信，人是一件多么了不得的杰作！就这样，一流文化，一路膜拜，万千沐浴，精神洗礼。

书本与实际的距离问题我们都会遇到，有一个初步认知是必要的，也会有期待，一路朝圣的心情都是美的。我记得从德国慕尼黑出发到萨尔斯堡莫扎特故居的大巴旅游途中，几个多小时的车程，大多游客赶路累了，开始昏昏欲睡，我因为早看过几遍《莫扎特》电影，熟悉他的音乐，一路心里都回旋着美的旋律。名人故居的空间大多是局限的，陈设是简单呆板的，此时你的文化储备很重要，现场自然脑补链接，会心微笑，感觉神交已久，有一种"老友重逢"的幸福和满足。因此这里的"书本"储备肯定不是几本书的旅游指南，而是一生二、二生三、三生万物的艺术"府库"，不是只有粮食，还要有子弹，包括人类学、社会学、民俗学、文学、历史学、哲学、美学、建筑学、艺术学等。

另外一种情况，一流艺术作品往往有一种猝不及防的慑服力。即使提前了解过有关信息，真正走到实物面前也会不知不觉被"裹挟"、被"吞掉"，被美征服是一场幸福的沦陷。"维纳斯"雕像在我课堂教学中讲过多年，我读过了斯威布《希腊的神话与传说》、莎士比亚的长诗《维纳斯与阿多尼斯》，还有汉密尔顿的《希腊精神》等。一旦走进卢浮宫，走到这座神秘的爱和美神雕像前，不仅浑身颤栗、欣悦、满足、感恩，还会感觉时空位移，恍然伫立爱琴海边，蓝色的风徐徐吹来，与其相关的奥林匹斯山众神的故事在优雅的断臂下生出了神奇的翅膀。不禁为人类创造的神品而骄傲，它确实如罗丹所说"给了我们一种抑制了的生的愉快"。

　　记得2016年暑假我去法国看过莫奈故居和吉维尼花园的睡莲池塘，没想到走进巴黎橘园美术馆现场观看他的《睡莲》组画时，整个展厅墙壁巨幅连环，共长91米，看得步步后退，太震撼了！终于明白大师带来的永恒宁静之境。任何一片真实的池塘不论种多少睡莲都达不到如此梦幻——它不再是印象派，不是自然主义，也不是一幅画，它简直就是一场奔泻而来的思想洪流！是一汪深不可测的色彩海洋，是瞬息万变的光影移动，是此刻便是永恒的时间之内、时间之外。遇见一流杰作带来如此美妙的巅峰体验，人生足矣！

2017 年 3 月
内江师院中文楼 303 教室

作者简介

　　王彤，河北省沧州市人。1985年毕业于河北师范大学中文系汉语言文学专业。2000年获北京大学西语系比较文学与世界文学专业文学硕士学位。现任内江师范学院文学院比较文学与世界文学专业教授。中国西班牙、葡萄牙、拉丁美洲文学研究会会员；四川省比较文学学会会员。主讲外国文学、莎士比亚戏剧研究和欧美文学经典鉴赏等课程。近年公开出版学术著作《从身份游离到话语突围：智利文学的女性书写》《永不谢幕的经典：莎士比亚戏剧课程参与性教学对话录》；在《外国文学》《国外文学》核心期刊发表论文20余篇。

文心沙龙　经典浸润
昼夜暮晨　轴心时光

第四部分

风乎舞雩

那些看向大海的人，会成为大海。

——鲁米

真正的教育就应该是育人，培育一个新的你，是塑造一个人，而不是制造一个机器。

——西南大学文学院博士／赵天一／《中国文化中的体与象》

这样的人和人间，需要我们再多读一点好诗，再常喝一点好酒。诗酒里，才多的是稀缺的傲骨和真正的和颜。

——四川省酒文化研究会常务理事／李天然／《唯有侍坐说闲杯》

文化沟通的意义并不是统一所有认知，而是每个人都把自己所认为的"不同"拿出来，就像一个镜子的不同碎片，只有拼凑在一起，才能照出接近完整的文化。

——中国传媒大学博士／周　婷／《文化之镜》

他没有恋爱，没有求职，没有房贷，没有攀比，只有一颗藤蔓包裹的青葱之心，对话老子，诙谐庄子，拷问蒙田，钦慕纪德，倾听肖邦，对质康德，亦庄亦谐，冰炭同炉地成为了文学世界的观众，跻身为世界文学的公民。

——成都市温江区书法教师／李　至／《文学的孤种，艺术的水草》

文学史只是给我们提供一个大致的结论，它本身也不可能面面俱到，所以我们自己在读书的时候要有这种质疑的意识。

——南京大学古代文学博士／薛芸秀／《行到水穷处》

开如烟花之绚烂，落如枫叶之静美。在经历了严霜的考验之后，完成静谧，反而放射出更加红润的生命色彩。

——成都外国语中学语文教师／徐梦琳／《开到荼蘼花事了》

从丹巴到道孚，穿越高山峡谷，幡然体悟：文化的背后还是自然，饮食就是依托生存环境、利用有限资源不断尝试出来的生存之道。

——西南民族大学研究生／郎吉拉姆／《献给村落的风味》

我们在雅典国家公园上课时，Diamant教授讲着讲着突然脸色一变，慌张地叫一名刚坐下的同学站起来，随后神秘解释道："你坐着的那块石头至少有两千多岁了！"

——美国巴克内尔大学2016级学生／黎　榛／《爱琴海的风》

中国文化中的体与象

赵天一 / 西南大学文学院博士

> 真正的教育就应该是育人，培育一个新的你，是塑造一个人，
> 而不是制造一个机器。
>
> ——赵天一

我今天回到母校讲的题目是：中国文化中的"体"与"象"。

实际上，这是我博士论文的一篇附文，博士论文写的是《中国古典意象史论》。在研究这个意象的时候，我就发现了一个新的范畴——"体象"，然后就写了一篇一万六千字的文章附在我的博士论文后面。那么，我想说什么呢？首先给大家讲一下苹果，很多人就想到牛顿，他因为苹果而发现了万有引力定律，这个定律就是引力跟距离成反比，其实它在人类社会里也存在。比如异地恋，两个人质量不变，距离加大了，两个人的感情就淡了。那么这是一种典型的西方人的思维，就是最后用一个公式把它表达出来，西方人惯用的一种思维。

这样的一种思维，我们中国人用得比它高级。比如说另外一种水果——杏，在历史上有一个人叫晁迥，他看到杏子从树上掉下来，和牛顿看到苹果掉下来一样砸到他，并且砸出了一个定律，但他没有发现万有引力，他悟出了三条人生道理：小朋友吃杏子，不喜欢吃甜的，而喜欢吃酸的；等到中年之后，喜欢吃半甜的；到了老年因为牙不太好了，喜欢吃熟的。他说杏子从青杏变成熟的杏子，恰巧就是我们人生都要经历的，从青涩到成熟的一个过程，而且等到成熟后还会掉下来。所以他说万事万物，物极必反。他从杏子掉下来，从自己的感受出发，和牛顿看到苹果掉下来的最终生命体验是完全不一样的。一种是抽象的表达，另一种是譬喻、一种比类、一种人生。这就是我们中国文化中的一种思维。

《周易》杨天才 译注，
中华书局，2014 年版

如果把这个问题上升到哲学的话，那么中国人讲的很多东西其实都来源于自然界。比如"道法自然"，代表中国人的最高智慧的《周易》，就是代表中国文化最为精髓的地方，观察天象，对自己观察的一种生命体验。《周易》里面就讲到许多有关体与象的东西。很多东西就是通过自然来影响我们的人生，比如接下来要讲的一系列的字就存在体与象的问题。

一种东西的外貌叫做"体"，是名词；还有一种就是动词，体会、体验、体悟、体知、体认等等。象，名词就表示大象，"象"还表示一切物体的物象；还有它的动词，模拟、模仿。由此就可通过这几个汉字去发现古人智慧的来源。

"欠"字是欠缺、不足的意思，将它的甲骨文写出来就是一个人跪坐在地上，头朝上，嘴巴张大，在打哈欠，这就是它的本义。打哈欠需要大口的呼吸，气量很大，由此知道"吹""歌"等字有"欠"字组成的原因。首先，因为我们体力不足了，精力有限，困了累了也要打哈欠，所以又引申为欠缺。而质量不足，就引申为次品。再比如欲望的"欲"字，因为缺少，自身没有所以才产生占有的欲望，一个人的欲望的产生就是内心的欠缺。因此，和"欠"相关的字，是古人对打哈欠这个动作的观察，观察"体"就是身体形状，并对观察有了体悟，最终用"象"把它表达出来，那就是 （"欠"的甲骨文字形）。

这就是体与象的思维，在创造汉字时的体现，所以体象与我们的生活息息相关。

比如说同学之间，有的同学成绩好，而有的成绩不好，也可以在体象上去找原因。你会发现，原来你同学的身体比你好，如果你老是生病影响学习，你的成绩自然没有他好。当然这个是表面的，深层次的方面就是对知识的体会没有别人深。再比如说大学老师写论文、发文章、评职称，这就是在把自己的体会表现出来，就是"象"。"象"体现得越明显，那么写作的水平越高，文章质量就越好。再比如小孩子的模仿学习，先是模仿、观察、体会、感悟之后再表达出来。每一个人的人生都会经历酸甜苦辣，但是相同的经历，一般人却没有体会出东西，那就是他没有掌握"象"的宗旨和技法。

知识分子用写文章把它表现出来，也可以用书法和绘画把它表现出来。比如两幅著名的书法作品：一是天下第一行书王羲之的《兰亭集序》，写得非常漂亮，非常潇洒。当时王羲之在兰亭休息的时候，心情是非常愉悦的，和朋友一起吟诗作赋、饮酒畅聊，但是最后的几列有明显的变化，因为他的心情已经从喜转悲了，甚至有涂改，开始写错别字。二是号称天下第二行书的颜真卿的《祭侄文稿》，写得很乱，看都看不懂。为什么呢？他的侄儿因为安史之乱被害了，他非常悲伤，就写了这篇文章祭奠他的侄儿。刚开始他的这种感情还没有喷发出来，写的字还可以辨认，到最后的时候无法辨认，而且还反复修改。这就是对内心情感非常形象化的体现，而这就是由"体象"引起的。

"体"与"象"在汉字中有很多的体现：

一个人在前面，一个人在后面跪着，就是"色"（🦎）。好色的"色"，"食色，食色性也"。有人说"色"字头上一把刀，其实它上面不是一把刀，它是一个人，就是两个人亲热的动作。所以说，我们每一个人的生命都是从这里开始的。那么生命的最开始男性其实没有多大的变化，但女性就有变化，肚子里面有了生命，有了"孕"（🦎）。古人就观察生活，其实就是肚子里面多了一个人，就是"胞"（🦎）。那么，十月怀胎之后要生孩子就是"产"。因为人出生脑袋向下的，所以它的甲骨文是一个倒过来的人。《郑伯克段于鄢》里有"庄公寤生"，就是倒过来了，头朝上。那么"育"（🦎）字又怎么解释呢？它的本义就是孕育新的生命诞生。那么教育的意思就是我们通过教化的方式，重新塑造一个新生命，就像妈妈诞生下新婴儿一样；也就是说通过小学、初中、高中和大学的教育，从而获得了一种灵魂意义上的新生命。

真正的教育就应该是育人，培育一个新的你。所以《大学》说道："日日新，苟日新，又日新。"有人说，这个商汤有洁癖，每天都要洗澡，但是其实这个洁癖是精神洁癖，他每天告诫自己，每天都是一个新我。教育就是这样，要让我们每一天都是崭新的自我，才是教育的本质，是塑造一个人，而不是制造一个机器。所以你们以后工作了，就会发现一个很普遍的现象，一个人的幸福也罢，成就也罢，都不取决于他的专业。当然不是说你的学习一流，你就一切都是一流的，我们的很多幸福其实取决于我们的情商，而不是智商和专业技能。一个人专业技能再好，情商不高也有局限。比如关羽、张飞，他们的专业技能很好，但只能给刘备打工。韩信也是给刘邦打工，而且这两个姓刘的人的专业技能根本没法跟底下的人比。再比如项羽，力拔山兮气盖世，专业技能也很好，但最终他当老大没刘邦当得好。所以说，我们在学习自己的专业技能的时候，一定要完善自身的人格，这样我们才可以称得上是在受教育。如果说你受过教育但没有变化，那不是教育。希望每一个人的每一天都是新生。再比如说竹笋，你仔细去观察就会发现一个事实：竹笋出来的时候，它长得非常快，而且笋壳会掉，所以说生和死一定是相关的，有一部分在生，就有一部分在死。死掉了的，就是不好的东西，如此每一天都是一个崭新的生活。每天写日记，这样坚持三个月，一个人基本上就可以脱胎换骨，重新塑造自我。《论语》的第四章提到"三省吾身"，也是这个道理。如果坚持每天反省自我，每天都在进步，就会变得更好。

那么人生下来之后，我们要养活他，就是两只手抱一个小婴儿，就是保护的"保"（🦎），而"呆"表示小孩子的脑袋。古人父母死后，要守孝三年，因为人在三岁之前，是未脱父母之怀。小孩长大之后，就是"子"（🦎）。可古人发现，有的孩子多了一只手，这就是最初的残疾人，缺胳膊的那种叫"孑"，形容

孤独的，比如孑然一身。小孩子慢慢地长大了之后，就会有变化，产生区别。比如"大"（大）字的理解：就是在看电视的时候，最开始会出来一个老大，看到的肯定是他的正面，故为"大"；而他的保镖你就只看见他的侧面，故为"人"（亻）。再比如说，古代的皇帝那肯定是看到他的正面的，但是他的臣子们，就只能看到侧面。这就是地位变化，只有你的地位达到一定的程度之后，才能够正面大家，比如你去看《天王送子图》中的人物。这些就是我们古人的一种智慧的观察在汉字中的体现。

接着，人长大了之后，就是"立"（立），再给他加上一个单人旁，就表示一个人应该站的地方，即"位"。"夫"（夫）表示一个成熟的男人。所以说，什么叫大丈夫，天的本意并不是表示sky，而是表示人的天灵盖，就是人的上面的地方，意思就是说，比我们脑袋更高的地方，蔚蓝色的天空。"夫"就是它的一种引申。那么男的变为"夫"，女的变成"妇"、变成"母"。"母"（母）强调中间的两点，是对女性胸部的强调。与之相关的还有"乳"（乳）字。最后，人还有一个阶段就是会变"老"（老），有了子孙，有了"拐杖"，就成了"孝"（孝），子女就做老人的拐杖。因此人死亡之后要入土为安，回归自然，回归虚无状态，就是"死"（死）和"葬"（葬 或 葬）。古人通过对自然的观察，用汉字的形式表达出来，就是汉字中的"体"与"象"。

在此送大家三个字："智""慧""悟"。

如果还原它们的甲骨文形态就会知其本义。看到人拿着有长短兵器，在讨论怎么使用它们，或者讨论军机大事，便是"智"（智）。右手拿扫帚在扫心上的东西，就是"慧"（慧）。神秀说："身是菩提树，心如明镜台，时时勤拂拭，勿使惹尘埃。"大家可以自己学着写日记，打扫自己的心灵。"知行合一"不是最高的境界，最高的境界是让更多的人"知行合一"。比如早上起床跑步，一个人跑步是不行的，你要号召更多的人起来跑步。"智"是向外的，"慧"就是向内的。所以说一个人有慧根，不会说一个人有智根。"悟"（悟）就是把自己内心扫干净之后，心里面有了自己。它的篆书字形就是上面一个吾，下面一个心，即我在我心上看见了我自己。这个不是自私，是一个很高的境界。它不是满肚子装着名誉、权利等等，各种东西把你自己给赶了出去，塞满内心。如果一个人心里连自己都没有的话，这是可悲的，所以要每天与自己相遇，而不是如蝼蚁一般。每一个人都要成为智慧的觉悟者，这个觉悟一旦爆发，就会形成种种感悟。有一种瞬间到来的感悟叫做"顿悟"，间接的、慢慢到来的就是"渐悟"。从我们心里有了自己的那一刻，感悟就已经产生，但它有一个前提就是静，让自己安静下来，达到虚静的状态，灵感就会迸发出来。所以，人的心灵和学校旁边的沱江水一样，你安静下来，它就澄净了，天地宇宙日月，自在其中，智慧也就取之不尽，用之不竭。儒家、道家、佛家都强调静，一切智慧都在静中求得，整个的天空宇宙的奥妙都来自于此。

学与问（节选）

龙宇：师兄好！大学时代是如何选择读经典的？

赵天一：我大一开始读黑格尔的《美学》，读书笔记很多。可以选择相关方向的书去读，不懂的就问相关老师。四年时间有限，建议大家选择年岁大的书，四书五经就是经典，而且花不了多少时间，特别是先秦典籍，《论语》一万二千多字，《道德经》只有五千字，《周易》本经只有六千多字，《心经》只有两百多字，《孙子兵法》只有五千多字，《金刚经》也只有五千多字，经典的文字都是很少的。它们对文学本身或许没有多大影响，但是对人生的意义非常大。所以，在有限的时间里，就要读最经典的书。同时，要注重精读与泛读结合，规划好四年的读书时间，要学会从中发现问题并解决问题。

陈阳：师兄如何理解"归零"？

赵天一："归零"不是真的归零，而是把不相关的东西去掉。"零"其实是无极，就是把不相关的东西排除之后，保留最精华的部分，实际上就是一种自我的突破。人的大脑就需要不断刷新、更新，比如"困"，就是一个"木"被围住。当你遇到困境的时候，正是你人生发生蜕变，你要成长才能突破困境，进而"木"小框大，变成了"闲"。这个"闲"就是你敞开心扉，表示一种心境，就是"归零"的状态，所以要安静下来思考人生，劳逸结合，张弛有度。

胡琪：天一师兄你好，我是文学院2011级3班的学生，我们说"文质彬彬，然后君子"。"体"与"象"是我们所说的文与质、内容与形式的关系吗？在你看来我们眼中所见如何才能成为心中所悟呢？

赵天一：你讲的是有道理的。"文""质"关系、"内容"与"形式"的关系的确是与"体""象"有关联，但是又不能简单地划等号。这个讲起来很好理解，比如：有质者，未必有其文；有文者，未必有其质。"文质彬彬"是最理想、最和谐的状态。这和"体"与"象"的关系非常类似，有"体"者未必能有"象"；有"象"者也未必就表示其"体"超过没有"象"的。从"体象"的角度而言，"内容"和"形式"都只是"象"的层面，在心中之未发，才属于"体"的层面。眼之所见即是"触目"，人与人只要眼睛健康，似乎没有什么差别。"触目"而后是否入心，入心的程度却千差万别，这也是人与人之间差别的重要原因。同样的经历，一般的景象不同的人有不同的体会。"悟"是触目而入心，入心且深，感之既久，酝酿有时的一种自然反应，往往具有灵光乍现的特征，但其基本前提条件就是"虚一而静"。所以，我们是不是可以说，凡"触目"之事物皆要入心，深入心中，久久品味、酝酿、琢磨，遇到"虚静"的状态就会自然开悟。

张毓婷：师兄好！听了这么生动形象又深刻的汉字体象剖析我非常受感染。同时疑惑的是，这个信息化时代仿佛给人们增添了诸多的外在诱惑，如同学们容易沉醉于时时刻刻的手机刷屏，甚至习惯了在二次元网络世界中去享受自我的存在……如何才能做到静下心去做学问，去独立思考，去解读、吸收那深厚的文化精髓，拾得生活的智慧并实现自身的人格完善呢？

赵天一：首先，感谢你的提问。我知道手机刷屏是什么，但是我不知道二次元是什么。可见我们生活在不同的世界。世界是多元的，并不是每一株小苗都能成长为参天大树，没有可能亦没有必要。

沉迷于学术，与沉溺于手机、染瘾于二次元，在本质上是没有区别的。关键是在你的"志"之所在，仅此而已。倘若有人的志向就是成为世界刷屏大师，而且真的成了，也无可厚非。倘若有人在二次元中，能从本质上推进二次元的发展，那也未为不可。问题来了，关键是你有这个志向么？要是没有这个志向，你的手机要不好，二次元也玩不好，即使是做学术、干事业，也都是一样的做不好。所以，王阳明说："志不立，人生无可成之事。"要是有了这个"志"，不用别人管他了。他怎么会抛弃自己的本行或者专业而去干其他的事情呢，那是不可能的。所以归根到底是缺乏"志"，才会随波逐流，迷失方向，浑浑噩噩，不知所终。

"志"就是"心之所止"，知道自己该做什么，不该做什么。

"心之所止"就是"静定"的功夫，有了这个"止"，自然会沉下心来，独立思考，开启智慧，奔向人生的巅峰。

2015 年 5 月
内江师院中文楼 304 教室

作者简介

赵天一，1983年9月生于四川南江，2006年毕业于内江师范学院汉语言文学专业获文学学士学位，2009年获西南大学文学硕士学位，2012年获西南大学哲学博士学位。现为西南大学文学院讲师、世界美学协会会员、重庆市古代文学学会会员、重庆国学院办公室主任。

　　主要论文：《论宋代的以"意象"评画》发表于《艺术百家》，2011年12月；《中国古典体象论》发表于《西南大学学报·社会科学版》，2016年6月；《体悟〈道德经〉的智慧》发表于《中国教师报》，2018年11月。

唯有侍坐说闲杯

李天然／四川省酒文化研究会常务理事

> 这样的人和人间，需要我们再多读一点好诗，再常喝一点好酒。
> 诗酒里，才多的是稀缺的傲骨和真正的和颜。
>
> ——李天然

君自故乡来，应知故乡事。我从酒城泸州来，自然要讲一些关于酒的事。在我看来，酒与诗又是不分家的。没有酒，诗就没有仙气；没有诗，酒就没有贵气。诗酒在一起，就是文质彬彬的样子，懂诗酒的人，是懂生活的君子。这样的君子是慢人，不是傲慢的慢，是从前慢的慢，因为能慢，才能得闲。闲了，才能真正开眼看，开耳听，开鼻闻，开口说，最后才能开心。开心的人，才能让别人也开心。开心的人多了，这个人间才是真的人间，否则也不过都是些衣着华丽的奴仆和囚徒。我们不做这样的奴仆和囚徒，所以我们要有诗和酒，不妨看看我们身边有没有这样爱诗和酒的人。

我们在酒城泸州召开国际诗酒文化大会已经第三年了，三年里早已不记得读了多少诗，喝了多少酒，见了多少人。不过，一个人的时候，总会想起其中两个人来。古来圣贤皆寂寞，惟有饮者留其名，不是圣贤的我也会寂寞，而他们大概是真正的饮者，不然怎会见不见他们，都觉得他们就在眼前。

一、诗酒趁余华

（一）"大诗人"余华

我称余华为"大诗人"，他的作家朋友大概会悄悄对我说："错了错了，他和我们是一样的。"他的诗人朋友恐怕要冲我嚷起来："反了反了，他才成不了我们呢。"余华这时候一定笑而不语，心里却念着："随他们怎么说吧，天然你要这么叫，我就应了！"

阿来（左二）余华（左三）参加首届国际诗酒
文化节暨中国酒城·泸州老窖文化艺术周

我会这么想，是因为陪余华宵夜的时候，诗歌评论家金石开问余华："那年在国外，有记者问你，中国为什么出不了但丁？你说，因为我还没死！这话，你还记得吗？"余华听了哈哈一笑，说："我不记得了……"然后却笑得更厉害了！一会儿是舍我其谁的孟轲，一会儿是物我两忘的庄周，这才是余华！

那晚刚刚接到余华的时候，倒是他先满面春风地对着身边所有的人。我们再熟悉余华的作品也不可能知道他全部的内心，可他对每一个初见的陌生读者，都像是久未相见的老友。接机的小姑娘感叹："以前就听说，越是大家越是随和，今天见到余华，才知道真是这样！"另一个小姑娘已经拿到余华的签名，高兴地说："这是我今天收到的最好的生日礼物！"余华听了，立刻拿过书，又写了一行字：生日快乐！这也是余华！

我们总把余华小说的人物放在嘴边，余华却让他们住进了心里！活着的福贵，卖血的许三观，在细雨中呼喊的孙光林，难兄难弟的李光头和宋钢，第七天的杨飞，可能每一个都是我们身边的人，可能就是我们自己。做成这样的事，还是余华！

是的，我们从没见过他写诗，可是他一身都是诗意，半生都是诗话，这又该怎么算呢？余光中《寻李白》里这样评价李白："酒入豪肠，七分酿成了月光，余下的三分啸成剑气，绣口一吐，就半个盛唐。"我想接过话来评价余华："我们都只看到了这半个盛唐的诗，可像余华那样的人，却还在散发着半个盛唐的气！"

所以，"大诗人"余华，我叫得出，你受得起！

（二）"小学生"余华

只是我没有想到，那个小姑娘嘴里如此随和的余华，到了讲台上还是那么随性。当观众鼓过掌，十分期待余华来一场剑气纵横的演说时候，余华开口第一句话是："我昨晚喝国窖1573，喝得多了些。今天还在睡呢，就被叫起来了。到这儿一看，居然还要发言！主办方给我的题目竟然写着：'小说中的诗情酒意，是最动人的文学风景。'这酸溜溜的句子，少君，是你写给我的吗？"和所有现场观众一样，东道主泸州老窖刘淼和诗人李少君都笑了，所有人都没有觉得余华是来砸场子的。

果然，余华继续说："今天是诗酒高峰对话，我也讲一个关于酒的故事吧。"要知道，余华讲故事的语言和《活着》的文字一样，绝不煽情，可却始终应着一句话——细思极恐！隔天，青年诗人心中一亩一亩田对我说："余华那天讲的故事真好！"然而话锋一转，他又说："只怕好多人都还没有听懂！"

幸而我以为我听懂了，那个故事大抵是这样：余华要去美国祭奠他的第三位老师威廉·福克纳，在福克纳的故乡奥克斯福听说了一个故事。奥克斯福有一家书店，书店老板最是见多识广，见过许多前来祭奠福克纳的人。让书店老板最不能忘怀的祭奠者是一个小老头，坐着最便宜的"灰狗"长途车从很远的地方来，却又在福克纳墓碑前开了一瓶最昂贵的烈性酒。他先倒一点酒在墓碑前，然后自己又喝一点，还不住地对着墓碑说着什么话，如是很久。后来小老头进了书店，书店的人很多，老板却还是一眼就注意到这个老头，觉得他好奇怪，又觉得他好亲切。过了好久，忽然想起来这个老头是谁，于是冲着小老头大声呼喊："加西亚·马尔克斯！"

一位是《喧哗与骚动》的作者，一位是《百年孤独》的作者，两位都是享誉世界的大作家，故事中两人已是生死相隔，可是千里迢迢、坟前祭酒这一幕，不知饱含他们之间多少情义，又不知要感动多少旁人！偏偏余华在讲他们故事的时候，似乎没有带一点感情！可是，我能想象余华听到这个故事，他再讲这个故事和我听到这个故事，持续的内心震撼，都是一样的。这就是文学的力量！这也是文豪的魅力！这个时候，讲述者的任何煽情都是蛇足！如果非要加一些什么东西进去，只能是马尔克斯和福克纳共饮的那瓶酒了！

后来，我问余华："福克纳是你的第三位老师，那你的第一位老师和第二位老师又是谁？"余华认真地说："是川端康成和卡夫卡。"我又问："他们也都爱酒吗？"余华想了想说："卡夫卡不喝酒吧，川端康成是要喝的。"

一说到老师，他都是严肃的，甚至还有些腼腆。我想，再过几十年，我还问他关于老师的问题，他回答的样子，也还会是一个"小学生"。

（三）"老酒客"余华

最喜欢的还是余华一副仗剑载酒江湖行的模样。我最喜欢的原本也是酒客，不亚于我对美人的喜爱。幸运的是，古往今来，酒客和美人都那么多。

屈原是最受尊敬的酒客，他那句"众人皆醉我独醒"，现在喝酒的人都学他这么说；曹操是最被羡慕的酒客，他一边打仗，一边写诗，一边喝酒，一边怀抱美人；陶渊明是最被仰望的酒客，他喝酒的地方是好多人永远到不了的远方；李白和杜甫是最被幻想的酒客，他们让人觉得诗酒一家，让人以为他们的全部就是诗，诗的全部就是酒。话说回来，又有多少大诗人和大作家不爱酒呢？

就像余华，年纪正当盛年，但他早已是老酒客了！余华爱酒，不仅表现在喝酒上。要说喝酒，还真没什么好说的，所有爱喝酒的人喝酒，哪个不是连连干杯，一饮而尽，余华自然不例外，老朋友之间喝酒的放浪不羁，新朋友之间喝酒的谦谦有礼，没人逃得出这样的画面。可余华打酒，又让我看到他的真性情和对酒别样的爱！

参观1573国宝窖池群的时候，泸州老窖的酒妹子邀请余华体验旧时小二打酒，余华兴趣盎然，单拿起酒提，便如获至宝。当余华亲自打好一坛国窖1573原酒，酒妹子告诉余华，这坛酒可以让他带走时，余华高兴得像个孩子，对同行的作家阿来说：“你没有吧？放心，我打的这坛酒，以后和你一起喝！”可是当听到酒妹子说阿来也可以打一坛酒带走时，余华马上改了口：“你现在也有酒了，那我这坛就不给你喝了！大家自己喝自己的吧！”老酒客不老，越活越小。

从窖池出来，有人说去看桂圆林，有人说再去看藏酒洞，余华脱口而出：“还是去藏酒洞吧！”一旁的诗歌评论家叶开拉过余华悄悄说道：“当然去藏酒洞，窖池尝了原酒，再去洞子里尝老酒！”两人相视一笑，赶紧上车，仿佛要去的那藏酒洞就是“洞房”，他们都要早点见到自己的“新娘”。

（四）“过客”余华与“归人”余华

临别的时候，余华都上车了，我又把他叫住，我对余华说：“今天是我和女友认识一周年，能给我们写点什么吗？”余华拿起笔来，写下我和女友一生都不能忘记的文字：愿天然如星，愿赖宇如月！“愿我如星君如月，夜夜流光相皎洁。”这是南宋诗人范成大的名句，也将是我们一生的誓词。

饮酒前还是过客，饮酒后都是归人。几千年来，酒城也不知迎来送往了多少过客归人，余华是其中很特别的一位，也是很平常的一位。他走了，我愈发想起他讲的马尔克斯和福克纳的故事。我写了一首诗：

此间骚动与喧哗，百年孤独始齐家。马尔克斯归去后，坟前谁敬福克纳？

大家和大家之间那种惺惺相惜的感情，不知我是否体会对了？文章里写到余华名字的时候，连“老师”二字也没有加，还总是“你”这样叫着，想来你是不会计较的，于是我便继续放肆了，连文章的题目也偷了苏轼的句子换成你的名字。以后，我写诗的时候，会想起你；你喝酒的时候会想起谁？倘若让余华见了我这段文字，会不会说：“天然，你这酸的程度，还超过了少君啊！”

我只想说，有一种思念，叫做：人刚刚走，就开始想了。原来这种思念，不只是男人与女人之间、亲人之间，还在读者与作者之间、酒友之间。于是又想起我好多年前写的句子：一曲高山流水，陌路之人遇知音；一园桃李芳菲，异性好汉结手足。知否，知否？失意人何苦硬越关山，他乡客岂能薄情萍水？推心置腹，虽一日可为友；万水千山，既相逢便是缘。我若不知，我也不忍；我若知之，我又何忍！

大地若是铺满干柴，一点星火便可燃遍神州；人心若是盛满牵挂，一杯老酒便可温暖世间。

二、王跃文：有腔调地饮酒

（一）神圣时刻，必饮好酒

那晚要接王跃文，我就在想，他是湖南省作协主席，那是"厅官"了，更难得的是，他还有"中国官场文学第一人"的美誉，这得算作典型的红顶作家。不过这些年来，似乎很多人对官员作家是嗤之以鼻的，总觉得如今做官的都写不出好文章，做文的也不该混迹官场。我心里却一直充满期待，因为曾几何时，那些居庙堂之高的，多能写得道德文章、绝妙好辞；那些处江湖之远的，也是不忘指点江山、激扬文字。官员与作家，身份又何妨，关键是"文章合为时而著，歌诗合为事而作"。有好作品，才是硬道理，我们对所谓身份"不应有恨"。其实王跃文也总自嘲是"边缘人"，甚至"尴尬人"。正想着，王跃文已走了进来。我想着他赶了一天的路，虽是初见贵客，也不过多寒暄，径直带他吃饭去了。吃饭的时候，我慢慢看他，和我料想的一样，派头不大，但总是很讲究：虽舟车劳顿，但坐得很正；虽面有倦色，但双目有神；虽说话不多，但字正腔圆。王跃文不让我给他盛饭盛汤，但他总是给接他的小姑娘分菜。这绅士风度，又高出我这个所谓主人一筹。我只能笑着对小姑娘说："你这待遇可高了。"又对王跃文说："今晚委屈了，只有一点便饭，喝不了酒了。"王跃文的回答是："今晚足矣。"

听我提到酒，王跃文倒是来了兴致，回忆起他50岁生日时，自己买了一箱国窖1573庆祝，然后那一晚所有人都喝醉了。说到自己生日喝酒这事，王跃文脸上甚是得意，人也放松了很多。后来诗酒文化高峰对话，听他发言才明白他为什么这么高兴。按王跃文的意思，在古代中国，国家祭祀的时候要喝酒，人们忧愁的时候要喝酒，愤怒的时候要喝酒，欢乐的时候当然也要喝酒。一言以蔽之，在国家和人民的每一个神圣时刻，都必然要喝好酒。所以，五十知天命，又岂能不饮好酒？

（二）酒入生活，人更优雅

陪了王跃文三天，我发现一件事，私下里他和谁说话都不多，但一说到酒，或一登台，那便是换了一个人，开始滔滔不绝起来。王跃文在台上讲述他对"酒"的三大解读时，让我这个客居酒城十年，自以为颇知酒文化的人汗颜。

一是讲泸酒之"泸"。"卢"字的繁体字是从"酉"的，那就是和酒有关。加一个三点水，就是"泸"，泸州本就是有水有酒的地方；加一个土，就是"垆"，垆本是放酒的地方，而且有了文君当垆的佳话，垆又是一个美妙的地方。

二是讲"饮酒之器"。和酒相关的都该是美丽的，因为酒器本都是礼器。古代的爵，那便是美物。爵上面有两个小柱子，这两个小柱子可不止是好看的装饰，它的深层作用是让饮者注意饮酒风度，用爵喝酒的时候，如果太狂放，就会被两个小柱子顶到鼻子。家宴上被顶到，无非自己人一笑；国宴也被顶到，那就难堪了。

三是讲"饮酒之礼"。喝酒不止是在神圣时刻，日常生活都要喝酒。只是喝酒应该更优雅些，主人敬酒曰"酬"，客人回敬曰"酢"，这一酬一酢，一来一往，便是酒礼，便是不经意的优雅。复兴诗酒文化，便该从我们的生活做起。

四是讲"酒之功能"。《红楼梦》里给别人打赏，都会说一句"给，拿去买酒吃！"这不是特例，我们自己请客吃饭对别人都是说："来，我请你喝酒！"很多时候，我们要提到酒才觉得庄重。这是酒最大的社会功能，教会人彼此尊重。

（三）身为楚人，致敬酒城

听王跃文讲酒故事也讲得这么好，这让我对他的书更感兴趣了。晚上休息时，自然要重温一遍《大清相国》，待看到他为陈廷敬总结的"为官五字真言"时，不觉让人既感且佩，明明是历史小说，却让人有了哲思。谁说中国没有哲学家，中国哲学都在生活里，中国哲学家都在我们身边。第二天，陪王跃文看泸州老窖"地、窖、艺、水、粮、洞"的六大景观时，我也顿悟了，立时在他面前卖弄起来。

我说："在《大清相国》里，陈廷敬悟出的'为官五字真言'：等、忍、稳、狠、隐，也可解读为我们'饮酒五字真言'啊——古人祭酒要等，等一个良辰吉日；酿酒师酿酒要忍，忍得住寂寞才酿得出好酒；调酒师调酒要稳，才调得出极致品味；宴会品酒要狠，才验得出谁是至情至性，谁又在斗智斗勇；最要紧的还是美酒自己，先隐于糯红高粱，再隐于百年窖池，再隐于天然山洞，最后还要隐于千百万饮者之身与心，真大隐也！"王跃文听后微微一笑，点头称是。在我看来，他那时候的神情像极了陈廷敬。

我是素来最敬重有性情又有智慧的人，于是敬酒的时候，我说："惟楚有才，您是当今湖南文坛领袖，这杯算是后学敬大家了！"这敬酒他自然是当得起的，他却连说不敢。也是后来听了他的发言，才知道他这种对常人的谦和和对神圣事物的敬畏是一样的。我记得他发言的时候说："唐诗到现在不到1400年，孔子到现在也不到2600年，而中国的酒到现在至少已经超过6000年了！我们今天到

泸州，都是来致敬中国酒城的！"

王跃文说这话，不是随便恭维，看得出，他说这话的时候，以楚人之身在泸州，表情一半是向往，一半是享受，台下的观众早已开始鼓掌。王跃文讲完，台上台下的人都来了兴致，竟各自私语起来。我听了几处议论，意思都差不多，概括成一句话就是："中国好酒出四川，四川好酒在泸州！而今天，我们就在这里！"

一向不羁的财经评论家水皮对王跃文只说了一句话："我们平时都只是酗酒罢了，你才是有腔调地饮酒！"这位有腔调的人，临走时留下话："我在1573国宝窖池群打酒的时候，泸州老窖的酒妹子说我打酒娴熟，她不知道我是店小二出身呢！自己打一坛国窖1573原酒，选一个对的时间慢慢喝，要知道，这可是我与主人一起调制的酒，那就是这世间独一无二的佳酿。"

我很庆幸，这些年不仅在酒城喝了很多好酒，还结识到不少大家，他们总有我们爱听的故事，和他们一起，有腔调地饮酒，又是一个个美丽的故事。

这些年，我们都太忙了，却又不知道在忙什么。其实我闲时想起余华和王跃文，总能想起另外两首诗。在余华身上，我想到的是"天子呼来不上船，自称臣是酒中仙"；在王跃文身上，我想到的是"我醉欲眠卿且去，明朝有意抱琴来"。他们一个对上面的人不客气，一个对身边的人不客套，这样的人，才是人；这样的人间，才是人间。这样的人和人间，需要我们再多读一点好诗，再常喝一点好酒。诗酒里，才多的是稀缺的傲骨和真正的和颜，所以我说唯有侍坐说闲杯，不闲下来，怎么会知道这许多美好！

学与问（节选）

胡琪：天然师兄你好，文人爱酒，以酒就诗。追求诗酒茶乐的人生也是大部分文人的追求。但也有很多人不能理解酒文化，你能和大家分享一下你所理解的酒文化吗？你认为酒文化中的哪一点可能吸引不爱酒的人呢？

李天然：自古文人多爱酒，它醇香浓烈，别具一格，于是文人墨客都喜欢将喜怒哀乐倾进酒中，在酒中飘逸出一首首脍炙人口的诗，或抒发建功立业的豪情，或表现淡泊明志的旷达，或抒写离愁别绪的寄托，或寄寓闲情逸志的潇洒，酒能涵养文人的雅兴，也能激发他们的创作灵感。很多人都说，李白斗酒诗百篇，在漫长的历史长河岁月里，无数文人骚客与酒的邂逅开启了我国独有的诗酒文化篇章，"小酌酒巡销永夜，大开口笑送残年""葡萄美酒夜光杯，欲饮琵琶马上催""明月几时有，把酒问青天"一段段脍炙人口的诗句流传几千年，被人们传唱至今，可见酒在文人心中的分量和酒对于文人特殊的意义。

中国酒文化博大精深，源远流长，渗透于整个中华五千年的文明史中，从文学艺术创作、文化娱乐到饮食烹饪、养生保健等各方面在中国人生活中都占有重要的位置。在我看来，酒是一种饮食文化，它是人类最古老的饮品之一，它的历史几乎是与人类文化史一道开始的。酒也是一种物质文化，它的形态多种多样，其发展历程与经济发展史同步。酒还是一种精神文化，它体现在社会政治生活、文学艺术乃至人的人生态度、审美情趣等诸多方面。可以这样说，饮酒不仅是在饮酒，也是在品文化。

"何以解忧，唯有杜康"，对于不爱酒的人来说，酒的精神文化最具吸引力，与中国人打交道，无论在怎样的场合，真正的饮酒，即便是形态层面的饮酒，需要表达的也多是精神层面的内容。客从远方来，无酒不足以表达深情厚意；良辰佳节，无酒不足以显示欢快惬意；丧葬忌日，无酒不足以致其哀伤肠断；蹉跎困顿，无酒不足以消除寂寥忧伤；春风得意，无酒不足以抒发豪情壮志，这也正是酒吸引人们最独特的魅力所在。

岳鹏程：李师兄你好，艺术来源于生活，又高于生活。但是我认为现实生活往往比小说更有戏剧性。阅读余华小说过程会笑，笑人物的无知，笑人物的痴傻，结局笑中带泪，笑无知、痴傻的自己，最终每一个人物都走到了自己一手开辟的路之尽头。请问余华笔下的人物，你最喜欢哪一个？如果你是这个人物，有了如今的见识，你如何过完小说中的一生？对于小说本身人物命运的走向和你的思想意识切入带来的不同命运有何看法或感受？

李天然：余华的小说感情真挚，娓娓道来的故事很有代入感，他把书中的人物都写活了，在给人震撼的同时，又能让我们收获很多的启示。余华的小说里，我最喜欢的人物是《活着》里的福贵，透过福贵的一生，我们能够了解活着的意义和重力，生命的韧劲和隐忍。如果今天的我是福贵这样一个人物，融入小说之中，我会更加珍惜自己的亲人，来之不易的幸福生活，努力把生活过得更好。对于小说本身人物命运的走向和切入我的思想意识带来的不同命运，是人在不断成长和经历后的感悟，就像书中的福贵一样，在经历了一个个亲人离去之后，慢慢地懂得生命的真谛，成长就是这样。如何能活得好是一门艺术。透过福贵这样一个人，我们要学会明白，生活虽苦，但只要心中有爱，为心爱的人活着，就是一种勇敢和坚强，我们的生命才拥有意义。

岳鹏程：除了工作或者应酬外，你个人私下里是否也喜爱饮酒？是否想过你的世界如果远离了酒，从此滴酒不沾将会怎样？

李天然：正所谓，酒以治病，酒以养老，酒以成礼，酒以成欢，酒以忘忧，酒以壮胆。于我而言，酒充满了魅力，所以除了工作或者应酬外，我私下里也喜

爱饮酒：和朋友小聚时会饮酒，大家把酒言欢，畅谈人生；和家人团圆时会饮酒，乐享生活，共叙亲情；忧闷烦愁时亦会饮酒，敞开心扉，散去苦恼。就像欧阳修写的那样，"把酒祝东风，且共从容。"可以说，酒已经是我生活的一种特殊意义的寄托。

人生有酒须当醉，唯愿当歌对酒时。如果我的世界离开了酒，我想生活也会缺乏很多乐趣，再也不能找借口约朋友"喝几杯"了，原本说不出口的真心话也只能随着淡而无味的饭菜往肚子里咽。当然，饮酒也要适度，要结合自己的工作和生活情况适当饮用，注意我们自己的身体健康。这么说吧，对外来说，如果生活是一杯酒，那我会举起自己手中的酒杯，先干为敬！

2019 年 5 月

内江师院中文楼 304 教室

作者简介

李天然，1985年7月生，四川江安人。2003年就读内江师范学院文学院汉语言文学专业。研究生学历，硕士学位。高级工程师、高级营销师、一级品酒师、酒城英才·产业创新团队带头人，酒旅融合标准和文旅数智化标准主要制定者，诗意营销和灵性管理理论主要创立者。现任泸州老窖集团有限责任公司酒业+板块负责人，泸州老窖创新产业控股有限公司董事长。主要社会兼职有：香港中文大学（深圳）、中国白酒学院等高校校外导师，中国非物质文化遗产保护协会、中国酒业协会、中国旅游协会等单位专委会专家。曾主持和参与文保、文博、文旅和文创类多个国家重点项目建设，曾主持和参与国际诗酒文化大会等多个行业重要活动策划。出版《闲杯集》等多部著作。

文化之镜
——赴韩对外汉语教师见闻

周　婷／中国传媒大学博士

> 文化沟通的意义并不是统一所有认知，而是每个人都把自己所认为的"不同"拿出来，就像一个镜子的不同碎片，只有拼凑在一起，才能照出接近完整的文化。
>
> ——周　婷

2015年2月，我入选国家公派赴韩对外汉语教师项目（CPIK）。去韩国任汉语教师一年，来到了和中国日照、日本静冈并称为世界三大海岸绿茶城市的宝城郡，我所任教的小学是全郡公立小学之一的宝城南小学。

文化之镜

和大多数同去的汉语教师一样，在去韩国之前，我们经过国家汉办（孔子学院）的培训，系统学习了韩国的语言文字、历史文化等。我以为赴韩一年的经历会让我更了解韩国和韩国人。结果发现，了解韩国的不同最大意义是让我更了解自己的祖国。

一年中，我所遇见的外国朋友大多数都很好奇中国的相关问题，我会解释一些我以前从未想象过需要解释的问题，例如为什么中国人喜欢红色，是不是所有中国人都会功夫，中国和韩国的炸酱面有什么不同等。在韩国，我从一个"只缘身在此山中"的中国文化当局者变成了旁观者，对许多在国内习以为常的文化开始发现不同寻常的魅力。

看到了东亚文化圈奇妙的连接，同时我也看到了文化的差异。每个国家的文化都是有个性的，我曾向韩国同事严肃指出韩国媒体对中国的不实报道和英语外教们讨论中西方的民主与自由问题。我发现文化误读有着先天的基因，因为如果

你没有长期生活在一个国家，很难准确了解一个国家的全部。在和友人发生跨文化认知差异的时候，我发现其实自己也不了解他们，但文化沟通的意义并不是统一所有认知，而是每个人都把自己所认为的"不同"拿出来，就像一个镜子的不同碎片，只有拼凑在一起，才能照出接近完整的文化，所谓"各美其美，美美与共"。

对比中韩的文化传播让我思考中国文化为何没有像韩国文化一样通过韩剧、电影、明星等传播出去，韩国文化传播中也有中国文化的影子，但韩国文化更注重其现代性，也兼顾传统。当我和外国朋友们聊起中国的时候，他们更多的是对中国的京剧、国画、书法等传统文化感兴趣。不禁让我思考中国的当代文化内涵是什么？有什么能够如韩剧、韩流等，代表中国当代的文化符号为国际社会所认识？传统文化需要传承，但文化内涵也需要更新。在2020年第92届奥斯卡颁奖礼上，韩国电影《寄生虫》一举获得了最佳导演、最佳影片、最佳国际影片和最佳原创剧本四项大奖，创造了韩国电影在世界电影史上的奇迹。电影讲述了社会底层和上层家庭之间的对抗和变化，充满了漫画色彩，其导演奉俊昊毕业于延世大学社会学系，非影视专业出生的他有着自己对社会的关照，并找到了属于自己的电影表达之路，《寄生虫》在各种黑色幽默、压抑、惊悚的交替中展示了导演对两极分化社会的悲悯与思考。其实我个人看这部电影，觉得最大的启发是如何传播本国文化的当代性，这部电影很好地展示了艺术与现实性、大众性的结合，现实问题总是离普通大众最近的，而传统文化的传播也应该考虑与现代性的结合。

走近"韩流"

在去韩国前，我对韩国的印象全靠韩剧构建，剧中大长腿的"欧巴"（韩语"哥哥"的音译）、冬天穿短裙的"欧尼"（韩语"姐姐"的音译），盘腿坐在桌边一边吃泡菜一边念叨的标准卷发"阿祖玛"（韩语"大妈"的音译），觉得韩国就是一个梦幻且浪漫的国家，而在韩国一年的生活帮我打破了这些印象。

一是韩剧里的浪漫只是华美的袍，真实的生活都长满了蚤子。当你真正在一个国家生活过，都会发现不同的国家尽管有着制度的差异，但在形态上都是一样的。不同阶层的人居住条件千差万别，有高楼大厦，也有村野小道，韩国的乡村也没有电视剧那般美好，生活有时极为不便。韩国的蔬菜水果因为都依靠进口价格很高，普通的家庭甚至一个月都吃不到水果，我当时在小郡上想买一个西瓜或者一盒草莓大约需要60-120元人民币，被认为是奢侈的享受。

二是东亚国家文化之间碰撞永远是一个圈。韩国一年的生活让我积累了丰富的跨文化研究素材，我通过参与式观察了解韩国同事熟悉的中国人，他们的回答中大多列举了部分国家领导人，听见最多的回答是诸葛亮，一位同事告诉我因为

《三国志》的故事较早地传入韩国，使得诸葛亮的形象被广泛传播，在首尔还有为诸葛亮设立的庙宇，至今韩国人都会组织进行祭祀，齐声朗诵《出师表》，首尔的国立中央博物馆内至今还陈列着《前后出师表》的部分碑帖和书法，听同事提及诸葛亮还出现在韩国高考论文题中。因为对东亚文化圈的兴趣，我在2014年选修了一门亚太国际关系研究的课，我的期末结课论文也是以朝鲜半岛历史为研究对象，研究朝鲜王朝"慕华观"思想的嬗变及原因。朝鲜王朝也是朝鲜半岛上最后一个王朝，是大韩民国的古代时期，也是从那个时候开始了解中日韩之间依山带水的历史渊源，尤其是汉字、儒学和佛教几乎成为了三个国家之间的纽带，韩国很多影视作品也涉及较多和儒学、汉字、佛教相关的题材。历史照进现实，民族身份的何来何往、何去何从将更加具体而生动。

三是韩流是一种符号而不是潮流。在没去韩国前，我以为的韩流是韩国明星、韩剧、韩综……去了后我发现韩流远不止这些，韩流已经变成了韩国符号的总称，在世界舞台上，韩妆、韩餐到处都是，韩国Show有更为广泛的受众。在韩国，我观看过的所有Show中，最为外国人熟知的便是登上过美国百老汇舞台的"乱打"秀，乱打秀是以韩国传统节奏"四物游戏"为背景音乐的一台默剧，运用厨房必备锅碗瓢盆作为乐器，以及搞笑的肢体动作演绎厨房里发生的故事。当我们一直寻找更合适的文字或者口语来进行沟通时，其效果却不如原始蛮荒时期的肢体语言更能跨越年龄、国家的障碍。

自然教育

韩国是一个十分重视教育的国家，教育在韩国被称为促进经济发展的第二经济。1984年在大韩民国初成立的艰难时期，他们奉行的是"教育先行"的理念，把对教育的投入放在了经济之前。韩国的小学教育和中国一样是六年制义务教育。我在进入宝城南小学教学楼时，在墙面最先看到的一句话是："We help students learn and grow."在教学的过程中，教师永远不是主导，而是站在一旁帮助学生学习和成长的一个角色之一。

韩国小学生的学习压力不大，一二年级下午1点半左右就放学了，本以为放学后的小朋友就回归大自然，结果他们大部分都会参加课后课到三四点才回。韩国小学课后课丰富多彩，有手工、乐器、绘画、园艺、养殖、传统食物制作课等，不大的校园内每个班级有自己的种植场：种空心菜、辣椒……一年的时间见证了小朋友们从播种到收获的全过程。他们在学校的养殖区饲养着小鸡、小兔子，每到午间休息时分，小朋友们会争相喂小鸡、小兔子，有的还给它们起了名字，还能区分开。每隔一段时间的园艺课，我会与学生们一起除草、浇水，帮他们拍照记录，其中一块小土地是以我和英语外教Sunny的名字命名的，叫"Ting & Sunny"。

韩国小学的运动会是学生家长一起参加，原以为像自己在国内参加的运动会项目一样包括跑步、跳远、球类等项目，早已准备好要见证小朋友们"更高""更快""更强"的体育精神的我，在他们运动会的时候早早地来到学校，结果看到的是搬沙包、贴面跑、袋鼠跳、跳长绳、呼啦圈……旁边还有老师们的烧烤饮料小摊，运动会最后一项是清洁场地，并且给每一个参加了运动会的同学零食奖励。我问其中一个中国妈妈这是不是趣味运动会？还有正式的运动会？家长笑了笑说这就是正式的运动会，她理解我的惊讶，还告诉我和中国国内的趣味运动会很像，她觉得运动会各有侧重，韩国小学的运动会注重运动的乐趣以及家长孩子间的互动。我中途看到过两个一年级的小朋友滚瑜伽球的时候掌控不了方向，一次次跑出划定区域而重来，家长们在一旁一遍遍鼓励他们，帮助他们找回正确方向，虽然是最后一名，但他们在孩子完成后满脸笑容抱起来欢呼庆祝。

无论是和同事、学生们一起种菜还是参加学校的运动会都让我意识到好的初级教育培养不在于教育学生能认识多少字、会做多少算术题等，而是培养学生的常识，这个常识包括：良好的生活能力和习惯、创意性的学习能力和爱。

"颁奖仪式"

在2015年7月24日第一学期的最后一天，我收到了五年级两个学生妈妈的一封信，看着漂亮的繁体中文和妈妈所描述的孩子对中文课的满意与期待，顿觉收获了一种成就感。第二学期开学第一天，收到了一年级学生赵允熙的两张纸，一张是我的画像，另一张全是文字，经韩国老师翻译后知道是一张奖状，大意是对我教学很满意，特发一张奖状以资鼓

周婷（二排左四）与韩国
宝城南小学师生合影

励，用铅笔写上的歪歪扭扭的字迹，让韩国老师笑得合不拢嘴，这位学生还象征性地给我举行了"颁奖仪式"，轻盈的一张纸突然有了一种爱的分量。

就像所有老师们的第一次一样，从2015年3月8号的第一堂课开始，第一次上

课，第一次听到家长、班主任、搭档的反馈，第一次公开课，第一次因课程效果不理想而流泪……一年里，我收到的学生自制的小礼物装满了一小盒。冬令营最后一堂课，一年级的恩飞带来了自制的熊猫饼干，是一对儿，我咬掉了一块饼干的耳朵，小伙伴才提醒我说是学生手工做的，看到画了很多小桃心的信时觉得特别暖心。第二学期期末我在学校举办了中文课优秀作品展，2015年是该校中韩汉语项目的第三年，我是他们的第三个中文老师，我希望他们不用记得我，但能记住他们在我的课上获得的一点哪怕是学会的一句中文，玩过的一个中文游戏，表演过的一个角色，那样便是这一年的收获了！而我永远会记得：每天见面跟我用中文说"老师好"的他们，每天午饭后趴在我办公室窗子前给我说几句韩语的他们，每天打扫我们办公室问我要糖的他们，给我照相，把照片发给我，还添加了眼线的女生，因为没有和我一起照相急哭了的一年级小朋友……

在济州岛的汉语教师归国培训的离任晚会上，我和另外一位老师导演了即兴话剧《你以为……》并担任旁白，这部剧用搞笑的方式展现了大多数汉语老师在韩国教学的几个和自己起初预想有差异的场景，剧中有一句这样的旁白："你以为韩国的小学生上课都是背着小手认真好奇的样子，结果有上课趴在桌子下的，随意走动的，一直要上厕所的，化妆的……"那场话剧得到了当晚表演的一等奖。一个观看了话剧的汉语老师在演出后跟我说，她看的时候笑完又哭，哭完又笑，因为她边看边打开了自己的微信朋友圈，发现晒的韩国教学经历都是好的、美的、笑得开心的，但自己其实是将一些不好的、难受的、辛苦的瞬间消散在时间和诉说中了，她谢谢我导演的这部话剧，给了她像放映机一样的礼物，也让她意识到对外汉语教师的积极乐观，以及文化交流的趣味，经历无论好坏，都是一场自我修行。

一缕茶香

时任校长的朴老师是一位快退休的老太太，是个茶艺爱好者，办公室里总有一缕茶香，每次去她办公室，她会拿出我送她的四川茉莉花茶与我分享。印象中小学校长都是坐在办公室的，偶尔在全校开会时看见，但见这位女校长活动的频率有点过高，几乎天天看见，她每天早晨都会和校监（副校长）一起在校车下车处迎接学生们的到来，中午吃饭会和同桌的学生说笑，小朋友们似乎也和这位老太太不陌生，她还每天和其他老师一样在下班时跟我用中文说"再见"。这一年校长带着老师、学生参加韩国传统茶道学习，并且亲自上全校学生的茶艺课。在2015年韩国的中东呼吸综合征（MERS）全面爆发时期，她以较快的速度反应，

及时停课，直到疫情结束。在学校恢复上课时她依然在每日迎接学生们下车的地方等候，亲自测量学生体温，询问学生近况。校长说站在门口迎接学生上学对她而言就像是一种仪式，是她觉得和学生最近的时候。

学校相谈室（韩国小学的课后活动室）的尹老师是一位喜爱中国、爱好学中文的老师，年过花甲的她退休后到我执教的小学做课后老师，经常拿着中韩词典问我一些韩语的中文翻译。尹老师的丈夫金老师和她一样，退休前也是一位小学校长，教英语。一次，尹老师邀请我去她家做客，我看到了老师家里挂着汉语拼音表和汉字偏旁表。她和她丈夫带我去参观金老师执教的老年大学，金老师西装革履，还在胸袋别了口袋巾，尹老师笑着说先生一出门就这样，我和尹老师在教室内听了金老师的一节英语课。金老师上课会运用很多笑话，课堂上笑声不断，台下坐着的三十余位学员，大部分看起来至少50岁，他们拿着教材认真地做着课堂笔记，下课后有的老人还会就不懂的问题咨询金老师。我问坐旁边的一位老奶奶为什么现在还来老年大学，她说不想让自己觉得被时代淘汰了，我很惊讶这位老奶奶的回答，因为她谈到学习的时候没有说是因为周围人的眼光或者看法，而是自己的心态，正如我问尹老师为什么退休后还要继续做老师，她说学习让她一生快乐。想起电影《实习生》中的一句台词："音乐家不会退休，直到心中没有音乐才会停止。"

人生中有几件事是家庭、学校都不会教你的，如何面对老去便是其中之一。而每当想起这门"课"，我都会想起永远与茶相伴、站在校门口迎接学生上学的朴校长，身上永远戴着西装手帕的金老师和家里挂着汉语拼音表每天练习的尹老师。

有朋自远方来，永远有茶为伴。刚来到韩国全罗南道宝城郡的时候有到了乡野田园的感觉，这里没有首尔、釜山的繁华。但一片静谧的大韩茶园，每日见证潮起潮落的栗浦海滩，朴实可爱的郡中人——市场里常光顾的卖菜阿姨，楼下小超市的老板，还有同住一个小区的中国妈妈月梅姐，日常上下楼串门蹭饭的汉语老师雪乔和萌萌。我们一路结识了世界各地的朋友，同郡的英文外教Victor、Mark、Caroline，韩国同事Steven，喜欢中国文化的高中生俊秀、灿英，还有因旅途走错路，偶遇在西班牙工作的导游Jay，给我们安排住处并带我们到景点旅游看到一年两次的"摩西奇迹"（《圣经》传说：先知摩西遭遇了凶险，在前有红海阻挡、后有追兵逼近的生死关头，上帝吩咐摩西拿杖伸向红海，将海一分为二，让他率众安全过海）。

回想一年前，参加国家公派赴韩对外汉语教师项目的大多数都是国际汉语教育或者对外汉语相关专业的同学，我当时就读中国传媒大学广播电视学硕士二年级，从参加考试到培训到赴韩，我被问得最多的问题是你为什么要做一个非专业的尝试，我面试时回答考官："确实，一个每天扛着摄像机学习如何拍摄、剪辑音视频的学生，很难与站在讲台上耐心讲授知识的老师相连系。但传播在各行各业间其实是相通的，以中国优秀的文化为媒，不同专业的人本质上都是一个传播者。"

赴韩期间，除了本身的教师成为了我的一个"非专业"尝试外，我还教学生们做"中国结""中国粽子"等之前我从未做过的手工，没有音乐舞蹈基础的我策划了学校总结年会上的学生中国歌舞表演"小苹果"，唯一和专业相关的是收集了学生们的作品办了一个全校的"中国语优秀作品展"。一直以来，我们为"专业"所困，大多数人会认为专业是有用的，似乎走进大学教育选择一个专业就代表选择了一种技能，而古希腊哲学家亚里士多德早就说过"教育的终极目的在于发展人的理性，用理性追求自由思考的生活"。英国教育家纽曼也认为"大学教育培养的是具有高尚道德和高度理性的'绅士'。"如果专业学习是有目的的，那高尚健全的心智在我看来才是学习专业的终极目的。

学与问（节选）

王凯：听师姐在韩国一年生活经历很受启发。你与韩国人接触时遇到过一些文化观念冲突导致误会的事情吗？都是怎么面对文化差异呢？

周婷：我其实不太认同文化冲突这个词，我认为不同国家之间肯定有文化差异，但能够沟通的就不算是冲突，冲突很多时候的发生在于缺少沟通或者沟通无效，所以遇到文化差异也是争取有效的沟通。在我生活的一年中还没有遇到过"冲突"的情况，和周围韩国同事或者其他国家同事讨论中韩文化的时候也是一种较为和谐的气氛，我们也讨论过一些有争议的问题，比如中韩关于一些传统文化的归属问题，四大发明、春节、端午节等，其实韩国申遗的是"端午祭"，和我们国家的端午节是两个节日，内容大相径庭，而韩国成功申遗对于中国文化遗产的保护也是一种很好的启示。中韩作为东亚文化圈中重要的友邻国家，有着很深的文化渊源，是一个文化共同体，彼此负面或排他的评价其实是不利于共同体的发展的，开放、包容、沟通是我认为的较为合适的方式。

王萌：因我与师姐有着很相似的访学经历，感触良多。不仅看到师姐在南韩期间自身的体会与感悟，更是感受到师姐在访学中不断的求索与思考。基于跨文化传播的问题，也是我一直以来所研究并希望更深层探讨的方向，请问师姐：

一是来自不同的文化背景、有不同观念与信仰的人在互动的过程中，由于文化异同形成了群体间接触的他者化，我们应如何消减这种文化误读，有什么方式或途径吗？其二是影视作品的跨文化传播已成为当下的一种跨文化传播途径，传播过程中往往会产生文化折扣，本地化的知识与信息无法形成差异化传播。那

么对于影视作品如何更好地传播我国文化并使不同文化群体更好地理解我国文化呢?

周婷:首先,我不认为文化误读需要用某种方式消减。存在误读的前提是因为我们用了一系列词语、句子去描述我们所认为的某某文化或者我们所理解的大多数人对于这一文化的理解应该是什么样,这是一种反映论的被动表述,认为文化的含义是固定的,唯一的。我更愿意以建构论视角看待文化的概念。建构论认为,人类对社会实在的认知和表述是一种主动的参与建构,因此不存在什么应该是什么样的说法,文化也一样,那无论对于文化哪种解读都应该是文化本身的一部分,文化的解读也应该是动态的,多样的。其次,影视作品作为一种文化传播媒介,这一媒介因接触门槛大众化而较受欢迎,其传播的内容、方式是由定位决定的,如何定位我国文化的影视作品传播,对内对外都不一样,这关系到国家文化的形象定位,涉及政治、语言各个方面。个人认为从内容上需要以本国人对于本国文化充分理解为前提,符合定位以及现在的新媒体传播规律,寻找不同文化间的共性以及人的共鸣点。另外,文化传播过程中的折扣也是正常的,因为每个受众对于文化的理解也受限于媒介本身,影视作品不是无限表达的媒介,边界是必然存在的。

2018 年 5 月
内江师院中文楼 303 教室

作者简介

周婷,生于1990年,汉族,四川成都人,内江师范学院文学学士,中国传媒大学硕士、博士,现任北京印刷学院新媒体学院讲师。主要研究方向场景传播、媒介与文化。主持北京市教委社科面上项目。文章发表于《现代传播》《中国新闻传播研究》《当代传播》等核心期刊10余篇,曾在人民日报社、凤凰卫视、国际组织世界经济论坛(WEF)实习。2015年受国家孔子学院公派至韩国宝城郡宝城南小学担任对外汉语教师一年,荣获2015赴韩中小学对外汉语教师合作教学比赛银奖。

文学的孤种，艺术的水草
——木心先生生命与文艺的平均律

李　至／成都市温江区书法教师

> 他没有恋爱，没有求职，没有房贷，没有攀比，只有一颗藤蔓包裹的青葱之心，对话老子，诙谐庄子，拷问蒙田，钦慕纪德，倾听肖邦，对质康德，亦庄亦谐，冰炭同炉地成为了文学世界的观众，跻身为世界文学的公民。
>
> ——李　至

人的一生，有幸会遇到这样一个人：与你非亲非故，毫无血缘，不同时代，判若陌人。但是他，软化了你的戾气，拆解了你的构想，让你的精神动容，让你的人生勇敢，且善良地告诉你：目光如炬而又灵魂干净地过完该活的一生。这人，于我，便是木心先生。

一、清潭自濯

先生为乌镇富族，与文学家茅盾先生家族世交。他的童年和少年基本是在茅盾书房啃食而成长的。他曾言：16岁以后的阅读都是反刍。可见在此书房中的浸淫，夯实了他一生的渊博阅读质量。1927年的西方情人节，先生诞生。外面是爱国青年的呐喊，宅子里是长辈对于国家命运的彷徨。唯有木心，处于文学训练营的"隔绝"中。人的一生，所谓的壮年时的"真功夫"，皆来自少年时在"隔绝"中的拉硬弓。这是相声艺人的"科"，京剧名家的"功"。练钢琴，讲英语，学《圣经》，背古文，听评话，写书法，描绘画……这位乌

木心

镇少爷少不谙事又勤勤恳恳地于文艺的筋肉里，游刃有余。没有功利心，没有升学愿，无因地自奋，无果地追求。硬装的书皮为他挡住世俗的说教；柔软的毛笔帮他溶解平庸的社技——乌镇"莎士比亚"，一个在十六岁就锤炼够文法语法、打通中西文艺的苦工，以后行走江湖，不以物改，不以己坠，无可救药地呈现艺术，隐退艺术家。

二十出头，是文艺蓬勃摇曳的风姿。木心雇人挑着几大箱书和一架钢琴上了莫干山，书桌上写着："艺术很大，足以占据一个人的心。"这是陶渊明的气质，拜伦的血气。曾不知老之将至而老气横秋地排兵布阵，闲庭信步。在中西的文艺薄冰上战战兢兢又素履之往，独行其愿。字字珠玑，篇篇恢弘，野心勃勃，信心百倍地写了二十多本书作，慢慢写出，倾泻如注，碧波万里。没有恋爱，没有求职，没有房贷，没有攀比，只有一颗藤蔓包裹的青葱之心，对话老子，诙谐庄子，拷问蒙田，钦慕纪德，倾听肖邦，对质康德，亦庄亦谐，冰炭同炉地成为了文学世界的观众，跻身为世界文学的公民。

我们可以质问自己，观察周遭。太多二十出头的青年扯上文艺的布料，做成花衣，感风伤月，对影自酌，酷似李白，形同杜甫，狱中王尔德，海上海明威——但徒有其表，空怀痴心。书法家是一笔一笔地练出来，最后再一笔一划地把自己救出来；文学家是一字一词地写出来，最后再一句一酌地把自己赎出来。我们没有"科"，没有"功"，从未拉熟过硬弓，文艺只能充当花衣，换季就得扔。到底文艺是精神的脊骨，还是世俗的花衣？

木心老年有一句话：眼看着一个个年轻人，熟门熟路地掉下去。我们掉得太快，巧舌如簧地谈着世俗的说教；我们活得太浅，故作城府地叙述平庸的人际——这些都是磨刀石，都是房檐水——把最锋利的文艺脊骨，最坚硬的精神磐石，全都一层层、一滴滴消磨殆尽，没有海枯石烂的力量，却是死灰不起的怠钝。

青春，都怀着一份单纯、善良、勇敢、激情、求知、寻美、憨厚、莽撞的浪漫，这种浪漫是文艺的曲蘖，伴随着一个人的童年、少年、壮年、老年，最后芊蔚成林，汪洋似海。木心的童年和少年是对青春充满了"自觉""自识""自甄""自爱"的。壮年对得起自己少年时的灵府有程；少年对得起自己壮年时的胸有源著；老年对得起自己年轻时的超逸绝尘。

所谓的青春无悔，就是把后悔药当毒药吃了，什么都不怕了。

二、或跃在渊

接着来的是停不下来的运动和闹不完的革命。乌镇，绍兴，嘉兴，杭州，上海，台湾，温州，莫干山，这是木心的青春，这是练家子的当打之年。接下来的"北京"与"上海"是木心的受难之时。所有的文艺花衣也好，文艺脊骨也好，幻化成焚书的火焰，自缢的丝带，投湖的涟漪，荒野的尸骨——文革。

老年木心有言：文革，不是无产阶级和资产阶级的斗争，是无知阶级和有知阶级的斗争。

先生文革被抄家的笔记本已成作品，二十二大本，老年木心凭记忆写出其名，我们也只有睹识书目为一快，作一叹：

论文：《哈姆雷特泛论》《伊卡洛斯诠注》《奥菲斯精义》《加密克里斯兄弟们》

小说：《临街的窗子》《婚假》《夏狄的赦免》《危险房屋》《克里米亚之行》《伐哀尔独唱音乐会》《罗尔和罗阿》《木筏上的小屋》

散文：《凡仑街十五号》

诗：《如烟之姿》《非商籁体的十四行诗》《蛋白质论》《十字架之半》

剧本：《进来吧，主角》

旧体诗：《玉山赢寒楼烬余录》

只凭书目，功力可见一斑：中西贯通，古今汇合。一夜之间，皆为灰烬，若有半点余存，那是残忆与想象。托尔斯泰、莎士比亚、莱蒙托夫、拜伦、雪莱、唐诗宋词等全部下地狱，而木心在昏暗潮湿底下的防空洞，囚禁。

有知，是人类对自身文明精义内核的钟爱和传承，工具是一本本书；无知，首先便是对书本的迫害，凶器是火，是暴力，是打砸抢烧。木心囚禁时期，被强行要求用来"忏悔"自己"罪行"的本子，先生偷偷写了密密麻麻的六十六页"狱中笔记"，状如蝇眼，或意识流，或历史论，或诗歌谈，或哲学思，手稿一页一页被自己的心灵手巧缝在棉衣中，陆续带出来。深夜，用被子捂住窗口，用木棍蘸着地面的污水，在纸上画出黑白钢琴键，凭记忆弹着巴赫和莫扎特。偶有颜料，视死如归地偷偷画着他内心的山水画，塞尚的轮廓，林风眠的氤氲，北宋山水的渲染，当然还有那个黑暗地狱般的背景。

劳改犯做苦工，锯木机，先生手指过去，伤断三根，致余生无缘钢琴。医生言：犯人是没有麻药可以打的，忍着？先生言：比起爱情的痛苦，这点算什么？断指中有一根是无名指。

白天是个奴隶，夜晚是个王子。世界可乱，书桌不乱，有灯有纸有笔的地方，就有艺术。

他人以死殉道，先生以生殉道。以死殉道易，以生殉道难。

他畅想且羡慕莱蒙托夫囚禁时还有书房、圆桌、厚实的桌布、乳白的玻璃罩台灯、铜茶饮、高背椅，可在狱中穿军服，可以接待访客，还可会晤别林斯基；

他脑子里凭记忆搜索出卢梭晚年最后的几篇"散步"文章，回味无穷，眼睛闪现过屠格涅夫薄薄的"文学回忆录"，津津有味；他不停对着墙壁默念福楼拜的名言：呈现艺术，隐退艺术家；他嘲笑马雅可夫斯基临死的自戕还是假装思念，不知什么是集体主义和个人主义；他含泪地望着窗外，飘荡瓦格纳的一句话，恰好对着这个世界说：我还没有像爱音乐那样地爱过你。

与外界离裂的先生，时时念诵老子"飘风不终日，骤雨不终朝"鼓励自己，本以为五日三月就可完的罹难，这股飘风，这场骤雨，居然横贯了十年。陀思妥耶夫斯基说"人要对得起自己经受过的困难"，木心说"苦难能净化一个人的人格"。

于我看来，其实苦难的涵义本身就是毁灭性的，不用给它定位为催化剂的功效。毁灭过后，底色一定是废墟，精神一定是虚无，肉体一定是槁骸，失去的永远是弥补不回来的青春、壮年、脑力、精力、才情、浪漫、激情、干净、崇高、尊严……这一切都随着苦难尸横遍野而虫解水腐。失去的美好是无论年老再怎么风轻云淡、丰神俊逸也掩盖不了的，尤其是对于一个文艺的创作者，艺术的发轫与井喷就这么些年岁。同行的人掉队了，面容渐渐变得鄙吝，自己也变得谨顺，所有的本钱付之江水，精神挂空，最终成了神采奕奕的颓废者。

先生7岁丧父；

10岁左右，15岁的二姐姐去世；

29岁第一次牢狱之灾，母亲焦虑而亡，为此先生有言：圣母比耶稣提前受难；

40岁第二次牢狱时，大姐姐被批斗而死。

当七十年代末先生出狱时，他委实成为了故土上无根的孤灵。关他的人说："这小子应该是爬出来的吧。"没想到木心走出来，腰杆笔挺，裤子还有笔直的缝。

随后被分配到一个工厂的美工车间，他技艺精湛，什么活儿在他手里都会做出精美艺术品的样子，带有一个傻瓜徒弟，但是文革的"帽子"还在头上没有取下，于是徒弟是可以随性掴他耳光的；当事人回忆，亲眼看见因为一件什么小事，车间的头儿用皮鞭抽打木心——因为他是被文革定有"罪行"，整个厂里的人都可以欺负他。他内向不说话，走路只走墙根，埋着头。

是的，时隔多年，写出风靡中国的《从前慢》和"我是一个在黑暗中大雪纷飞的人哪"等等这样句子的木心，被傻瓜掴耳光，被土霸王抽皮鞭。那么干净的灵魂，壮年被牢狱的铁丝强拧已成扭曲，老年又被肮脏的动物咬啮咀嚼，他还剩下什么？

他心中，还藏着一个文艺梦——去外面，完成他的艺术——人要对得起艺术给予我们的教养。

三、美学流亡

一个慧眼识英雄的恩人，将木心从车间直接"拎"到了上海工艺美术家协会秘书长的位置，本可以混资格，评职称，坐等养老。但56岁的先生决定出国。

在公园帮别人画素描，在唐人街古董店修古董，坐地铁，穷缩在昏暗的负一楼，勉强维持生计，但有灯、有笔、有纸，就有艺术。

文革的抄家，让先生愤恨弃笔从画，一生立誓只画不写，但恰逢台湾的另一位恩人，拜读些许先生零碎的文章，苦求先生一定要继续扶笔奋书，不辜负文艺的教养。先生一边写，一边画，一边打零工，一边坐地铁，遇见了陈丹青。

以文会友，陈丹青带着一批随性的50后、60后，标准的狼羔子，没读过书，文化断层的留美画家，常常闲聚在木心家，恣意汪洋地听木心谈论文艺，或通宵，或午后，或清冷，或暖阳。随后，木心决定了一个文学史的壮举——不亚于鲁迅的弃医从文，为这群"文盲"讲述世界文学。

1989年元月，世界文学第一堂课开始，历时整整五年，木心笑言：这是一场文学远征。

孔子带着徒弟周游列国，木心带着学生偏安一隅，文学课开始了：

他讲王尔德没有晚年，蒙田晚年"输"了，他偏要以成败论英雄；

他讲罗马是酿酒者，中世纪的黑暗是酒窖，文艺复兴是酒盖掀开了；

他讲林黛玉应介绍给卡夫卡；

他讲什么东西一入"主义"，就不入流了；

他讲莎士比亚是仅次于上帝的人；

他讲战争是兽性的暴露；

他讲爱，原来是一场自我教育；

他讲陶渊明是塔外的人；

他讲《红楼梦》中的诗，是水草；

他讲悲观是一种远见；

他讲放下屠刀，立地成佛，是宗教；放下屠刀，不成佛，是艺术；

他讲无知的人总是薄情，无知的本质就是薄情；

他讲最好的性格是沉静而不寡言；

他讲最强烈的爱必含性欲，但最高贵的爱完全不涉性欲；

他讲鹰、虎、狮都是孤独的，不合群的；牛、马、羊、蚁，一大群，还哇哇叫；最合群的是蛆虫。

这是文学的嘉年华，是艺术的近距战。懵懂的青年手拿画笔的同时，聆听着如此高质量的文学饕餮，神不附体。

1994年元月，五年的文学征途到了终点。合影时，很多人未启齿已泪流满

面。先生穿上大衣，看了看五年的讲案和黑板，十多分钟的凝视，然后转身走了出去。

先生一生信奉孔子的对立面——孔子述而不作，先生作而不述。文学讲课五年是先生的述。他留住文学的可能性，诠释了：衔命首义，生生不息。

陈丹青说：木心先生的五年文学课，让我不再害怕这个世界。

与此同时，受邀哈佛画展，美国开始关注这个老头子。他提着画板，气宇轩昂地下了地铁，看着天空——美丽的三朵白云——他的文章被美国收录进与马克·吐温和海明威共存的美国文学史教材；他的画被英国大英博物馆收藏；他再也不用躬身低头没日没夜地挤地铁了。

许多散文和小说被翻译成英文；耶鲁出版《木心》画集；台湾诗人痖弦在《联合文学》创刊号首页刊登《木心，一个文学的鲁滨逊》，随后一共出版木心12本书；2001大陆因为木心的《上海赋》知晓了这个离开祖国近二十年的"文学家"。

不早熟，不是天才；但天才一定要晚成才好。

保存葡萄的最好方式，是把葡萄酿成酒。

四、归来局外

2006年，下飞机前，他说：飞机没意思，还不如苍蝇，你看苍蝇起飞和降落，多利索。急切的木心看到了祖国大地，他回来了。

老宅被乌镇旅游部复古重建成古色建筑，自名：晚晴小筑。他老了，鲁滨逊靠岸了。

国内刊登和出版了他的书，最先引起反响的是年轻读者，80后、90后居多。中国文学语言逃不出四种体系：一是古典汉语言体系；二是现代白话语言体系；三是中国文学体系；四是西方文学体系。

木心的语言和体系是滋萃了中西思维，焊接了文白纹理，诡谲瑰丽，赫赫炎炎，有独特的速度感，有绝妙的灵动韵。清穆不失诙谐，怪诞不减风雅，走磷飞萤，临风飘眉。雷击了整个大陆文坛——前提是这个坛还有无同等水准的人？

木心无疑是一粒文学的孤种，归来的局外人。

先生的生日是情人节，一生未娶，把自己嫁给了艺术。2011年12月21日去世，遗稿中有一联，刚好成了他的挽联：

　　此生有一泛泛浮名所幸私愿已了

　　彼岸无双草草逸笔犹叹壮志未酬……

他用生命镂刻了艺术的本质——爱雅如命，嫉俗如仇。

我23岁做了两件于人生最重要的事：一是自临欧阳询的《九成宫》，二是通读木心著作。对于一个大学后期的中文系学生，瞄准公务员、入驻体制教师、横杀企业部门、跨界金融、副业会计、独立创业、买卖生意等等才是人生首要，而我却执着于这两件最没价值和作用的事。但是也就是这最没有价值和作用的事，让我可以靠书法成为一个极度自由而生存有保障的人；让我可以靠木心的谆谆教诲和字字哲思，屏蔽所有"乱我心者"而不屑我忧的世俗教义。让我目光依然如炬，灵魂依旧干净。

人，应该要保存人类作为高等智能生物的最后光荣；

要有超越茶米油盐酱醋茶的品味；

要有身在牢笼而凝视他山之石的愿景；

要有"我心匪石，不可转也"的憨厚；

要有"我心匪席，不可卷也"的绵长；

要有"一历耳根，终为道种"的痴呆；

要有死不足惜、以生爱雅的洁癖；

要有无畏功败垂成而耐住功成垂败的信仰；

文艺是一场人与世界的单恋，很多人只是行过，无所谓完成。

学与问（节选）

梁家英：李至师兄，你在开头提到了木心先生于你的影响，那么你是从读了木心先生的哪部作品开始沉入其中的？是什么契机让你决定跟随木心先生的艺术之途的？

李至："看在莫扎特的份上，善待这个世界吧"，就是这句话，让我决定买他的全集，终身享用他。他随感式的写作，恰合我当时读尼采的写作风格，而且都是铁打的诗人——一个文学家的坯子是诗人，或者具有诗人气质，然后又做深刻的文学、哲学、艺术的分析判断，那么都是一等一高手。尼采本质是诗人，所以他无法砌砖堆瓦似的搞哲学理论，他只有感而发；木心，年老动笔，时不待人，加之自己是俳句高手，随意也是用感发写作。做到了尼采所说的"我用说十句话，说出别人一本书说出的东西——说出别人一本书没有说出的东西。"

黄春华：听你谈木心先生好多次了，每一次都是深受感动，木心先生于我再也不是遥远的文化名人，一读再读的《文学回忆录》中似乎我也是当时席地而坐的旁听者，木心先生变得如此亲近。记得某个大年初一赶上最早的航班，只为看看乌镇木心美术馆，因为你提起过，这里值得看看。不可否认，我所认识的木心先生与你讲的木心先生是有点距离的，我的模糊，你的清晰，我的干瘪，你的丰

厚，我的冰冷，你的炽热，读木心先生的诗作，我经常云里雾里，但是在你一说就是有趣的故事，有风度的人。所以特别想知道你走进木心世界的密码是什么？没有木心先生是不是还可能有其他的人走进你的世界？

李至：首先，我们要识别一种特定时期所产生的文学生态，比如文艺复兴，比如先秦诸子。在这样的文学生态里，纵向看，他们这一代人是有共同特色，有交集风格，然后再把他们端出来，横向比，你就会发现，还有风格，还有独特，最后就形成和你的品性、风格、接受力、审美力、思考力相融合的大师，彼时，你就成为了他的马仔，鞍前马后，爱他至死。木心在民国这一代的作家中，有生态特色，古文好，西学敏感，中西对比通透；同时，木心在这一代作家中，又避开了热血、笔战、革命、教条、主义之类，让他纯天然地出落成了一枚孤种。没有木心，也会有别的大师走进我，消融我，熔化我，锻造我，锤炼我。只是木心是我们本国母语作家、艺术家，他和我们同根同族，又离我们那么近，在他身上实践和承担了艺术与文学的教养，让爱好文艺、从事文艺的我们，不会在现实的迷雾中丧失文化的坐标，至少有迹可循。

胡琪：师兄好，从你的分享中，我们能感受到木心仿佛一个全才，诗歌、小说、散文，字字珠玑。木心同时也是音乐家、画家。他醉心艺术，也饱受生活的苦难。他经历流亡，但初心不改，保持独立。从你的经历中，我看到了你对文学、对自我的追求。但我总是疑惑，我们需要文学和艺术来滋润生活，但庸俗的人啊，有心追求，又好像被生活裹挟，要么寸步难行，要么随波逐流。你读懂了木心，也做了自己。你是如何说服自己冲破藩篱的呢？

李至：曾记得是一个同级的同学，说自己也想看书，不顾一切地逃课，像我一样做我自己，构建自己的精神王国，但是自己做不到，因为考虑到父母。有意思吧，自己不敢逃课看书，不敢大胆攻克一本本大部头书，不敢孤独脱离寝室的成群结队，不愿做一个充实的孤独灵魂的原因是——考虑到父母。因为在她心中认为，逃课，不关心考级，不背英语，不进社团，不去学工办"打工"，不和师兄师姐搞好关系，不把课堂的笔记记好，不在考试的时候使劲为考高分而磨枪——就是不负责任的大学生活，就是对不起父母血汗钱和困苦家庭生活的大学——至少随大众人云亦云地这样读完大学，可以保底，可以顺利领到毕业证书，可以找工作。（又把大学和找工作联系起来了）我们先把现实的问题捋清楚——找工作凭的是什么？拼的是什么？凭的是文凭，拼的是本事！我们不要只看着前面，而忽略后者。一个中文系的本科生毕业，本事就是：一手好字，充满魔力的语言表达，灵敏的思维，大量的阅读储备，完整的历史观、文学观、文化观，娴熟的写作能力，温文尔雅的谈吐，充满艺术的温情，高级的鉴赏能力和高雅的审美能力。生活从来没有裹挟哪个人，萨特的说法，人是有绝对自由的。哪怕你说你是逃兵，你别无选择，但萨特说，你可以自杀，你可以坚持。没有人用刀架着你脖子上让你去买房，买车，找高工资工作，受老板的冷眼和压迫。同样，也没有人用枪对着你，逼你去写书法，看书，听音乐，运动，欣赏绘画。我看到的是，买完房，有了车，工作稳定，收入可观过后的人群——很少看书写字、追求文艺的。生活没有裹挟我们，想一想，是不是我们把生活裹挟了。

最考验一个人适应能力的不是外界环境或物质，而是混乱的精神氛围。再娇生惯养的人，将他置于劣境中，他死不了；他的生存本能会与外界进行调和，最后达成统一。哪怕他内心有极度的不愿意，风餐露宿久了，也就妥协了。最痛苦的是置身于一个与自己内心完全陌生的精神氛围里。你是属于安静，这里的人蹦跳喧哗，半夜不眠；你是趋向精巧，这里的人粗鲁无礼，鼻孔朝天；你是外渗热忱，这里的人冷漠寡言，形同陌路。一个人能忍耐如此反差的精神氛围，是好是坏？我们可以为这个世界改变所有，唯一除外的是我们的内心。有人会在这样的境遇中往返折中，寻找一个恰当的中间地带，另外有人会避开这个中间地带，只身步入另一个版图，你属于哪种？

岳鹏程：师兄你好，您说"他用生命镂刻了艺术的本质——爱雅如命，嫉俗如仇"。请问你如何界定雅和俗呢？两者的关系只是对立的吗？

李至：这个问题很大，如果真的要定义雅和俗，我会用"理性"来作为界定——但凡经过大脑加工、心描手摹、潜移默化、模仿学习、记忆背诵、冷静体悟、独自思考、个体经验的理性过程，我定义为"雅"的过程；但凡是随波逐流、去主观意识、人云亦云、集体发泄、群体宣泄、感官为主、刺激感官的带情绪化表达严重的定义为"俗"。

雅，其群体少，毕竟用理性进行思考和审美的人群少；

俗，其人数广，毕竟喝酒、广场舞、全民KTV、朋友圈大脸自拍、腿臀胸展示、飙车、赌博的人多，是民众现象。

在前工业化时代，"雅"的人群也就是贵族，高级精英和官宦人群掌握文化话语权和决定权，可以在自己的书籍著作里批判和书写"下里巴人"和"阳春白雪"。而现在，经过一百年的全球民权运动，大众掌握了话语权和决定权，也可以批判和书写——导致我们所谓的"雅"群体瞬间失声，噤若寒蝉，甚至精英专家要跳出来站在民众的广场舞立场说一句：我就觉得《小苹果》好听，是老百姓的歌曲。因为这样有安全感。他说这句话的时候，背后站着的是好几亿跳广场舞的大妈，她们都会玩手机，都会评论。

"雅"的群体变节，导致雅就蜕变成了小众，小众这个词不是今天存在，历来都是这样的。"竹林七贤"为什么不是"竹林三百万贤"？就是这个道理——雅，是可以自我划界、自我归分的。

雅和俗的关系，我还不觉得是对立，是掩映。文学、哲学、科学的关系，都是掩映关系。你中有我，我中有你——跳广场舞的大妈有可能一瞬间把围裙叠得很漂亮，窗台的盆景也修剪得很艺术；研究莫扎特曲谱的音乐学者，有可能半夜吃烧烤喝啤酒，和邻桌的拌嘴打架。目前，雅的人群会躲起来善待俗的人群，好好理解"躲起来善待俗的人群"这句话。俗的人群，会直接在嘴上说"玩不了，弄不来"雅的那套，但在他们心中，对雅是有尊敬的。事实证明——无论何种群体和阶级的人，走进一间顶着天花板布置的书房，都会放慢脚步，轻手蹑脚——这里承载着人类最高密度的理性智慧，所以必须尊敬。

陈金桂：木心是为艺术而生的人，他的经历让我想到了苏东坡"一蓑烟雨任平生"。我觉得他们身上都有一种任其世界喧嚣、我自岿然不动的精神气质。请问这二人各自的经历以及人生境界给你印象最深刻的是什么？

李至：二者都是处于整个时代背景压抑、奸诈、阴险、黑暗的条件下，"衔命首义"而"生生不息"（木心语）。苏东坡给我留下最深的是他从海南回来——生命的尽头，经历了我们熟知的所有贬谪和迫害后，在海峡船上说了一句"九死南荒吾不恨，兹游奇绝贯平生"，这是他对自己一生的总结，没有怨言，感觉自己一生还赚了。

木心是经历三次牢狱，中年出走故土，暮年回归，无家无子，但一句"诚觉一切皆可原谅"，同样打动我。马洛伊·山多尔的《烛烬》观点：人不是为了一个结果而活，而是为了一种折磨我们一生的"激情"而活。当把这样的"激情"耗尽，人的生命也将谢幕，什么样的结局都不重要。

2016 年 4 月
内江师院东区文学沙龙

作者简介

李至，1990年成都生，庚金午火，锻打锤炼。大一大二，视图书馆为猎场，自诩"文学赛德克·巴莱"——永不失猎场，每日阅读14小时。大三大四，嗜书法，颜筋欧架，二王宋元，每日习字10小时。内江师范学院文学院毕业后，5年间历教中国职校、初中、高中、小学、幼儿园，可谓山清水秀亦山穷水复。遂归去来兮，辟陋室为书屋，授经教字为生，看似闲云野鹤，柳阴古道，实则随拜伦仗剑希腊，共尼采独居阿尔卑斯。

行到水穷处：走近王维的山水诗

薛芸秀／南京大学古代文学博士

> 文学史只是给我们提供一个大致的结论，它本身也不可能面面俱到，所以我们自己在读书的时候要有这种质疑的意识。
>
> ——薛芸秀

今天非常有幸能和大家一起分享王维的诗歌。王维是唐代可与李、杜鼎足而立的诗人，但他的诗歌在内容和风格上都和李杜二人有很大的不同。秉着"知人论世"的原则，我结合王维的生平经历来讲他的诗歌。大家手上拿到的资料中有我选的《旧唐书·王维传》和《新唐书·王维传》。

王维，字摩诘。他的字是有来历的，佛经中有一部《维摩诘经》，主要是宣扬大乘佛教的教义，写得非常有趣，书中的主人公是一位叫维摩诘的居士，王维的名和字连起来就是"维摩诘"，从这一点也可看出他与佛教的关系。王维是山西人，他的父亲做过汾州司马。王维小时候就很聪明，能诗会文，工书善画，精通音律，与弟弟王缙年少就很有名气，且非常孝顺。他15岁时就和弟弟来到长安，并通过自己的才能博得了豪门贵族的青睐，其中薛王、宁王、岐王等人与其交往密切，王维早年确实为了求仕而结交皇室。当李白尚在蜀中、杜甫还未出名时，王维已经是名噪京师的大才子了。

《王右丞集笺注》

[唐] 王维 撰，[清] 赵殿成注，上海古籍出版社，1998 年版

王维写了大家最熟悉的《九月九日忆山东兄弟》这首思亲名作。再者就是《洛阳女儿行》，写京城贵妇生活的奢靡和精神的空虚，末联"谁怜越女颜如玉，贫贱江头自浣纱"写出了富有才学却因出身贫贱而位列下层的不平之慨。

王维的初官太乐丞并没有做多久，就因太乐署中伶人舞黄狮子的事受到牵连，被贬为济州司仓参军。这一贬让王维受到了很大的打击，离京时写了《被出济州》：

> 微官易得罪，谪去济川阴。执政方持法，明君无此心。闾阎河润上，井邑海云深。纵有归来日，多愁年鬓侵。

他感受到了仕途的凶险，说执法之人也是秉公办事，而贤明的君主并无处罚自己之意，是正话反说。尾联说想到自己就算是再回到京城，也是因愁多而鬓发已白了吧！

在济州任职期间，王维为裴耀卿僚属，协助其做出了许多突出的政绩。但这一时期，王维心中始终怀有不平之气，所写诗作大多悲叹自己的怀才不遇。我们首先来看《济上四贤咏》，这组诗共三首，主要是歌咏四位贤士的高尚品质，同时也指出了贤士居下僚和纨绔子弟凭家世凌居高位的不公现实。我们主要看第三首《郑霍二山人》：

> 翩翩繁华子，多出金张门。幸有先人业，早蒙明主恩。童年且未学，肉食鹜华轩。岂乏中林士，无人献至尊。郑公老泉石，霍子安丘樊。卖药不二价，著书盈万言。息阴无恶木，饮水必清源。吾贱不及议，斯人竟谁论。

诗的前半部分主要指责那些世家贵族的子弟不学无术却能凭先人的功业得到恩荫，而像郑、霍这样的贤人却沉沦下僚，只能卖药、著书，诗人的价值取向昭然可见。

在济州期间，王维和一些僧侣道士来往密切。王维的母亲崔氏是虔诚的佛教徒，王维和弟弟王缙从小就受到母亲的影响，对佛教亲近，《新唐书》记载："兄弟皆笃志奉佛，食不荤，衣不文彩。"他晚年对佛教的情感更深。王维被称为"诗佛"，但信佛的同时，与道教的关系也颇为密切，我们在他的诗中始终能感受到道教的影子。唐朝以道教为国教，在武则天大力支持佛教以前，道教的势力很大，王维主要活动在唐玄宗当政的时期，李隆基推崇道教，大力提高道士的地位，还为《老子》做注，在当时道教的势力并不亚于佛教，佛教和道教虽有西来和本土之别，但它们在修行方式和对待世俗的观念上有相似之处，最明显的就是都强调与世俗划清界限，轻视功名，修身养性。对于一般的文人士大夫来说，佛道都是他们逃避官场世俗、寻求精神解脱的途径，这也是古代许多的文人士大夫都兼有三教思想的原因。王维在这一时期与佛道二界的人都有往来，其写给僧侣和道士的诗就是证明，如《寄嵩梵僧》《赠东岳焦炼师》《赠焦道士》等。

王维在淇上所作的诗跟在济州时的主题差不多，大多是抒发自己怀才不遇的苦闷，《偶然作》五首、《不遇咏》等诗就属于这一类。而且在这一时期，王维的佛教思想日渐深入"爱染日已薄，禅寂日已固。"（《偶然作》其三）"爱染"是佛教语，意思是洁净的本性为外界的情欲所污染。另外，这一时期他也写了一些描写田园风光的诗，如《淇上田园即事》等。

王维在淇上两年左右，又回到了长安，但只是闲居，朝廷没有给他安排职务，他在这期间跟随荐福寺道光禅师学佛。这时，四十岁左右的孟浩然入京考试，大家很熟悉的"不才明主弃"的故事就是发生在这个时候。最终孟浩然没考上，落第还乡，王维写有《送孟六归襄阳》。不久，王维也离开长安入蜀游历，沿途写有描写巴蜀风光的诗篇。王维再次回到长安后，写了《上张令公》请求汲引，但没有效果，随后就隐居嵩山。嵩山在河南洛阳，洛阳是唐代的东都，当时玄宗就在洛阳，许多追求功名的士子都集聚洛阳，王维这时去嵩山隐居，有人就认为他是想走"终南捷径"。王维隐居嵩山时与僧人交往密切，参禅学道，写诗也很有禅意，但他内心还是想求取功名，所以，他又写了《献始兴公》一诗，再度请求张九龄的汲引。虽然王维两度上书张九龄，但他的诗中并没有媚态，而是不卑不亢。这一次，王维如愿以偿，被任命为右拾遗，但内心也有矛盾，他在离开嵩山时所作《留别山中温古上人兄并示舍弟缙》中就表达了对山中生活的留恋。

但好景不长，开元二十五年（737），张九龄受到李林甫的排挤打压，谪为荆州长史（张九龄在荆州时，曾让孟浩然在他的手下做事）。王维是张九龄引荐的，而且王维十分敬仰他，本以为可以借此机会建功立业，张九龄这一贬，他的希望就破灭了，因为他看到了朝廷内部的黑暗，也知道自己以后的日子不会好过（因为他是张九龄一方的人），所以他在《寄荆州张丞相》中表达了自己黯然思退的情绪：

> 所思竟何在？怅望深荆门。举世无相识，终身思旧恩。方将与农圃，艺植老丘园。目尽南飞鸟，何由寄一言。

诗中充满了怅惘之情，其内心的失落与沮丧可想而知。张九龄被贬后，王维也被任命出使凉州，并在河西节度使崔希逸幕中任职。他在河西写了许多边塞诗，大家最熟悉的就是《使至塞上》：

> 单车欲问边，属国过居延。征蓬出汉塞，归雁入胡天。大漠孤烟直，长河落日圆。萧关逢候吏，都护在燕然。

这首诗中"大漠孤烟直，长河落日圆"一联最有名，《红楼梦》中"香菱学诗"一段对这两句有特别的描写：

> 香菱笑道："我看他《塞上》一首，那一联云：'大漠孤烟直，长河落日圆。'想来烟如何直？日自然是圆的：这'直'字似无理，'圆'字似太俗。合上书一想，倒像是见了这景的。若说再找两个字换这两个，竟再找不出两个字来。"

确实，塞外的自然景观不同于我们南方，其壮阔如此。王维对景物的捕捉能力也是非常独到，"大漠""长河"是其辽远，"孤烟直""落日圆"是其壮阔、雄浑，"直"和"圆"二字又给人身临其境、即目即视的感觉，所谓"状难写之景如在目前"正是如此。同时，这两句也体现出了王维"诗中有画"的艺术境界，"大漠孤烟直，长河落日圆"不仅有大背景的描摹和线条的勾勒，而且还非常有层次感。

王维在开元二十六年（738）从河西回到长安，担任监察御史一职。开元二十八年（740）又迁至殿中侍御史，这一年冬天，王维知南选，赴岭南。"知南选"就是去岭南主持当地官吏的选拔，是唐朝的一种政策。途经襄阳时，王维去看望好友孟浩然，没想到孟浩然不久前已经去世了，他怀着悲痛的心情写下了《哭孟浩然》：

故人不可见，汉水日东流。借问襄阳老，江山空蔡洲。

开元二十九年（741），王维自岭南北归，途中，他访寺问道，写有《登辨觉寺》《谒璿上人》等诗，其中《谒璿上人》一诗值得我们细看：

少年不足言，识道年已长。事往安可悔？余生幸能养。誓从断荤血，不复婴世网。浮名寄缨佩，空性无羁鞅。夙承大导师，焚香此瞻仰。颓然居一室，覆载纷万象。高柳早莺啼，长廊春雨响。床下阮家屐，窗前筇竹杖。方将见身云，陋彼示天壤。一心在法要，愿以无生奖。

诗的开篇有陶渊明"误入尘网中，一去三十年"的感觉，是说自己年少追求功名利禄实在不足称道，现在明白了佛理的好处了却年岁已大。接着又有陶渊明"往者不可谏，来者犹可追"的意味，是对自己过往的反省，也可以看出陶渊明对王维的影响。接下来是诗人暗自发誓要皈依佛教，不再为尘世所累，后面部分就主要是在赞美璿上人了。之所以要看这一首诗，是因为通过此诗可以了解王维当时的心态，他真的是对官场厌倦了，所以一回京便辞官隐居终南山。

王维隐居山中过得十分惬意，但是他并没有隐居很长时间，不到一年，他又出来做官了。天宝元年（742），王维出任左补阙。对于他的隐而复仕有很多种说法，有人认为他是忘不了仕进之心，有人认为他过不惯清贫的生活，也有人认为是因为王维家贫，有母亲和弟弟妹妹要供养。每个人都是一个矛盾体，陶渊明虽然甘于贫苦，不也常在诗中回想自己年轻时的雄心壮志和悲叹自己的怀才不遇吗？李白奉召进京，任翰林供养，但两年左右就被赐金放还了。

《王维集校注（修订本）》
[唐] 王维 撰，陈铁民 校注，
中华书局，1997 年版

王维这次出来做官后就不像之前那样热衷于仕途了，可能是对自己以前的被贬心有余悸，也有可能真的只是把做官当成一种谋生的手段了，所以在很长一段时间里，除了常规的升迁，王维的官职都没有太大的变动，以至于苑咸都作诗来嘲笑他。苑咸是李林甫的亲信，和王维的关系还不错，但王维并没有想借苑咸的势来谋得高官厚禄，他在《重酬苑郎中》引杨雄、冯唐事迹委婉地表明了自己甘于现状、不图援引的心迹。当然，也有人因王维与苑咸保持着不错的关系，而且还写诗赞美过苑咸就质疑王维的人品，关于这一点仁者见仁、智者见智。王维与苑咸关系不错，或许是因为他们都精于佛理的缘故，王维有《苑舍人能书梵字兼达梵音皆曲尽其妙戏为之赠》，我们从诗题就可以看出苑咸也有一定的佛学功底，两人在佛教方面有共同话题。

王维的这次出仕是身在朝，心在野，不久就在蓝田辋川购置了宋之问（武则天时期的红人）以前的别墅，安史之乱爆发前，王维常居于此，过着亦官亦隐的生活。说到亦官亦隐，也有人从唐代官员的休假制度去考证，认为从官员的休假时间和辋川别业到长安的距离来说，王维亦官亦隐的说法是站不住脚的。当然，这种说法也很有道理，王维在这一时期确实是长安、辋川两边跑，这一点从他的诗中可以得到证明。

王维在这一时期写了许多送别的诗。在王维的集子中，送别诗有很多，而且随着心境的变化，在送别友人时所说话的内涵也大不一样，只是这一时期尤其的多，这倒是非常有趣的现象，最有名的一首大家都知道《送元二使安西》。

《旧唐书》中有这么一段：

（王维）得宋之问蓝田别墅，在辋口；辋水周于舍下，别涨竹洲花坞，与道友裴迪浮舟往来，弹琴赋诗，啸咏终日。尝聚其田园所为诗，号《辋川集》。

辋川真就像王维的世外桃源，风景绝美，有许多的景点，闲暇之余，他就和好友裴迪游玩其间，弹琴赋诗，这生活真的是太惬意了，让人羡慕不已！王维和裴迪两人对辋川的二十处景点都写有诗，而且都是五言绝句，辑为《辋川集》。这一集诗写得真是很好，我将二十首都列在了资料上，《辋川集》前面有王维写的一段小序：

余别业在辋川山谷，其游止有孟城坳、华子冈、文杏馆、金竹岭、鹿柴、木兰柴、茱萸沜、宫槐陌、临湖亭、南垞、欹湖、柳浪、栾家濑、金屑泉、白石滩、北垞、竹里馆、辛夷坞、漆园、椒园等，与裴迪闲暇，各赋绝句云尔。

小序大致交代了写作缘由，王维与裴迪的二十首绝句都是以景点命名的。

《鹿柴》，大家都很熟悉：

空山不见人，但闻人语响。返景入深林，复照青苔上。

这首诗的意境十分静谧。说"空山"并非是说山中一无所有，下句不是说听到"人语"了吗？所以山中是有人的。这里的"空山"一方面可能是说山的大，"空"给人一种大而远的感觉，也给人一种静的感觉。而"人语"又进一步突出了山的静谧。这两句一静一动，以动衬静，就愈显其静。后面两句是写山中独特的静谧之美。太阳快落山的时候，它的光芒就十分柔和，再经树木的枝叶一筛，照进山里的那种光线就越发朦胧。诗中说落日的回光静静地照进山里石头的青苔上，这个"复"字很有意味，我们通常理解为"反复"，或者"又"，所以在这里，"复照"可以说是太阳的光线又照在了青苔上，因为其他时候的阳光也有可能这样照进山里，也可以说是诗人以前见过这种景象，今天又见到了。另外一种可能更好，那就是随着落日的逐渐下沉，照在青苔上的太阳光线也就会渐渐地、来回地移动。诗人凭着敏锐的观察力，捕捉到了这种光线的变化，并将它呈现在了读者眼前。《竹里馆》中也学过："独坐幽篁里，弹琴复长啸。深林人不知，明月来相照。"最后再来看一首《栾家濑》：

> 飒飒秋雨中，浅浅石溜泻。跳波自相溅，白鹭惊复下。

王维十分喜欢写秋景和暮景，诗中随处可见"秋山""秋水""秋雨""秋天""秋色""秋原"和"落日""斜晖""日暮"等意象，诗人如此偏爱秋景和暮景，可能与其仕途受挫后对政治灰心有关，加上诗人后期耽禅礼佛，内心就更加喜欢淡泊宁静之景。秋天，万物萧索，更显得天高地阔，风清气朗，悠远闲静；而日暮时分，白日的喧嚣渐趋沉静，人们都不再那么忙碌，连飞鸟、暮禽也争相归巢。这样的景象在诗人眼中就是一幅幅宁静闲远的山水田园画卷，可能也启迪着他对自然人生产生无尽的诗性思索。

这首诗就是写秋雨中的景象。"濑"是指湍急的水。"飒飒秋雨中，浅浅石溜泻"二句，一写秋雨之貌，一写石间水流迅疾之貌。"飒飒""浅浅"两叠词十分传神有力。后二句最为人所称道，"跳波"是指雨水或石上流水溅起的水波，这些"跳波"不是人为激起的，所以说是"自相溅"。"跳波"惊飞了水边的白鹭，它们或许以为有人来了，所以害怕得飞起来，可观察了一会儿发现并没有人，只是溅起的水波而已，于是又飞落下来。这两句写得十分有意味，首先是诗人敏锐细微的观察力，顾璘说："此景常有，人多不观，唯幽人识得。"其次是两句所描写的场景十分的静谧和谐，诗人并没有直接说山中秋雨之景有多么得静谧，而是通过白鹭"惊复下"的动作来体现。白鹭是自然界的生灵，"惊"体现了其对人类的警惕，而"复下"则体现其在觉知无人之后的心安。其实，我们知道诗人在观察，所以并非无人，但正是如此，我们才愈发感受到诗中的静谧和谐与诗人内心的宁静平和。王维与谢灵运不一样，谢灵运对山水有一种征服感，而王维对自然则是与之融为一体，用自然的方式关照自然，所以他的诗更能表现自然之美。这首诗意境十分静谧，但静谧之中又有灵动的生命力，这也是王维山水诗的最大特点。

王维还写了许多关于辋川的诗，如《辋川闲居赠裴秀才迪》《辋川闲居》《积雨辋川庄作》《戏题辋川别业》《归辋川作》《别辋川别业》《辋川别业》《题辋川图》等等，可以说，辋川别业是王维心灵的一处归宿，是安顿其灵魂的地方。下面来看王维这时期的其他代表作品，大家非常熟悉的一首《山居秋暝》：

　　　　空山新雨后，天气晚来秋。明月松间照，清泉石上流。竹喧归浣女，莲动下渔舟。随意春芳歇，王孙自可留。

这首诗写的是秋雨过后山中傍晚时分的景象，有自然景物，也有人的活动，意境非常的空灵，最后两句有诗人的特别寄托，反用典故，表达出作者对山居生活的满足与留恋，同时暗示对官场和世俗的厌倦与逃避。

王维这一时期的作品非常多，大多写得非常好。如《酬张少府》：

　　　　晚年惟好静，万事不关心。自顾无长策，空知返旧林。松风吹解带，山月照弹琴。君问穷通理，渔歌入浦深。

《终南别业》说："中岁颇好道"，这首诗说"晚年惟好静"，可以看出王维思想中的佛教因子越来越深了，因为"好道"和"好静"在层次上有深浅之别，"好道"说明诗人尚处在追寻、学习的阶段，而"好静"则表示诗人已得通透，并已然将此当作一种生活方式或者生活状态。《旧唐书》对王维这一时期的生活如是记载：

　　　　在京师日饭十数名僧，以玄谈为乐。斋中无所有，唯茶铛、药臼、经案、绳床而已。退朝之后，焚香独坐，以禅诵为事。妻亡不再娶，三十年孤居一室，屏绝尘累。

王维此时已经五十多岁了，所以说"晚年"。晚年的王维一心礼佛，清心寡欲，对什么事都不大关心。在颔联中诗人说：我知道自己对国家大事没什么好的计策，只好返回幽寂的山林之中。当然这是诗人自嘲或者是谦虚的说法。此处又是"空"，"空"字真的是王维诗歌的关键词。颈联是写山居生活的闲适和惬意，山间松树很多，所以称"松风"。"松风吹解带"通常理解成诗人宽解衣带享受着松风的吹拂。也可理解成松风吹拂，仿佛要解开诗人的衣带。"山月照弹琴"跟《竹里馆》的"弹琴复长啸"和"深林人不知，明月来相照"意境相似。最后一联是诗人对张少府问"穷通理"的佛教式与艺术式回答。"穷通理"就是穷困与显达的道理，可能张少府知道王维信佛，对"穷通"有深刻的理解与体会，就向他询问，诗人并没有直接回答，而是说"渔歌入浦深"。这就是《旧唐书》所谓王维"以玄谈为乐"的体现，描绘出一种让人寻味的情景，这也是佛教尤其是禅宗说话或者悟道常用的方式，其深层含义要靠读者自己去细细体悟。

"渔歌"很容易理解，在这里显然不是一般渔夫唱的歌，而是一种象征，是隐士高人的象征。"渔歌入浦深"指渔歌渐渐地消失在河浦深处，一叶渔舟渐渐地驶向一片烟波浩渺的深处，渔歌也在一片烟波浩渺中似有似无，恍若仙境。这种水墨意境所呈现出的朦胧含蓄之美，正是王维对"穷通理"的体悟。用这种方式回答张少府，就是说他自己已经非常超旷了，如一叶渔船消失于烟波浩渺中，了无尘踪，对世俗的"穷通"毫不在意。

之所以要讲这首诗，一是因为这首诗本身写得特别好，二是因为这首诗集中体现了王维在辋川亦官亦隐时期的心态。王维这一时期的诗并非都是寂静闲适、超然绝俗，也有一些复杂的情感。这首诗充满了禅意，反映了王维晚年笃信佛教，思想上受佛教的影响。《辋川集》中《华子冈》一首说"上下华子冈，惆怅情何极！"正是王维心中忧思难遣的直接抒发。

天宝十四载（755）十一月，安史之乱爆发，次年长安沦陷，玄宗幸蜀，王维来不及跟随玄宗逃跑，为叛军所擒。仓促间，他"服药取痢，伪称瘖病"，就是吃了拉肚子的药，假装不能说话，不久被送往洛阳，被迫做了给事中的官。王维当时被关在菩提寺，关了差不多十个月，裴迪偷偷跑去看过他。他告诉王维：安禄山在凝碧池聚宴并强迫梨园、教坊之人演奏的事。所以他写下了《凝碧池诗》，这首诗的原名很长，叫《菩提寺禁裴迪来相看说逆贼等凝碧池上作音乐供奉人等举声便一时泪下私成口号诵示裴迪》，诗曰：

万户伤心生野烟，百官何日再朝天。

秋槐叶落空宫里，凝碧池头奏管弦。

此诗表达了王维对唐王朝的怀念与对叛军的痛恨，没想到这首诗后来真是救了王维一命。朝廷收复两京之后，对投降的官员进行了不同等级的定罪，王维正是因为在囚禁中写了这首诗而得以保全，加上他的弟弟王缙平叛有功，自愿削官替兄赎罪，所以朝廷并没有追究王维的罪责，还给了他太子中允的官职。

王维在安史之乱中接受伪职这一点，很多人看法不一，有人认为王维变节，不如杜甫的坚贞忠诚，因为杜甫当时也被叛军抓住了，但后来偷偷逃出了长安，冒着生命危险奔赴唐肃宗所在的灵武，与朝廷在一起；也有人认为王维是被迫接受伪职，算不上变节，更何况他还写有斥责叛军的诗；也有人认为这正是王维性格的软弱所在，既不愿同流合污，也不能坚决反抗。

首先来看史书对这件事的记载，重点看他接受伪职的那几句，《旧唐书》说：禄山素怜之，遣人迎置洛阳，拘于普施寺，迫以伪署。《新唐书》中说："禄山素知其才，迎置洛阳，迫为给事中。"

第一，看安禄山平素对王维的态度是什么——"素怜之"和"素知其才"。王维当时在朝廷为官，诗画名气很大，又深谙佛理，精通音律，安禄山在长安就知道王维的才华，想收为己用。大家注意安禄山看中王维的才华，而非溜须拍马的讨好。第二，安禄山擒得王维之后的态度是什么——"迎至洛阳"，而不是"押至洛阳"。第三，王维的伪官是他自愿接受的吗？是"迫以""迫为"的。只要安禄山对外宣布给王维官职，那么王维就算担任伪官了，也是没有人身自由的，他被关在了菩提寺，要是王维真的接受了伪官，安禄山还会一直关着他吗？况且，从两书记载的言辞上看，不管是在五代还是在宋代，官方对于王维的态度没有把他当做变节的人来看待，无一句贬词。

在这件事上许多人常拿王维和杜甫比较。杜甫为什么能逃跑呢？杜甫当时只是一个兵曹参军的小官，尽管我们今天认为杜甫很伟大，但当时他还没什么名气，所以他能从叛军眼皮底下溜走；而王维是安禄山十分看重的人物，能轻易让他溜走吗？而且叛乱结束之后，大家对王维也无甚微词，杜甫依然称他为"高人王右丞"，肃宗之后的代宗对王维也十分欣赏，《旧唐书》如是记载：

> 代宗时，缙为宰相。代宗好文，常谓缙曰："卿之伯氏，天宝中诗名冠代，朕尝于诸王座闻其乐章。今有多少文集，卿可进来。"缙曰："臣兄开元中诗百千余篇，天宝事后，十不存一。比于中外亲故间相与编缀，都得四百余篇。"

王维在天宝年间的诗名是极大的，而且王维诗歌的编集是代宗亲自下旨的，名曰《王右丞集》，这是王维诗歌的第一次编集。

虽然朝廷没有怪罪王维，但安史之乱后的王维比之前活得更痛苦。王维在安史之乱后一直在朝为官，一直累迁至尚书右丞，所以世称"王右丞"。安史之乱中迫受伪职成了自己灵魂上的污点，他一直无法原谅自己，在给皇帝的上表中时常表达出自己的愧责，甚至上《请施庄为寺表》将心爱的辋川别业捐为寺庙，后来又上书将自己的一部分职田施舍出来并煮粥赈灾，而且还时常施舍僧人。他的这些举动都表现出他内心的不安，王维不能再安心地住在辋川享受山水田园般的生活。

上元二年（761），王维病重，他想见在外任职的弟弟王缙，就上《责躬荐弟表》陈述自己不如弟弟有能力却居京城，想削去自己的官职让弟弟回京，肃宗准了，但王维还是没有等到弟弟赶回京城就去世了。

最后，总结一下王维诗歌的特点。

一、王维及其诗歌与佛教的关系

王维信佛大致有三个方面的原因，一是从小时受母亲崔氏的影响；二是受时代风气的影响，王维所处的时代禅宗蔚为兴盛，受禅宗的影响也最大；三是自身经历所致，王维才华横溢，但仕途不顺，尤其是张九龄被贬后，王维的思想就变得越发消极，耽禅礼佛成了他逃避官场的一种手段。

王维被称为"诗佛"不仅仅是因为他信佛——唐代信佛的诗人很多，白居易、柳宗元等大诗人都与佛教关系密切，但他们都称不上"诗佛"，而是因为他真正的将"佛"带进了他的诗里。这不只是说他有许多描写佛寺的诗、有许多赠给僧人的诗，而是他许多诗里蕴含了禅理、禅趣，吴功正《唐代美学史》评价王维："他对佛学禅学的研究认知，就不是用于晨钟暮鼓的宗教仪式活动，而是作为文化素养丰富着主体的精神，进而转化为一种审美的视域和观照方式。""他把禅趣融为诗趣，以禅的精神作为诗的审美精神，他用禅的体悟方式作为诗的体悟方式。这样，在王维的诗那里，禅与审美便整合为一个有机的整体，出神入化。"

二、关于王维"诗中有画"的说法

苏轼在《书摩诘〈蓝田烟雨图〉》中称赞王维："味摩诘之诗，诗中有画。观摩诘之画，画中有诗。"其实，不仅是苏轼，宋代阮阅《诗话总龟》也表达了同样的意思："顾长康善画而不能诗，杜子美善作诗而不能画，从容二子之间者，王右丞也。"王维不仅善长诗文，还深谙画理，于李思训北宗画派外，开南宗一派，是我国水墨山水画的创始人，他曾自诩"宿世谬词客，前身应画师。"（《偶然作》）。所以，王维的诗歌与其杰出的绘画技艺有着千丝万缕的联系。

中国的水墨山水画重在写意传神，在意象的选取上很讲究，不是什么都往纸上画的，谢灵运也是山水诗的代表人物，为什么他的诗中就没有画呢？大家去读谢灵运的诗就知道了，写景十分繁复，读着就跟看照片一样，没有更多的想象空间。而王维的诗往往选取最能体现自己心境的意象来构图，"白云""落日""斜晖""落花""松"等就是他常用的意象，他会对这些意象进行艺术化的处理。同时作为画家的王维对色彩特别敏感，比如《山中》一诗："荆溪白石出，天寒红叶稀。山路元无雨，空翠湿人衣。"

三、关于王维诗歌与音乐的关系

王维的诗被人赞誉为"传天籁清音，绘有声图画"，说明他的诗中有一种音乐美，这种音乐美不单是我们所谓的平仄声律和对偶押韵那么简单，《旧唐书》有一段记载，人有得《奏乐图》，不知其名，维视之曰："《霓裳》第三叠第一拍也。"好事者集乐工按之，一无差，咸服其精思。王维考中进士后当的官就是管音乐的，王维拥有极高的音乐造诣是毫无疑问的。那么王维又如何将音乐带进了诗里呢？

我们在游山玩水的时候总会听到各种声音，水流、鸟鸣、蝉噪、风吹、树响、花落、人语等等，而王维诗中的音乐性首先就在于他很善于敏锐地捕捉这些自然声响，像"雨中山果落，灯下草虫鸣。"（《秋夜独坐》）宛如恬静的乡间小夜曲；诗人还善于使用叠字来描摹自然声响，使得音调谐和，读之铿锵，增强了诗歌的音乐感，像"飒飒秋雨中，浅浅石溜泻。"（《栾家濑》）"落花寂寂啼山鸟，杨柳青青渡水人。"（《寒食汜上作》）等等。

四、关于王维诗歌风格的问题

王维和李白、杜甫的诗歌风格有很大的不同。李白诗歌风格的主要特点是豪放飘逸，杜甫风格的主要特点是沉郁顿挫；李白的诗读起来气势磅礴，行云流水，杜甫的诗读起来感人泪下。王维是山水田园诗的代表人物，诗风不只是恬淡二字可以概括的，就像我们只知道杜甫"穷年忧黎元，叹息肠内热"，而不知道他"庭前八月梨枣熟，一日上树能千回"一样。

薛芸秀在雨竹轩文学沙龙主讲王维的山水诗

今天我们沙龙涉及的内容和作品不一定都是教材中的，我们不要受文学史的束缚，文学史只是给我们提供一个大致的结论，它本身也不可能面面俱到，所以我们自己在读书的时候要有这种质疑的意识，等我们再去看李白、杜甫的时候就会发现，原来李杜并不像老师或者教材灌输给我们的那样，人都是多面的。

其实王维的诗值得和大家分享的还有许多，由于时间关系，最后给大家推荐陈铁民先生的《王维集校注》。在清代，赵殿成做过《王右丞集笺注》，诗文都有注，做得非常好。但由于条件限制，他当时没有见过后来陈先生所见到的那些版本，所以不太全面，陈先生主要参考的是赵殿成，同时又对比了许多后出的版本，大家要读王维的话可以去买陈先生的版本。

最后非常感谢大家，谢谢！

学与问（节选）

梁家英： 芸秀好！你结合王维的一生和不同时期代表作进行了分享，我注意你提到了官场与山林矛盾一词，他一方面一生都与官场有所牵连，一方面又皈依佛教，不再为尘世所累，他既心绪宁静闲适恣意，晚年又仍在为政途赎罪，这样的矛盾可以说是成为他诗风多种多样的原因之一吗？

薛芸秀： 我们每一个人都是一个复杂的矛盾体。古代的许多文人士大夫既想挤进官场实现政治抱负，又不甘愿卷进权力的漩涡；既想归隐山林求佛问道，又不甘放弃尘世的荣华。只要一翻古代文人的别集，随处可见官场与山林的矛盾。其实不只是古人，我们今人又何尝不是如此。既想挤进大公司、好的事业单位，又不想每天加班或者应付领导、同事；既想过平淡简单、舒心惬意的生活，又不甘心停下追赶别人的脚步。没有一个人的内心不矛盾，也没有一个人的形象不是多面的。就王维而言，他内心的矛盾很大部分反映在了他的诗歌里。诗歌中官场

与山林的矛盾也是他内心挣扎的体现。所以，他的内心矛盾与其说是他诗风多样的原因之一，倒不如说是他诗歌内涵深刻的原因之一。

符琼：芸秀师姐，你好！我是文学院2015级的学生。你结合王维一生起伏来讲述他的诗歌，让我们认识到一个才华横溢、壮志难酬的王维。王维是古代士大夫群像中一个代表性人物，他身上的仕隐矛盾、问禅之好是古代士大夫中一个常见现象。一般情况下，我们往往将入仕和儒家思想联系在一起，出世与佛道思想结合在一起，放在士大夫人生经历中，其人生态度似乎如墙头之草，顺风则儒，则入世，逆风则佛道，则出世。你如何看待这种观点呢？

薛芸秀：其实，我个人并不是很赞同说这样墙头之草的人生态度。我觉得，儒释道三家的思想对于许多士大夫来说，像是一种精神上的安慰。也就是说，他可能在失意的时候表现出一种对现实的厌倦、对山林田园的向往，这是一种净化和治愈情绪的方式，因为很多时候这些人并没有将出世的念头付诸行动。有人说，宗教是弱者的宗教。这个弱者并非指金钱、地位方面而言，而是指心灵或者精神而言。一个大官、富商也会是一个弱者，因为他也有害怕的东西，也会有内心孤独的时候。当我们身处顺境的时候，很容易生出对未来的憧憬和希冀，进而斗志昂扬；相反，当我们遭遇失意的时候，也很容易对生活感到失望，对未来失去动力，于是变得消极。在遇到后一种情况时，我们怎么办？不能一直沉沦下去吧？因此我们也会启动自己的情绪管理机制，开导自己，安慰自己，鼓励自己，等我们恢复好了，就继续面对生活。所以，我觉得正是因为儒释道这些多样的思想，为许多士大夫提供了人生不同情境中的心灵治愈路径，这是值得欣慰的。

2015 年 6 月

内江师院东区文学沙龙

作者简介

薛芸秀，1992年出生，四川巴中人。2011—2015年就读于内江师范学院文学院汉语言文学专业。2015—2018年就读于四川大学文学与新闻学院中国古代文学专业，师从普慧（张弘）先生，研究方向为魏晋南北朝隋唐文学和佛教文学。2018年考取南京大学中国古代文学专业博士研究生，跟随曹虹教授研习中古骈文和佛教文学，已公开发表《汉译佛典中罗睺罗诞生故事研究》《盛世哀歌：杜甫写给盛唐艺术家的三首诗》《阮孝绪佛道思想及对〈七录〉分类的影响》等学术论文数篇。

开到荼蘼花事了
——宋代才女李清照词的艺术魅力

徐梦琳／成都外国语学校教师

> 花开，后花谢；花谢，又花开。开如烟花之绚烂，落如枫叶之静美。这份静美，来得更厚重，在经历了严霜的考验之后，完成静谧，反而放射出更加红润的生命色彩。
>
> ——徐梦琳

在浩瀚的太阳系中，水星距离太阳最近。1987年，国际天文学会命名水星上第一批环形山，有十五座环形山以中国人的名字命名，其中一座的名字就是"李清照"。

今天，让我们一同走进这个多愁善感的双鱼座女子的世界，听听她的"征鸿过尽，万千心事难寄"。

"开到荼蘼花事了"意为荼蘼花开时，春天那些五色斑斓、美艳不可方物的各类花儿，都悄悄地把喧嚣让给即将到来的如火夏天。荼蘼花开代表女子的青春已成过去，表示感情的终结。爱到荼蘼，意味生命中最灿烂、最繁华或最刻骨铭心的爱即将失去。以荼蘼喻之易安有三重含义：一为追怀她的青春与爱情；

《李清照词集》
[宋]李清照 著，吴慧娟 导读，上海古籍出版社，2009 年版

二为赞叹其绚烂之极的人生；三是这个才女在中国古代的文学史上，也是某种意义上的高峰。

一、温暖花室

有"千古第一才女"之称的李清照是宋代最著名的女词人，婉约词派代表，今山东省济南章丘人。生于1084年（或1081）3月13日，大约卒于1155年5月12日，号易安居士。作为中国历史上才华绝代的奇女子，她擅长书画，通晓金石，尤通诗词。她的词作独步一时，流传千古，被誉为"词家一大宗"和词国的"女皇帝"。

其父李格非出自韩琦门下，又曾以文章受知于苏轼，学识渊博，藏书甚富，曾任郓州教授，在朝廷先后担任太学录、太学博士与太学正。清照自幼就在良好的家庭环境中打下文学基础。

李格非为人清正廉洁、刚直不阿。据他的传记记载，在担任郓州教授时，李格非拒绝了郡守想让他兼任职务多拿薪水的建议。其妻王氏，出身官宦世家，王氏的祖父拱辰是宋仁宗朝的状元。在状元门第下长大的王氏自然也有良好的文学修养，史书上记载王氏"亦善文"。

李格非36岁才得女，想必更加精心养育。如此优秀的父母，会培养一个怎样的女儿呢？

二、含苞待放

少年时期的李清照绝不是娇娇滴滴、恪守"女子无才便是德"的富家小姐，而是一个热爱生活、博览群书、无拘无束的青春美少女。但这个美少女并不似一般人家的少女，而是一个可爱的"李三贪"（笑），分别为贪玩、贪吃、贪赌。

1.贪玩：争渡

在李清照的少女时代，生活在她的眼里充满了鲜活与生机。优渥的家庭和开明的父母给了小小少女尽可能大的自由。

除了读书外，她爱荡秋千，"蹴罢秋千，起来慵整纤纤手。露浓花瘦，薄汗沾衣透"。尤爱赏梅，"看看腊尽春回，消息到、江南早梅。昨夜前村深雪里，一朵先开"。成年后在她的记忆里，有着许多难以忘怀的旧时美好韶光……

如梦令

常记溪亭日暮，沉醉不知归路。兴尽晚回舟，误入藕花深处。争渡争渡，惊起一滩鸥鹭。

暮色微醺的傍晚，动人可爱的女孩儿，自由自在的童年……无论是漱玉泉，还是济南大明湖，都是小小李清照的玩乐天堂。这样无拘无束的生活锻造了一个真实活泼可爱的李清照。

2.贪吃：酒仙

李清照曾宣称，对于优雅的女子来说，即便是端着酒杯不喝，也是别有一番

楚楚动人的风情，正所谓女子"捧觞别有娉婷"。而于清照仅仅捧觞尚不够，得酒入喉肠，方能畅意！

清照好喝烈酒！李清照写过两句词"险韵诗成，扶头酒醒"。这两句词一方面"吹嘘"自己有才气，敢作"险韵"之诗；一方面还"吹嘘"自己有酒胆，敢喝烈酒。"扶头酒"并不是一种酒的名字，而是指酒性很烈，让人容易喝醉的酒。古人贺铸也有诗云："易醉扶头酒，难逢敌手棋。"看来李清照也是一个爱喝酒的女中豪杰！

李清照不但经常喝得酩酊大醉，不省人事，而且喝酒还有一大嗜好——爱喝"花酒"，即赏花喝酒。女子赏花必定是感慨万千，不管是什么时候，女子总是要长吁短叹一番：昙花一现如青春，美丽年华太短暂！清照的赏花词有四十多首，当然就少不了"花酒"了：

花酒 ⎰ 赏菊花："不如随分尊前醉，莫负东篱菊蕊黄。"
　　 ⎨ 赏梅花："年年雪里，常插梅花醉。"
　　 ⎱ 赏芍药："金尊倒，拚了尽烛，不管黄昏。"

花有着女人独有的那份温柔与娇羞，酒有着女子内心的那份刚烈与醇厚，李清照将花与酒糅在掌心，让其交融，散发出属于她的独特风味。所以说李清照是一个敢于一醉方休的人，因为她能醉得风雅，醉得脱俗，醉得楚楚动人，醉得流芳千古。

3.贪赌：喜博

说李清照是才女、美女不假，有人说她是个"赌棍"，还真不是冤枉她。当然"赌棍"这两个字实在不大雅观，也不大符合李清照高雅的身份。我们不妨换个词——赌博的祖师爷！清照曾得意洋洋地宣称过："余性喜博，凡所谓博者皆耽之，昼夜每忘寝食。且平生多寡未尝不进者何？精而已。"这句话说得很明白：我这人没啥别的嗜好，就是天性喜欢赌博。

那宋朝到底流行什么赌博？清照又最精通哪种赌博呢？

清照在她的文章中列举了二十多种赌博游戏，如赌球、赌棋、扔骰子、博彩、斗鸡等等，不过在这二十几种五花八门的赌博中，有的她嫌太鄙俗；有的嫌只凭运气，显示不出智慧；有的嫌太难，会玩的人少，她根本就找不到对手。她最喜欢一种叫"打马"的赌博。

李清照编写和创作了《打马图经》《打马赋》。据李清照《打马图经》中所附的色样图来看，其中图案与麻将图案颇有相似之处。李清照爱打马可谓爱到痴迷的程度。当时她跟着二帝逃亡，才从逃难的船上一下来，租了临时安顿的房子，就马上想到要把自己爱好赌博且常胜不败的经验好好总结，并且将她最爱的打马游戏注入一些文采，提升到一个雅俗共赏的境界。

三、花开绚烂

1.倾心才气

介绍了我们女主角这么多，是时候让我们的男主角登场了。那是在清明节过后的某一天，太阳刚刚露头，城外的汴水河畔已经人群熙攘了。一个叫赵明诚的书生坐在一个叫李迥的书生旁边。因赵明诚不小心翻到了李迥夹在《隋律》里的两首手抄词稿，赵明诚便借机询问。李迥告诉他，那两首新词是自己的堂妹所作，自己没经过堂妹的同意就抄录下来，又在太学里引起一场风波争论，若堂妹知道了一定会生气的。赵明诚连连问道："李兄，你堂妹叫什么？"李迥答道："李清照。""今年多大？""十六岁。"在这一问一答中，赵明诚的心里渐起波澜。

2.倾心倩影

这对令人羡艳的鸳鸯第一次见面应该是在一个上元佳节。明诚想尽办法也要去偷偷看上朝思暮想的才女一眼。他日思夜想，想出了一个计谋，便是捧着李格非的《洛阳名园记》，说要去拜访李大人，向他请教学问。直接从未来老丈人下手，这招绝！当赵明诚来到有竹堂大门前，心中忽然"突突"地跳起来。他朝门内望了一眼，见院中摆放着几只花盆，一株海棠开得正红，枝头上缀满了紫红色的花簇。忽然闻到一缕暗香袭来，他在不经意间抬头望时，一下子惊呆了，手脚和身体都僵住了——令他魂牵绕梦的那个倩影就在他的眼前！

而冒冒失失的清照像一只受了惊吓的兔子，从秋千架上慌忙跳下来以后，便一溜烟地向自己的闺房跑去。谁知匆忙中竟然将一只青缎子鞋掉在了地上。她连忙弯腰捡起来，边跑边想，这个陌生男子是谁呢？禁不住心里的好奇，便悄悄回头望了望，见那人仍呆呆地站在那里，明亮的目光正在望着自己，她才连忙跑进了闺房。写下了那首天真烂漫的《点绛唇》：

蹴罢秋千，起来慵整纤纤手。露浓花瘦，薄汗轻衣透。见有人来，袜刬金钗溜。和羞走，倚门回首，却把青梅嗅。

3.非"花"不取

说起来，赵明诚的门第比起李清照还煊赫。赵明诚的父亲赵挺之是吏部侍郎，后还做了当朝宰相。可自古以来婚姻是父母之命，媒妁之言，总得想个法子表明下内心的呼唤。这时，赵明诚又想出了一个鬼点子。在一天午饭后，赵挺之来到了赵明诚的房间，见赵明诚已经睡着了，便随手拿起一本书来翻阅。翻书时惊醒了赵明诚，赵明诚翻身坐了起来，说道：父亲，孩儿刚才做了一个怪梦，父亲便问梦见何物。赵明诚告诉他，他梦中遇见了一位似道非道的老者，二人同走

了一段路之后，分手时老者送他一本古籍，上面写着一些天外异事天文天象，言语皆是四字一句，古奥难解，不知其意。挺之便问是否记得，赵明诚眨了眨眼，想了一会儿，说道：其他的都不记得了，只记得其中三句。"言与司合，安上已脱，芝芙草拔。"（意为"词女之夫"）当他终于说出这三句时，他心里可不是一般的得意，因为自己冥思苦想的小计谋终于说出来了，不娶词女李清照还有谁人能嫁进赵家呢？

四、护花不易

1.爱情养料——水

沐浴在爱河中的李清照写下了新婚燕尔、闺房昵意的情词，字里行间，全是如水般的柔情。

减字木兰花

卖花担上，买得一枝春欲放。泪染均匀，犹带彤霞晓露痕。怕郎猜道，奴面不如花面好。云鬓斜簪，徒要教郎比并看。

只言片语，不能体现其溢于言表的幸福。春天到了，买来一枝含苞待放的梅花，花朵上仍浸染点点晓露。花色妍美如彤霞，爱不释手，楚楚动人。可是她却娇嗔地说道：怕郎猜道，奴面不如花面好。那怎么办呢？不如将这美丽的花儿斜插在我如云的鬓发中，让我的丈夫看一看，到底是人比花娇，还是花娇胜人。

2.爱情养料——火

清照不似小人家儿女般只有羞涩，其也有大胆不羁的一面。新婚后的第二天，清照写下《丑奴儿·夏意》一首："晚来一阵风兼雨，洗尽炎光。理罢笙簧，却对菱花淡淡妆。绛绡缕薄冰肌莹，雪腻酥香。笑语檀郎：今夜纱厨枕簟凉。"该词风格大胆，风情无限，如火般的激情让这朵鲜花更加绚烂。

3.爱情养料——金

（1）金石文物

诗词文章创作、收集整理金石碑刻、鉴赏品味文物字画等等，是他们感情的重要纽带，也是他们相知、相亲、相爱最重要的基础。不过，收集金石碑刻文物字画等需要耗费大量钱财。据《金石录后序》回忆，每到初一十五他们就去当铺典当衣物，换来五六百钱，然后去东京汴梁有名的大相国寺逛文物市场。

有一次，有人拿来南唐著名画家徐熙的一副价值二十万的《牡丹图》，赵每月薪水才一万多，根本无力购买又心有不舍。夫妻俩将这幅画置留在家中欣赏了两个晚上，最终无奈归还，感叹数日。《金石录》后序："尝记崇宁间，有人持徐熙《牡丹图》求钱二十万。当时虽贵家子弟，求二十万钱岂易得耶？留信宿，计无所出而还之。夫妇相向惋怅者数日。"

（2）读书藏书

李清照和赵明诚夫妇俩都喜好读书藏书，李清照的记忆力又强，所以每次饭后一起烹茶的时候，就用比赛的方式决定饮茶先后，一人问某典故是出自哪本书哪一卷的第几页第几行，对方答中先喝，可是赢者往往因为太过开心，反而将茶水洒了一身。此故事成为流传至今的千古佳话，常用来形容夫妻之间琴瑟和鸣、相敬如宾。

（3）诗词创作

一年重阳节，赵明诚在外地做官的时候，留守在家的妻子又写情书来。

醉花阴

薄雾浓云愁永昼，瑞脑销金兽。佳节又重阳，玉枕纱橱，半夜凉初透。东篱把酒黄昏后，有暗香盈袖。莫道不销魂，帘卷西风，人比黄花瘦。

"莫道不销魂，帘卷西风，人比黄花瘦。"这时作为丈夫的赵明诚可不肯认输了，妻子都写得这么好，他可是铁了心想在妻子面前好好表现表现。于是他把书房门一关，对家人说：不管谁也不要来打扰我，我谁都不见。这么着，硬是把自己在书房关了三天三夜，不吃不睡，发誓一定要写出一首超过老婆的词来。三天后，功夫不负有心人，还真让他憋出五十首词来。请好友陆德夫品鉴，好友玩之再三，曰："只三句绝佳——莫道不销魂，帘卷西风，人比黄花瘦。"果然还是清照更胜一筹，明诚也自此甘拜下风。

4.爱情养料——木

（1）党祸之争　失去靠山

李赵的生活与爱情当然不是一帆风顺，而是在时代洪流的裹挟下跌宕起伏。大观元年（1107）3月，赵明诚父亲突然病逝。宰相蔡京落井下石，暗下杀机，诬告赵明诚父亲，使得朝廷追回了对他的各种赠官和称号。赵明诚兄弟三人也因为父罪统统被免职。赵家从此便开始走下坡路，赵明诚兄弟被投入监狱，后来虽然洗清冤情出狱，但是兄弟三人全部被罢免官职，遣返回家乡山东青州闲居。

（2）因祸得福　青州十年

这一住就是十年，十年可以让苏子慨叹生死两茫茫，那么这十年李清照又经历了什么？为什么那些饱含幽怨、感情真挚的词作大都写在这十年以及十年之后？

十年间虽落魄，但他们却能安于困境，乐于沉淀自我。金石碑刻书画文物的

收集整理工作，几乎占据了他们生活的全部。完成的《金石录》，其中著录所藏金石拓本二千多种，三十卷，成为继欧阳修《集古录》之后规模更大、更具文物史学价值的金石学专著。

（3）彩云易散　君心在否

在这十年里，蔡京等人陆续退出政治舞台，赵明诚兄弟也开始重返仕途。然而，仕途的重新宽广也让爱情之花渐渐走向覆灭。

证据一：

凤凰台上忆吹箫

香冷金猊，被翻红浪，起来慵自梳头。任宝奁尘满，日上帘钩。生怕离怀别苦，多少事、欲说还休。新来瘦，非干病酒，不是悲秋。

休休，这回去也，千万遍阳关，也则难留。念武陵人远，烟锁秦楼。惟有楼前流水，应念我、终日凝眸。凝眸处，从今又添，一段新愁。

这首词的蹊跷之处在所运用的两个典故：一个是武陵人远，一个是烟锁秦楼。武陵人远，来自南朝刘义庆所著《幽明录》中的一个神话传说。据说汉朝的时候，刘晨、阮肇二人入天台山采药迷路，遇上了两位仙女，乐而忘返，流连山中大半年。返家后方知已过六世。

仅从一首词难以证实。自1119年离开青州外出两三年后，1121年，赵赴山东莱州任知州，打算接清照一起生活，但现实情况并不美好。

证据二：

感怀

宣和辛丑八月十日到莱，独坐一室，平生所见，皆不在目前。几上有《礼韵》，因信手开之，约以所开为韵作诗，偶得"子"字，因以为韵，作感怀诗。

寒窗败几无书史，公路可怜合至此。

青州从事孔方兄，终日纷纷喜生事。

作诗谢绝聊闭门，燕寝凝香有佳思。

静中吾乃得至交，乌有先生子虚子。

序言中一个"独"字，写出了无人陪伴的孤寂与凄冷。看得出来，不仅是物质生活的匮乏，精神陪伴的缺失也让李清照这朵娇艳之花略显苍凉之色。

5.爱情养料——灰

（1）分道扬镳

两人的性格终是有所不同的，李清照在文学风格上虽被划分为婉约派，但实际上丝毫不输男儿气。清人李调元称颂其词"不徒俯视巾帼，直欲压倒须眉"，颇有气概。相较之下，这个"乱兵欲取南京城，江宁知府夜半逃"的赵明诚就逊色不少。

命运中的坎坷不断在为爱情增加险阻。新旧党之争时，李格非作为旧党人当下失势，清照想要公公赵挺之搭救父亲，但公公未能施予援手。清照在诗歌中直接指责赵挺之"炙手可热心可寒"。

两人虽有相同的兴趣爱好，但在大是大非面前有着截然不同的价值观。清照骨子里藏有一份"生当作人杰，死亦为鬼雄。至今思项羽，不肯过江东"的坚毅与果敢；而赵明诚却相对懦弱一些，终究是护不住这朵花儿。

（2）终是陌路

赵要回转建康觐见宋高宗时，只好将李清照暂时安置在池阳，他则一人从陆路赶往建康。《金石录》后序中对两人分手的情景记忆犹新。

> 六月十三日，始负担舍舟。……呼曰"如传闻城中缓急，奈何？""从众，必不得已，先弃辎重，次衣被，次书册卷轴，次古器。独所谓宗器者，可自负抱，与身俱存亡，勿忘之。"遂驰马去。

七月底，与清照分手不过一月，赵明诚便离世。赵明诚去世时，"取笔作诗，绝笔而终，殊无分香卖履之意。"夫妻情分至此，多少让人觉得有些寒心。

（3）惟文以寄

相识30年，夫妻28年。从18岁开始，这朵花儿就遇到了她的采花人，或热或冷地匆匆度过了前面的人生。或许不舍，或许解脱，但终是陌路，唯有那些记载着过往的诗词提醒着一切美好过。

孤雁儿·咏梅

（世人作梅词，下笔便俗。予试作一篇，乃知前言不妄耳。）

藤床纸帐朝眠起，说不尽、无佳思。沉香断续玉炉寒，伴我情怀如水。
笛声三弄，梅心惊破，多少春情意。
小风疏雨萧萧地，又催下、千行泪。吹箫人去玉楼空，肠断与谁同倚？
一枝折得，天上人间，没个人堪寄。

不怕作梅词无心意，最怕折得这天上人间，又无人可寄可品。肠断无人知，这个时候，清照或许在反思，婚姻交出的是自己的爱情，还是人生。

临江仙

庭院深深深几许，云窗雾阁常扃。
柳梢梅萼渐分明，春归秣陵树，人老建康城。
感月吟风多少事，如今老去无成。
谁怜憔悴更凋零，试灯无意思，踏雪没心情。

五、惟余残香

为了保存仅剩不多的文物,李清照克服重重困难,冒死携带。《金石录》后序写道:"独余少轻小卷轴书帖,写本李、杜、韩、柳集,《世说》《盐铁论》,汉唐石刻副本数十轴,三代鼎鼐十事,南唐写本书数箧,偶病中把玩,搬在室内者,岿然独存。"这些文物数量虽少,却异常珍贵,伴随着清照开始各路逃亡。

从山东淄州到青州、建康,后又上交过一些给朝廷,再到洪州、越州。几年来的颠沛流离使李清照备受逃亡之苦,最使她痛心的是丈夫的去世和他们苦心收藏的珍贵金石书画散失殆尽,当时的心情在词中表现得淋漓尽致。

清平乐

年年雪里,常插梅花醉。揉尽梅花无好意,赢得满衣清泪。

今年海角天涯,萧萧两鬓生华。看取晚来风势,故应难看梅花。

这首词写在清照追随宋高宗的途中,她丢掉自己随身的衣物被褥,准备在台州章安登船渡海,在海角天涯发出对命运的感叹。在一次次打击面前,她盼望局势平稳、生活安定。因而,她为自己的住处题名为"易安室",并自号为"易安居士"。

六、尘香如故

清照住在弟弟李远的家里也不是长久之计。在年近五十之际,恰好有一个人走进了清照的视线。这个人就是时任右奉承郎监诸军审计司的张汝舟。清照在一封写给当朝翰林学士綦崇礼的答谢书信《投内翰綦公崇礼书》中详细地叙述了自己与张汝舟结识、纠葛的整个过程。

"近因疾病,欲至膏肓,牛蚁不分,灰钉已具。尝药虽存弱弟,应门惟有老兵。既尔苍皇,因成造次。信彼如簧之说,惑兹似锦之言。弟既可欺,持官文书来辄信;身几欲死,非玉镜架亦安知?俛俛难言,优柔莫诀,呻吟未定,强以同归。"

一个"强"字折射出她内心的无奈与妥协。膝下无后、寄人篱下、保护文物……现实情况似乎让清照没有别的路可走。尤其张汝舟极尽表现之能,在清照与弟弟李远面前,巧舌如簧,且对病中清照极尽体贴。

然而,错误的婚姻永远是场自欺欺人的鸿门宴。

张汝舟的爱是有目的性的——为了得到清照手中仅存的文物。但婚后张发现,清照所剩文物并不多,并且清照也不愿全权交给张,悲剧就此展开。在给綦崇礼的信中，清照控诉张汝舟对自己拳打脚踢，实施暴力，精神身体双重打击。"遂肆侵凌，日加殴击，可念刘伶之肋，难胜石勒之拳。""视听才分，实难共处，忍以桑榆之晚节，配兹驵侩之下才。"原本备受呵护的花，却不料遭受这般欺凌，真是读来让人可怜、可恨、可唏嘘……

于是李清照做了一件石破天惊的事——离婚。宋代明文规定，妻子不能主动提离婚，即便提出离婚，也必须要由男方写出休书，离婚方能生效。

清照另辟他径，她敢。于是她站出来，状告了自己丈夫，告发他"妄增举数入官"。这件事闹得沸沸扬扬，惊动了宋高宗，高宗亲自下令交付司法检察机关办理。张汝舟最终被开除公职，流放到广西柳州。按照宋法，丈夫流放偏远之地，妻子可以合法离婚，并保留自己的财产。但宋法还规定，妻子告丈夫，如果丈夫真有罪，那妻子也受连坐，坐牢两年。庆幸的是，在诸多亲朋的帮照下，清照只坐了九天的牢。

再嫁风波告一段落。但这样的"妥协"与"勇敢"却也成为了后人诟病李清照的武器，给道貌岸然的道学家们留下来太多的话柄。这就是自古以来以男人的眼光评判女人的标准。男人可以三妻四妾，而女人必须从一而终。这种观念是一直存在的，《说文解字》言："妇，服也。从女从帚，洒扫也。"也是认为女人生来就是应该服侍男人的。

北宋朝廷大人物司马光"妇专以柔顺为德，不以强辩为美"。

晁公武"不终晚节，流落以死，天独厚其才而啬其遇，惜哉"。

骂的最厉害的是宋代学者王灼。《碧鸡漫志》："赵死，再嫁某氏，讼而离之，晚节流荡无归""轻巧尖新，姿态百出，闾巷荒淫之语，肆意落笔，自古缙绅之家能文妇女，未见如此无顾忌也。"

反对者侮辱言语不堪入耳。维护清照者，所采取的做法也是极力抹杀这段历史。

然而，错的从不是李清照。相反她是一个时代的先锋者，也是自我的突围者。

即使香尘异乡，亦不改花馨本色。她将女人的一生活成了一个女人的史诗。

七、花谢花开

欧阳修曰"诗人穷而后工"，韩愈言"大凡其物不平则鸣"，司马迁说"大抵圣贤发愤之所为作也"。苦难激发创作的高潮，经历了诸多挫折与波澜的人生后，清照用更加厚重的笔墨为文学史留下了别具一格的一笔。

武陵春

风住尘香花已尽，日晚倦梳头。物是人非事事休，欲语泪先流。

闻说双溪春尚好，也拟泛轻舟。只恐双溪舴艋舟，载不动许多愁。

声声慢

寻寻觅觅，冷冷清清，凄凄惨惨戚戚。乍暖还寒时候，最难将息。三杯两盏淡酒，怎敌他、晚来风急？雁过也，正伤心，却是旧时相识。

满地黄花堆积。憔悴损，如今有谁堪摘？守着窗儿，独自怎生得黑？梧桐更兼细雨，到黄昏、点点滴滴。这次第，怎一个愁字了得。

花开，后花谢；花谢，又花开。开如烟花之绚烂，落如枫叶之静美。这份静美，来得更厚重，在经历了严霜的考验之后，完成静谧，反而放射出更加红润的生命色彩。

学与问（节选）

黄春华：梦琳，你好！同为语文老师，特别想从语文课的角度与你交流。语文课遇到名人，就像是在有限的课堂中带着镣铐跳舞，尤其是遇上一位丰厚饱满的诗人，语文课堂经常显得有点狭窄。当我们看着这些诗人从历史的远处翩翩而来，衣袂飘扬中抖落的点点星光，作为一名语文老师该如何带着学生从这一两首古诗文中看到诗人的星辰大海呢？

徐梦琳：师姐好，我以为最好的教育不是传授而是唤醒。教材和课堂就已经是老师给予的指引和启发了，如果需要更全面了解诗人，让学生更多地浸润在诗词的美丽世界，何不放手让他们自己去挖掘呢？我在讲唐诗宋词的时候，就让学生分小组自己分享诗人的故事、诗词、艺术成就……效果一定会出乎你的意料！因为学生被激发后会给你带来太多惊喜和精彩。所以，不如让学生自己选取一两首他们感兴趣的诗词，先从翻译做起，再让他去解读、深悟、共鸣，诗意的灵魂自然就从他心中冉冉升起。

梁家英：梦琳，你比喻李清照的一生是开到荼蘼花事了，那么你个人更喜欢哪个时期的李清照呢？

徐梦琳：平心而论我最喜欢的是李清照的少女时期。虽然晚期的她经历了磨难和沉淀，情感更加饱满和延展，但我觉得她的少女时代作品是整个古代诗词中最独特和有价值的一笔。渡船、喝酒、赏花、荡秋千……她是真正以一个少女的视角来记录年少的肆意与轻狂，这是古代很难见到的。在男性话语权主导的封建时代，诸多少女心事都是男性在代言，而李清照的那份纯真与悸动，是无比真实且宝贵的，她是在为自己的内心发言。说起最喜欢的作品，还是那首"常记溪亭日暮，沉醉不知归路。兴尽晚回舟，误入藕花深处。争渡，争渡，惊起一滩鸥鹭。"这首词会让我一下子回到我的青春时代，犹记得我们一起去雨竹轩文学沙龙吸收精神的食粮，夜半，茶意微醺，沿着东区小路，一路欢声笑语回到宿舍。虽不见甜城鸥鹭，这又何尝不是我们在两个世界间的争渡呢？

胡琪： 梦琳好，李清照的一生在现代人看来是轰轰烈烈的一生，但她晚景凄凉，你如何看待呢？

徐梦琳： 国破家亡，她不得不凄凉。在那样一个时代背景下，每一个人逃脱不了命运的凄凉底色。但是凄凉或许不是一个贬义词，反而是李清照成就伟大的一个先决条件。巴尔扎克说过，逆境和苦难是人生的老师。李清照在多重的磨砺下或"意有所郁结，不得通其道，故述往事、思来者"，留下了一首首凄美的佳作。把凄凉转为凄美，或许也是她人生的完美收场吧。

刘熹： 师姐好！在我的认知里，观照历史自然有它的现实意义。能和我们分享一下当你"走近李清照"以后给你带来了哪些影响吗？

徐梦琳： 走近一个别具特色的女词人，从小的方面来说，能够让我了解到一些诗词方面的美感，比如她清丽的语言，移情于物的手法，含蓄委婉的精彩构思……从大的方面来说，能够让我多一个人生的榜样。她的聪慧清雅、果敢魄力、敢爱敢恨让我觉得做人应当"李清照"。

2016 年 7 月
内江师院东区文学沙龙

作者简介

徐梦琳，四川自贡人，成都外国语学校高中语文教师。内江师范学院 2011 级汉语言文学专业 3 班学生，毕业后以专业第一的成绩考进四川师范大学中国古代文学专业，曾获国家奖学金、校长奖学金等。在《绵阳师院学报》《现代语文》等省级期刊发表论文 5 篇，多次在论文比赛、征文比赛中获奖，并指导学生在比赛中获奖。

献给村落的风味
——从丹巴到道孚的美食地图

郎吉拉姆 / 西南民族大学研究生

> 从丹巴到道孚，穿越高山峡谷，幡然体悟：文化的背后还是自然，饮食就是依托生存环境、利用有限资源不断尝试出来的生存之道。
>
> ——郎吉拉姆

我叫郎吉拉姆，嘉绒藏族，来自被誉为"中国最美乡村"的丹巴县。从丹巴的一个小角落一路走到甜城湖畔，现在又难以置信地站在天府中心，走进西南民族大学民俗学专业学习。很感恩我的母校内江师院，在这里遇见为我开窗的老师，他们给了我落落大方的文雅和独立远行的勇气。当我来到西南民族大学以后，才知道自己面临的又是"一无所知"，正是一次次无知的游历，让我不断对自己的身份和我依赖的土地保持着特有的距离，重返、辨认、凝视、告别、再出发……今天聊一聊我在西南民大民俗学专业学习中的乡野调查故事。

《食物简史和味蕾中的记忆地图》中说："人类必须依靠食物才能生存和繁衍，在人类文明发展的历史长河中，食物不仅仅只是食物，而是一个地理、历史和文化的集合体，也是'想象的共同体'的重要参与者和塑造者。食物所指示的意涵，已经超出了维生层面。对于大时代的个体而言，食物以其样貌和味道表达了和这个世界的连接，成为承载记忆和情感的重要载体，也成为一种乡愁。"因此，食物有一种最贴切的归属感，从丹巴到道孚，穿越高山峡谷，幡然体悟：文化的背后还是自然，饮食就是依托生存环境、利用有限资源不断尝试出来的生存之道。因此它是自然的，流动的，发展的，现代的，多样性的。

一、奇妙的动物

丹巴是一个自给自足的农业社会，中路罕额依遗址考古发现，从其房屋建筑和灰坑可追溯千年的定居文化。依托丰富的水利资源，温和的气候条件，盛产的小麦及各种菜蔬，面食在丹巴成为"主流"。从早上的锅边子、火烧馍馍、科拉馍馍开始，到中午的各种搅团，再到晚上荞麦面、酸菜面块结束一天的奔波都是面食做主角。打开丹巴篇的历史还得以神话开始，在梭坡时，当地的一位爷爷给我们讲当地关于粮食与狗的传说：在很早以前，这里的粮食是自然生长的。青稞与麦子的穗都是从出土就开始长上去的，一串串的，人们生活丰衣足食。但是有一次，人们随意扔掉馍馍不珍惜粮食就被神（geng han ga men）看见了，神非常生气。为了惩罚人的罪过，神决定把这里的粮食全部收回去，让这个地方再也没有了粮食。神在收回粮食的时候，是从根部向上将穗拿到手中的，要收到禾尖时，一只狗就求神将麦子尖上的麦穗留下给它，神就把麦尖的穗粒留给了狗。因为狗向神求情才避免了这里粮食绝迹，让人们还有吃的。所以每年的大年三十，每家每户都要把准备好的食物给狗留一份，而且以前每年收粮食时候的第一份除了献给寺庙，还要给狗留下，感谢狗留下了粮食种子，救了大家。这个传说一方面表现了人们把粮食种子的来源看得很神圣，另一方面也告诫众生一定要珍惜粮食，否则会触犯神灵，受到惩罚。另外神山保佑着人们的生命、健康、生计和财产，因此当人们遇到困难时会向神山祈求保佑，而人们冒犯神山后也会遭到惩罚；神山也具有人性的一面，高兴时会降福于村民，生气时则会给人们带来灾祸。神山信仰作为藏民族的传统信仰有着强烈的地方文化特色，也是当地藏民族理解自己所生存的自然环境的基础。

奇妙的动物不仅与粮食有关，还与地名也有关联。从丹巴往牦牛沟而上，则到达道孚，系藏文马驹的译音，传说这里的地形神似马驹，故名道坞，1913年更名为道孚。在乡野调查路上，开车师傅还给我们讲了另一个传说，他说："木雅贡嘎山下，有一天，一大一小两匹野马在吃草，一个猎人发箭射击，大马就被射死，小马受惊吓，跑到了有水有草的道孚停了下来，自此人们称该地为道坞。"

二、献给月神的花馍馍

中秋佳节，道孚的鲜水镇、协德乡家家户户都要做花馍馍，祭月亮。在农历十五晚上，花馍馍和各类瓜果等都要摆在天井或者窗檐下，必须是月神能看见的地方。花馍馍要用当地的新面来做，寓意是庆祝丰收，感恩天赐。同时还要点上8盏到108盏酥油灯。农历十六早上，每家每户都会派小孩子走街串巷送花馍馍。当时我们去的那家奶奶说：做这个花馍馍是庆祝丰收，大家把麦子磨成新面，必须要今年的新面来做花馍馍，十五晚上必须要敬月亮。花馍馍、鲜花、水果一起摆好敬月亮，还要点酥油灯，要放在室外，必须要让月亮和老天爷看到，以此感谢老天。十五敬献完毕，十六家家户户都会在邻居、亲戚之间互相赠送花馍馍。花馍馍里面的馅是由藏族特有的食品酥油、糌粑、奶渣等拌上红糖或白糖混合而成。揉面的时候可以加酥油以便保存。将面团揉成巴掌大的面坨，把调好的馅包在里面，然后压平成圆形，并在"花馍馍"的最中心粘一小片青绿的胡萝卜叶，听奶奶们说意为清清白白，也有说因为月亮里面的玉兔爱吃萝卜。然后用雕有各种图案的印板模具印上图案，多为三条圆圈或藏族美术中常有的吉祥图案等，圈内雕有玉兔、鹿、獐等吉祥物，一般是一对玉兔相对而立，或是鹿休闲躺于青草之上，或是两朵鲜花对开等，再用手将花馍馍的周边捏成各种花边，并点上几个食品红点，奶奶们说遇丧事则不点红。比较奇特的是只有在道孚县城才有中秋节制作花馍馍的习俗，县城以外的地区很少会做。我的猜测是道孚属于交通要道，当时清军（年羹尧）驻扎，在当地还有一条街叫老陕街，听一位老人说自己姓余，父辈来自陕西，在他家院子里还有当时残存下来的古城墙。当时茶马互市，商人往来频繁，在民族交往和日常交流中，形成两条相交线，当地人过中秋也开始做起了藏式月饼。

三、献给村寨的猪

丹巴人对于猪的处理简直是淋漓尽致，带有耳朵的由男性食用，腮帮子一侧则由女性食用；香猪腿必须给父母和舅舅；猪膘存留，以待家庭重大事件中发挥作用。以前猪膘存得越多，说明这个家庭越富有，越勤劳。血肠和酸菜肠在藏语中指肠子的意思，还是根脉、财富的意思。在灌血肠时，不能大声喧哗，没有灌好相当于自毁财运。同时需要把血肠、酸菜肠以及猪的每个部位的一点，赠送给亲人，表明我们同一根脉。其它剩下的骨头以及边角料，则被剁碎装入猪肚子，密封、风干，等来年二三月青黄不接的时候食用。关于对猪的处理，旦增爷爷还给我们讲了很多说法，他说："我们这个地方是全民信教的，猪原本也是一条生命，但终归是要被人吃掉的，那么就需要一个说法，我们这里的人就想了一个办法，假如我们准备杀它，就给猪喂元根，算作自我安慰，意思是我们家的猪今天被元根卡死了，并不是我们故意杀的猪。"同时我们也了解到，一户人家杀多少头猪，就要点多少盏元根灯来告慰。文化学家霍尔有一篇关于家畜文化的文章，这样说道："家猪为人类近800年的发展提供了巨大的支持，但人们还是强行将野猪和家猪的文化含义分隔开来，一个在神话中恐吓人们，而另一个在民间故事中被人愚弄，人们将对于'野生'的恐惧转移到嘲弄同类但被驯服的生物上。人类的'主人'意识是如此有趣以至于自然女神将礼物和陷阱都给了我们。作为最早驯养猪的地方，泛东亚地区对于猪的崇拜一直存在，崇拜行为常常发生在某个事物转变的那一刻，所以在猪崇拜中既有对野猪的崇拜，也有一部分对于家猪的崇拜，在这种崇拜下，猪即可被视为人类定居文化的一种折射，而定居的核心是生育，它也可视为对一种游走于森林与狂野的未知力量的拜服。"

在乡野调研中听到太多的"传统""原始"，甚至是期待"不变"。在传统时代，人们也是根据当地的自然地理环境、物产、生计、居住方式等摸索出一种适合当地的饮食文化。像丹巴高山峡谷的干热地带，万物都可风干——肉，风干；菜蔬，风干。扎坝区也是如此，臭猪肉与丹巴风干香猪腿其实是一个原理。随着多元文化的交融，我感觉所到之处都是乡村合作社，而且发展得也很好，青川木耳基地、巴美莴笋基地，还有康定大角菇市场，在不变之中看到变，是一个流动的的甘孜州。同时我们也要看到它们背后的思维逻辑与无穷智慧，安静地当一个听众，就会发现他们用自己的认知在解释着瞬息万变的自然与文化。就如陈丹青老师在《无知的游历》中提到的一段话："发现，并不仅仅意味着登上最高的山，潜入最深的沟，越过最后一道自然屏障而抵达前人未到之处——如果是这样的话，西方探险家没给我们留下太多机会——发现还意味着从熟视之物看出新意，从平凡之事看到美，从混沌中看见秩序，从无情中写出有情。"

学与问（节选）

李慧：民以食为天，从古至今食物对于人类的重要性不言而喻，师姐提到面食与酸菜、面食与葱、猪与酒等，那么食物的重要性与民族村落特色的关系是什么呢？

郎吉拉姆：人类必须依靠食物才能生存和繁衍，"一方水土养一方人"这样说法的背后是有道理的。一个地方一个民族产生的食物不仅仅只是食物，而是一个地理、历史和文化的集合体。文化的背后是自然，它像空气一样无处不在，一直以来听到了太多用神秘来形容藏区，其实并非如此。只有在看到高原上草原、峡谷等自然生存条件时，才会理解这是一种生活方式，就像在丹巴万物皆可风干，是因为高山峡谷地带的阳光和风力资源充足，利用有限的自然资源就形成了风干万物的生活习惯，也以此来补充冬季蔬菜的缺乏。像在道孚鲜水镇的花馍馍，当时有清军驻扎，以及茶马互市下民族交流的一种产物，从汉地来的月饼就成了藏地的花馍馍。

胡皓鸣：我家亲戚、朋友也有是少数民族的同胞，我也为此接触了不同的文化，这让我想到了萨义德《东方学》中所探讨的后殖民主义问题——西方对东方的偏见，他们以西方思维建构东方，好似正如我们以汉文化思维建构其他少数民族文化，这样的建构或多或少带有一定的偏见，我们应如何消除这种偏见呢？

郎吉拉姆：你提到偏见或者说是文化中心的问题，其实我觉得还是不要用先入为主的价值观去评价所看到的，以一种固有的观念去认识所见之物，还是在巩固自己原有的观念，这样我们就无法获得新的自我。我们更要从细节处看到它的文化逻辑。还提到如何消除这种观念，我想我们的未来还是在于交流，每个民族的文化都应得到世人的理解和尊重。

张梦玉：拉姆师姐你好，我是来自凉山州的汉族女生，从小浸润在少数民族文化之中长大，所以对师姐聊的藏族美食文化很亲切。食物确实是一个民族一个地区特有文化的生动体现，可现在每年回家我都会发现家乡的日新月异，感觉现代文明的进程悄悄地"碾压"着古老的村落，寄予着乡愁的很多民族美食也在不断改良，没有了那些食材的特有滋味。古老的、原始的、民族的东西融入了现代性是不是就意味着传统的最终消逝了呢？食物本身的情感是人赋予的，当我们远离家乡逐渐习惯他乡的酸、甜、苦、辣、咸时，我们又该何处安顿一缕"乡愁"呢？

郎吉拉姆：我们不仅要看到变化的东西，更要看到不变的东西是什么，就像丹巴和道孚在经济作物的冲击下，葱虽然种植面积在减少，但是它在日常生活中使用频繁，仍然在人们的生活中起着重要的作用，就像是大贯惠美子在《作为自我的稻米——日本人穿越时间的身份认同》写道："稻米的种植面积在减少，但是稻米在日常生活和宗教生活中仍然占有重要的位置，是不可或缺的。"也代表了日本人穿越时空的身份认同。

2021 年 8 月 6 日
内江师院东区雨竹轩文学沙龙

作者简介

郎吉拉姆，女，生于 1997 年，藏族，四川省甘孜藏族自治州丹巴县人。西南民族大学 2019 级民族社会学院西南民族研究院在读研究生，本科毕业于内江师范学院文学院汉语言文学专业。曾在内江师范学院报发表散文和诗歌多篇。2019 年 8 月—2020 年 7 月随西南民族大学民俗学专业课题组参加了大渡河流域丹康泸三地的文化资源普查和嘉绒地区教育变迁问题的社会调研。

爱琴海的风
——希腊游学的路上

黎 榛 / 美国巴克内尔大学 2016 级学生

> 我们在雅典国家公园上课时，Diamant 教授讲着讲着突然脸色一变，慌张地叫一名刚坐下的同学站起来，随后神秘地解释道："你坐着的那块石头至少有两千多岁了！"
>
> ——黎 榛

在美国大学就读英语专业是一种十分奇妙的体验：大学四年，我从未在课堂上遇到除我以外的外国学生。这也自然，谁会愿意拿第二外语跟习母语者竞争呢。Paula 教授（Paula Closson Buck 教授，我们学校所有创意写作专业的教授都坚持让学生直呼其名）在创意写作课上发项目宣传册时，估计也没想到最后加入的会是班上唯一一个外国人吧。

2018年1月29日，大二上学期，我拖着塞得满满的行李箱初次踏上了希腊国土。这是我校与宾州州立大学合办的留学项目，由两校四位教授带领同样来自两校的20名学生赴希腊进行为期三个月的学习。我们住在雅典当地居民区一栋老旧的公寓里，从阳台就能眺望心仪已久的雅典卫城。这里多山，于是我们每天就是上坡、下坡、再上坡，少有走平路的时候。就连去隔壁街买菜都得先爬上一条40° 左右的斜坡，才能翻过我们这座山头。

奔跑在伯罗奔尼撒半岛

希腊是个神奇的国度，历史的残垣散落在她的每一个角落。无论是在雅典热闹的市中心，还是阿尔戈利斯地区荒无人烟的群山，都能瞥见数千年前古人的身影。当地政府以近乎简陋的方式对待这些世界文明遗产：大多数历史遗址都只用绳索象征性地围了起来，连进行到一半的挖掘现场（我们的带队老师之一Diamant 教授亲身参与的考古项目）都没有额外防护措施，任何人随便一跨就能闯入千年历史。有一次我们在雅典国家公园上课时，Diamant教授讲着讲着突然脸色一变，慌张地叫一名刚坐下的同学站起来，随后神秘地解释道："你坐着的那块石头至少有两千多岁了！"但那块"古老石头"并没有任何特殊标识，看起来与旁边的"年轻石头"没什么两样。我不由地想到：古人与我们，是否也和这些石头一样，其实并没有什么不同？

在一次周末的远行中，我们来到位于伯罗奔尼撒东海岸的阿尔戈利斯湾，沿着崎岖的山壁攀登四十多分钟后，终于抵达了Franchthi山洞。据考古学家估算，它在旧石器时代晚期（约4.5万年前至1万年前）甚至更早就已被人类占据，并在此栖身。这个面朝大海的山洞里，至今还能依稀看到一个个以家庭为单位划分出的卧室、厨房、公用区域，还有不少明显经过打磨的石柱和石板，是用来处理鱼、贝、鹿等食材的工具。湿润的海风从洞口灌入，从前只在书中听说过的爱琴海在灿烂的阳光下竟呈现出晶莹剔透的箬竹色，我顿时明白她为何能在古今中外享誉盛名。不由想起那句古诗"今人不见古时月，今月曾经照古人"，他们是否也曾为美景驻足，一时将生存与生活的重压抛之脑后呢？

第二天，我们驱车横跨伯罗奔尼撒半岛来到了古奥林匹亚遗址，四年一度的始于"神圣休战"的奥林匹克运动会就诞生于此。当时，参加运动会的所有运动员都赤裸上阵，摔跤与角斗选手还会将橄榄油涂满全身，彰显出他们引以为傲的古铜色肌肉。赛跑、拳击、摔跤、跳远、铁饼、赛战车，竞技种类虽没有如今丰富，但这场全民瞩目的体育盛宴在两千年前已初具规模。

"Go！"随着Scahill教授一声令下，我们一齐冲了出去。我们奔跑在神圣的古奥林匹亚遗址中央，奔跑在数千年前古希腊运动员们奋力拼搏的地方。脚下没有熟悉的红色塑胶，没有白线画出的跑道，但所有人都紧张欢乐地奔跑，仿佛赢了这场比赛就能戴上那顶用橄榄枝编织的桂冠。那时，来自希腊各地的观众坐满了整座山丘，他们兴奋地振臂高呼，吹着口哨，空气中飘着烤牛肉的香气和爱琴海的风……

在 Franchthi 山洞中上课　黎榛 摄　　　　奔跑在古奥林匹亚遗址中央　黎榛 摄

德尔斐的回响

生命起源于海洋，文明诞生于土壤。而希腊恰好就坐落在两者中央。同年2月14日，我们来到了"古世界的肚脐"——希腊古都德尔斐。传说宙斯试图寻找宇宙中心时，从地球两端放出了两只神鹰，以同样速度同时起飞的神鹰最终在德尔斐上空交错，宙斯在此地放置了一块神石作为标记。英文中这块石头被称为"omphalos"（意为中枢、中心点），正源于古希腊语中的"肚脐"。

德尔斐最著名的便是被联合国教科文组织（UNESCO）列入《世界遗产目录》的德尔斐神庙。古时各地的人们跋山涉水，不远万里来此朝圣，期盼能通过皮媂亚祭司聆听太阳神阿波罗的声音。祭司传达的神谕影响力之大，足以定夺人的生死、战争的胜败。时至今日，大多数神谕早已在历史长河中随风飘散。待我们到访时，此处与希腊的众多历史遗址一样，被围在简陋得令人担忧的麻绳护栏中，任往来游客熙熙攘攘，时而热闹，时而冷清。

我站在人群外，望着石基上歪歪斜斜却坚持屹立的石柱，尽管我不能上前寻觅，但石柱上有当年英国浪漫主义诗人拜伦来此朝圣的签名，希腊是他的精神恋人，他爱希腊，哀希腊，将自己的心脏托举给希腊，如伊卡洛斯飞向唯一的太阳。仁立神庙前，一念之间，感觉这座城市变了个模样：散落在山谷间的乱石浮在空中，拼接成一根根肋骨；神庙的石柱组成四肢，其圆盘形的结构恰好确保了关节的灵活度；巨兽的头骨从帕纳索斯山的峭壁中破石而出。当然也少不了众神之王宙斯亲手安置的肚脐。从尘埃中苏醒的远古霸王感受着沙砾般的人类在他脚趾间穿梭，蚊虫振翅般琐碎的声音在耳边萦绕着，不断回响。即便它能驱动灵活的四肢在山谷间漫步，空洞的眼窝中盛满透过山谷缝隙照进的蓝绿色水光，它终究是一副残骸。德尔斐的血肉在横跨数千年的战乱、天灾中被一口一口地撕咬、啃噬，哪怕只剩白骨也要被人敲碎了，铸成另一座终将倒塌的城堡。活在现世的我们只能从拼凑的化石中幻想它还活着时的威风，正如太阳神庙上的那句话提醒着人们：认识你自己。

每一位伟大的诗人似乎都曾到访希腊：

　　卡瓦菲、梭伦、提尔泰奥斯、色诺芬尼；

　　他们的手稿被一一封存，

　　在橄榄树脂中幻为化石。

　　即便如此，还是有词藻迷失：

　　被地中海的狂风暴雨吹散，

　　被特洛伊战马的铁蹄踏碎，

德尔斐剧场

或随着壁画一同衰老开裂，

留出等待被填写的空白。唯一的好消息是

这道考题没有时限。即使有，

也定是黎明——赶在赫利俄斯的光芒

掩盖阿斯忒瑞亚若隐若现的笔迹之前。

（节选自我在该学期"书写希腊"课上英文创作的自由诗，自译。）

Scahill教授正讲到兴头上，同学们也都认真地记着笔记，没人注意到我沿着被踏得坑坑洼洼的石板路漫无目的地行走。

"喵——"一只瘦小的淡橘奶猫正努力地蹭着我的脚后跟。我跟随它来到了坐落在神庙中的古希腊剧场。

环顾四周，硕大的古希腊剧场被大致分为7个不同区域，每个都有着35层台阶，建立在天然的山坡上。目测估计，这个背靠高山的半圆形剧场至少能容纳数千人。三大悲剧再次上演过吗？古时有没有扩音器，那些坐在顶上的人真的能听到台词吗？

我看到Scahill教授领着同学们边聊边向这边走来，Scahill教授简单讲述了这座剧场建成的历史，便让我们各自分散开来，坐到剧场的左、中、右不同方位的中高层台阶上，自己则站到舞台中央，得意洋洋地说要给我们变个魔术。从这个高度看，舞台上的Scahill教授看上去只剩麻雀大小，姑且能看清身体动作，却几乎看不到任何表情。只见他上下挥舞着双臂，用平静却掩盖不住兴奋的语气大声说道："Can you hear me（你们能听见吗）？"

我和坐在最高层的另两名同学面面相觑。Scahill教授又补了一句："我可没有喊哦，就是大声说话而已！"我们带着难以置信的表情走下台阶，Scahill教授微笑着迎接我们。"是回声吗？"有同学抢先问。"那么，刚才有人听到回声吗？"没有，我在心里默答。按理说，这座群山环绕的剧场肯定会有回声。实际上先前我们在德尔斐的其他地方也的确听到了回声。但奇妙的是，剧场中来自舞台的声音格外干净，并没有想象中的那样繁杂。

Scahill教授开始给我们科普这座剧场建筑背后隐藏的各种科学巧工。2月14日，德尔斐剧场中人声鼎沸，舞台中央一位俊美的男子体格健硕，正用他雄厚的声音嘶吼："宙斯啊，宙斯的女儿正义之神啊，赫利俄斯的阳光啊，我向你们祈求！朋友们，现在我们就前去战胜我们的仇人！"（节选自悲剧欧里庇得斯《美狄亚》）

耶稣真的降临了吗？

蒂诺斯岛是希腊最著名的岛屿之一，其优美的景观受众多游客追捧，甚至在

2020年被希腊文化遗产组织列入濒危文化遗产名录。我们来到这里是为了参加著名的复活节游行。信徒们在此期间会祈祷、斋戒，非信徒大多也会在进入圣周（复活节前一周）后参加各式各样的祭奠活动，直到周日耶稣复活。4月6日晚，我们早早地结束了白天的行程一同出发，走向岛中央最大的Panagia Evangelistria教堂。21点刚过，夜晚的街道上人流涌动，连镇上的几个小教堂都挤满了人，还有许多进不去的信徒在门口虔诚地祈祷。无论走到哪个角落，都能听到从四面八方传来的圣乐。

22点20分，身着红色军装的行进乐队从Panagia Evangelistria教堂出发，吹奏着传统希腊圣乐为游行队伍领航。神奇的是乐手们使用的是小号、长号、萨克斯、圆号、军鼓、低音鼓等现代乐器，奏出的音色与旋律却带着浓厚的民族气息，难以想象这与交响乐、爵士乐是同样的乐器组合。紧跟着的是牧师队伍抬着一个精美的灵柩，象征耶稣的棺木。跟随在牧师后的是虔诚的信徒，他们大多手持蜡烛，或沉默或与牧师们一起吟唱。队伍穿过大街小巷，每路过一个教堂就有一大批信徒加入进来。游行队伍越来越长，队尾几乎听不到乐队的声音了。许多本地人边走边聊，时不时还跟路边小店的店员打个招呼，甚至在店门口聊上几句，再匆匆回到队伍，所有人脸上都挂满笑容。

23点16分，我们跟着游行队伍来到了港口。乐队不知何时已经停止演奏，呼啸的海风夹杂着人们小声的议论，语言不通也能从语气中听到抑制不住的兴奋。

仪式开始了，只见一只小船上，有几位男性举着一把燃烧的小十字架站在船头。一会儿，附近的两只船头也冒出了红光，三只船就这样领着熊熊燃烧的十字架向距离岸边约几十米的一处大十字架缓缓驶去。那十字架不知是涂了什么特殊的燃料，火焰并不是通常的亮红色，而是偏粉的朱砂色；火光格外耀眼，像新年的烟火被定格在绽放的那一刻，深深吸引了现场所有人的目光，好像尼采自传上的那句形容耶稣的话：瞧，他来了。

船在大十字架脚下停靠，形成一个半包围的扇形。海域上的其他船只纷纷鸣笛，一时盖过了岸边鼎沸的人声。Diamant教授告诉我们，这是在祭奠那些葬身于海底的人们。从古至今，大海一直在希腊文明中占据了格外重要的地位，在蒂诺斯这座岛屿城市上更是如此。古时希腊最重要的波塞冬神庙就建在蒂诺斯岛上，他也是基克拉迪群岛中唯一一座只供奉海神波塞冬的神庙。据考古学家研究，这座波塞冬神庙最早的祭祀活动可追溯至公元前4世纪中期，建成时间甚至可能更早。每年1至2月，信徒们会从希腊各地赶到蒂诺斯岛参加祭奠波塞冬的庆典。直至公元后3世纪，随着基督教的兴起，这座神庙逐渐被废弃，曾经高耸的石柱也被当地人一节节拆开，用来建造房屋与基督教堂。如果万物有灵，波塞冬会不会"兴风作浪"发脾气？我当时脑海中浮现出一幅奇妙的画面：威武健壮的海神波

塞冬半身赤裸，小麦色的皮肤上挂着水珠。他一手把三叉戟杵在地上，一手捋着雪白的大胡子，正欲对谦卑瘦弱的救世主耶稣大发雷霆。与此同时，爱琴海上掀起滔天巨浪，蒂诺斯的岛民们涌向刚建成的教堂，在十字架前双手合十，默默祷告；只有几位白发苍苍的老人步履蹒跚地来到只剩下几块基石的波塞冬神庙，张开双手指向天空，向他们信仰了一辈子的海神大声祈祷。

在日本时，我曾向神户弓弦羽神社的一位神官请教：日本这么多神道教的神社与佛教的寺庙彼此为邻，神与佛不会产生冲突吗？他们能接受人的"不忠诚"吗？神官思考了一下，答道："神与佛都包容万物，他们不会像人一样产生嫉妒之心。"日本的神道教与佛教确实如此，基督徒口中的耶稣也是位十全十美的救世主，但希腊的神明却似乎有些格格不入。他们与人一样会追名逐利、为婚姻烦恼、拥有七情六欲。傲慢、嫉妒、暴怒、懒惰、贪婪、暴食、色欲，天主教的七宗罪在希腊神明的身上似乎都能得到印证。（听到这里波塞冬又要暴怒了。）古希腊神话没有统一的圣典，谱写故事的每位作者都能在叙述中留下自己的身影。奥林匹斯山的人化的神与我们似乎就像雅典国家公园里的石头一样，除年龄外没有什么不同。

我与世界相遇

一转眼回国后，新冠疫情爆发两年了，世界变了许多。我仍然清晰地记得，2021年3月11日下午，我正在美国巴尔的摩市完成"粮食、正义与信仰"课（一门探讨粮食安全、宗教信仰与种族问题的课程，又是只有我一个外国人）的实地考察，突然听到同行的同学爆发出一阵惊呼，马上打开邮箱一看，发现校长刚发来一封邮件，通知我们学校将在周末关闭，之后全部转为网课。

那时是大四下学期，我在校外度过了最后几天校园生活。蓦然回首，我的大学游学生涯大大出乎我的意料：大一在日本京都，大二在希腊雅典，大三在英国伦敦，大四在美国巴尔的摩。我的大学四年有太多时间在路上，学校里不少教学楼甚至都不曾踏入。但与此同时，我收获了更多无可比拟的经历。

在日本东北南三陆町的临时商业街，当地摄影师佐藤先生给我讲述了2011年东日本大地震后被海啸席卷的小镇，也是他家乡的故事。他的镜头下，二十多条生命就在短短三分钟内被海浪卷走。在雅典，我与三名同学每周搭一个半小时的地铁到Elliniko仓库做志愿者。这个2004年雅典奥运会的场馆现在成了国际组织RED SOS REFUGIADOS的基地，来自世界各地的志愿者在这里接收、分管、发放同样来自世界各地的爱心物资，让当地难民（主要来自叙利亚、伊拉克、阿富汗等战乱国家）也能过上体面的生活。在伦敦，我与四名同学深入肖迪奇区，试图从这个充满历史与变革的地区瞥见伦敦绅士化（Gentrification，又译中产阶层化或贵族化，指一个旧区从原本聚集低收入人士到重建后地价及租金上升，引来较高收入人士迁入并取代原有低收入者。）的冰山一角。我们采访了当地的议员、三位不同店铺的店主，以及一位从小在肖迪奇长大的诗人。每个人的意见各不相同，但同等重要。在巴尔的摩，我们采访了当地的黑人教会、天主教堂以及伊斯兰教协会。针对困扰了当地人多年的粮食安全问题，他们有着不同的应对方法：黑人教会在每周日的礼拜后举办迷你集市，鼓励大家把家中剩余的食物带来分享，互帮互助；天主教堂位于郊区，主教租下了周边好几亩地用来耕作，时不时举办一些面向家庭的公益活动，教导孩子们珍惜粮食；伊斯兰教协会每天提供免费午餐，开放给所有到访者，即使对我们这样的非信徒也来者不拒。在被和平隔离墙一分为二的北爱尔兰首府贝尔法斯特，曾因参与示威活动坐了几年牢的导游给我们讲述了这座城市和他自己的故事。时至今日，即使和平隔离墙已经被拆了一半，我们横穿城市的导览依旧由来自两边的导游分别带领，两人见面时只是礼貌微笑，没有任何寒暄。

这些旅途中的故事有些是过去的记录，有些是当前的现实。即便是几千年前的断壁残垣，一旦跳出教科书的白纸黑字与博物馆的玻璃展柜，也显得格外生动。我不是一个热爱历史的人，考古学家视为珍宝的遗址在我看来只是一堆普通的石块，但在希腊的三个月以及其他国家游学的经历让我意识到：历史是鲜活的，它存在于每座城市中的每一个角落；旅行本身就是一堂历史课。正如我喜欢的一句话：我与世界相遇，我与世界相蚀，我必不辱使命，得以与众生相遇。

最后和大家分享一段希腊游学路上的小插曲：2018年3月3日下午4点过，大巴行驶在伯罗奔尼撒不知哪座山头某个小镇唯一的马路上。我们刚度过充实的一天（跑了三个历史遗址，一天都在外面上课），加上颠簸的山路，大家都昏昏欲睡。我翻看着手机拍的照片，眼皮正开始打架，大巴突然一个急刹车，前方传来司机大叔不满的声音。不少同学被惊醒，纷纷从过道中探出头来。只见从马路左侧的小岔路中涌出一群绵羊，不紧不慢地走到路中央，恰好堵在了我们车前。司机嘟囔着想找牧羊人理论，左等右等却始终没等到人。反倒是两条棕黑色的牧羊犬，一左一右、一前一后地贴在羊群外围，一旦有羊脱群就立刻把它赶回队伍中去。一群羊，两只狗，就这样大摇大摆地走在马路中央。

我被这场景逗得直乐，司机和其他同学却按捺不住了。我们跟在羊群后头以时速2 km的速度开着，不知要被堵到什么时候。就在气氛越发紧张时，前方右侧岔路突然又冒出一位老太太，她穿着淡紫色的防风外套，右手拄着拐杖，左手挎着一个鼓鼓的布包，看上去是刚买菜回来准备回家做晚饭的样子。

她悠闲地走着，甚至还回过头来跟我们挥了挥手，露出慈祥的微笑。我忽然意识到，她并不是因为走不快才跟在羊群后面。其他同学也反应过来，一时议论纷纷。然后，毫无征兆地，Sasha突然高声唱了起来："Country roads，take me home，to the place I belong……"（美国脍炙人口的歌曲《乡村路带我回家》）大家愣了一下，但很快也加入到她的歌声中。二十四人的歌声传出窗外，走在前方的老太太也回过头来，笑着拍了拍手。司机大叔的嘟囔声被我们的歌声盖过，后视镜中他紧锁的眉头逐渐舒张开来。

我们就这样唱着歌，行驶在希腊乡间的小路上。前面是一群悠哉悠哉的羊……

学与问（节选）

郑李婷：黎榛师姐好！今天我有幸也跟你一起线上游学了一趟，爱琴海的海风似乎也在向我迎面而来，我们一同在古奥林匹亚遗址自由奔跑，在岛上感受复活节的热闹。你们的这种教学模式正是契合了素质教育的出发点，德智体美劳全面发展。然而国内的很多孩子接受的是应试教育，较大学期间这种游学式的素质教育，你最大的感受是什么？对于这种开放宽松的游学，老师采用怎样的教学评价来检验学业呢？

黎榛：首先，我想澄清一个许多人都抱有误解的事情：西方的教育系统也并非是纯粹的"素质教育"，申请大部分美国大学同样也需要提供标准化考试成绩，作为筛选的重要指标之一。但我认为中外教学模式最大的不同在于其侧重点——我理解的中国式教育（即所谓的"应试教育"）注重结果，一切教学过程都是为了让学生学会必须掌握的知识点，从而在考试中获取高分；而我自身体验过的美国教育则注重过程，其最终目标在于锻炼学生独立思考的能力。我从高中时起就反复在课堂上听到的一个单词叫"critical thinking"，即批判性思维。对我来说，这种思维方式是我从8年的美国教育中获取到的最为重要的能力之一。举个简单的例子，当我在网上或电视上看到一条新闻时，下意识的第一反应是首先关注这条新闻的来源是否可靠，其次通过其他可靠资源二次验证其真实性，然后才会以其提供的信息为基础做进一步思考。这种思维模式在如今谣言满天飞的大网络环境下变得尤为重要。

再进一步，我认为批判性思维也教会了我从多角度、多层次思考问题的能力。因为批判的本质是思考，你必须形成自己独立的观点才能够对他人的观点进行有理有据的批判。因此，对外部信息表示质疑的过程实际上就是一个自我消化的过程，并且它不仅仅是对接收到的信息的理解与分析，同时还会让你下意识地将其与自身已有的知识、经验、观点做比较，从中发现两者的相似与不同之处。因此，这种思维方式在跨文化交流的过程中能起到至关重要的作用，它能让你在深入理解他文化的同时对自身文化进行反思，从而形成真正意义上的双向交流。

针对教学评价，其实我参与的几个游学项目都与常规课程的评价方式没有太大区别，这些方式或许本身就与国内大学采取的评分法不太相同，所以还是在此简单介绍一下吧。我的大学专业是英语（创意性写作）和东亚研究（日本文化与历史），其中在希腊和英国的游学项目是以英语专业为主，在日本的项目是以东亚研究为主。针对英语专业的课程，例如"书写希腊"，最常见的评分方法是教授会要求学生在固定时间内提交一定数量的作品草稿（例如每周一首诗等），并在经过研讨会式的讨论后（我校的写作课一般不超过15人），在期中和期末时分别提交修改过的作品集，教授根据修改质量及最终成品的质量进行评分。而东亚研究的专业课则比较常规，一般会定期提交长度不一的学术论文作为评分标准。但无论是英语专业课还是东亚研究专业课，课堂参与度都是占比非常高的一个评分项目。以我自身的经历来说，文科课程的课堂参与度一般都占总成绩的15%–20%。因此你不仅不能逃课，还要积极参与课堂讨论，做出有意义的发言才能真正被算作是上了这门课。

蒋晓琪： 爱琴海的风吹来了古朴的希腊文明，从希腊神话中的众神之争再到各路英雄之争，让我们感到神话似乎就是人类社会历史真实的一部分，请问师姐如何看待这个问题？

黎榛： 在我看来，神话是人类思想的历史。如果说历史是过去的人做了什么，那么神话就是过去的人想做什么。它如实地反映了古代人对于自然规律、社会伦理、生死轮回的思考与探求过程。中国神话歌颂甘于奉献的女娲、敢于尝试的神农、舍己为人的大禹，这些都是在如今的中国社会依旧被奉为美德的品质。自然灾害多发的日本为自然万物赋予神格，通过信仰与习俗的融合教导其人民时刻对自然心怀敬畏与感恩之情。日本宗教信仰与民间习俗的融合也是一个非常有趣的话题，有机会再细聊。而在"神人同形同性"的古希腊神话中，拥有至高无上力量的众神与人类一样面临欲望、背叛、权力争夺等"俗得不能再俗"的难题。这些奥林匹斯山上的众神像是古希腊人的一面明镜。

另一方面，神话也是多种多样的。就古希腊神话来说，主要可分为三种类型：神话（myths）、传说（legends）与民间故事（folklore）。神话的主体在于神明与英雄，例如宙斯、雅典娜、阿波罗等，他们的存在常与各种宗教祭祀直接相关。相较于神话，传说则更多地基于真实历史进行升华与发散，有时甚至令人难以辨认故事中的哪些人与事是真实的，哪些是虚构的，例如著名的特洛伊战争。

陈宣伊：黎师姐，你好！我来自内江师范学院文学院19级2班。听了师姐丰富精彩的游学经历，让我仿佛也在去希腊的路上。你大学期间从日本走向希腊、伦敦、美国，非常希望师姐分享一下在不同国度、不同文化、不同文明的交汇学习中给你认识世界带来了怎样的目光呢？

黎榛：请容我先问你一个问题：你是如何看待伊斯兰妇女的头巾的？我相信国内乃至西方大多数人对于这个问题的回答多会是贬义的：头巾在我熟知的文化中往往被视为压迫与歧视的象征，代表着伊斯兰妇女的不自由，是戴在头上的脚镣。

但在大学四年中，我分别从三位伊斯兰女性的口中听到了不一样的声音。

第一位是大三在伦敦留学时，与我一起上写作课的阿富汗女孩。她自高中就来到美国读书，刚踏上美国国土就立刻扔掉了自己的头巾，认为那是从压迫中解放的象征。但她在成长过程中逐渐发现自我、决定拥抱家乡的文化根基时，却发现迫于周边人的眼光自己再也无法自由地戴上头巾了。

第二位是大四下学期，我因一门"粮食、正义与信仰"的课程在美国巴尔的摩拜访伊斯兰教会时遇到的白人女性。她出生成长自传统的基督教家庭，但在成年后自主加入了伊斯兰教。她在日常生活中也会选择佩戴头巾，一个白人带头巾的场景总是格外引人注目。当被问及原因时，她笑着回答到：头巾让我感到前所未有的自由。正因为她遮住了我的容貌，没有人能对我以貌取人，你必须直面我的内心。

第三位同样是在大四下学期，我到美国华盛顿参加日语演讲比赛时，一位同为参赛选手的伊斯兰女性选择了以"头巾与时尚"作为主题。她展示的头巾可不是你我想象中的纯黑色。那天她戴着彩虹色条纹的头巾站在演讲台上，面对台下一百来号对伊斯兰文化一无所知的人们，滔滔不绝地讲着，眼中流露出难以遮挡的自信的光芒。我至此才意识到，原来我一直都闭着眼睛。

汪新：学姐好！我是内江师范学院汉语言文学专业19级2班的汪新，你在希腊游学途中引发了无限的遐想与哲思，让我感受到希腊文化其实一直在传承，不但没有因时光流逝而淡化，反而以随处可见的形式潜移默化留存在一砖一瓦以及人们的一言一行中。如此亲身体验，请问你对希腊文化最深的感触是什么？与我们今天疫情时代的节奏有何关联呢？

黎榛：如果要用一个词来概括我对希腊的印象，那就是"真挚"。无论是对人、对自然、对历史，还是对自己，希腊人都是真诚而恳切的。雅典居民区中有很多私人经营的小店，下午两三点才开，晚上七八点就关门。乍一看简直就是懒惰的象征，在勤劳的中国人看来几乎是不可饶恕的（事实上雅典景区的各种纪念品商店也的确是从早开到晚，节假日无休）。但对当地人来说，工作只是生活的一部分，不能为了工作而违背想要睡到自然醒，悠悠闲闲地吃个早餐，在灿烂的阳光下读书到下午的意愿。同样，希腊对其历史也是真挚的。人们将古人遗留下来的建筑、器皿、雕塑都看作当地生活的一部分，不过度关注，也不过度保护（虽然这点是否是好事尚且存疑），就让它自然而然地存在那里，让它成为了希腊现代文化中不那么耀眼但也不可缺少的一部分。就连希腊满街的流浪猫（政府出资给它们都绝育了）都每天定时跑到停在路边的车顶上晒太阳。

这种近乎于"躺平"又绝不是躺平的慢节奏生活或许正是生活在后疫情时代应当认知的事实。引用我刚才讲的群羊堵车的故事，新冠疫情就像是堵在全世界发展道路前的一群羊，它迫使我们放慢脚步，花费一定时间面对自己。正因如此，我认为希腊文化中的"真挚"是必不可少的。它能让我们更包容地对待自己与他人，学会珍惜生活中相遇的一切。

陶梦芸：师姐好！我来自文学院19级3班。爱琴海的风是自然的风，也是历史的风。正如普罗泰格拉所说"人是万物的尺度"，我们与神明与历史中的人也没有什么不同，就像那块两千年前的石头和现在的石头大同小异。能感觉出你的目力所及和真实心跳，历史与现代有一种自然交融的状态。但实际上，我们很多时候对历史总有些隔膜感，师姐认为我们应该怎样去消除这种隔膜呢？

黎榛：我在一篇文章中写到："我总感觉自己与历史之间有一层透明的玻璃，看上去明明很清晰，却又怎么都触碰不到。后来我意识到，这是每个博物馆里都有的展柜的玻璃。"

我从小就对历史不是特别感兴趣，你提到的这种"隔膜感"让我感觉自己与历史书中的人物从未处在同一个世界。而且历史对于精确度与真实性又太过严苛，我无法像对小说那样把自己代入其中，从而拉近与书中世界的距离。因此在到希腊之前，我一直以为历史是无趣的。

希腊消除这层隔膜的方法非常简单粗暴，就是拿掉了博物馆里展柜的那层玻璃。这话有两种解法。其一，如我在前面所述，历史的残垣散落在希腊的每一个角落，这个国度本身就是一座巨大的博物馆。即使不到真正的博物馆里，光是在雅典街头走上几个小时，你就会不可避免地与数个遗址擦肩而过。在希腊，你是逃不过历史的。其二，由于古人遗留下来的物品数不胜数，部分希腊博物馆会将没那么贵重的展品放在专门设置的互动区域，游客可以任意触摸、拿捏。实际上我就曾将一只石雕小乌龟放在手心细细摩挲，感受数千年前工匠手艺的温度。

按理来说，我们国家也应该是能够做到这样的。中国三千年的历史与文明沉淀下来的瑰宝绝不比希腊少，但因为太多众所周知的原因，现代中国与现代希腊没能站在同一起跑线上。老实说，对于如何消除国内历史教育中这层厚厚的隔膜，我也无从下手。但作为第一步来讲，我会鼓励大家走出教室、走出博物馆，

到你所在城市的老城区去逛逛，甚至到附近乡镇去逛逛。因为历史其实就是人的故事，而人的故事，哪怕没能留下痕迹，也会口口相传的。当你与古人指尖相碰，其产生的温度自然就会将隔膜消融。

肖如菁：师姐眼里希腊的每一个角落都散落有历史的残垣，有温柔惬意的古希腊剧场、散发着想象的德尔斐神庙，这一切都是如此美好，看到这些迷人的建筑我不禁联想到外国文学课堂上王彤老师讲解的古希腊雕塑之美，同样令人着迷。师姐游学希腊一定邂逅了很多雕塑，请谈谈对希腊雕塑的印象。

黎榛：我是个不太懂艺术的人，在音乐和美术之间也严重倾向于音乐，对雕塑、绘画其实是一知半解的。正因如此，我在邂逅雕塑时并不会抱着艺术分析的眼光去看待它们，而是将他们看作一个个活生生的人，被时间风化了，才定格在我们眼前。

让我能够以这种眼光去看待的雕塑，希腊也算是独一家。春假期间，我独自从希腊某港口搭乘轮船来到意大利佛罗伦萨，在乌菲齐美术馆等地看到了不少精美的雕塑。但不知为何，我总感觉这些雕塑越是精致，就越是缺少那股原始自然的灵性。从意大利回来后再回访希腊雕塑，一下子发现我最喜欢的是那些刻画普通人在日常生活中一举一动的作品。印象最深的是雅典国家考古博物馆中，一位少年牵着一头小牛走在路上的雕塑。我记得自己当时被少年略不对称的面部表情吸引，往下看到小牛身上不匀称的肌肉，一切都不完美，但感觉都非常真实可爱。

翻看手机相册，我发现当时拍摄的所有关于雕塑的相片中，最多的是早期的动物雕塑。这些雕塑只是抽象地捏出了动物大体的形状和特征（例如牛角），身材和比例都完全不对，看起来简直是幼儿园小朋友用橡皮泥捏的作品。但它们却比那些按照黄金比例精雕细琢出来的雕塑更能让我在第一眼看到时，便不由自主地发出会心一笑。"啊，我认识这种动物。"那一刻，我感觉自己与古人是相通的。

盛康乐：学姐刚才多次提到了神话、宗教及其在现实中的迁延，这之后回看"乱石中缺了两瓣的小雏菊比起那些惊心动魄的历史与神话竟更令我动容"一句，有一种宁静而自然的力量。你写作时历史、神话和遗迹影响着你的思维情绪，还是现实的生活悄然地触动着你的思考与创作呢？爱琴海风吹来的是那些远古的故事，还是现实中生命的故事？

黎榛：就个人而言，我更容易被现实中生命的故事所触动。我到希腊前其实一直对历史抱有偏见，认为历史都是已经过去的事，与自己毫不相关。事实上即便到了现在，回首希腊游学这段故事，我发现自己在与希腊古文化的邂逅中依然下意识地寻找来自远古的生命气息。爱琴海的风是一个极好的支点。因为从地球生命的角度来看，人类文明的历史十分短暂，夸张地说，一阵风就能从荷马时代刮到现在。我希望从古迹的一砖一瓦、一沙一石中窥探到古人生活的一角，从而在脑海中构建出他们彼时生活的样子，并将自己代入其中。这便是我日常思考与创作最大的动力——生命的意义在于体验。

　　我并不擅长写作，因为思维过于跳脱，经常写着写着就跑了题，像脱缰野马一般再也拉不回头。因此，我在大学期间创作的大多数诗歌都是虚构的，我喜欢透过主人公的视角去探索一个个未知的世界。而希腊让我开始思考，古代世界在某种意义上不也是一个"虚构"的世界吗？尽管我们有许多古人留下的线索，历史学家肯定也会一口咬定史书上记载的就是过去曾发生过的事实，但实际上这中间还有太多空白可供我们遐想编织。历史课本的字里行间，又何尝不是一个等待你我探索的新世界呢？

2021 年 12 月 20 日

线上文学沙龙

作者简介

　　黎榛，广州人，2020年毕业于美国巴克内尔大学，英语创意性写作（诗歌方向）、东亚研究（日本方向）双专业。大学期间赴日本京都、希腊雅典、英国伦敦各留学三个月，共游历十余个国家。课余爱翻译英语、日语文章，旨在与国内同好共享快乐。现于正谷（上海）农业发展有限公司广州分公司就职，希望助力有机农业在国内发展壮大，并将环球美食分享给更多同胞。

后　记

2003年的早春，我从铺白挂银的北国来到了绽红吐绿的沱江河畔。快二十年了，但依然清晰地记得初临这方热土的惊喜：一条大江从校园边儿轻轻划过，学校便成了美丽的半岛，远山近黛，郁郁葱葱。雨细风韵生，竹疏雅气来——眼前的景致给了我生命一份特别的吸引。

2021年，沱江潮动。内江师范学院整体搬迁，告别了近七十年的桐梓坝校址。

一所大学带来的依恋并非只是走过了多少地方，而是大学的精神魅力晕染了多少时光，留下了多少温暖的记忆。

感恩各位师友生命旅途的遇见和赐教！

感恩先生们神奇地出现在巴蜀大地，出现在沱江河畔桐梓坝，出现在内江师范学院校园，出现在我的世界文学课堂。如同维吉尔引领但丁走出幽暗的森林，走出混沌迷茫，带给我和学子们的此时此刻：万千沐浴，走向高境。此书为证。

感恩相聚文学沙龙的每一位学子。你们就是沱江"半岛文学"的守望者，此书为证。

在此特向各位主讲老师、学子和现场听众表达不安。整理书稿两年来，尽管用心用力，依然不能完整还原讲座的立体生动。篇幅有限，诸多即兴有趣的访谈话题不得不忍痛删减，字里行间的不妥和图片配文的疏漏，敬请各位师友指正、谅解与包容。

感谢多年来理解和支持我尝试访谈式教学的文学院几任领导和各位老师。张建华教授、邓国军教授、刘云生教授、梁明玉博士等教学同仁百忙抽身，先后来到课堂热情主讲，对话学子。他们深谙大学的第一功能是培养人，培养学生既有个人素养又具世界眼光。

感谢东北师范大学文学院博士生导师徐鹏教授对访谈教学的学术研究和欣然作序，正是他多维探究中的严谨与开放带给了我教改过程诸多的启发和内力。

感谢新中文探索系列丛书编委会各位教育同仁和老师们的鼓励与支持。

感谢内江师院文学院四川省一流学科建设项目的出版资助。

感谢沱江流域高质量发展研究中心对教改课题的关注与支持。

感谢内江师院校级教改项目课题组高佳副教授和艾华副教授在访谈教学过程中的专题主讲和资料整理工作。

感谢四川大学出版社责任编辑刘畅老师每次通话中知性温婉的声音，她提出的宝贵建议让我对书稿内涵越来越有信心。

特别感恩95岁高龄的书法家李果青先生为本书题字，笔力千钧，隶意高古。感汉安古城之清风徐来，喜芳华学子之毓养丰厚。

感恩画家萧野先生泼墨赋画，野性空灵，静雅通古，热情鼓励沱江学子的文学沙龙活动。

感恩张大千美术学院屈梅教授和四川美术学院书法专业的马辰同学，大道至简，毫厘推敲，为本书封面用心舒展。

感恩北方好友峻澜老师多年来走访上百所学校分享的感人肺腑的教育故事，让我更加确认：高等教育的灵魂在于照亮人性之美。

感谢文学院一届届优秀学子们对讲座录音资料的梳理和书稿校对。她们热爱阅读，充满活力，知书达礼，体谅我的眼疾，一遍又一遍地校对文字。她们是可爱的郭春玲、张莉珠、张轻松、龙宇、许春梅、刘琼、陈宣伊、夏蔚、易垚、徐梦琳、王秀、侯燕、王雨琴、吴奇珍、冯景弈和夏梦恬等，尤其是蒋晓琪、邓铜、向立冬同学在读书和工作后始终热心参与全书统稿与校对工作。特别感谢我的北方学生、河北省沧州市高中名师工作室的陈颖老师最后对全书再次进行了认真的校对和完善工作。

感恩好友若岚全家在2020年疫情隔离最困难的时期，为我和刚毕业任教的女儿在成都慷慨提供的栖身之所，两个可爱的小房间分别成为我们母女线上教学的神圣课堂。期间先后历经两位亲人的离散，这所宁静温暖的郊外小屋几乎成了我的精神避难所。我在此顺利完成了本书初稿的资料整理和讲稿撰写工作。

感恩内江师院公派多位一线教师有机会赴英国斯旺西大学参加学习培训，感谢外事办何佳老师和杨春梅老师外联工作中的耐心细致。我才有机会走进大英博物馆，走进莎翁故居和莎翁环球剧场，走进英国国家美术馆，第一次遇见梵高的《向日葵》。

感恩好友彭川和她热爱艺术、旅居巴黎的女儿曾竞2016年为我开启难忘的法国艺术之旅。她们带我第一次走进卢浮宫看见维纳斯雕像，走进奥赛博物馆看见梵高、马奈、莫奈、高更等的印象派画作，走进吉维尼莫奈故居的花园，走进橘园美术馆看见《睡莲》的巨幅杰作；还前往拉雪兹神父公墓寻觅拜谒莫里哀、巴尔扎克、肖邦、德拉克洛瓦、普鲁斯特的墓地，献上朝圣的花束。

感恩好友张亚玲先后三次分别从北京、深圳、巴黎乘飞机到成都，又转车到内江，及时现身我的外国文学课堂，她行走世界的见多识广与优雅谈吐带给内江

师院学子不一样的精神"左岸"。2016年暑假我们如约而至塞纳河畔的莎士比亚书店，她和女儿一起陪我留下了巴黎圣母院建筑完好的珍贵影像。带我坐在了巴黎花神咖啡馆，聊起萨特和波伏娃在此写过的书，还谈起她自己几年前埃及旅游途中看见尼罗河畔的金字塔。记得当时窗外的小雨顺着玻璃窗慢慢滑落，我恍惚听到了肖邦在一旁轻轻抚奏的《雨滴前奏曲》。

感恩女儿高笛2017年赴德国读博访学期间，一边完成紧张的学业，一边合理安排时间和我们奔赴的文化线路。她非常理解我此行需要带给学生的另一个世界文学课堂，陪我先后拜访了爱因斯坦、黑格尔、歌德、席勒、巴赫、贝多芬、莫扎特、舒曼、门德尔松、李斯特等十几位德国名人故居和几座世界著名教堂。她一路导游又翻译，欢快奔走，就像我眼前一面晃动的旗帜。

正是多年来各位师友带来的课堂摇晃和一场场无知游历的艺术大喘气，让我兴奋地留下了近百个欧洲文化寻访的问号，希望有一天能鼓起勇气写出一本书——《蓝：欧洲文化漫游手记》。那时，我定会想起法国诗人瓦莱里的那句诗：

你终于闪耀着了吗？
我旅途的终点！

王 彤
内江师范学院桐梓校区雨竹轩
2022年8月6日